民法案典

MIN FA AN DIAN

最高人民检察院第六检察厅 编著

中国检察出版社

图书在版编目（CIP）数据

民法案典 / 最高人民检察院第六检察厅编著. -- 北京：中国检察出版社，2023.12
ISBN 978-7-5102-2963-3

Ⅰ.①民… Ⅱ.①最… Ⅲ.①民法—法典—案例—中国 Ⅳ.① D923.05

中国国家版本馆 CIP 数据核字（2023）第 227848 号

民法案典
最高人民检察院第六检察厅　编著

责任编辑：王伟雪
技术编辑：王英英
封面设计：徐嘉武

出版发行：	中国检察出版社
社　　址：	北京市石景山区香山南路 109 号（100144）
网　　址：	中国检察出版社（www.zgjccbs.com）
编辑电话：	（010）86423797
发行电话：	（010）86423726　86423727　86423728
	（010）86423730　86423732
经　　销：	新华书店
印　　刷：	河北宝昌佳彩印刷有限公司
开　　本：	710 mm × 1000 mm　16 开
印　　张：	32.5
字　　数：	492 千字
版　　次：	2023 年 12 月第一版　2023 年 12 月第一次印刷
书　　号：	ISBN 978 - 7 - 5102 - 2963 - 3
定　　价：	118.00 元

检察版图书，版权所有，侵权必究
如遇图书印装质量问题本社负责调换

《民法案典》编委会

总 主 编： 张雪樵　　宫　鸣
主　　编： 冯小光
副 主 编： 王　莉　　肖正磊
编　　委：（以姓氏笔画排列）
　　　　　　丁晓华　　孙加瑞　　李先伟　　李佳倩
　　　　　　李　萍　　李　敏　　张　驰　　姜耀飞
　　　　　　阚　林　　滕艳军
执行编委： 姜耀飞　　李佳倩
编　　审：（以姓氏笔画排列）
　　　　　　左　灵　　朱光美　　刘　卉　　许庆涛
　　　　　　李大扬　　李亚楠　　张艺馨　　张勇利
　　　　　　陈炜彤　　陈美治　　周进军　　庞树青
　　　　　　赵多丽娜　赵　格　　崔玉翠　　颜良伟
　　　　　　戴哲宇

序　言

习近平总书记在党的二十大报告中指出，全面依法治国是国家治理的一场深刻革命，关系党执政兴国，关系人民幸福安康，关系党和国家长治久安。2021年6月15日，中共中央制发《中共中央关于加强新时代检察机关法律监督工作的意见》，赋予检察机关更重政治责任，要求"精准开展民事诉讼监督。以全面实施民法典为契机，进一步加强民事检察工作，畅通司法救济渠道，加强对损害社会公共利益、程序违法、裁判显失公平等突出问题的监督，依法保护公民、法人和其他组织的合法权益"。2023年7月19日，应勇检察长在大检察官研讨班开班式上强调，要紧紧围绕"努力让人民群众在每一个司法案件中感受到公平正义"的目标监督办案，"高质效办好每一个案件"要成为新时代新征程检察履职办案的基本价值追求。为全面贯彻习近平法治思想，深入贯彻党的二十大精神，扎实做好《中共中央关于加强新时代检察机关法律监督工作的意见》的落实工作，更好地发挥民事检察案例的功能作用，统一法律政策适用，提高民事检察监督工作质效，推动新时代民事检察工作创新发展，最高人民检察院组织编写了《民法案典》一书。

作为一本以民事检察案例为主体内容的实务指导书籍，《民法案典》既突出对检察实务的指导价值，亦具有深厚的理论积淀，其聚焦于民间借贷纠纷、买卖合同纠纷、房屋买卖合同纠纷、建设工程合同纠纷、租赁合同纠纷等常见的民事检察案件，综述各类型民事检察案件的基本情况，梳理案件发展脉络与诉讼过程，阐释检察监督线索发现与法律依据，并附有相应的民法典条文、司法解释及沿革、域外立法情况、理论观点、司法态度等，将实践中具有创新、进步、引领价值的民事检察案例提纯、总结、升华，进行了深度、立体、多维的理论性解读。概括起来，本书具有以下几个特点：

一是体现了对习近平新时代中国特色社会主义思想、习近平法治思想的贯彻落实。《民法案典》始终坚持以马克思主义立场、观点、方法分析和解决民事检察工作中的问题，牢牢植根于中国国情和实际，发出新时代检察声音，同时客观介绍国外处理同类问题的规则、观念和方法，拓宽读者的思路和视野，推动、引领对中国特色社会主义法治道路自信、理论自信、制度自信、文化自信。

二是满足了人民对公正司法的需求。检察机关办理的每起案件都事关人民权益。《民法案典》精选实践中具有典型性和代表性的案例，生动形象、深入浅出地解读民法典相关规定，提高广大民众的守法意识和法律观念，回应人民群众普遍关注的问题，满足人民群众在民主、法治、公平、正义、安全、环境等方面更高层次、更丰富内涵的需求，最大程度地拉近民事检察工作与人民群众的距离，让人民群众切实感受到法治和检察温度。

三是提供了检察工作的重要借鉴。在瞬息万变的社会生活面前，成文法的空白、歧义、模糊，难以有效解决形形色色的各类案件，致使出现同案异判或者异案同判的情况，检察机关此时亟须亮明态度，维护法律统一正确实施，捍卫国家法律权威。《民法案典》总结沉淀了民事检察实践与经验，有利于提高和扩展民事检察人员的技能和视野，对民事检察工作的提质增效大有裨益，引导检察实践产出更优法治产品、检察产品，更好地为全面建设社会主义现代化国家提供更有力服务、保障。

四是实现了理论与实践的良性互动。《民法案典》坚持问题导向，坚持理论联系实际，在具体的、动态的司法实践与抽象的、静态的法律条文之间搭建桥梁，赋予写在纸面上的、抽象冰冷的法律规范和法律术语以鲜活的生命，为理论工作者关注、研究司法实践，检验、发展法学理论提供了检察样本，有利于深化对检察理论、检察政策的研究，推动法学理论与司法实践共同发展。

公正司法是维护社会公平正义的最后一道防线。应勇检察长强调，民事检察重在提升自身能力水平，加大监督力度，更加注重监督质与量的统一，实现有效监督。相信本书的出版对于提升民事检察工作质效，引领民事检察工作高质量发展，将起到十分重要的作用。本书的编写也得到了理论界和实务界的广泛关注，感谢各位专家学者对于《民法案典》编写工作的大力支持。衷心期望《民法案典》能够服务、引领与时代同步蓬勃发展的检察实践，奋力推进中国特色社会主义检察事业走向新境界，不断推动检察工作现代化服务中国式现代化的大局事业，为实现第二个百年奋斗目标和中华民族伟大复兴贡献检察力量！

是为序。

编者

2023 年 8 月

目 录

第一部分　民间借贷纠纷

民间借贷纠纷类案综述 /3

001 借款行为真实性审查
应某某与甲医药公司虚假诉讼监督案 /11

002 民间借贷合同特别是"套路贷"中合同效力的认定
薛某某等人与王某某等人民间借贷纠纷再审检察建议案 /23

003 "套路贷"虚假诉讼的识别和监督
武某飞、武某泽系列"套路贷"虚假诉讼监督案 /32

004 赌债转化为民间借贷纠纷的处理原则
何某与庄某某等民间借贷纠纷再审检察建议案 /43

005 借名借款行为的责任认定
甘某某、赖某文与王某某民间借贷纠纷抗诉案 /54

006 自然人之间借贷利息的处理规则
魏某彪与刘某辉、刘某燕民间借贷纠纷抗诉案 /65

007 如何确定民间借贷纠纷中本金、利息、费用等债务的清偿顺序
杨某某与张某某等民间借贷纠纷抗诉案 /77

第二部分　买卖合同纠纷

买卖合同纠纷类案综述 /93

001 如何准确认定合同双方的真实意思表示
李某与甲公司房屋买卖合同纠纷抗诉案 /101

002 依法成立的合同仅对当事人具有法律约束力
郭某乙与广州市某童装店、郭某甲买卖合同纠纷抗诉案 /110

003 如何准确认定民事欺诈行为
姜某与甲汽车公司买卖合同纠纷抗诉案 /121

004 以融资为目的的循环虚假买卖合同效力认定
甲公司与乙公司买卖合同纠纷抗诉案 /132

005 如何准确认定与正确处理买卖合同中的无权代理
山东金某公司买卖合同纠纷抗诉案 /144

006 合同先履行抗辩权构成要件分析
上海甲公司与乙公司买卖合同纠纷抗诉案 /158

007 如何准确理解买卖合同买受人的检验义务
石家庄甲公司与铜陵乙公司买卖合同纠纷抗诉案 /168

008 如何准确认定买卖合同质量瑕疵担保责任
牛甲、牛乙与郑州丙公司买卖合同纠纷抗诉案 /180

第三部分　房屋买卖合同纠纷

房屋买卖合同纠纷类案综述 /195

001 由于出卖人原因无法办理房屋产权证书是否符合合同法定解除条件
　　刘某某与甲公司房屋买卖合同纠纷抗诉案 /200

002 房屋名义登记人和实际所有人不一致时如何准确认定物权变动
　　陶某某、帅某某房屋共有权确认纠纷裁判结果监督案 /212

003 房屋买卖合同纠纷中"善意取得"如何认定
　　高某与甲房地产公司、乙科技公司所有权纠纷抗诉案 /227

004 "一房数卖"情形下如何确定权利保护顺位
　　赵某、刘某甲与甲实业公司、乙物业公司、怀某、王某乙房屋买卖合同纠纷抗诉案 /240

005 合法占有房屋买受人请求办理过户登记是否受诉讼时效的限制
　　叶某、刘某与卢某房屋买卖合同纠纷申请监督案 /254

第四部分　建设工程合同纠纷

建设工程合同纠纷类案综述 /267

001 串通投标导致建设工程施工合同无效的处理
　　某集团公司与某管理所建设工程施工合同纠纷抗诉案 /274

002 实际施工人的认定与合同相对性的突破
　　甲建设公司与乙房地产公司建设工程施工合同纠纷抗诉案 /288

003 建设工程领域表见代理的认定
甲公司等买卖合同纠纷抗诉案 /303

004 如何准确认定诉讼时效期间的起算
甲公司与乙公司建设工程施工合同纠纷抗诉案 /317

005 建设工程施工过程中不可抗力的认定
甲制造公司与乙投资公司建设工程施工合同纠纷抗诉案 /330

006 多份合同情况下如何确定结算依据
甲公司与乙公司建设工程施工合同纠纷抗诉案 /340

007 如何准确认定被挂靠人出借资质的责任
甲劳务公司与乙劳务公司、丙建筑公司、赵某某建设工程施工合同纠纷抗诉案 /354

008 挂靠情形下实际施工人如何主张权利
古某建设施工合同纠纷抗诉案 /363

009 发包人擅自使用未经竣工验收的建设工程的如何确定相应责任
甲公司与乙公司装饰装修合同纠纷抗诉案 /376

第五部分 租赁合同纠纷

租赁合同纠纷类案综述 /387

001 未经出租人同意或追认的房屋转租合同效力如何认定
丁某与青某租赁合同纠纷抗诉案 /392

| 002 | 如何理解适用"违反法律、行政法规的强制性规则无效"及但书条款
李某某与杨某某抗诉案 /404

| 003 | 如何准确理解民法中的重大误解、显失公平
甲房地产开发有限公司与乙商业有限公司租赁合同纠纷抗诉案 /415

| 004 | 如何适用合同解释规则确定租赁合同争议条款的含义
某建材公司与某水泥公司租赁合同纠纷抗诉案 /427

| 005 | 如何准确区分伪造公章与表见代理行为
北京甲公司租赁合同纠纷抗诉案 /440

| 006 | 如何准确理解"买卖不破租赁"规则
甲公司与乙银行房屋租赁纠纷检察监督案 /458

| 007 | 如何认定"出租人有保持租赁物符合约定的用途义务"标准
甲实业开发有限责任公司与乙投资管理有限责任公司房屋租赁合同纠纷案 /469

| 008 | 租赁合同与承揽合同的区分
游某某与甲公司租赁合同纠纷民事抗诉案 /479

| 009 | 租赁期内农用土地被转为建设用地并征收为国有的出租人应遵循诚信原则
石某某与后塘村委会土地租赁合同纠纷案 /487

第一部分
民间借贷纠纷

民间借贷纠纷类案综述

一、民间借贷纠纷民事检察监督情况

民间借贷活动是市场经济运行和百姓日常生活的重要组成部分，能够有效增强市场活跃度和适应能力，帮助市场主体发展、缓解百姓实际困难。随着我国经济发展，围绕借款活动产生的各类经济、法律纠纷也不断发生。2019年全国检察机关共受理借款合同纠纷23000余件，2020年24000余件，2021年23000余件，2022年18000余件，其中，民间借贷纠纷占据借款合同纠纷的比例均在70%左右。办案发现，当前发生借款合同纠纷的主要原因在于民事当事人法律意识、风险意识不足，导致无法回避本应回避的风险、承担了不应承担的责任，亟须社会各方面做好规制、引导、提醒。

一是案件数量高位运行。借款合同纠纷约占整个民事监督案件的20%，而民间借贷纠纷又约占借款合同纠纷的70%。从近四年的数据可以看出，民间借贷纠纷案件数量一直保持高位状态，这从侧面反映了民间借贷的活跃度。

二是案件地域分布不均衡。从2023年前三季度全国各省级检察机关受理民间借贷类民事检察监督案件数量看，山东、河南、江苏、浙江四省检察机关办理的案件数量占全国案件总数的近30%。借款纠纷的发生与当地经济规模、社会经济活跃度、人口总量、法院民商事审判质效等因素相关。

三是案件涉及领域较为集中。办案发现，民间借贷纠纷集中在生产经营、金融投资、房地产开发、商品消费、国际贸易等经济领域，这些领域是我国经济发展的承压点和风险点，也是检察机关助力"六稳""六保"，以法治稳企业稳预期、保就业保民生的发力点和切入点。

四是虚假诉讼问题较为突出。民间借贷纠纷因造假成本低、隐蔽性强、获利高，是虚假诉讼的"重灾区"。当事人单方或恶意串通，伪造证据，虚构借款关系，隐瞒客观事实，假借民间借贷、金融借款合同等民事纠纷之名，通过审判执行、仲裁、公证等方式使其合法化，达到逃避应担债务或非法侵占他人合法财产等目的，行为恶劣，耗费司法资源、影响司法公信，应予以严厉惩治。

二、民间借贷纠纷民事检察监督对策及工作机制

民间借贷纠纷借款活动周期长、涉及的法律事项复杂。针对办案中发现的民事主体从事借款活动暴露的突出问题或风险隐患，检察机关提出如下对策建议：

一是严格遵守法律法规，依法从事借款活动。民事主体无论是借款方还是贷款方，均不得违反法律、行政法规的强制性规定，不得违背公共秩序和善良风俗，具体而言即不得从事"套路贷"虚假诉讼、高利贷、转贷、"制度套利"等非法借款行为，这样才能从源头上减少风险。要认真学习民法典、借款合同类纠纷相关司法解释等法律规范，确保新形势下的借款行为合法合规，充分利用借款行为的正向作用，在推动社会经济健康平稳发展的过程中获取正当利益。

二是牢固树立风险意识，提升借款风险防控能力。民事主体要自觉接受法治宣传教育，树立科学理性的负债观、消费观和投资理财观，及时了解熟知借款有关的政策和法律风险，增强责、权、利相统一意识。要着重注意防范过度借贷、诱导贷款、"超前消费"、过度收集个人信息、非法债务等借款领域的风险点，避免风险累积，提升借贷安全意识，有效防范各类借款法律风险。在借款前后，要注意收集证据，消除潜在隐患。

三是不断增强法律意识，合理行使诉讼权利。民事主体从事借款类经济活动，要自觉遵循借款类法律规范，同时要确保借款行为的规范化，在确定借款相关事项、出具借款有关凭证、设定担保责任等全方面做到"慎之又慎"，增强用法律维权的意识，依法行使诉讼时效、民事抗辩、举证、申请检察监督等权利，借助诉讼手段维护正当合法利益。

检察机关针对民间借贷纠纷的特点，应以精准监督为指引，不断探索行之有效的综合治理机制。

一是探索创新民事检察监督工作机制，以精准监督理念强化对借款合同民事案件的类案监督。针对民间借贷、金融借款等借款领域存在的突出问题，通过加强案件研判、做实民事检察公开听证等方式，切实提升对此类案件的监督质效。二是融合推进检察办案与法治宣传，采取公开发布案例、制发检察建议、参与企业合规审查等多种形式，对借贷市场的潜在风险进行必要提示，提高民事主体的金融与法律素质，增强借款风险意识和风险识别能力，正确引导、规范和监督民事主体借款行为。三是积极参与社会治理，推动民事检察部门与刑事检察部门，以及检察机关与审判机关、公安机关、司法行政机关等执法司法部门之间的协作配合，共同防范和惩治借款合同领域的虚假诉讼行为，共同推进常态化扫黑除恶斗争，严厉打击涉黑恶"套路贷"等违法犯罪行为，系统惩治非法"借款"行为。

三、民间借贷纠纷典型案件归纳

民事主体借款行为是一项非常复杂的经济、法律活动，涉及借款活动的各个环节、各类事项，任何一个细节稍有不慎，就有可能"踩雷"，导致利益受损，主要表现在以下四个方面：

一是不善于运用法律武器，难以做到全环节防控风险。借款活动尤其是民间借贷活动，往往发生在熟人之间，当事人过于倚重人情，忽视法律证据和风险。主要涉及借款时、借款中、还款时三个时间节点：其一，借款行为发生时没有准备充足的证据材料，导致诉讼时无法确认借款主体、金额、利息、是否已偿还、是否有担保、担保方式及措施等事实。其二，借款中期，对借款用途、借款期限等事项作出变更时，缺乏书面证据予以明确，纠纷发生后，难以认定违约责任。其三，还款时不注意保存还款、追讨欠款的证据，致使还款金额、诉讼时效难以认定。例如委托第三方还款、收款时，缺乏对还款事实的书面确认证据。又如在一些疑难复杂案件中，又常涉及借款相关凭证缺失、转化型借贷、夫妻共同债务、规避利率上限、拆分借款法律关系（借款＋融投资等）、改变借款用途等重要细节，此时符合法律规定或诉讼要求的证据就显得极为关键，直接影响对借款行为整体事实的准确认定，进而影响对当事人合法权益的支持和保护。

二是忽视担保严重性，轻易成为他人债务的"背锅侠"。办案中发现，不少当事人不够重视借款合同中的担保问题导致自身利益受损，主要表现为：其一，担保人对担保的含义理解不透，对承担的保证法律责任不够清楚，存在盲目担保、被迫担保、冒名担保、欺诈性担保、擅自变更担保内容等情形。其二，担保方式不合理，采取担保的形式比较单一，难以抵御风险；采取反担保措施较少。其三，担保未经过法定程序或形式。如公司未经股东（大）会或董事会同意，违规对外担保；违规为有关主合同所涉担保合同办理公证债权文书；以不动产担保未进行登记等。其四，一些出借人对担保人的诚信、还款能力审查不到位，致使有些借款合同看似有担保，实际形同虚设。

三是忽视借款诉讼时效，本为维护正当权益却败诉。借款合同发生纠纷后，如果当事人希望通过诉讼主张权益，首先必须了解诉讼时效，现行法律法规规定了相对成熟的诉讼时效制度。但检察机关在办案中发现，很多当事人没有意识到诉讼时效的重要性，以致未能及时行使诉讼权利，可能造成权利失效，导致自己承担败诉的风险，正当权益得不到法院的保护。

四是陷入非法债务纠纷，粘上甩不掉的债务"牛皮糖"。借款合同纠纷类案件常涉及非法债务的问题，简单地讲即是取得方式不受法律保护的债务，包括一般的违法和构成犯罪的违法，如高利贷、"套路贷"、非法放贷、"职业放贷"，因吸毒、嫖娼或赌博而产生的债务等。非法债务扰乱金融秩序，违反公序良俗，民法典明确规定"非法债务不受法律保护"。但司法实践中，非法债务纠纷屡见不鲜。

针对上述问题，本书第一部分以典型案例的形式进行了生动呈现，并把民间借贷中的问题以案例形式进行了总结，以指引民事检察实践。

一是借款行为真实性审查要件。借贷行为真实性审查是杜绝虚假诉讼的关键，也是甄别真实借贷与虚假债务的重要一环。根据民间借贷的特点，相关司法解释列举了审查要点，并对可能存在虚假诉讼及不合常理的环节予以提示性规定。但在虚假诉讼中，很多时候债务人基于被骗或各种考量会配合债权人，有的甚至是伪造债务让第三人承担担保责任或达到以物抵债等目的，这就给审判实践中查清相关事实带来很多障碍，甚至会出现证据上的法律真实与客观真实不一致的情况。检察机关在对借款行为的真实性审查中，既要恪守中立的立场，不能干涉当事人的具体交易，又要充分发挥检察一体化优势，综合运用调查核实等措施；既要善于从民事案件中发现虚假诉讼的蛛丝马迹，又要增强对刑事案件中牵连民事案件违法行为的敏感度，多管齐下，让涉及民间借贷的虚假诉讼无所遁形。

二是"套路贷"合同效力的问题。对该问题进行深刻分析、透彻研究，将有助于提升民事检察人员办理此类案件的履职能力和业务水平。"套路贷"合同的效力，不宜局限于合同的形式外观，仅凭其合法的合同外观一律认定有效，而是要查明当事人的真实意思，深入探究贷款行为的本质，探寻"套路贷"合同中隐藏民事法律行为的效力，综合考量依法作出判断。通过并案审查、类案监督的方式，审查贷款人长期的贷款行为模式，抓住贷款人放贷行为呈现反复性、经常性、借款目的具有营业性等特点，发掘"套路贷"合同中出借行为违反法律、行政法规等强制性规定之处，从根本上否定合同效力，避免让非法的行为本质为合法的合同外观所掩饰。并通过纵向对比民法典与已废止的民法通则、合同法之间的异同，横向上梳理汇总相关法律法规、司法解释，对国内主要学术观点与理论，进行域外法比较研究，有针对性地评述案件争议焦点，以指引民事检察实践，提高民事检察案件办理质效，进一步推动民事检察工作高质量发展。

三是"套路贷"等虚假诉讼在民间借贷领域的识别和规制。民间借贷纠纷是虚假诉讼的高发领域，这与民间借贷纠纷标的小、账目混乱、手续不规范、证据不完整等特点是直接相关的。虚假诉讼在民间借贷中的表现形式多样，"套路贷"是其中的一种，"套路贷"进入诉讼的目的是企图利用司法手段把非法的债务套上合法的外衣，不但严重侵害了受害人的权利，也是对司法权威的挑战，影响了司法的正常运行，且"套路贷"案件中很多涉及刑事犯罪，需要民事与刑事手段并用，才能形成打击"套路贷"等虚假诉讼的高压态势。检察机关在打击虚假诉讼中，可以充分发挥一体化优势，从刑事案件中寻找线索，同时用好民法典关于合同无效的规定，在根本上否定虚假民间借贷的合同效力，从而对虚假诉讼釜底抽薪，不能主张债权权利，断绝其生存的土壤。同时，民间借贷纠纷中的虚假诉讼一般具有标的小、次数频繁、约定管辖、案件审理异常等特点，检察机关通过大数据分析可以甄别出异常，举一反三，进行深层次违法行为监督。

四是关于赌债的效力问题。赌债是赌博带来的社会问题，引用民法中债的法律关系对其予以分析，有助于在民事检察监督案中厘清赌债的法律性质。在民事法律中赌博是违反公序良俗的行为，赌债因此属于违法之债，法律对其不予保护。债权人通过签订虚假借款协议、制造资金走账流水等手段，将赌债转化成为民间借贷，以及出借人在明知借款人将借款是用于赌博的情况下仍然提供借款。在此情形下，虽然债权人具备主张权利的形式证据，但这种基于赌博行为而产生的、以合法形式掩盖非法目的债权债务法律关系不应予以支持，借贷合同应认定无效。针对案件争议焦点，笔者通过梳理汇总相关民事法律法规、司法解释，对国内主要学术观点与理论，进行域外法比较研究，有针对性地进行评述。民事检察部门通过一体化办案，实践联动工作模式，针对赌博借贷案件，查处难度大、案件隐蔽等特点，积极与公安机关、刑事检察部门协调配合，充分发挥检察一体化办案机制，实现对生效民事裁判的有效监督。

五是借名借款纠纷中，准确认定还款责任主体是保护交易安全、维护正常经济秩序的关键。借名借款，顾名思义，是指借款实际使用人借助他人名义向出借人借款所形成的借款关系。自然人享有姓名权，不能转让、出借，这里的"借名"并非法律术语，仅是一种较形象的通俗说法。借名借款主要涉及出借人、实际借款人、名义借款人等三方主体，上述主体作出的不同法律行为会导致各方形成不同的权利义务关系。借名借款主要因实际借款人资质、信用欠缺等引起。此类合同易在偿还借款环节发生争议，在产生逾期还款情形时，名义借款人会搬出借名借款的证据，抗辩其与出借人之间不存在借款关系，既未实际使用款项，亦未从中受益，主张不应承担还款责任。名义借款人作为完全民事行为能力人，对于借款合同上签字捺印、提供担保、指定收款人等借款参与行为的法律后果应当知晓。司法实践中，法院一般认为借款用途不影响合同相对性原则，以合同签订的主体认定责任承担方，除非名义借款人披露实际借款人、名义借款人不参与实际借款关系的履行，且不享有借款利益。

现实中借名借款情形复杂多样，司法机关应全面查清案件事实，视每个案件不同情形，具体问题具体分析，以各方之间发生的法律行为作为判案依据。司法实践中，检察机关通过深入细致的调查工作查明，虽然借款实际使用人并非名义借款人，但名义借款人不仅出具借条，还参与借款过程，同意使用其名义进行款项往来，进而指出出借人基于对名义借款人的信赖出借款项，借款关系双方应认定为名义借款人和出借人，名义借款人应承担偿还责任。该案的成功改判，对厘清借名借款纠纷，统一裁判标准具有重要意义。

六是关于自然人之间借贷的利息问题。自然人之间对于借款本金和利息的约定可以采用口头或书面形式。同时，自然人之间的借贷合同大多是基于当事人之间的善意互助而订立，借款多是发生在熟人之间，且往往具有无偿性，故常存在借据等凭证中并未约定利息的情形，但并不能以此排除出借人与借款人口头约定利息的可能。司法实践中常有以借款凭证没有约定利息，进而否认存在口头约定利息的情形，这与当下民间借贷具备一定民间融资功能的现状不相符。如确有证据证实存在"口头约定借款利息"的事实，法律并不禁止此约定形式。据此，借贷双方对是否存在"口头约定借款利息"各执一词的，不宜直接推定为"约定不明"。法律及司法解释等没有规定排除对此类事实的查明，是否"约定不明"，即使法官有充分自由裁量权，也应适用民事诉讼证据规则对是否属于"约定不明"进行一定程度的查明。如主张有利息约定的一方能够提供证据证明并具有高度盖然性的，可以认定为存在约定；如对是否存在利息约定确实难以查清的，才视为"利息约定不明"。与此同时，应审慎处理自然人之间的借贷利息相关问题，有效应对借贷向高利贷转变的趋势，防范高利贷、职业放贷等风险，维护金融市场秩序、国家经济安全和社会和谐稳定。

七是关于主债务、利息、费用清偿顺序的问题。《民法典》第561条规定："债务人在履行主债务外还应当支付利息和实现债权的有关费用，其给付不足以清偿全部债务的，除当事人另有约定外，应当按照下列顺序履行：（一）实现债权的有关费用；（二）利息；（三）主债务。"债务人除主债务之外还应当支付利息和费用，而债务人不足以清偿全部债务，当事人又对清偿顺序无明确约定时，可按照该条规定的冲抵顺序清偿债务。

　　意思自治是民法的基本原则之一，实践中，当事人如果对债的冲抵顺序有明确约定，则应当尊重当事人的约定。在债务人不足以清偿全部债务时，当事人既可以约定优先冲抵本金，又可以约定优先冲抵利息或者费用，还可以约定交叉冲抵，即有的还款冲抵本金，有的还款冲抵利息和费用。需要注意的是，当事人的约定并非限于书面方式，亦可通过当事人的行为进行认定。当事人对冲抵顺序没有明确约定时，应当根据《民法典》第561条规定确定当事人冲抵的债务顺序，即首先冲抵实现债权的费用，其次为利息，再次为主债务。具体到民间借贷纠纷中，主债务一般指的就是本金。

（撰写人：李萍）

001 借款行为真实性审查

应某某与甲医药公司虚假诉讼监督案[*]

案情简介

一、基本事实

应某某 2012 年 2 月向重庆市第三中级人民法院起诉称，2010 年 10 月 8 日，甲医药公司与应某某签订借款协议约定：甲医药公司向应某某借款 270 万元，期限为 3 个月等。黄某某、杨某某、李某某在该协议上签字作为担保人提供连带责任保证。应某某还与乙实业公司签订连带保证责任保证书，约定乙实业公司为甲医药公司提供连带责任担保。当日，应某某与甲医药公司、丙工程公司签订协议书约定：丙工程公司代应某某向甲医药公司支付借款 270 万元。12 月 3 日，丙工程公司出具 270 万元的转账支票，甲医药公司签收后出具收到借款确认书。该转账支票后被甲医药公司背书转让给丁电器厂。

二、诉讼过程

2012 年 2 月 7 日，应某某起诉甲医药公司、黄某某、乙实业公司、杨某某、李某某至重庆市第三中级人民法院，请求：(1) 判令甲医药公司偿还借款 270 万元及利息、律师费 3.5 万元。(2) 黄某某、乙实业公司、杨某某、李某某承担连带偿还责任。

重庆市第三中级人民法院于 2012 年 8 月 14 日作出一审民事判决。该院一审查明：2010 年 10 月 8 日，应某某与甲医药公司签订借款协议，约定：甲医药公司向应某某借款 270 万元，期限为 3 个月及利息、违约金等，黄某某、杨某某、李某某在该协议上签字作为担保人提供连带责任

---

[*] 本案承办人：最高人民检察院第六检察厅滕艳军；重庆市人民检察院石娟。

保证。同日，应某某与乙实业公司签订连带保证责任保证书，约定：乙实业公司为甲医药公司向应某某借款270万元提供连带责任担保，担保期为3年。当日，应某某与甲医药公司、丙工程公司签订协议书，约定：丙工程公司代应某某向甲医药公司支付借款270万元。同年12月3日，丙工程公司出具270万元的转账支票（开户行：中国银行某区支行，账号：11020539****，支票号：1026****），然后交给甲医药公司签收，甲医药公司同时出具收到借款确认书。根据丙工程公司在中国银行某区支行开设账号11020539****的账户交易记录显示，该账户于2010年12月6日以凭证号码1026****发生一笔支出业务270万元。借款到期后，甲医药公司未履行还款义务，黄某某、乙实业公司、杨某某、李某某亦未承担保证义务，应某某遂提起诉讼。

该院一审认为，应某某与甲医药公司于2010年10月8日签订的借款协议以及应某某与黄某某、乙实业公司、杨某某、李某某就该笔借款所签订的保证担保协议，均系双方当事人的真实意思表示，且未违反法律、行政法规的强制性规定，合法有效，应受法律保护。在借款合同生效后，应某某委托第三方丙工程公司以转账方式支付给甲医药公司借款270万元。对第三人是否支付借款的事实，根据中国银行某区支行现保存的1026****号转账支票所记载的内容，其上的收款人为甲医药公司，转账支出金额为270万元，结合丙工程公司在该行开设的银行账户于2010年12月6日以凭证号为1026****号支出270万元等信息，可以认定丙工程公司所出具的1026****号转账支票所载明的款项已实际支付给甲医药公司，故对甲医药公司、黄某某、乙实业公司、杨某某、李某某辩解应某某未实际支付借款270万元的理由不予采纳。甲医药公司作为借款人，其在收到借款后，负有按照约定期限承担返还借款及支付利息的义务，其至今未偿还借款本金及利息，应依法承担违约责任，故对应某某请求甲医药公司偿还借款270万元及利息的请求予以支持。因借款合同未约定律师费，故对该诉讼请求不予支持。黄某某、乙实业公司、杨某某、李某某自愿为甲医药公司向应某某借款270万元提供连带责任保证，且约定担保范围为借款本金、利息以及其他实现债权的费用，故黄某某、乙实业公司、杨某某、李某某应对甲医药公司向应某某借款270万元及利息承担连带保证责任。判决：

（1）甲医药公司于本判决生效后 10 日内偿还应某某的借款 270 万元及利息；（2）黄某某、乙实业公司、杨某某、李某某对甲医药公司偿还应某某的借款 270 万元及利息承担连带清偿责任；（3）驳回应某某的其他诉讼请求。

甲医药公司不服一审判决，向重庆市高级人民法院提起上诉，请求撤销原判，驳回应某某的全部诉讼请求。

重庆市高级人民法院 2013 年 1 月 24 日作出二审民事判决，该院二审查明：（1）丙工程公司于 2009 年 4 月 21 日被依法注销工商登记。（2）丙工程公司于 2010 年 12 月 3 日出具 270 万元转账支票一张，支票号为 1026****，付款行为中国银行某区支行，出票人账号 11020539****，收款人为甲医药公司。该支票后被甲医药公司背书转让给丁电器厂。（3）甲医药公司在二审中陈述，公司的财务专用章和公章已交由案外第三人实际控制。该院对一审查明的其他事实予以确认。

该院二审认为，应某某与甲医药公司签订的借款协议合法有效，应某某已经按约向甲医药公司支付借款 270 万元，甲医药公司应当按约偿还借款并支付利息。主要事实和理由：（1）丙工程公司虽然在签订代付协议前已经被工商局注销，该公司的主体资格归于消灭，但是该事实并不影响公司的实际控制人或清算人通过公司尚未被注销的银行账户履行代付借款的义务。（2）代付借款的主体在法律上是否实际存在，与代付借款的义务是否实际履行无关。270 万元借款已从丙工程公司的银行账户实际划出，甲医药公司也出具了加盖有其公司公章和财务专用章的收款确认书，确认其已收到借款 270 万元。故代付借款的主体资格是否实际存在，不影响代付借款协议的履行。（3）丙工程公司主体不存在，其签订的代付协议即使无效，合同无效的法律后果影响的也只是应某某与丙工程公司之间的利益，与甲医药公司权利义务的行使无关。（4）甲医药公司将公司公章和财务专用章交由他人保管使用，表明其同意他人享有公司相关资产的管理权、处分权。甲医药公司将银行转账支票背书转让给案外第三人，客观上使公司的对外债务减少，甲医药公司也从中实际受益。综上，判决驳回上诉，维持原判。

三、检察监督

甲医药公司向公安机关报案，贵州省遵义市公安局红花岗分局刑事立案后向重庆市人民检察院第三分院通报了情况。重庆市人民检察院第三分院通过调查，查清了案件的事实：丁电器厂系刘某洪和刘某刚共同经营的私人企业，刘某洪为法定代表人，该厂挂靠丙工程公司，由刘某洪和刘某刚每年缴纳管理费。甲医药公司与丁电器厂之间没有债权债务关系。刘某洪和刘某刚系兄弟关系，应某某系刘某刚的姐夫。应某某与甲医药公司之间并不存在真实的借款关系，应某某本人没有与甲医药公司协商借款事宜，也没有实施借款行为，而仅仅是根据刘某刚的委托在借款协议文本上签署了自己的名字。刘某刚与甲医药公司之间也不是真实的借贷关系，其与甲医药公司的黄某某串通，将另案 400 万元真实借款的利息、逾期贷款利息和违约金共计 270 万元变更为借贷关系，用以固定双方所约定的远远超过法律所允许的利率和违约金款项，掩盖刘某刚放高利贷的非法利益。

经公安机关查证，丙工程公司在签订该代付借款协议前已被工商局注销，该公司也未在中国银行某区支行开立过银行账户。应某某、刘某刚等人冒用丙工程公司名义在中国银行某区支行开设账户并开出 270 万元转账支票，所需 270 万元由刘某洪支出。以甲医药公司为收款人、金额为 270 万元的转账支票开出后，加盖了伪造的甲医药公司财务专用章背书转让给丁电器厂，刘某洪支出的款项又回到由其控制的私人公司。

重庆市人民检察院认为本案系虚假诉讼，提请最高人民检察院抗诉。最高人民检察院审查后向最高人民法院提出抗诉。最高人民法院指令重庆市高级人民法院再审此案。2018 年 11 月 23 日，重庆市高级人民法院作出再审民事判决，采纳抗诉意见，认为应某某虽然与甲医药公司签订了借款协议，但既无出借意愿，又未履行出借义务，双方之间没有成立借贷关系。判决：驳回应某某的诉讼请求。

案件要旨

在民间借贷案件中，不仅应当对借款合同等债权凭证形式进行审查，还应当审查借款的发生经过、支付时间、地点等细节，以查明借款关系是否真实、借款是否实际发生。注意其中是否存在明显瑕疵、不符常理之处。涉及当事人单方或者双方虚构事实和法律关系，以捏造的事实提起民事诉讼的，应按照虚假诉讼相关规定处理。

法律规定索引

·《民法典》规定及沿革·

📖《民法典》

第七条 民事主体从事民事活动，应当遵循诚信原则，秉持诚实，恪守承诺。

第六百六十七条 借款合同是借款人向贷款人借款，到期返还借款并支付利息的合同。

第六百六十八条 借款合同应当采用书面形式，但是自然人之间借款另有约定的除外。

借款合同的内容一般包括借款种类、币种、用途、数额、利率、期限和还款方式等条款。

📖新旧对比

《民法通则》第4条规定："民事活动应当遵循自愿、公平、等价有偿、诚实信用的原则。"

📖法条精义

民法典总则编第一章"基本规定"以确立基本原则为核心。基本原则是民事主体从事民事活动和司法机关进行民事司法活动应当遵循的基本准则。

民法典在民法通则基础上，对基本原则作了丰富和补充，分六条分别规定了平等原则、自愿原则、公平原则、诚实信用原则、公序良俗原则和绿色原则。第7条诚实信用原则要求民事主体在行使权利、履行义务过程中，讲诚实重诺言守信用。这对建设诚信社会、规范经济秩序、引领社会风尚具有重要意义。

·司法解释·

《最高人民法院关于审理民间借贷案件适用法律若干问题的规定》

第十八条 人民法院审理民间借贷纠纷案件时发现有下列情形之一的，应当严格审查借贷发生的原因、时间、地点、款项来源、交付方式、款项流向以及借贷双方的关系、经济状况等事实，综合判断是否属于虚假民事诉讼：

（一）出借人明显不具备出借能力；

（二）出借人起诉所依据的事实和理由明显不符合常理；

（三）出借人不能提交债权凭证或者提交的债权凭证存在伪造的可能；

（四）当事人双方在一定期限内多次参加民间借贷诉讼；

（五）当事人无正当理由拒不到庭参加诉讼，委托代理人对借贷事实陈述不清或者陈述前后矛盾；

（六）当事人双方对借贷事实的发生没有任何争议或者诉辩明显不符合常理；

（七）借款人的配偶或者合伙人、案外人的其他债权人提出有事实依据的异议；

（八）当事人在其他纠纷中存在低价转让财产的情形；

（九）当事人不正当放弃权利；

（十）其他可能存在虚假民间借贷诉讼的情形。

第十九条 经查明属于虚假民间借贷诉讼，原告申请撤诉的，人民法院不予准许，并应当依据《中华人民共和国民事诉讼法》第一百一十二条[①]之规定，判决驳回其请求。

诉讼参与人或者其他人恶意制造、参与虚假诉讼，人民法院应当依据《中华人民共和国民事诉讼法》第一百一十一条、第一百一十二条和第一百一十三条[②]之规定，依法予以罚款、拘留；构成犯罪的，应当移送有管辖权的司法机关追究刑事责任。

域外立法通览

关于虚假诉讼的相关立法，大陆法系往往在程序法中规定[③]，或者于判例中加以规制，而不作为一个独立法律概念；相比之下，英美法系则倾向

---

① 《民事诉讼法》（2024年1月1日起施行）第115条第1款。——编者注
② 《民事诉讼法》（2024年1月1日起施行）第114条、第115条第1款、第116条。——编者注
③ 《德国民法典》（修订本），郑冲、贾梅译，法律出版社2001年版，第205页。

在实体法和程序法中都给予明确规定。[①]

一、大陆法系中有关虚假诉讼的规定

德国1933年颁布实施的民事诉讼法中规定，当事人的陈述应该建立在真实完全事实基础之上，当事人必须将其知道的所有关于案件真实的情况向法庭逐一陈述，并且要对其真实性负责。如果当事人故意虚构、隐瞒案件事实，或者对于明知道是真实的事实故意狡辩，或故意提供误导审批人员的证据，将受到金钱制裁的处罚。德国民法典规定，如果因为虚假陈述使得当事人或者第三方的合法权益受侵害，并且法院能够出具证据证实虚假陈述事实，那么利益被侵害方可以提出赔偿申请。[②]

法国民法典对于当事人不诚信诉讼的制裁没有专门立法，而是将当事人不诚信诉讼的规制措施纳入了滥用诉讼权利的立法规定之中，对当事人可以给予罚款，满足条件的还可以主张损害赔偿。

日本有关民事诉讼法明确当事人在陈述案情时应该遵循诚信原则，如规定如果当事人出现重大过失，与实际情况相悖的情况下对文书制作产生争执，法院可根据实际影响情况进行罚款。[③]

二、英美法系中有关虚假诉讼的规定

美国针对虚假诉讼颁布实施了一系列的法律文件，针对不同领域虚假诉讼行为适用不同法律[④]，如《反保险欺诈法》《集团诉讼公平法》《联邦破产法》等。同时在程序法方面规定不得滥用诉讼程序损害他人权益[⑤]，提交法庭的材料必须客观、真实，能够用于主张证明的内容，而非妨碍诉

---

① 沈达明：《比较民事诉讼法初论》，中国法制出版社2002年版，第247—248页；[德]奥特马·尧厄尼希：《民事诉讼法》，周翠译，法律出版社2003年版，第190页。
② 《德国民法典》，陈卫佐译注，法律出版社2010年版，第303—305页。
③ [日]高桥宏志：《民事诉讼法——制度与理论的深层分析》，林剑锋译，法律出版社2007年版，第378页。
④ 汤维建：《美国民事司法制度与民事诉讼程序》，中国法制出版社2008年版，第103页。
⑤ 吴如巧：《美国联邦民事诉讼规则》，中国政法大学出版社2013年版，第55页。

讼正常进行。①

英国对于涉及虚假诉讼行为规定较为细致，如在民事诉讼法中规定，当事人虚假诉讼启动司法程序，扰乱正常司法工作的，法院可以撤销调解书或判决书，并且令其承担相应的司法损失。其民事相关法律也把诉讼权利滥用认定为侵权行为。②

实务指引

一、学理阐释

虚假诉讼是指当事人单方或者与他人恶意串通，采取伪造证据、虚假陈述等手段，以捏造的事实提起民事诉讼，使法院作出错误的判决、裁定、调解、支付令等裁判文书，以实现侵害国家利益、社会公共利益或者他人合法权益的目的。虚假诉讼妨害司法秩序，损害司法权威和司法公信力，破坏社会诚信体系，人民群众对此反映强烈，引发社会广泛关注。

因事实相对简单，成诉证据要求标准低，违法行为人可通过制造银行交易流水形成支付凭证，使得证据外观更显规范、真实等特点，民间借贷已成为虚假诉讼的重灾区。民间借贷是虚假诉讼的"高危区""重灾区"，有学者将民间借贷中的虚假诉讼比喻为"勒索病毒"③。据统计，2015年至2020年上半年共有6142件民间借贷纠纷案件涉虚假诉讼，在虚假诉讼中占比46.36%。④

民间借贷类虚假诉讼，在实践中主要表现为以下四种（包括但不限于）：

一是双方串通逃避债务履行。以转移财产、逃避或减少债务承担、阻却法院强制执行为目的，原、被告恶意串通，捏造民事纠纷提起诉讼，伪

---

① 韩波：《论虚假诉讼的规制方式：困扰与优化》，载《政法论丛》2020年第4期。
② 徐昕：《英国民事诉讼规则》，中国法制出版社2001年版，第116页。
③ 王然：《民间借贷中的"勒索病毒"——虚假诉讼》，载《法庭内外》2017年第7期。
④ 徐隽：《严惩虚假诉讼 维护司法权威》，载《人民日报》2021年2月18日，第19版。

造借贷证据,使法院作出判决、裁定或调解书。此为《民事诉讼法》第115条第1款规定的"恶意串通型"虚假诉讼的典型。

二是双方串通让案外人承担债务。虚构借贷关系或者虚构民事纠纷,骗取法院判决、裁定或调解书后,利用与案外人之间共同债务、连带责任、担保责任等特殊关系,达到让案外人承担债务、少分共同财产的目的。例如,徐某亮、秦某与秦某玉等民间借贷纠纷案中,被告秦某与其男友张某及徐某亮串通,虚构300万元借款,通过诉讼获取人民法院生效调解书,从而让其父亲秦某玉承担巨额债务。该案即是当事人利用虚假诉讼方式达到侵害真实权利人的非法目的。

三是单方捏造民间借贷关系。双方根本不存在借贷关系,一方以侵占对方利益或者转嫁债务给对方为目的,伪造证据或隐瞒真相,捏造民间借贷关系,骗取法院判决、裁定或调解书。此种情形体现在客观上即是伪造证据,以虚构案件事实或者隐瞒真相,虚假诉讼行为人结合《民事诉讼法》第122条的规定,围绕"诉"的基本要素进行证据伪造或者隐瞒真相,以虚构的民事借贷关系向人民法院提起诉讼,从而达到程序上符合人民法院受理立案、实体上足以影响人民法院裁判的效果。例如上文的应某某虚假诉讼案。

四是单方隐瞒债务已全部清偿事实,利用被告举证不能的现实,仍就债权主张权利,骗取法院判决、裁定或调解书。此种情形在"套路贷"虚假诉讼中较为常见。例如,以杨某军、王某恒为首的黑社会性质组织自2012年开始合作高利放贷。在放贷过程中,王某恒、杨某军等人反复实施了以签订阴阳合同、恶意垒高借款金额、不出具还款凭证、"软暴力"逼债为主要特征的"套路贷"违法犯罪活动。其中,单方隐瞒债务已全部清偿事实,利用债务人举证不能向法院提起诉讼多次,利用优势证据获取生效裁判文书百十余件。该犯罪团伙成员无视法纪,肆意妄为,目前已被依法追究刑事责任,相关民事生效裁判也已依法监督撤销。

本案属于典型的虚假诉讼案件。其虚假之处表现在四个方面:第一,本案中出借人应某某与借款人甲医药公司之间并不存在真实的借款关系。应某某本人并没有与甲医药公司协商借款事宜,也没有参与实施行为,仅仅是根据刘某刚的委托在协议文本上签署了自己的名字。第二,本案中刘某刚与甲医药公司之间亦不存在真实的借款关系。刘某刚系与甲医药公司的黄某某将另案中400万元真实借款的利息、逾期贷款利息和违约金，共计270万元变更为借贷关系，所谓借贷意思表示并不真实。事实上，此借条的目的是固定双方所约定的远远超过国家所允许的利率和违约金的款项，为了掩盖刘某刚高利贷的非法利益。第三，本案中丙工程公司并未代为履行涉案借款协议。经公安机关查实，丙工程公司在签订该代付借款协议前已被工商局注销，该公司的主体资格归于消灭，且丙工程公司及其分公司均未在中国银行某区支行开立过银行账户。第四，本案中甲医药公司并未实际收到应某某、刘某刚履行270万元"借款"的转账支票，也未从中实际获益。综观全部的履行环节，270万元的转账支票在加盖了甲医药公司虚假的财务专用章后背书转让给丁电器厂，该270万元的转账支票顺利地回到了刘某刚和实际出钱人刘某洪所控制的私人企业，其真实目的是使刘某刚取得了以向甲医药公司主张270万元"借款"的虚假证据。

二、类案办理指引

一是借助外力，加大对民间借贷类虚假诉讼案件线索的发现和审查。虚假诉讼隐蔽性强，为加强对虚假诉讼行为的防范和查处，维护司法权威，促进诚信社会构建，多地公检法司等机关逐步形成共识、会签文件、形成了相关机制，特别是在虚假诉讼案件线索发现移送方面建立了机制。一般而言，有以下几种线索发现途径：（1）当事人及其代理人、案外人等报案、控告、举报或者申诉；（2）人民法院、人民检察院、公安机关、司法行政机关在履行职责中自行发现；（3）人大、政法委、纪委、信访部门等机关、组织移送；等等。应某某虚假诉讼一案就是贵州省遵义市公安局红花岗分局在侦办甲医药公司内部员工内外勾结职务侵占一案过程中，发现相关事实与重庆市高级人民法院终审民事判决所认定的事实存在矛盾，于2014年3月4日就应某某等人涉嫌犯罪的情况向检察机关作了通报。

对检察机关内部而言，以下几个方面更易发现相关线索：（1）从案件管理监督部门受理的虚假诉讼罪、非法集资犯罪、传销犯罪等案件中获取线索；（2）从立案监督与立案调查部门的"套路贷"、高利贷等涉黑涉恶刑事案件、刑事领域相关专项活动中获取线索；（3）从法院民间借贷判决书、调解书中获取线索；（4）从当事人申诉或案外人举报的民间借贷、债务纠纷案件中获取线索；（5）从裁判文书类案检索民间借贷、"套路贷"、虚假诉讼等案件中获取线索。

二是检察机关查办监督虚假诉讼案件，调查核实权的运用是关键。《民事诉讼法》第221条[①]赋予了检察机关调查核实权，但实践中该权力如何用足、用好尚需进一步探索。针对虚假诉讼的调查核实，以下事项需要注意：

（1）根据案件类型确定核实方向。对相关案件线索要逐一制定调查核实方案，做细"阅卷初核、外围调查、询问突破"等环节工作，加强对证据"三性"的审查力度，增强调查核实成效。对于民间借贷类虚假诉讼，在制定调查核实方案时，要围绕债务产生的时间、地点、原因、用途、支付方式、交易细节、借条的形成以及债权人和债务人的经济情况等方面进行。

（2）综合运用调查核实措施。特别是运用好查询、调取、复印相关证据材料，询问当事人或案外人及委托鉴定等调查措施。对于民间借贷类虚假诉讼，需要查明的重点方面：一是通过对借款凭证等证据进行文检鉴定等方式，调查是否存在伪造、变造借款凭证、伪造借款人签名、倒签借款时间等情形，核实借贷关系的真实性。二是通过调取当事人银行交易流水，查明资金流向，核实当事人之间借贷资金是否实际交付、归还。若系现金交付，还需调查出借人是否有出借能力及借款人是否有借款必要。此外，调查核实过程中，还要善于洞察诉讼中各方当事人的行为疑点和异常情况，综合分析判断当事人是否存在恶意串通、逃避债务的行为，为查明虚假诉讼事实、依法开展监督打下基础。

（3）查办惩治虚假诉讼要对内挖潜，向外借力。[②]因民事检察监督呈现"倒三角"结构，大量的虚假诉讼线索或经当事人申诉或经检察机关执行

[①] 《民事诉讼法》（2024年1月1日起施行）第221条规定："人民检察院因履行法律监督职责提出检察建议或者抗诉的需要，可以向当事人或者案外人调查核实有关情况。"

[②] 王晶、刘红、田恬：《基层检察院办理虚假诉讼监督案件的思考——以斯××与余××等四人虚假民间借贷纠纷案为例》，载《湖北师范大学学报》2017年第5期。

发现而存在基层检察机关。对此应上下联动，对内成立虚假诉讼专项监督办案组或领导小组，调配政策研究等相关专业型人才充实办案力量；对外向上下一体的办案工作机制借力，对重大疑难复杂案件或者无法突破的瓶颈困难寻求上级院的指导帮助，必要时可提请上级检察院抗诉。

（案例撰写人：李萍）

专家点评

　　本案是一起单方实施型虚假诉讼。随着惩治虚假诉讼工作的深入推进，双方串通型虚假诉讼成本将越来越高，施展空间将越来越小，虚假诉讼更多地将指向单方实施型。这类虚假诉讼隐蔽性更强、查办难度更大。本案的成功办理为惩治此类案件提供了方向。一要敏于线索发现和移送，这是查处虚假诉讼的"源头活水"，应当多途径发现线索。二要精于调查核实，这是对虚假诉讼"釜底抽薪"，应当通过认真细致的调查，拨开虚假诉讼的层层外衣。三要勇于亮剑，检察机关及时以抗诉和再审建议方式监督虚假诉讼，促使法院撤销基于虚假诉讼作出的错误生效裁判。纠正虚假诉讼，不仅可以替利益受损的当事人挽回损失，更重要的意义在于维护司法权威、捍卫社会诚信。

（点评人：冯小光，最高人民检察院第六检察厅厅长）

002 民间借贷合同特别是"套路贷"中合同效力的认定

薛某某等人与王某某等人民间借贷纠纷再审检察建议案[*]

案情简介

一、基本事实

自2016年起,薛某某、毛某、冯某某三人在放贷过程中,利用不特定人员(均为在校大学生)涉世未深和惧怕心理,与王某某等48人分别签订借款合同,制造相应的借条、收条,要求王某某等债务人手持该现金和借条、收条拍摄照片。在扣除利息、中介费等相关款项后,薛某某等三人将远低于借条、收条金额的现金交付给债务人。据查,薛某某等人与债务人签订的借款合同所载明的借款数额一般为债务人实际拿到金额的两倍至三倍,其利息计算往往超过了法定保护的利息范围。

二、诉讼过程

因王某某等人到期未能还款,自2017年2月起,薛某某、毛某、冯某某分别起诉至南京市江宁区人民法院,要求王某某等48人归还9750元至56000元不等借款并支付利息及诉讼代理费。2017年7月至2018年3月,江宁区人民法院陆续作出48件民事判决、裁定、调解书,认定薛某某、毛某、冯某某与王某某等人之间存在民间借贷关系,判决、调解王某某等48人归还借款,并支付利息及诉讼代理费。

2019年5月23日,薛某某、毛某因涉嫌诈骗罪被南京市鼓楼区人民检察院批准逮捕。冯某某因涉嫌虚假诉讼罪,于2019年9月27日被南京

---

[*] 本案承办人:江苏省南京市人民检察院张英姿;江苏省南京市江宁区人民检察院朱艳平。

市公安局江宁分局拘留。

三、检察监督

南京市人民检察院、南京市鼓楼区人民检察院向南京市江宁区人民检察院移送相关监督线索，南京市江宁区人民检察院经审查认为，薛某某、毛某、冯某某专门从事小额贷款业务，向在校大学生等不特定对象提供资金以赚取高额利息，出借行为具有反复性、经常性、借款目的具有营业性等特点，其放贷行为违反了《银行业监督管理法》第19条规定的"未经国务院银行业监督管理机构批准，任何单位或者个人不得设立银行业金融机构或者从事银行业金融机构的业务活动"情形，违反了国家关于金融活动的强制性规定，破坏了国家金融秩序，上述借款合同无效。原审认定事实不清，且有新的证据足以推翻原生效裁判文书。据此，江宁区人民检察院依法提出再审检察建议，江宁区人民法院经审理后裁定撤销原判决，驳回原审原告的起诉。

案件要旨

"套路贷"中民间借款合同效力的认定，不应局限于借款合同的形式外观，而是应当深入探究贷款行为的本质，通过并案审查、类案监督的方式，着重审查贷款人长期的贷款行为模式，发掘其中违反法律、行政法规强制性规定之处，从根本上否定其行为的效力，避免让非法的行为本质为合法的合同外观所掩饰。故在"套路贷"案件中，当贷款人的放贷行为呈现反复性、经常性、借款目的具有营业性等特点时，其订立的借贷合同违反了国家关于金融活动的强制性规定，应认定为无效合同。

法律规定索引

·《民法典》规定及沿革·

《民法典》

第一百五十三条第一款 违反法律、行政法规的强制性规定的民事法律行为无效。但是，该强制性规定不导致该民事法律行为无效的除外。

▌新旧对比

《民法通则》第 58 条第 5 项规定，"违反法律或者社会公共利益的"民事行为无效。《合同法》第 52 条第 4 项规定，"损害社会公共利益"的民事法律行为无效；第 5 项规定，"违反法律、行政法规的强制性规定"的民事法律行为无效。《民法典》第 153 条第 1 款与《合同法》第 52 条第 4 项、第 5 项相比，一方面承继了"违反法律、行政法规的强制性规定"的民事法律行为无效的规定；另一方面增加但书，即"但是，该强制性规定不导致该民事法律行为无效的除外"。[①]

▌法条精义

《民法典》第 153 条第 1 款是对民事法律行为效力的规制。民事法律行为是民事主体参与社会活动、协调社会关系的主要方式。法律通过禁止性规定等为民事主体划定其行为的界限，赋予民事主体行动自由，并实现法律的规范目的。结合条文位置，《民法典》第 153 条第 1 款以法律、行政法规的强制性规定作为法律行为的最基本界限，民事主体的行为首先要符合法律、行政法规的强制性规定，在此基础上才能适用其他条文以认定其效力[②]；若其行为违反了法律、行政法规的强制性规定，除非出现但书的情形，否则均为无效的法律行为，无须适用其他条文认定其效力[③]。

《民法典》第 153 条第 1 款有两个"强制性规定"，其中前半句的强制性规定，违反的后果是导致合同无效，因而其性质上属于效力性规定。[④]后半句的强制性规定，指的是管理性规定。私法中一般不存在管理性规定的问题，因而这里的强制性规定主要是指公法上的强制性规定。此外，"强制性规定"并不包括民法典有关效力控制的其他规定。在司法实践中，有必要将其与民法典有关未经批准的合同、无权代理合同、无权代表合同

---

① 最高人民法院民法典贯彻实施工作领导小组主编：《中华人民共和国民法典总则编理解与适用》（下），人民法院出版社 2020 年版，第 754 页。
② 顾全：《民事法律行为效力评价维度——兼论及限制性规范体系的理解适用》，载《东方法学》2021 年第 1 期。
③ 杨代雄：《〈民法典〉第 153 条第 1 款评注》，载《法治研究》2020 年第 5 期。
④ 最高人民法院民法典贯彻实施工作领导小组主编：《中华人民共和国民法典总则编理解与适用》（下），人民法院出版社 2020 年版，第 755 页。

以及无权处分合同的有关规定进行区别。[①]

《民法典》第153条第1款在适用上应注意以下问题：(1)判定民事法律行为无效的依据是强制性规范，且一般为效力性强制性规范，但特殊情况下违反管理性强制性规范也会导致法律行为无效；(2)所违反的强制性规范来源于法律、行政法规，违反行政规章、地方性法规强制性规范的法律行为的效力认定，不宜适用本款。

·司法解释·

1.《最高人民法院关于审理民间借贷案件适用法律若干问题的规定》

第十三条　具有下列情形之一的，人民法院应当认定民间借贷合同无效：

（一）套取金融机构贷款转贷的；

（二）以向其他营利法人借贷、向本单位职工集资，或者以向公众非法吸收存款等方式取得的资金转贷的；

（三）未依法取得放贷资格的出借人，以营利为目的向社会不特定对象提供借款的；

（四）出借人事先知道或者应当知道借款人借款用于违法犯罪活动仍然提供借款的；

（五）违反法律、行政法规强制性规定的；

（六）违背公序良俗的。

2.《最高人民法院关于当前形势下审理民商事合同纠纷案件若干问题的指导意见》

15.正确理解、识别和适用合同法第五十二条第（五）项中的"违反法律、行政法规的强制性规定"，关系到民商事合同的效力维护以及市场交易的安全和稳定。人民法院应当注意根据《合同法解释（二）》第十四条之规定，注意区分效力性强制规定和管理性强制规定。违反效力性强制规定的，人民法院应当认定合同无效；违反管理性强制规定的，人民法院

[①] 最高人民法院民法典贯彻实施工作领导小组主编：《中华人民共和国民法典总则编理解与适用》（下），人民法院出版社2020年版，第756页。

应当根据具体情形认定其效力。

域外立法通览

一、德国

《德国民法典》第134条规定:"除基于法律发生其他效果外,违反法律禁止规定的法律行为无效。"对该条的理解,卡纳里斯认为:"学界通说认为应当进行个案考察的模式曲解了《民法典》第134条,应该将该条的功能视作有利于无效认定的解释规则,因为该条清晰地表明了原则与例外的关系。该条同时包含了国家经济秩序和经济控制原则上优先于私法自治的基本决定。"但施瓦布观点与卡纳里斯观点有所不同,其认为《德国民法典》第134条与该条文字表意相反,该条所指的是违反禁止性规定的法律行为无效并不常规。只有在违反禁止性规范的法律行为之无效确实是适当的法律后果时,才应将法律行为评价为无效。[①]

二、日本

《日本民法典》第91条规定:"法律行为当事人表示之意思,与法令中无关公共秩序之规定相异时,从其意思。"与《德国民法典》第134条和我国《民法典》第153条第1款不同,《日本民法典》第91条并不区分民事法律行为不得违反之规定的类型和渊源,而是强调该规定的内容,即要求该规定当以公共秩序为规范内容,且《日本民法典》第91条没有规定但书。另一显著区别之处在于,《日本民法典》第91条从正面进行规定,探究法律行为中当事人的表示意思。当法律行为当事人的表示意思与规范公共秩序的规定相同,或者与非规范公共秩序的规定相异时,其表示意思均可发生相应法律效果;当民事主体表示意思与该种规定不同时,其法律行为不会必然无效,而是不发生当事人意图发生的法律效果。由此,从文义和体系上理解,《日本民法典》第90条、第91条更侧重从社会公共秩序角度出发来规范民事主体的法律行为,更注重当事人表示意思内容与社会公共秩序的关系。

---

① [德]迪特尔·施瓦布:《民法导论》,郑冲译,法律出版社2006年版,第469页。

实务指引

随着经济社会发展，人民群众在法治、公平、正义、安全、环境等方面的要求日益增长，希望对权利的保护更加充分、更为有效。民法典的颁布实施，顺应了这一时代要求，以法典形式巩固了从身份到契约、从单位人到平等市场主体的深刻转变，检察机关在履行法律监督职能过程中，应准确把握民法典的精神内涵，树立精准监督的理念，引导通过优化监督切实提高监督的精准性和权威性，努力做到监督一件，促进解决一个领域、一个地方、一个时期司法理念、政策、导向问题，实现办案政治效果、社会效果与法律效果有机统一。

一、效力性强制性规定与管理性强制性规定的区分

区分效力性强制性规定与管理性强制性规定，是司法实践中判断民事法律行为有效与否的重要标准。已经废止的《最高人民法院关于适用〈中华人民共和国合同法〉若干问题的解释（二）》第14条对影响合同效力的强制性规范作出界定，即效力性强制性规定。但对于何谓效力性强制性规范，标准不甚清晰。司法实践中，导致法律行为无效的强制性规定往往是效力性强制性规定，如最高人民法院的民事裁定认为《野生动物保护法》第27条关于禁止出售、购买、利用国家重点保护野生动物及其制品的规定属于管理性强制性规定，不得以之作为认定合同效力的依据。[①] 而《最高人民法院关于当前形势下审理民商事合同纠纷案件若干问题的指导意见》第15条最后半句规定："违反管理性强制规定的，人民法院应当根据具体情形认定其效力。"第16条规定："人民法院应当综合法律法规的意旨，权衡相互冲突的权益，诸如权益的种类、交易安全以及其所规制的对象等，综合认定强制性规定的类型。如果强制性规范规制的是合同行为本身即只要该合同行为发生即绝对地损害国家利益或者社会公共利益的，人民法院应当认定合同无效。如果强制性规定规制的是当事人的'市场准入'资格而非某种类型的合同行为，或者规制的是某种合同的履行行为而非某类合

[①] 参见最高人民法院对"宜昌金银岗野生动物世界有限公司与宜昌三峡森林野生动物世界有限公司、三峡植物园租赁合同纠纷案"作出的（2013）民申字第869号民事裁定。

同行为，人民法院对于此类合同效力的认定，应当慎重把握，必要时应当征求相关立法部门的意见或者请示上级人民法院。"第15条和第16条表明，强制性规范的类型除区分为效力性强制性规范和管理性强制性规范外，还应当从强制性规定的规范目的等因素进行综合判断，违反效力性强制性规范的合同不必然无效，遵守管理性强制性规范的合同不必然有效。①

《民法典》第153条第1款第2句规定："但是，该强制性规定不导致该民事法律行为无效的除外。"该但书规定表明，违反效力性强制性规定并不会必然导致民事法律行为无效，需要从强制性规定所保护的法益、违法后果等因素进行综合考量以认定其性质。②这一立场也与《全国法院民商事审判工作会议纪要》第30条相契合。该条指出要判断"强制性规定"性质，需要在考量强制性规定所保护的法益类型、违法行为的法律后果以及交易安全保护等因素基础上认定其性质。涉及金融安全、市场秩序、国家宏观政策等公序良俗的，交易标的禁止买卖的，违反特许经营规定的，交易方式严重违法以及场所违法的，应当认定为"效力性强制性规定"。对于经营范围、交易时间、交易数量等行政管理性质的强制性规定，一般应认定为"管理性强制性规定"。

二、违反效力性强制性规定对合同效力的影响

根据史尚宽先生的理论，广义的强制性规定区分为效力规范和取缔规范，效力规范注重违法行为的法律行为价值，以否定其法律效力为目的；取缔规范注重违法行为的事实行为价值，以禁止其行为为目的。违反效力规范的法律行为无效，而违反取缔规范的法律行为有效。③《民法典》第153条第1款规定，违反法律、行政法规的强制性规定会导致民事法律行为无效。第一，当违反的强制性规定来源于法律、行政法规之外的规范性文件时，本款不能适用。如此规定，有利于防止行政管制过度以致无效民事法律行为泛滥，威

---

① 王轶：《合同效力认定的若干问题》，载《国家检察官学院学报》2010年第5期。
② 崔文星：《民法典视野下强制性规范和公序良俗条款的适用规则》，载《法学杂志》2022年第2期。
③ 史尚宽主编：《民法总论》，中国政法大学出版社2000年版，第330页。

胁到交易安全。① 但是，这并不表明违反行政规章或地方性法规的法律行为必然有效，法律、行政法规以外的规范性文件，以及国家和地方政策可能包含公序良俗的内容，若违反其规定，《民法典》第153条第2款对于违背公序良俗认定民事法律行为无效的规定更宜适用。对于《民法典》第153条两款规定不能孤立地适用，需要进行体系化解读。对第153条第1款适用的同时也应注意第2款关于公序良俗对法律行为的影响，从而使强制性规定与公序良俗条款协调适用，法条之间达到有机统一。第二，对于国务院各部委制定的强制性标准，根据《标准化法》第25条，"不符合强制性标准的产品、服务，不得生产、销售、进口或者提供"，结合个案具体情况，违反强制性标准的特定民事法律行为应当依据《民法典》第153条第1款认定为无效法律行为。

三、并案审查、类案监督，把握"套路贷"本质

首先，并案审查，全面把握"套路贷"虚假诉讼案件特征。本案案涉48件案件，如果单个案件分开审查，不能反映其"套路贷"本质，将其作为系列"串案"一并审查，有利于揭露犯罪主观故意和客观行为特征；也有利于全面分析薛某某等人"套路贷"职业放贷人的身份和虚假诉讼的本质，进而分析其所涉民事诉讼案件应当依法监督的合法性及必要性。

其次，类案监督，探索再审检察建议类案监督模式。最高检《2018—2022年检察改革工作规划》明确指出，要探索民事类案监督工作机制。案涉48件民间借贷纠纷，由于法律关系和事实存在共同点，检察机关认定的事实和再审理由一致，以类案形式就48个案件向法院发出一份再审检察建议，既有利于提升监督质效，又有利于体现检察监督的谦抑性，节约司法成本。南京市人民检察院明确之后对于类似案件的再审检察建议均以此案为样本作类案监督。

最后，联动推进，充分发挥检察机关监督合力。一是刑民联动。在刑事批捕之后，鼓楼区人民检察院及时向江宁区人民检察院移送。鼓楼区人民检察院积极配合南京市人民检察院和江宁区人民检察院调取相关刑事案件证据材料。二是上下联动。南京市人民检察院牵头指挥督办，两级院民

---

① 参见王利明：《论无效合同的判断标准》，载《法律适用》2012年第7期。

事部门采用一体化办案模式，成立办案组全面审查，统一办案思路、监督方法，仅用 15 天时间就作出监督决定。

（案例撰写人：杨宇飞）

专家点评

对于违反强制性法律规定的合同效力确定，应着重探寻强制性法律规定的规范目的和规范重心。《民法典》第 153 条第 1 款为引致性规范，将刑法、行政法等法律以及行政法规中的强制性规定引入民法，为私人自治设定了边界，也赋予了法院在具体案件中判断合同是否因违反公法强制性规范而无效的权力。该条款发挥了调和国家管制与私法自治的主要功能，当公法的立法者重视实现对某个事项的管制目标，如特定行业的资格限制，则民法必须容让公法，使公法管制目标优于私法自治，这便妥善处理了公法与私法之间的关系，区分了国家管制规范和民法自治规范，同时实现两者不同的规范意旨。

具体到本案，薛某某等三人的放贷行为违反了《银行业监督管理法》第 19 条规定的"未经国务院银行业监督管理机构批准，任何单位或者个人不得设立银行业金融机构或者从事银行业金融机构的业务活动"情形，该条规定的目的是加强对银行业的监督管理，规范监督管理行为，防范和化解银行业风险，保护存款人和其他客户的合法权益，促进银行业健康发展，违反该条规定的民事法律行为，应当认定为无效。故薛某某等三人的放贷行为系无效的法律行为，由此产生的借款合同也不宜认定为有效合同。此外，南京市江宁区人民检察院采用并案审查、类案监督的检查监督模式，对于全面把握"套路贷"案件特征、认定"套路贷"借贷合同无效具有显著效果和重要作用。

（点评人：谢鸿飞，中国社会科学院法学研究所研究员、
中国社会科学院大学博士生导师）

003 "套路贷"虚假诉讼的识别和监督
武某飞、武某泽系列"套路贷"虚假诉讼监督案[*]

案情简介

一、基本事实

2015年6月,甲公司以武某飞、武某泽为首,吸收多人参加,逐渐发展形成以甲公司为依托,以非法吸收公众存款用于发放高利贷为手段,以牟取的巨额非法经济利益为支撑,有组织地实施违法犯罪活动的黑社会性质犯罪组织。该组织收取别人存款支付利息一般为月息一分五,对外放款的利息一般为月息三分到四分。放贷时收取砍头息(将第一个月的利息予以扣除)。待后期借款人无法按约定还本付息时,即采取滋扰、恐吓等手段强索债务,并以该公司的员工或武某飞的亲戚个人名义向法院起诉借款人。

二、诉讼过程

在向法院提起民事诉讼过程中,实际出借人武某飞、武某泽隐瞒其非法吸收公众存款用于违法职业放贷、砍头息的事实及隐匿还款证据、捏造被告未支付利息的事实,严重干扰正常司法秩序。相关借款人向武某飞、武某泽借的钱来自武某飞、武某泽向社会非法吸收的公众存款。武某飞、武某泽隐匿还款证据的手法是:"武某飞的公司对外放钱的时候,借款人同武某飞的公司签的是空白合同,不写出借人姓名。出借钱时用的是一个人的银行卡,而收利息或者本金又是用的另外一个人的银行卡。待后期需要起诉借款人时,再在出借人一栏写上出借人姓名。出借人姓名为出借钱时用的银行卡持有人的姓名,或者再加上武某泽的姓名,便于要账。武某飞

---

[*] 本案承办人:安徽省亳州市人民检察院何昆、余洋。

起诉对方没还钱，对方拿不出来还款证据，起诉对方都是让对方偿还本金和自借款之日起至还款之日的合法两分的利息，而实际上有些借款人已经还了很多利息或本金，但是武某飞的公司起诉的时候往往不承认收到钱"。另外，该犯罪集团为了在法院诉讼、执行中顺利胜诉并谋取利益最大化（如缓交、免交诉讼费，快速执行案件等），通过请客吃饭、送财物等方式拉拢利辛县人民法院相关审判、执行人员，以求获得帮助。该系列案件出现了利辛县人民法院"对相关诉讼违法准予缓、减、免交诉讼费，诉前财产保全中对担保人提供的担保房产未办理查封手续"等违法情形。

三、检察监督

亳州市人民检察院在履职过程中发现公安机关办理的武某飞系列黑社会性质案件中涉及虚假诉讼情形，随即主动开展工作，派遣民事检察业务骨干介入、引导、配合公安机关的侦查，获取涉及民事虚假诉讼的案源。

在引导公安机关侦查过程中，亳州市人民检察院注重引导公安机关收集"该犯罪集团非法吸收公众存款与违法职业放贷资金来源关联性，高利放贷，砍头息，名义起诉人与实际起诉人之间的关联性，起诉时隐匿还款证据、捏造被告未支付利息事实"等方面的证据。在抗诉前，调取了人民法院刑事判决书、公安机关侦查卷，该系列案件中涉及民事部分的审判卷宗及执行卷宗，就部分借贷纠纷案件调取了银行交易明细，对原被告双方做了问话笔录。上述工作的开展，为该系列案件的实体及程序监督奠定证据基础。

亳州市人民检察院认为，利辛县人民法院作出的相关民事判决书及调解书适用法律确有错误并向亳州市中级人民法院提出抗诉71件，涉案资金3500多万元。抗诉的理由：（1）武某飞、武某泽非法吸收公众存款并进行职业放贷的行为损害社会公共利益，违反法律、行政法规效力性强制性规定，依法应归于无效；（2）武某飞、武某泽向不特定多数人违法放贷，并采取强索债务、隐匿还款证据、虚增债权债务数额向人民法院提起民事诉讼等方式攫取高额利息，属于以合法形式掩盖非法目的，其所订立借贷合同依法应归于无效；（3）武某飞、武某泽隐瞒违法职业放贷事实、隐匿还款证据、虚增债权债务数额的"套路贷"行为系虚假诉讼，侵犯了借款人的合法权益，破坏人民法院正常审判秩序，削弱了司法权威和司法公信力，损害了社会公共利益。

对于该系列案件中的生效裁判监督，亳州市中级人民法院已作出指令再审裁定；利辛县人民检察院向利辛县人民法院发出的47件审判程序违法建议、57件执行程序违法建议，利辛县人民法院已书面回复，全部采纳。该"套路贷"刑事案件中组织领导者武某飞、武某泽经过一、二审审理，最终判决认定武某飞、武某泽犯组织领导黑社会性质组织罪、非法吸收公众存款罪、寻衅滋事罪、非法拘禁罪、诈骗罪、组织卖淫罪。

通过对武某飞、武某泽系列黑社会性质案件民事检察监督，进一步发现利辛县人民法院祝某、马某等法官存在深层次违法情形，利辛县人民检察院将相关违法违纪线索向利辛县纪委移交，利辛县纪委经过调查，对相关审判、执行人员作出纪律处分，其中三人已被移送司法机关处理，目前已被人民法院作出有罪判决。

另外，在虚假诉讼领域深层次违法监督上，检察机关坚持寻根问底的方式，逐步扩大监督的范围和成果。具体做法是：在法院相关人员被纪委处分、移交检察机关刑事立案后，民事检察部门通过与刑事检察部门的沟通协作，在相关人员的调查问询笔录中，搜索其在其他普通民事案件中的违法违纪、受贿情形，并调取相关案件卷宗，就程序问题及深层次违法问题向法院发出检察建议。此种做法，达到了挖一案、带一串，由人到事监督的效果，提高了监督的广度和深度。

案件要旨

"套路贷"往往披着民间借贷的合法外衣，其实质上掺杂着非法吸收公众存款、违法职业放贷、诈骗、虚假诉讼等违法犯罪行为，不仅损害被害人的合法权益，造成社会的不安定、不和谐，更会严重扰乱金融管理秩序、司法秩序，影响经济的健康发展，损害司法权威，危害到国家和社会的公共利益。检察机关应积极将在办理民间借贷纠纷监督案件中发现的相关违法犯罪线索，及时移送公安机关，并适时介入引导公安机关对相关案件的侦查。除直接采用公安机关侦查的证据外，检察机关应充分发挥民事检察调查核实的职能，主动收集案件证据，如银行交易流水、询问当事人等，以补充公安机关侦查取证的不足，充分证实民事虚假诉讼等事实，为相关民事案件的实体抗诉奠定证据基础。对相关民事案件的审判程序和执行程序应进行同步审查，对发现的问题予以监督纠正。同时，要透过审判、执行程序的浅层次违法问题，深入挖掘其背后法官受贿等深层次违法问题，及时移送相关部门处理，以达到防范和治理司法腐败的效果，营造规范、公正、权威的司法环境。

法律规定索引

·《民法典》规定及沿革·

《民法典》

第一百四十三条 具备下列条件的民事法律行为有效：

（一）行为人具有相应的民事行为能力；

（二）意思表示真实；

（三）不违反法律、行政法规的强制性规定，不违背公序良俗。

第一百四十六条 行为人与相对人以虚假的意思表示实施的民事法律行为无效。

以虚假的意思表示隐藏的民事法律行为的效力，依照有关法律规定处理。

第一百五十三条 违反法律、行政法规的强制性规定的民事法律行为无效。但是，该强制性规定不导致该民事法律行为无效的除外。

违背公序良俗的民事法律行为无效。

第六百七十条 借款的利息不得预先在本金中扣除。利息预先在本金中扣除的，应当按照实际借款数额返还借款并计算利息。

第六百八十条 禁止高利放贷，借款的利率不得违反国家有关规定。

借款合同对支付利息没有约定的，视为没有利息。

借款合同对支付利息约定不明确，当事人不能达成补充协议的，按照当地或者当事人的交易方式、交易习惯、市场利率等因素确定利息；自然人之间借款的，视为没有利息。

▍新旧对比

1.《民法典》第 143 条沿用了《民法总则》第 143 条的规定，该规定亦基本延续了《民法通则》第 55 条规定，但对该条第 3 项进行了调整。《民法通则》规定为"不违反法律或者社会公共利益"，而《民法典》规定为"不违反法律、行政法规的强制性规定，不违背公序良俗"。

2.《民法典》第 146 条沿用了《民法总则》第 146 条规定，该条源于《民法通则》第 58 条第 6 项，但进行了较大修改，从"以合法形式掩盖非法目的"修改为"行为人与相对人以虚假的意思表示实施的民事法律行为无效。以虚假的意思表示隐藏的民事法律行为的效力，依照有关法律规定处理"。

3.《民法典》第 153 条基本延续了《民法总则》第 153 条规定。该规定是在《民法通则》第 58 条第 5 项的基础上完善而来，该项规定"下列民事行为无效……违反法律或者社会公共利益的"。

4.《民法典》第 670 条规定采用了《合同法》第 200 条的原文，并无改动。

5.《民法典》第 680 条就民间借贷计息的规定，相比《合同法》第 211 条规定，有较大修改。《合同法》规定为"自然人之间的借款合同对支付利息没有约定或者约定不明确的，视为不支付利息。自然人之间的借款合同约定支付利息的，借款的利率不得违反国家有关限制借款利率的规定"。与之相比，《民法典》第 680 条明确禁止"高利贷"，对不违反国家规定而利息约定不明的情况，按照协议双方补充约定，约定不成则按照当地或者当事人的交易方式、交易习惯、市场利率等因素确定。

▍法条精义

《民法典》第 143 条规定了民事法律行为有效的条件，第 153 条对违反法律、行政法规的强制性规定及违背公序良俗的民事法律行为的效力进行了否定。对于何谓"强制性规定"和"公序良俗"，最高人民法院在《全国法院民商事审判工作会议纪要》（法〔2019〕254 号，以下简称《九民纪要》）中进行了解释。

《九民纪要》第 30 条针对强制性规定进行了说明，指出"下列强制性规定，应当认定为'效力性强制性规定'：强制性规定涉及金融安全、市场秩序、国家宏观政策等公序良俗的；交易标的禁止买卖的，如禁止人体器官、毒品、枪支等买卖；违反特许经营规定的，如场外配资合同；交易方式严重违法的，如违反招投标等竞争性缔约方式订立的合同；交易场所违法的，如在批准的交易场所之外进行期货交易。"

对违反公序良俗无效的说明则见于第31条"违反规章一般情况下不影响合同效力，但该规章的内容涉及金融安全、市场秩序、国家宏观政策等公序良俗的，应当认定合同无效"的规定。

"套路贷"、高利贷虽然徒有民间借贷的外表，其实质违反了《民法典》第153条、第680条规定，依法应归于无效。

·司法解释·

《最高人民法院关于审理民间借贷案件适用法律若干问题的规定》

第十条 法人之间、非法人组织之间以及它们相互之间为生产、经营需要订立的民间借贷合同，除存在民法典第一百四十六条、第一百五十三条、第一百五十四条以及本规定第十三条规定的情形外，当事人主张民间借贷合同有效的，人民法院应予支持。

第十一条 法人或者非法人组织在本单位内部通过借款形式向职工筹集资金，用于本单位生产、经营，且不存在民法典第一百四十四条、第一百四十六条、第一百五十三条、第一百五十四条以及本规定第十三条规定的情形，当事人主张民间借贷合同有效的，人民法院应予支持。

第十二条 借款人或者出借人的借贷行为涉嫌犯罪，或者已经生效的裁判认定构成犯罪，当事人提起民事诉讼的，民间借贷合同并不当然无效。人民法院应当依据民法典第一百四十四条、第一百四十六条、第一百五十三条、第一百五十四条以及本规定第十三条之规定，认定民间借贷合同的效力。

担保人以借款人或者出借人的借贷行为涉嫌犯罪或者已经生效的裁判认定构成犯罪为由，主张不承担民事责任的，人民法院应当依据民间借贷合同与担保合同的效力、当事人的过错程度，依法确定担保人的民事责任。

第十三条 具有下列情形之一的，人民法院应当认定民间借贷合同无效：

（一）套取金融机构贷款转贷的；

（二）以向其他营利法人借贷、向本单位职工集资，或者以向公众非法吸收存款等方式取得的资金转贷的；

（三）未依法取得放贷资格的出借人，以营利为目的向社会不特定对象提供借款的；

（四）出借人事先知道或者应当知道借款人借款用于违法犯罪活动仍然提供借款的；

（五）违反法律、行政法规强制性规定的；

（六）违背公序良俗的。

第十八条 人民法院审理民间借贷纠纷案件时发现有下列情形之一的，应当严格审查借贷发生的原因、时间、地点、款项来源、交付方式、款项流向以及借贷双方的关系、经济状况等事实，综合判断是否属于虚假民事诉讼：

（一）出借人明显不具备出借能力；

（二）出借人起诉所依据的事实和理由明显不符合常理；

（三）出借人不能提交债权凭证或者提交的债权凭证存在伪造的可能；

（四）当事人双方在一定期限内多次参加民间借贷诉讼；

（五）当事人无正当理由拒不到庭参加诉讼，委托代理人对借贷事实陈述不清或者陈述前后矛盾；

（六）当事人双方对借贷事实的发生没有任何争议或者诉辩明显不符合常理；

（七）借款人的配偶或者合伙人、案外人的其他债权人提出有事实依据的异议；

（八）当事人在其他纠纷中存在低价转让财产的情形；

（九）当事人不正当放弃权利；

（十）其他可能存在虚假民间借贷诉讼的情形。

关于假借民间借贷的虚假诉讼的其他规定散见于《人民检察院民事诉讼监督规则》《最高人民法院、最高人民检察院、公安部、司法部关于进一步加强虚假诉讼犯罪惩治工作的意见》《最高人民法院、最高人民检察院关于办理虚假诉讼刑事案件适用法律若干问题的解释》《最高人民法院关于防范和制裁虚假诉讼的指导意见》等规定中。

针对"套路贷","两高两部"出台了《关于办理黑恶势力犯罪案件若干问题的指导意见》《关于办理恶势力刑事案件若干问题的意见》《关于办理"套路贷"刑事案件若干问题的意见》《关于办理实施"软暴力"的刑事案件若干问题的意见》等文件,对"套路贷"行为模式及犯罪定性问题进行了详细规定。

域外立法通览

一、大陆法系中对违法合同的效力规制

《德国民法典》第134条规定:"法律行为违反法律禁令时无效,但法律另有规定的除外。"[1] 具体案例中,如出现违法的情况,法官会进一步分析合同的效力是否因违反法律禁令受到消极影响,依照法律的具体规定判定是否会导致合同无效。[2]

《法国民法典》第6条规定,"任何人不得通过个别契约违反有关公共秩序以及善良风俗之法律";第1128条规定:"以下是合同有效的必要条件:1.当事各方的同意;2.他们缔结合同的能力;3.确定且合法的内容。"[3] 法国法上合同违法有三层含义,广义上的合同违法包括违反法律禁止性规定(最狭义违法)、违反公序以及违反良俗三种情形,前两种合并构成狭义上的合同违法。违法合同有两种命运——绝对无效和相对无效。二者区分的深层依据在于前者对应于总体利益受到侵害,后者则对应于私人利益受到侵害。[4]

二、英美法系中对违法合同的效力规制

"无效"在英国成文法中缺乏明确的含义,可以对应效力待定、可撤

---

[1] 潘运华:《论无效民事法律行为转换与解释、补正、确认和部分无效的关系》,载《南大法学》2021年第6期。
[2] 陈卫佐:《〈民法总则〉中的民事法律行为》,载《比较法研究》2017年第4期。
[3] 李世刚:《法国〈合同法改革草案〉解析》,载《比较法研究》2014年第3期。
[4] 参见罗结珍:《法国新民事诉讼法典》,法律出版社2008年版,第201页。

销等情形。与英国法相似,美国《第二次合同法重述》[①]的正式条文中也没有对无效合同进行界定。所谓无效合同,区别于有效合同的关键在于其是不得申请强制执行的。法院不仅不会对不法交易予以强制执行,而且也会拒绝给当事人以任何帮助。

实务指引

一、加强内外协调配合,充分、有效、严厉打击"套路贷"、虚假诉讼等违法犯罪

特别要加大对民间借贷纠纷案件,特别是同一或关联原告起诉的数量较多的民间借贷案件的审查力度,从中发现职业放贷、"套路贷"、诈骗、虚假诉讼等违法犯罪行为。[②] 在履行监督职责过程中,应加强同内部刑事检察部门和外部公安机关、纪委等部门的沟通协作,及时介入相关案件的调查,做好配合工作。围绕民事抗诉的证据要件,从细节上引导公安机关收集、完善证据,为抗诉工作奠定基础。同时,也要对相关借贷纠纷案件的审判程序和执行程序认真审查,往往能够从中发现程序方面存在的问题,及时向法院发出检察建议。

二、对"套路贷"、虚假诉讼等相关民事案件注重深层次违法监督,从根源上强化监督效果

在民事虚假诉讼案件中,起诉人往往通过虚假陈述、伪造证据、隐瞒证据等方式来捏造一些事实,而这些捏造的事实在对方或第三人极力抗辩、提出相反证据以及法官全面、严格、依法、规范审理的情况下,很容易不攻自破、露出马脚,虚假诉讼起诉人会面临败诉的结局。无论虚假诉讼起诉人胜诉还是败诉,其都要承担诉讼费用。因此,当事人为牟取非法利益进行虚假诉讼的风险很高。另外,在纯虚假诉讼或捏造事实虚增债权的诉讼中,起诉人起诉的虚假诉讼标的越高,其所要缴纳的诉讼费用越

---

① 参见黄忠:《合同自由与公共政策》,载《环球法律评论》2010 年第 2 期。
② 杨锦炎:《虚假民事诉讼的形成机制与风险控制——从经济视角分析》,载《法学杂志》2016 年第 6 期。

高，如果败诉，其受到的损失也将越大。因此，虚假诉讼在民事诉讼中的不易性，促使起诉人为了降低诉讼成本及风险，千方百计地通过向法官贿赂、提供好处等方式疏通关系，让法官在虚假诉讼案件的办理中对自己的案件提供便利和关照，甚至违法违规办理案件。因此，虚假诉讼领域中法官深层次违法情况较多。只有开展深层次违法监督，加大对法官的查处力度，才能起到震慑作用，从根源上强化监督效果。

三、加强虚假诉讼领域司法公职人员违法行为监督的方法

1. 从多领域搜索虚假诉讼案源，特别是虚假诉讼类案、窝案，以此扩大民事虚假诉讼监督的办案规模，奠定监督司法公职人员违法行为的案源基础。

2. 注重从审判程序违法、执行程序违法等浅层次违法行为中，查找明显、低级错误的情形，分析该错误可能为起诉人或对方当事人所带来的利益，进而研判其背后可能存在的法官受贿等深层次违法情形，移交相关部门查处。

3. 注重通过同一或关联当事人起诉的类案中，查找审判程序、执行程序一错再错的同类违法情形，分析研判其背后可能存在的法官受贿等深层次违法情形，移交相关部门查处。

4. 通过联合办案、介入办案、专业知识双向咨询等方式，参与纪委、公安、监所等部门对刑事案件的办理，利用民事专业知识引导对虚假诉讼及司法公职人员深层次违法的调查取证。

5. 强化自身办案素质能力，避免就案办案。提高在民事监督案件办理中发现深层次违法问题的意识和能力。在案件的具体调查核实中，注重收集、固定审判人员深层次违法问题的证据，移交纪委、监所等相关部门，并注重相关工作的保密。

综上所述，只有加大对虚假诉讼案源的摸排力度，并对相关案件进行全面监督、深层次监督，才能对司法公职人员和虚假诉讼违法犯罪人员起到震慑作用，进而有效遏制民事虚假诉讼不断蔓延的趋势，维护司法公正和权威。

（案例撰写人：许庆涛）

专家点评

"套路贷"、高利放贷借助民间借贷合同形式，游离在国家金融体系的监管之外，扰乱和冲击国家金融秩序和社会秩序。在刑法领域，"套路贷"主要涉及非法吸收公众存款、虚假诉讼等犯罪行为；在民事领域，主要涉及的法律问题是合同的效力。民事法律和刑事法律对高利放贷行为的调整方式各有侧重，应注意民事司法和刑事司法的有效衔接。

《民法典》第680条明确禁止高利放贷，有利于防范金融经济风险。职业放贷人未依法取得放贷资格，其以营利为目的对外签订的借款合同无效，借贷双方所约定超过法定标准的高利率不受法律保护。贷款人的高利放贷行为还可能涉嫌刑事犯罪。

检察机关作为法律监督机关，在打击虚假诉讼、维护金融市场稳定方面发挥着重要作用，应当充分发挥刑事监督与民事监督职能，形成合力，从根本上让"套路贷"无处遁形。

（点评人：谢鸿飞，中国社会科学院法学研究所研究员、中国社会科学院大学博士生导师）

004 赌债转化为民间借贷纠纷的处理原则

何某与庄某某等民间借贷纠纷再审检察建议案[*]

案情简介

一、基本事实

2016年9月3日，何某、李某伙同孙某在苏州市虎丘区某娱乐场所，以玩扑克"斗牛"的方式，多人串通欺骗庄某某，庄某某输钱要出钱，其他人输钱不出钱。在赌博过程中，庄某某输给孙某12万元，何某输给孙某6万元，何某假装给孙某写借条，诱骗庄某某也给孙某写了12万元借条。后孙某当场催着庄某某还钱，李某找来及某某。何某伙同及某某，由何某出钱，及某某假装债主出面借钱给庄某某本金12万元，骗得庄某某写下了18万元借条。

2016年9月5日，何某、李某怂恿庄某某借钱到澳门去赌博赢钱来还债，李某找来关联人员周某某，并谎称和庄某某各承担一半借款，由何某、李某出本金给周某某，让周某某假装债主出面借钱给庄某某本金20万元，骗庄某某写下30万元的借条。2016年9月初，李某、何某同庄某某在澳门赌博，李某、何某称上述钱款已输光，李某并未履行承担一半还款的承诺。

2016年10月，何某、李某虚构帮庄某某筹钱还债给及某某、周某某，由何某虚构需要借条在手方便去筹钱的理由，虚增债务、制造转账给庄某某的银行流水虚假给付事实，并以骗庄某某写下虚假借条的手段，将庄某某欠及某某、周某某的债务转移到何某自己身上，垒高庄某某的债务。在庄某某无力偿还虚高借款的情况下，何某利用银行流水和借条，借助诉讼手段，向庄某某及其家人索要钱款，后经法院判决庄某某归还何某借款本金94.63万元，含虚增债务、制造流水的还款给及某某、周某某的58万元。

---

[*] 本案承办人：江苏省苏州市人民检察院杨梅。

二、诉讼过程

2016年11月25日，何某向苏州工业园区人民法院提起诉讼，诉称：（1）庄某某、庄某清、张某某归还借款本金108万元；（2）案件诉讼费由庄某某、庄某清、张某某承担。诉讼中，何某就第一项诉讼请求变更：要求被告庄某某、庄某清、张某某归还借款98万元。庄某清、张某某系夫妻关系，于1993年8月14日申请登记结婚，庄某某系两人儿子。

苏州工业园区人民法院于2017年12月22日作出民事判决。一审法院认为：双方存在民间借贷关系，借款本金为98万元；庄某某、庄某清、张某某虽辩称借条系被胁迫出具、庄某某银行卡亦由何某控制，但未能提交相关证据加以证实，故该抗辩法院不予支持。就庄某清、张某某是否对上述债务承担共同还款责任，该院认为其证明书并非向何某出具，而是出具给庄某某其他债权人，且证明书中庄某清并未明确表示愿意代其子偿债务，庭审中其亦明确否认愿意代庄某某清偿相关债务，故何某诉请庄某清、张某某对上述借款承担共同还款责任，无事实及法律依据，该院不予支持。判决：被告庄某某于本判决生效之日起10日内归还原告何某借款本金946300元。驳回何某其他诉讼请求。

庄某某不服，向苏州市中级人民法院提起上诉。

苏州市中级人民法院于2018年5月3日作出二审民事判决。该院认为，本案中，何某主张其作为出借人，提供了借条及相应的付款凭证，证据之间可以互相印证，何某已尽到举证责任。庄某某认为借款系虚假的，则其应提供相反证据推翻上述证据的真实性。庄某某主张的收到转账后再取出支付给何某，无相关证据证实，何某亦不予认可，庄某某应承担相应的不利后果。关于本案认定的借款金额，因本案中何某存在预扣利息的情形，结合何某提供的证据，一审法院根据何某确认的实际支付给庄某某的借款金额确认借款本金为946300元，并无不当。判决驳回上诉，维持原判。

三、检察监督

2018年7月17日，庄某某向苏州市公安局园区分局报案，园区分局对李某、何某、郁某某等人涉嫌诈骗、非法拘禁犯罪立案侦查。2019年7月，检察机关认为根据现有何某、李某、孙某、周某某、及某某涉及事实的供述，涉案银行账户信息是新证据，该证据可证实，何某伙同他人，通过骗取庄某某签订虚假借款协议、虚增债务、制造资金走账流水，将非法的赌债转化成为合法的民间借贷法律关系，以及在明知庄某某借款是用于赌博的情况下仍然提供借款，故原判决对相应借贷合同法律效力及借款金额的认定系适用法律错误，事实认定不清。

检察机关向人民法院提出再审检察建议，认为本案现有新证据足以推翻二审法院民事判决。

2019年10月，二审法院作出民事裁定书，裁定撤销原一审、二审判决，驳回何某的起诉。

案件要旨

对于通过签订虚假借款协议、制造资金走账流水等手段，将非法的赌债转化成为民间借贷，这种基于赌博行为而产生的债权债务法律关系，以及出借人在明知借款人将借款是用于赌博的情况下仍然提供借款的，相应债权不应予以支持，借贷合同应属无效。

法律规定索引

·《民法典》规定及沿革·

▎《民法典》

第一百五十三条[①]　违反法律、行政法规的强制性规定的民事法律行为无效。但是，该强制性规定不导致该民事法律行为无效的除外。

违背公序良俗的民事法律行为无效。

[①]《澳门民法典》第1171条第1款规定，特别法有所规定时，赌博及打赌构成法定债务之渊源；涉及体育竞赛之赌博及打赌，对于参加竞赛之人亦构成法定债务之渊源；如不属上述各情况，则法律容许之赌博及打赌，仅为自然债务之渊源。澳门地区将赌债作为自然债，例外条件下作为有强制效力的民事债。对于自然债，该民法典第396条阐明：单纯属于道德上或社会惯例上之义务，虽不能透过司法途径请求履行，但其履行系合乎公平之要求者，称为自然债务。参见李治洪：《澳门博彩业法律制度研究》，华侨大学2000年硕士学位论文。

🔷 新旧对比

《民法通则》第 58 条第 5 项规定,"违反法律或者社会公共利益的"民事法律行为无效。《合同法》第 52 条第 4 项和第 5 项分别规定,"损害社会公共利益"的民事法律行为无效、"违反法律、行政法规的强制性规定"的民事法律行为无效。本条与《合同法》第 52 条第 4 项和第 5 项相比,一方面承继了"违反法律、行政法规的强制性规定"的民事法律行为无效的规定,另一方面新增规定"但是,该强制性规定不导致该民事法律行为无效的除外"。本条用"公序良俗"这个概念包含了"社会公共利益"的内容,同时增加了"善良风俗"的内涵。[①]

🔷 法条精义

1.《民法典》第 153 条第 1 款有两个"强制性规定",其中前者"强制性规定"明确了行为的效果,其性质属于效力性强制性规定,该强制性规定不包括法律、行政法规有关要求办理批准手续的规定、权限性规定以及赋权性规定。后者"强制性规定"则指的是管理性强制性规定。鉴于私法中一般不存在管理性规定的问题,因而这里的强制性规定主要是指公法上的强制性规定。

2.《民法典》第 153 条第 2 款规定了"违背公序良俗的民事法律行为无效"作为合同无效事由的补充与兜底性事由。《合同法》第 52 条第 4 项规定,损害"社会公共利益"的合同无效。但"社会公共利益"的提法不足以涵盖"国家利益",为了使概念更为周延,民法典用"公序良俗"代替了"社会公共利益"。公序良俗包括了公共秩序与善良风俗两个方面,其中公共秩序是指法律秩序,善良风俗是指法律秩序之外的道德。[②] 从基本权利义务的角度,可将公共秩序分为基本权利实现型公序(对应的是国家的义务)和管理秩序维护型公序(对应的是国家的权力),其中前者又可进一步分为狭义的基本权利保护和弱者利益保护两种类型,后者又可分

---

① 最高人民法院民法典贯彻实施工作领导小组主编:《中华人民共和国民法典总则编理解与适用》(下),人民法院出版社 2020 年版,第 755 页。

② 公共秩序与善良风俗原则对于维护国家、社会一般利益及社会道德观念具有重要价值,并被称为现代民法至高无上的基本原则。

为经济社会管理秩序之维护和婚姻家庭秩序之维护两类。

"违背公序良俗的民事法律行为无效"最早起源于罗马法，并为大陆法系国家立法所借鉴。如《法国民法典》第6条规定："个人不得以特别约定违反有关公共秩序与善良风俗的法律。"《德国民法典》第138条规定："违反善良风俗的法律行为无效。"《日本民法典》第90条规定："以违反公共秩序或善良风俗的事项为标的的法律行为，为无效。"

我国立法中最早使用公序良俗的，是《全国人大常委会关于〈中华人民共和国民法通则〉第九十九条第一款、〈中华人民共和国婚姻法〉第二十二条的解释》中规定的"公民选取姓氏涉及公序良俗"。后首次正式使用该概念则是在《民法总则》第8条"民事主体从事民事活动，不得违反法律，不得违背公序良俗"。

·司法解释·

《最高人民法院关于审理民间借贷案件适用法律若干问题的规定》

第十三条[①]　具有下列情形之一的，人民法院应当认定民间借贷合同无效：

（一）套取金融机构贷款转贷的；

（二）以向其他营利法人借贷、向本单位职工集资，或者以向公众非法吸收存款等方式取得的资金转贷的；

（三）未依法取得房贷资格的出借人，以营利为目的向社会不特定对象提供借款的；

[①] 1991年出台的《最高人民法院关于人民法院审理借贷案件的若干意见》第11条规定："出借人明知借款人是为了进行非法活动而借款的，其借贷关系不予保护。对双方的违法借贷行为，可按照民法通则第134条第3款及《关于贯彻执行〈中华人民共和国民法通则〉若干问题的意见（试行）》[以下简称《意见》（试行）]第163条、第164条规定予以制裁。"2015年出台的《最高人民法院关于审理民间借贷案件适用法律若干问题的规定》第14条规定："具有下列情形之一，人民法院应当认定民间借贷合同无效：（一）套取金融机构信贷资金又高利转贷给借款人，且借款人事先知道或者应当知道的；（二）以向其他企业借贷或者向本单位职工集资取得的资金又转贷给借款人牟利，且借款人事先知道或者应当知道的；（三）出借人事先知道或者应当知道借款人借款用于违法犯罪活动仍然提供借款的；（四）违背社会公序良俗的；（五）其他违反法律、行政法规效力性强制性规定的。"

（四）出借人事先知道或者应当知道借款人借款用于违法犯罪活动仍然提供借款的；

（五）违反法律、行政法规强制性规定的；

（六）违背公序良俗的。

域外立法通览

目前世界各地民事立法对赌债的规制主要有以下几个方面：

一、德国

赌债在德国民法中是根据情况分别被确认为自然债和不法原因给付。《德国民法典》第762条规定：（1）赌博或者打赌不使债务成立。因赌博或者打赌而给付的一切，不得以债务未曾存在为由请求返还。（2）因某一协议，输方以履行赌博债务或打赌债务为目的，对赢方负担债务的，前款的规定也适用于该协议，尤其适用于债务承认。该规定阐释：赌博之债原则上并不违反法律禁止性规定而无效。《德国民法典》以不完全债务涵盖赌博、打赌所生债务。但依德国通说，赌博合于刑法处罚规定或依其特殊情事违反公序良俗而为无效时，则根本不生债的关系，其所为的给付属于不法原因给付，依据《德国民法典》第817条的规定不得请求返还。

二、法国

《法国民法典》第1965条规定，法律对赌博性游戏债务或赌注的支付不赋予任何诉权。第1967条规定，任何情况下，赌博中的输家不得请求返还其自愿支付的款项，但如赢家有欺诈、舞弊或诈骗情形，不在此限。由此可以看出法国对于赌债，除特别规定外，按照不法原因给付处理。

三、日本

日本民法认为赌博不生自然之债。日本旧民法第161条第1款规定，前条场合以外之博戏及赌事，不生自然债务。且其债务之追认、更改或保证均无效。这是与日本旧民法第566条明确规定不法原因不生自然债务相照应的。由于赌博行为被认为是典型的违反公序良俗的行为,现行日本民法虽未采取旧民法的前述规定,但根据基于不法原因缘来的赌债予以继承。

实务指引

赌债具有射幸属性,在赌博结束之前,对于双方当事人而言,均面临巨大的风险。禁赌、反赌是我国一直以来就有的传统。《论语》中就有鲁哀公与孔子之间关于"君子不博"的对话。我国古代立法也一直有禁赌的传统,《法经》中记载"博戏,罚金三币;太子博戏,则笞,不止,则更立"。尽管随着时代的变迁,以风险为标的的合同日益为人们所接受。但是,由于赌博带来的负外部性,我国法律对赌博仍持否定态度。

一、赌债的性质

由赌博而产生的赌债在理论上的分歧主要集中在自然债与不法原因给付之上。将赌债视为合法之债,在形式上符合私法自治的基本原理,但其实质则是取决于各国强行法的认可。以不法原因给付规制赌债,为严格管控赌博提供了理论基础。基于不法原因给付的赌债,因其债务无效而适用不当得利返还予以规制。实践中,更多国家立法与理论对不法原因之债的处理区分对待,如果不法原因是基于受领一方,则由此发生的债务构成不当得利,可诉请返还;如果不法原因是基于给付或者双方,则依"占有者占优"的原理,不适用不当得利返还。[①] 司法实践中也通常采取与自然债相似的处理,即对于已经给付了的赌债,不得请求返还。

二、赌博借贷合同的效力

在公法层面,刑法与行政法对惩罚严重的赌博行为均予以了明确规定。在私法层面,我国《民法典》未对赌博与赌债进行明确规制,民法主要依靠法典中的公序良俗条款以及最高人民法院关于民间借贷的司法

[①] 李永军、李伟平:《论不法原因给付的制度构造》,载《政治与法律》2016年第10期。

解释进行规制。双方因赌博发生的借贷效力如何认定，常见的赌博借贷情况如借债赌博、借债还赌债、赌博之后赌债当事人为规避赌债又订立借贷合同等，之所以对赌博借贷的效力存在疑问，是因为出借人通常明知借款人借款目的为赌博或用于偿还赌债。赌博借贷效力的争议与赌债的性质密切相关，核心问题在于，在何种程度上可以将借贷合同关系与赌债相同对待。

《民法典》未明确规定赌博与赌债，但《民法典》第153条第2款将"公序良俗"引入民法典，作为判断法律行为是否有效的情形之一。在涉及赌博案件的审理中，赌博借贷合同的效力这一问题引人关注。对于《最高人民法院关于审理民间借贷案件适用法律若干问题的规定》第13条第4项的适用应慎重，理由主要是证明出借人主观上明知赌债存在困难。赌博中产生的债属于赌债，为赌博而借贷产生的债则要视当事人之间是否知悉而定，若当事人不知情则属于一般债的范围，反之则属于赌债。理论上，一般认为赌博因违反公序良俗而归于无效，赌债因此属于违法之债，得不到法律保护。同时学界也存在自然债与不法原因给付等多种观点，尽管观点不一，但共同点在于均趋向于区分对待赌债。对于严重的赌博行为，除要受刑法与治安管理处罚法的调整，由其产生的赌债无疑属于违法之债，各方赌资将被没收。但对于赌资很小，纯属娱乐性的打牌等具有深厚群众基础的博戏，这些行为并未违法公序良俗，如果不加区分地一律禁止，不仅会急剧增加司法成本，而且实际效果恐不太理想。

三、赌博借贷无效的特点

在违法赌债的情况下，由于赌博违反《刑法》第303条规定，与之相关的赌博借贷因违反强制性法规而无效。此种情况下，如果借贷发生在赌博之后，则原则上有效，除非借贷当事人也是赌债的当事人。如果借贷发生在赌博之前，则由于严重的不法性，出借人明知借款用途为赌博，借贷即无效。在不完全保护赌债的情况下，如果借贷发生在赌博之后，同样仅借款当事人为赌债当事人，借贷为赌债的避法行为时，借贷才因通谋而无效。

赌博乃参与人依赌事或博戏规则而为之射幸合意行为，民法须关注赌债性质和效果。与赌债最相关联者为不法原因给付与自然债，是否违背公序良俗及法律强行性规定是区别二者的关键。[①] 将非法的赌债转化成为合法的民间借贷法律关系，以及在明知借款人借款是用于赌博的情况下仍然提供借款。根据《民法典》第153条、《最高人民法院关于审理民间借贷案件适用法律若干问题的规定》第13条第（4）（5）（6）项的规定，基于赌博行为而产生债权债务关系的，或出借人明知借款人借款用于赌博仍然提供借款的，相应借贷合同应属无效，借贷行为不受法律保护，相应债权应不予支持。[②]

理论上，一般认为赌博因违反公序良俗而归于无效，赌债因此属于违法之债，得不到法律保护。但同时学界对于赌债也存在自然债与不法原因给付等多种观点，尽管各种观点不一，但共同点在于均趋向于区分对待赌债。主张赌债系不法原因给付的理论也认为，作为无效处理的赌债应限于违反强制性管理规定与公序良俗的给付行为。但因公序良俗内涵的变迁性，对于不受行政处罚的"赌博"而视为"群众娱乐性博戏活动"，其给付应当按照民法上自然债对待，即若当事人已给付，则不得要求返还。

四、一体化办案、多维度追责、依职权启动监督程序

一是坚持检察机关一体化办案，实践联动工作模式。民事、刑事交叉的赌博借贷案件，由于在民事诉讼中，涉案当事人常诉前谋划，诉中证据完备，故案件隐蔽，查处难度大。民事检察部门在办理此类案件过程中，需积极与公安机关、刑事检察部门协调配合，强化线索双向移送、意见双向沟通、结果双向反馈，各司其职、协同配合开展虚假诉讼监督。检察机关充分发挥检察一体化办案机制，加强内部各部门沟通协调，实现刑事、民事案件同步推进。

---

① 覃远春：《论"赌债"分离可能性及其司法处理——自然债之于传统问题民法新视角的贡献》，载《河北法学》2011年第9期。

② 李永军、李伟平：《论不法原因给付的制度构造》，载《政治与法律》2016年第10期。

二是坚持多维度追责，实现社会公共利益的全方位维护。本案中，苏州检察机关通过民事、刑事多种监督手段并用，既实现了对涉及诈骗犯罪的刑事打击，有效遏制了以何某为首的共同犯罪团伙的进一步发展，又否定了何某与庄某某之间因赌博产生的借贷合同的法律效力，实现了对生效民事裁判的有效监督，维护了当事人合法利益，捍卫了司法权威。

三是坚持监督力度，对符合监督条件的案件依职权予以审查。检察机关在打击刑事违法犯罪的同时，对履职中发现的涉案生效民事裁判确有错误的情况要主动监督。本案中，检察机关在履职中发现本案线索后，通过依职权启动监督程序，实现对社会公共利益的维护。

（案例撰写人：杨宇飞）

专家点评

赌博属于违法犯罪行为，行为人轻则受到治安处罚，重则会触犯刑法而被追究刑事责任，行为人往往通过借条、欠条等形式施加合法外观来确立债权债务关系，使赌博债务具有隐蔽性。因此，认定债务性质时应全面审查核实证据，依据民间借贷法律关系成立的形式要件和实质要件对借条、欠条进行审查，对疑似涉及赌博行为的民间借贷纠纷应从严审查借贷的合法性。依据《民法典》第153条第1款，赌博违反法律的效力性强制性规定，据此产生的民事法律行为无效。依据第153条第2款，赌博产生的债务因违反公序良俗而无效。赌博债务经借条、欠条赋予其合法的形式，但掩盖的是其违法的实质，此种借贷关系不受法律支持和保护。从法律视角看，赌博是当事人以客观不确定事件的发生作为财产转移唯一依据的约定。赌博在民间生活中主要表现在棋牌室赌博的普及、赌场与彩票的兴旺。

出借人明知借款人借款用于赌博等违法犯罪活动仍然提供借款进行借贷等，借贷行为不受法律保护。因此，若债务人能够证明出借人明知所借款项是用于赌博等违法活动，则借款合同无效。本案中，何某等人在明知庄某某借款是用于赌博的情况下仍然提供借款，并通过采取与庄某某签订借款协议等形式，将非法的赌债转化成为民间借贷合同，并不能使借贷合同有效。本案检察机关坚持一体化办案方式进行多维度追责，依职权启动监督程序，不仅打击了违法犯罪行为，而且利于维护社会秩序和公共利益。出借行为构成不法给付，不得要求返还。这一做法有助于抑制赌博的资金来源，避免民事主体沉溺于赌博。

（点评人：谢鸿飞，中国社会科学院法学研究所研究员、中国社会科学院大学博士生导师）

005 借名借款行为的责任认定
甘某某、赖某文与王某某民间借贷纠纷抗诉案[*]

——— **案情简介** ———

一、基本事实

2013年8月，甘某某、赖某文因资金周转需要向王某某借款110万元，用自有的房屋所有权证和国有土地使用证做抵押，并由赖某坚（系赖某文胞弟）提供担保，签署借条交王某某收执，王某某将借款分三次打入借款人指定的赖某坚的账户。后上述借款逾期未清偿，王某某将借条交还赖某坚，并由甘某某、赖某文重新出具借条，赖某坚再次做担保。经查，该款实际系赖某坚使用。

二、诉讼过程

借款到期，王某某向甘某某、赖某文、赖某坚追收借款未果，遂向连州市人民法院提起诉讼。一审法院认为，甘某某、赖某文向王某某借款110万元的事实有亲笔签名及按指印的借条为证及转账凭证、取款凭条、用于借款抵押的房屋所有权证和国有土地使用证予以佐证，予以确认。因赖某文是赖某坚的胞姐，其对王某某将借款110万元打入赖某坚的账户是明知的，由此可以推定：甘某某、赖某文向王某某借款110万元并指定王某某将借款打入赖某坚的账户。王某某诉请甘某某、赖某文归还借款本金110万元，由赖某坚承担连带清偿责任的理据充分，予以支持。赖某坚在担保人处签名，应承担其连带保证担保义务。

甘某某、赖某文不服，向清远市中级人民法院提起上诉。清远市中级人民法院对一审法院查明的事实属实部分，予以确认。另查明：2011年1

---

[*] 本案承办人：广东省人民检察院杨楠；广东省清远市检察院申艳霞。

月18日至2月10日，甘某某因多发"腔隙"性脑梗塞（部分陈旧）等病症留医治疗。2013年4月9日至5月5日，甘某某又因双侧放射冠"腔隙"性脑梗塞等病症留医治疗。2013年8月17日，中国残疾人联合会评定甘某某为肢体残疾人并向其颁发了二级残疾人证。2015年2月25日，甘某某因突发抽搐伴神志不清半天入院治疗至2015年3月9日出院。该医院出具的出院记录载明：2010年因脑出血在我院住院，经治疗好转后出院，遗留右侧肢体无力，说话含糊后遗症。审查认为，借款收款人是赖某坚而非甘某某、赖某文；取款凭证只能证明其当日取款10万元，并不能证明其将该款交付给谁。对于涉案"借款"的用途，王某某诉称是甘某某、赖某文用于经营周转，但甘某某于2010年因脑梗塞住院治疗出院后，遗留右侧肢体无力、说话含糊后遗症，之后又因旧病复发，多次住院治疗。如此重病人还"经营"并借巨额"周转"，显然不合常理，且王某某也未提供证据证明甘某某、赖某文经营何项目并需借巨款周转的事实。该院二审撤销一审判决，驳回王某某的诉讼请求。

  王某某不服二审判决，向广东省高级人民法院申请再审。广东省高级人民法院裁定指令广东省清远市中级人民法院再审本案。对王某某诉称的涉案借款是甘某某、赖某文在2013年向其所借的主张，王某某没有提供直接的证据予以证明，其提供的两张汇款凭证和一张取款凭证并不能证明其主张。甘某某从2011年起便因病多次入院治疗，2013年8月17日被中国残疾人联合会评定为肢体残疾人，属二级残疾；其家庭属于低保户，2013年10月8日，广东省连南瑶族自治县民政局向其颁发了《广东省城乡居民最低生活保障金领取证》。从以上的事实分析，"借条"所载的甘某某、赖某文因资金周转需要向王某某借款110万元的事实是不符合常理的；相反，结合赖某坚当时的经营状况、涉案借款的交付、赖某坚在调查笔录中的陈述，可判断涉案借款的实际借款人和借款的使用人系赖某坚。且王某某在二审查询时也陈述"我是2013年借钱给赖某坚的，当时约定是3个月归还我的……"在再审庭审中，王某某在陈述10万元的取款凭证时，其陈述是"赖某坚说他们房地产工人闹事，叫我借钱给他周转"。以上事实，也可印证涉案借款的实际借款人和借款的使用人系赖某坚。该案中，甘某某、赖某文不是实际借款人，并未实际占有、使用、支配过涉案借款，其与王某某之间并未真实存在借贷关系，王某某请求甘某某、赖某文偿还借款和利息的请求应予以驳回。结合借贷金额、款项交付、当事人的经济能力等事实和因素，认定甘某某、赖某文与王某某之间的债权债务关系并未实际发生，判决驳回王某某的诉讼请求处理正确。

三、检察监督

王某某向检察机关申请监督，清远市人民检察院依法受理后提请广东省人民检察院抗诉。本案争议焦点是甘某某、赖某文是否应当对涉案借款承担偿还责任。甘某某、赖某文作为完全民事行为能力人，与王某某之间签订涉案借条的行为，并未违反法律法规强制性规定，二人也未能举证证明涉案借条存在无效的法定情形。因此，涉案借条的签订合法有效。关于涉案借款是否实际履行。甘某某曾于2012年授权赖某坚委托评估公司对其住房进行评估以用于抵押贷款；赖某坚和赖某文分别在调查笔录和一审庭审笔录中提及赖某坚、赖某文、甘某某曾一起到连州借钱；甘某某在另案要求王某某归还房产证的起诉状中陈述"被告王某某要求我用土地和房屋作抵押并由我夫妻名义借"；在本案的管辖权异议书中，甘某某、赖某文也陈述涉案借款是"赖某坚借款用于投资到连南县凰庆苑房地产建设楼盘入股，后形成债权债务"。以上事实再次印证甘某某、赖某文以自己名义为赖某坚向王某某借钱系二人的真实意思表示。虽然王某某在本案起诉的借条的落款时间为2014年7月1日，与王某某提供的汇款凭证在时间上不能对应，但在没有证据证明双方还有其他借款的情况下，涉案借条是对2013年借款的重新确认，两笔借款实际为同一笔借款具有高度盖然性。现有证据表明，涉案借款的实际借款人和使用人系赖某坚，甘某某、赖某文作为名义借款人是否应当承担偿还义务是关键。本案中，虽然甘某某、赖某文并未实际使用借款，但二人以其名义与王某某签订了借条，并用自有房屋为涉案借款提供抵押担保。甘某某、赖某文并非仅仅借名，而是参与了借款的过程，王某某基于对甘某某、赖某文与赖某坚的关系以及还款能力的信赖出借款项，这是本案借贷关系形成的基础。即使甘某某、赖某文作出的承诺与其家庭经济能力不相符，但以此否定其对涉案借款形成所起到的作用，进而否定双方形成的借贷关系，缺乏事实和法律依据，不利于对交易安全的保护。广东省高级人民法院作出判决，认为该案适用法律确有错误，撤销再审判决，维持一审判决。

案件要旨

借贷纠纷案件中，实际借款人以名义借款人的名义签订借款合同，因借款涉及主体多、法律关系复杂，对还款责任的界定有一定的难度。在民法典实施的背景下，名义借款人即使未实际使用借款，但参与借款过程，并以自己名义出具借条，仍应承担还款责任。

法律规定索引

·《民法典》规定及沿革·

■ **《民法典》**

第四百六十五条 依法成立的合同，受法律保护。

依法成立的合同，仅对当事人具有法律约束力，但是法律另有规定的除外。

■ **新旧对比**

《合同法》第8条规定，依法成立的合同，对当事人具有法律约束力。当事人应当按照约定履行自己的义务，不得擅自变更或者解除合同。依法成立的合同，受法律保护。《民法典》第465条关于合同约束力的规定，基本延续了《合同法》第8条第1款的规定，并在此基础上明确规定合同约束的主体仅限于合同当事人。同时增加了除外情况，即出现法律另有规定的情形的，可以对合同相对性进行突破。

■ **法条精义**

合同相对性原则始终贯穿于合同法律关系的始终，是市场经济领域遵循的基本准则。合同相对性原则作为法律专业术语，被法律人所熟知，但在法律条文中并不做直接表述，一般以具体规定来明确其原则和内涵。

民法典采纳合同相对性原则[1]，在第465条明确规定，依法成立的合同，受法律保护，仅对当事人具有法律约束力，但是法律另有规定的除外。

合同相对性原则的含义是指合同仅在特定的缔约主体之间发生，基于订立合同而产生的权利义务只约束合同双方，不牵扯合同主体之外的第三人。合同双方的权利义务是相对的，合同一方当事人可以根据合同约定内容，向合同相对方提出请求，该请求不能指向无合同关系的第三人，也不能擅自为合同外第三人设定义务。合同的效力仅在合同双方之间产生，有关合同诉讼只有合同各方才可以提起和参与，即便合同条款涉及第三人权利义务，行使的主体也只能是合同当事人。有学者将其变换一种表达：合同的相对性，是指合同项下的权利义务由合同的当事人承受，第三人不负担其中的义务，除非法律另有规定（如《民法典》第535条以下规定的债权人代位权、债权人撤销权），当事人双方的约定不具有对外效力，即使第三人知晓此类约定，也是如此，除非法律设置了例外。[2]

罗马法时期推行的诚实信用原则，在契约法中吸收，并被广泛推广使用。诚实信用原则主旨在于尊重他人利益，不得损人利己，并维持一定的社会经济秩序，推动合同相对性原则的建立。合同相对性原则是英美法上一个传统的基础性原则，体现契约自由内容，目的在于以限制合同责任的

---

[1] 我国合同相对性原则的演变。我国的合同相对性法律规定是在近代经济建设带动下，以原始罗马法相关规定作为蓝本，借鉴其他国家先进立法经验迅速发展起来的。1981年《经济合同法》、1985年《涉外经济合同法》、1987年《技术合同法》，形成的三足鼎立之势，是为了顺应形势发展的需要，但在体系化上稍有缺憾，也未能对合同的一般原理进行抽象规范，更谈不上合同相对性及其突破。参见韩新磊：《合同相对性原则的外部补充与内部缓和》，载《华北电力大学学报（社会科学版）》2020年第4期，1999年通过并施行的《合同法》及《担保法》《保险法》《信托法》《消费者权益保护法》等组成符合中国国情的合同法规范体系，确立了合同的相对性原则。合同法具体条文中并未直接表述合同相对性原则，但在其总论及分论中均明确规定合同相对性原则内容。如《合同法》第8条合同具有法律约束力原则确定了当事人之间稳定的法律关系，合同双方必须严格按照合同约定履行义务。我国民法典则在原有规定的基础之上，进行了继受与完善。《民法典》第465条第2款规定，"依法成立的合同，仅对当事人具有法律约束力，但是法律另有规定的除外"，首次以一般性、原则性的表述方式确定了合同相对性原则。从上述规定可以看出我国明确坚持合同相对性原则，也为突破原则适用预留了一定的空间。

[2] 崔建远，《论合同相对性原则》，载《清华法学》Vol.16, No.2（2022）

方式确定合同风险。在大陆法系中,合同相对性原则被称为"债的相对性",主要体现在坚守合同主体的相对性、合同责任的相对性、合同内容的相对性。(1)主体的相对性。合同主体的相对性是指合同一方只能向合同相对方主张权利,不能伸延至合同外第三人。合同的权利义务关系主体是特定化的,仅限于签订合同的双方当事人,合同当事人之外的第三人不得向合同当事人提出请求或者参与诉讼。(2)合同内容的相对性。合同内容的相对性是指合同中所约定的权利义务,仅由合同当事人享有和承担,合同以外的第三人均不得主张。(3)责任的相对性。合同责任的相对性是指合同所产生的违约等责任,仅由合同当事人承担,非合同当事人不能承担合同相关责任。合同相对性原则保障每个合同主体对合同利益的处分自由,当事人通过合同将形成的合意固定下来,避免未经允许加重义务,是合同正当性的有力支持。

合同关系是一种人为建立的法律关系,任何人均应对其尊重和维护。合同相对性作为古老的法律规则,严格遵守的主要价值在于平衡各方权益,保护交易安全及维护司法公正。只有贯彻合同相对性,才能够实现鼓励交易、保障市场活力的目的。如果合同相对性原则不被尊重,那么在经济交往中各方无法判断交易行为是否对他人有约束力,双方关系总是处于不确定的状态,增加了交易的风险,阻碍市场的良性循环和发展。总而言之,合同就是为了双方当事人完成特定需求而订立的协议,合同双方受其约束,并据此履行义务。其本身特有属性决定了合同相对性理论的形成,合同之所以具有对合同主体的约束力,根基在于合同具有相对性。

域外立法通览

一、原则起源

合同相对性原则起源于罗马法的债的相对性理论,是合同制度适用的基础原则,对民法典合同编的发展完善起到支撑作用。根据古罗马法学家的观点,契约是指两个以上当事人之间创设债关系的法律行为。[①] 契约乃为

[①] 黄风:《罗马法》,中国人民大学出版社2014年版,第157页。

债之产生的原因之一,而债之词源 obligatio 来自拉丁文的 ligaer(捆绑),意即特定主体间之权利义务关系。古罗马法有规定,"(缔约)行为应在要约和受要约人之间达成","任何人不得为他人缔约"。[①]

二、域外立法

无论是大陆法系国家还是英美法系国家,在近代以来一直坚守着合同相对性这一至高原则,经过漫长的发展历程,逐步树立了其在合同立法中不可撼动的地位。法国在民法典中确立合同相对性原则,并对其作出严格的限定。《法国民法典》第 1134 条规定,"依法订立的契约,对于缔约当事人双方具有相当于法律的效力"。《德国民法典》第 241 条第 1 款规定,"根据债务关系,债权人有权向债务人请求给付"。在英美法系中,因为法律上并不存在债的概念及体系,所以大陆法中的"债的相对性"规则在英美法被称为"合同的相对性"(privity of contract)。其基本内容是:合同项下的权利义务只能赋予当事人或加在当事人身上,合同只能对合同当事人产生拘束力,而非合同当事人不能诉请强制执行合同。[②] 英美法系判例法国家与大陆法系合同相对性原则发展脉络基本一致,区别在于其在判例中确立了合同相对性原则。

实务指引

合同相对性原则在经济生活中起到了保护合同相对人,保障交易稳定性的作用。在司法实践中,运用合同相对性原则解决的诉讼案件比比皆是。尤其涉及债务纠纷时,更应利用合同相对性原则,遵循真正的"契约精神",以审慎的态度认定合同主体,确定双方权利义务。实际生活中,以他人名义实施的借款行为,即借名借款时有发生。借名借款即指借款人以出名人的名义与第三人实施资金融通的行为,其与普通借款合同的主要

---

① [意]彼得罗·彭梵得:《罗马法教科书》,黄风译,中国政法大学出版社1992年版,第310—314页。

② 沈达明编著:《英美合同法引论》,对外贸易教育出版社1993年版,第205页;董安生等编译:《英国商法》,法律出版社1992年版,第175页。

区别点在于主体和法律关系的复杂性。首先,借名借款涉及三个主体,包括债权人或者说款项出借人及借款人,借款人又分为名义上的借款人,即出名人和实际上的借款人即借名人。其次,从法律关系分析,借名借款行为包括两层法律关系,一是行为人与出借人之间的外部借款关系,二是借名人与出名人之间的内部借名关系。

借名借款产生的原因一般包括为增加担保信用等合法原因及规避法律、政策等不法目的等多种因素。实践中,有的借款人因信用、经济等原因,借用他人名义借贷款项,签订借款合同,导致借款关系由出借人与借款人形成的简单借款关系变成名义借款人背后存在实际借款人,两种借款人并存的复杂借款关系。我国民法典合同编中并未将借名借款行为专门创设为典型合同,借名借款合同案件性质仍属于借款合同纠纷范畴。在这种"名不副实"的借款关系中,名义借款人没有实际使用借款,借款未能还清、双方产生争议时,责任主体的确定变得尤为复杂,在审判实践中存在多种司法判例及观点:第一种观点认为,根据合同相对性原则,作为合同一方的出名人应承担还款责任。尤其是对于债权人不知借名约定且其只愿意与出名人实施法律行为的,应认定名义借款人与出借人之间签订的借款协议是双方真实意思表示,合法有效。第二种观点认为,债权人明知借名约定或不知但同意与借名人形成借款合同关系的,由借名人承担偿还责任。其背后的理论依据为民法的权利义务相一致原则,由真正使用借款的实际受益方,即实际借款人承担还款责任,而名义借款人不承担责任。第三种观点认为,从全面维护债权人角度出发,借名人与出名人应做整体看待,将名义借款人与实际借款人视为借款综合体,共同承担还款责任。检察机关在审查此类纠纷时,应厘清主体地位,结合借款合同订立过程及方式,探析借款形成的真正原因,综合考量各种因素,审慎认定责任承担方式。

一、严格坚守合同相对性原则,不做轻易突破

"法无明文规定不可为",作为成文法国家的司法机关,在审查合同纠纷时应严格遵循合同相对性原则,不做随意突破。名义借款人与实际借款人不同时,根据《民法典》第465条第2款规定,对合同相对人的认定及

处理上结合案情，主要以借款合同中签字的人为准，双方之间的权利义务关系也应依据合同约定条款予以确定。对于名义借款人并未实际使用借款的，其偿还借款后可以另案起诉继续向实际借款人追偿。本案中，检察机关查明，甘某某曾授权赖某坚委托评估公司对其住房进行评估以用于抵押贷款；赖某坚、赖某文、甘某某曾一起到连州借钱。以上事实可以认定甘某某、赖某文对以自己名义为赖某坚向王某某借钱是明知的，虽然其并未实际使用借款，但参与整个借款过程，并以自己名义出具借条，同时提供自有房屋作为抵押担保，应承担还款责任。

二、从保护债权人信赖利益的角度，分析确定责任主体

在名义借款人与实际借款人不同的情况下，不仅要结合合同具体条款、合同签订及履行情况，还要注意从交易安全考量，划分法律责任。实际借款人以他人名义借款，深层次原因或者说借款背景可能是自身信用的问题，出借人对实际借款人信用的质疑，引起借款合同的署名人与实际用款人不同，以达到对还款能力的进一步保障作用。本案中，甘某某、赖某文并非简单的借名，而是参与了借款的过程并提供了担保。出借人王某某出借款项的原因是考虑到甘某某、赖某文与赖某坚的特殊关系以及对方还款能力。在名义借款人参与借款过程，并以自己的财产提供借款担保的情况下，名义借款人的行为对借款关系的形成起到决定作用。即便甘某某、赖某文确实没有使用借款，但应从债权人信赖利益保护角度，保护交易安全。

三、综合考量案件情况，探寻债权债务确立的实质本意

借款合同关系涉第三方实际借款人时，应结合案件情况，综合衡量把握。从借款人视角分析，甘某某、赖某文作为完全民事行为能力人，与王某某之间签订涉案借条的行为，系其真实意思表示，在不违反法律法规强制性规定，不违背公序良俗的情况下应认定借款关系成立有效。实践中，实际借款人不承担责任的情形通常包括：（1）名义借款人向出借人披露实际使用人，出借人同意，双方签订合同的真实意思仅为借名借款，名义借款人并未参与实际借款活动，也未获得任何借款利益。

（2）名义借款人有证据证明借款未实际履行，款项系出借人被诈骗支付，且已被他人取得的，根据《民法典》第679条"自然人之间的借款合同，自贷款人提供借款时成立"的规定，双方并未成立民间借贷法律关系。（3）名义借款人有证据证明出借人以欺诈、胁迫等手段或者乘人之危，使其在违背真实意思的情况下订立借款合同，根据《民法典》第148条的规定，受损害的名义借款人有权请求人民法院或者仲裁机构撤销合同。本案中，实际借款人甘某某、赖某文为成年人，系民法上的完全民事行为能力人，能够理解签订借款协议的法律后果。其参与借款全过程，知悉借款用途及借款真实主体，与实际借款人存在亲属特殊关系，又以自己房产作为借款抵押，可以推定其签字作为借款合同主体是明知的、自愿的，出于本人真实意思表示。从出借人立场分析，王某某选择与名义借款人甘某某、赖某文签订借款合同，其本意是对实际借款人赖某坚的用款还款的保证。在认定此类案件时应审查借款形成过程、借款目的、借款主体等问题，从表象探寻本质，解开各方签订合同的本意，达到平衡各方利益的目的。

综上，实际用款人和签订借款合同人非同一人时，应从保护交易安全、合同相对性及民事行为能力等多角度综合考量，结合案件具体借款过程，认定还款主体。

（案例撰写人：赵多丽娜）

专家点评

本案的关键在于当借款事实成立，而实际用款人另有他人的情况下，还款责任的认定问题。在借款关系中同时存在实际借款人与名义借款人两种借款人，出借人与名义借款人签订借款合同，款项实际由第三人使用的，在遵循合同相对性原则的基础上，应结合借款合同签订主体、借款实际履行情况、借款合同签订过程、担保主体等情况综合认定。借款的实际用途不影响借款合同主体的认定。本案中双方签订的借款合同及担保合同均系各方真实意思表示，内容不违反法律、行政法规的强制性规定，对当事人具有法律约束力，签订合同各方应诚信勤勉履行合同义务。司法实践中，审查案件时仍要以合同相对性原则作为依据，以此确定合同相对方、分配合同责任承担。在法律无特别规定的情况下，坚守合同相对性原则在合同体系中的基石地位，遵从"契约精神"，维护交易主体利益，保障交易安全，不宜扩大认定责任主体范围。

（点评人：肖正磊，最高人民检察院第六检察厅副厅长）

006 自然人之间借贷利息的处理规则
魏某彪与刘某辉、刘某燕民间借贷纠纷抗诉案[*]

案情简介

一、基本事实

2013年9月28日至2015年2月10日，魏某彪向案外人刘某城实际交付500万元款项，刘某城将其中大部分款项转入刘某辉、刘某燕（二人系夫妻关系，与刘某城系亲属关系）的账户，刘某辉分别于2015年1月29日、2月9日向魏某彪出具合计400万元的借款收据两份，两份借据载明借款当事人双方身份信息、借款期限及借款金额，但未显示有"借款利息"方面的约定内容。双方当事人共同确认刘某辉、刘某燕已经支付魏某彪359.67万元，但对该款项中具体每笔款项的性质（本金还是利息或者其他）没有达成一致意见。诉讼过程中双方当事人对是否存在借贷关系、是否约定利息以及涉案借款到期后剩余未清偿的借款本金数额和逾期利息产生争议，魏某彪主张借贷双方口头约定月利率2.5%，刘某辉、刘某燕抗辩否认魏某彪该项主张。

二、诉讼过程

2016年，魏某彪起诉至广东省广州市海珠区人民法院，请求判令刘某辉、刘某燕共同偿还借款本金240万元及利息。广州市海珠区人民法院审理后认为，魏某彪与刘某辉之间的借贷关系自魏某彪付款之日起成立。另外，虽然借款收据上没有载明借款利息，但刘某辉、刘某燕付款的规律性和金额相对固定，且结合汇款金额与借款收据载明的数额，以及魏某彪与刘某辉之间的通话内容，判决刘某辉、刘某燕共同向魏某彪偿还借款本金

---

[*] 本案承办人：广东省人民检察院杨楠。

240万元及利息。

　　刘某辉、刘某燕不服，上诉至广东省广州市中级人民法院，广州市中级人民法院审理认为，《合同法》第211条的规定，表明立法的本意不仅在于鼓励自然人之间提供具有互助精神的无息借贷，对于某些"职业放贷人"以各种手段规避法律关于民间借贷利息限制性规定的行为也不予以保护。魏某彪主张双方实际约定的利息为月利率2.5%，即超过了法律的限制性规定。一审法院结合刘某辉、刘某燕实际还款情况，推断双方之间存在口头利息约定并不适用于自然人与自然人之间借贷的情形，亦不符合合同法及司法解释的相关规定，判决：撤销一审判决；刘某辉、刘某燕共同向魏某彪偿还借款本金140.33万元及利息。

　　魏某彪不服，向广东省高级人民法院申请再审，该院于2018年3月20日裁定驳回魏某彪的再审申请。

三、检察监督

　　魏某彪申请检察监督，检察机关经审查后认为，自然人之间的民间借贷合同并不限于书面形式，虽然涉案借款收据中并没有约定借款利息，但并不排除出借人与借款人口头约定借款利息的可能。另外，本案中，根据法院已查明的事实，刘某辉、刘某燕向魏某彪付款的规律性和金额相对固定，与魏某彪提出的存在每月2.5%借款利率的口头约定相吻合。从刘某辉向魏某彪出具的两份借款收据所涉借款金额与刘某辉、刘某燕实际偿还情况来看，与魏某彪提出的存在每月2.5%借款利率的口头约定相吻合。刘某辉在2015年1月29日向魏某彪出具确认收到100万元借款的借款收据，2015年2月9日再次向魏某彪出具确认收到300万元借款的借款收据。若如刘某辉、刘某燕所称上述每月的转款均为偿还本金，则刘某辉、刘某燕偿还的总金额已达178.47万元，从本金中扣减后，仅欠魏某彪321.53万元，而刘某辉却仍先后向魏某彪出具涉案的两份总金额达400万元的借款收据，显然不符合情理。但如按刘某辉、刘某燕每月转款为利息进行计算，则与借款收据所载借款金额相一致。2015年12月16日，魏某彪向刘某辉追讨欠款时，刘某辉明确表示尚欠魏某彪310万元，这与魏某彪提出的存在每月2.5%借款利率的口头约定相符，也与魏某彪所主张的还款时间和性质相吻合。以上事实可以认定刘某辉、刘某燕与魏某彪之间存在每月 2.5% 借款利率的口头约定并已实际履行。对此，终审判决也认为，结合刘某辉、刘某燕还款情况认定双方之间实际存在口头约定"具有客观性和一定的可信性"，但认为月利率 2.5% 超过了法律的限制性规定，不符合合同法及相关司法解释的规定而不予支持。检察机关认为，根据最高人民法院相关司法解释的规定，自然人之间口头约定借款月利息 2.5% 并非法律所禁止，对于刘某辉、刘某燕已实际支付的利息，终审判决认定为归还本金属适用法律错误。另外，即使认定涉案借款没有口头约定利息，截至 2015 年 8 月 9 日，刘某辉、刘某燕未清偿的借款本金也应当认定为 300.33 万元，计算逾期利息应当以此数额为起点，按照其后偿还数额的变化分段确定逾期利息计算基数及逾期时间。

据此，广东省人民检察院依法提出抗诉，广东省广州市中级人民法院再审依法撤销终审判决，维持一审判决。

案件要旨

自然人之间的借款对于本金和利息的约定可以分别采用口头或者书面的形式。涉案借款收据中并没有约定借款利息，但并不排除出借人与借款人口头约定借款利息的可能。如果确有证据证实存在"口条约定借款利息"的事实，法律并不禁止此约定形式。司法裁判中大量存在以借款凭证没有约定利息，否认借款双方存在口头约定利息的情形，与当下民间借贷具备一定民间融资功能的现状相悖。

借款双方对于是否存在"口头约定借款利息"各执一词的，不能直接推定为"约定不明"。法律及司法解释并没有规定排除对此事实的查明，即使法官有充分的自由裁量权，也应当适用民事诉讼证据规则对是否属于"约定不明"进行一定程度的查明。如果主张有借款利息约定的一方能够提供证据证明并具有高度盖然性的，则可以认定为存在约定；如果对于是否存在利率约定难以查清的，才视为"利息约定不明"，对当事人要求支付利息的诉求不予支持。

法律规定索引

·《民法典》规定及沿革·

《民法典》

第六百六十八条 借款合同应当采用书面形式，但是自然人之间借款另有约定的除外。

借款合同的内容一般包括借款种类、币种、用途、数额、利率、期限和还款方式等条款。

第六百七十条 借款的利息不得预先在本金中扣除。利息预先在本金中扣除的，应当按照实际借款数额返还借款并计算利息。

第六百七十六条 借款人未按照约定的期限返还借款的，应当按照约定或者国家有关规定支付逾期利息。

第六百八十条 禁止高利放贷，借款的利率不得违反国家有关规定。

借款合同对支付利息没有约定的，视为没有利息。

借款合同对支付利息约定不明确，当事人不能达成补充协议的，按照当地或者当事人的交易方式、交易习惯、市场利率等因素确定利息；自然人之间借款的，视为没有利息。

新旧对比

从司法解释的沿革来看，对"自然人之间的借贷，如果约定不明的，该如何处理"问题的认识经历了一个变化过程。1988年最高人民法院颁布的《关于贯彻执行〈中华人民共和国民法通则〉若干问题的意见（试行）》第122条规定："公民之间的生产经营性借贷的利率，可以适当高于生活性借贷利率。如因利率发生纠纷，应本着保护合法借贷关系，考虑当地实际情况，有利于生产和稳定经济秩序的原则处理"；该法第124条规定："借款双方因利率发生争议，如果约定不明，又不能证明的，可以比照银行同类贷款利率计息。"1991年最高人民法院印发的《关于人民法院审理借贷案件的若干意见》第8条规定："借贷双方对有无约定利率发生争议，又不能证明，可参照银行同类贷款利率计息。借贷双方对约定的利率发生争议，又不能证明的，可参照本意见第6条规定计息。"最高人民法院民事审判第一庭在其编著的《最高人民法院新民间借贷司法解释理解与适用》一书中说明，本条规定在 2015 年制定民间借贷相关司法解释的过程中，也曾存在争议。最终，本条规定对此问题予以明确："自然人之间借贷对利息约定不明，出借人主张支付利息的，人民法院不予支持。"即对于自然人之间借贷，没有约定利息或者虽有约定但约定不明确的，均应视为不支付利息。2015 年最高人民法院颁布的《关于审理民间借贷案件适用法律若干问题的规定》第 25 条规定："借贷双方没有约定利息，出借人主张支付利息的，人民法院不予支持。自然人之间对利息约定不明，出借人主张支付利息的，人民法院不予支持。除自然人之间借贷的外，借贷双方对借贷利息约定不明，出借人主张利息的，人民法院应当结合民间借贷合同的内容，并根据当地或者当事人的交易方式、交易习惯、市场报价利率等因素确定利息。"如此规定主要是基于当时适用的《合同法》第 211 条第 1 款的规定。2020 年《最高人民法院关于审理民间借贷案件适用法律若干问题的规定》未修改该规定。《民法典》对这一规定的精神并未改变，于第 680 条第 3 款规定："借款合同对支付利息约定不明确，当事人不能达成补充协议的，按照当地或者当事人的交易方式、交易习惯、市场利率等因素确定利息；自然人之间借款的，视为没有利息。"

■ **法条精义**

《民法典》第 668 条是对借款合同形式、内容的规定。非自然人之间的借款涉及金融安全，影响国家经济社会的整体发展，借款合同应当采用书面形式。自然人之间的借款合同既可以选择采用书面形式也可以采用口头形式或者其他形式（《民法典》第 469 条从总体上对合同形式作出规定）。[①]

《民法典》第 680 条规定的是禁止高利放贷及对支付利息没有约定或者约定不明的法律后果。其中，该条第 2 款、第 3 款是关于借款利息约定事项的规定。利息是贷款人取得贷款的效益及利益所在。该条款明确，对没有约定支付利息的借款合同，以及自然人之间借款的，均视为没有利息。

---

① 最高人民法院民法典贯彻实施工作领导小组主编：《中华人民共和国民法典合同编理解与适用（二）》，人民法院出版社 2020 年版，第 1225 页。

这既体现了对各类民事主体的平等保护,也体现了对当事人意思自治的尊重。① 对支付利息约定不明确的,支付利息的标准,当事人可以达成补充协议;不能达成补充协议的,按照当地或者当事人的交易方式、交易习惯、市场利率等因素确定。

·司法解释·

《最高人民法院关于审理民间借贷案件适用法律若干问题的规定》

第二十四条 借贷双方没有约定利息,出借人主张支付利息的,人民法院不予支持。

自然人之间借贷对利息约定不明,出借人主张支付利息的,人民法院不予支持。除自然人之间借贷的外,借贷双方对借贷利息约定不明,出借人主张利息的,人民法院应当结合民间借贷合同的内容并根据当地或者当事人的交易方式、交易习惯、市场报价利率等因素确定利息。

第二十五条 出借人请求借款人按照合同约定利率支付利息的,人民法院应予支持,但是双方约定的利率超过合同成立时一年期贷款市场报价利率四倍的除外。

前款所称"一年期贷款市场报价利率",是指中国人民银行授权全国银行间同业拆借中心自2019年8月20日起每月发布的一年期贷款市场报价利率。

第二十六条 借据、收据、欠条等债权凭证载明的借款金额,一般认定为本金。预先在本金中扣除利息的,人民法院应当将实际出借的金额认定为本金。

第二十八条 借贷双方对逾期利率有约定的,从其约定,但是以不超过合同成立时一年期贷款市场报价利率四倍为限。

未约定逾期利率或者约定不明的,人民法院可以区分不同情况处理:

(一)既未约定借期内利率,也未约定逾期利率,出借人主张借款人

---

① 最高人民检察院第六检察厅编著:《中华人民共和国民法典学习读本》,中国检察出版社2020年版,第473页。

自逾期还款之日起参照当时一年期市场报价利率标准计算的利息承担逾期还款违约责任的，人民法院应予支持；

（二）约定了借期内利率但是未约定逾期利率的，出借人主张借款人自逾期还款之日起按照借期内利率支付资金占用期间利息的，人民法院应予支持。

实务指引

自然人之间的借款合同往往是无偿合同，原因即在于此类合同大多是基于当事人之间的善意互助而订立。随着经济和社会的发展，自然人之间的借贷已经开始出现往高利贷转变的部分趋势，对传统的民间借贷产生重要影响。这既给司法审判造成一定困扰，也造成了自然人之间在借贷行为中难以防范"高利贷"[①]"套路贷""职业放贷"风险，损害金融市场秩序、国家经济安全与社会和谐稳定。因此，为进一步加强民间借贷领域类案监督，统一司法尺度，现将民间借贷中涉及自然人之间借贷利息相关的理论和实践问题进行梳理，供司法实务参考。

一、区分"自然人之间借贷"与"自然人之间借贷之外的借贷"的法律意义及依据

《民法典》第680条作为不完全法条，主要通过金融监管部门和最高人民法院的相关规定来实现利率规制的目的。与原合同法不同，第680条区分了利息没有约定与约定不明确的情形，同时"推定无偿"的效果仅限于双方均为自然人的借款合同。[②] 其中第3款的规定，区分了自然人之间的借贷及自然人之间借贷之外的借贷两种借贷形式，并根据借贷主体的不同适用不同的处理规则。主要原因在于两种主体在民间借贷活动中各自具有的身份属性、行为特征及应适用的法律规范，以及司法实践需求各不相同。

[①] 对于什么情况下应当认定为高利放贷，应当结合有关规定加以认定，但目前法律没有统一规定。司法实践中应当密切关注有关部门的相关规定，及时调整司法尺度。

[②] 刘勇：《〈民法典〉第680条评注（借款利息规制）》，载《法学家》2021年第1期。

第一，民事行为能力不对等。自然人作为民间借贷的双方主体，在缔约能力、掌握法律知识能力、借贷风险判断及防范能力等方面，相较于专门从事商事行为的商业主体如银行等金融机构、大型企业，处于"弱势"地位。民法典确立公平原则为基本原则之一，意在强调平衡不同主体之间的民事权益，对"弱者"实行特殊保护，以实现司法保障社会活动的整体公平。

第二，法律责任承担的标准和依据不同。社会上自然人之间的借贷更多的是一种民事行为，民事法律规范侧重强调的是保护民事行为结果的公平，而自然人之间的借贷之外的借贷，一方或者双方均为金融机构等商事主体，其商事行为整体上更倾向于追求商业经济利益的最大化，在借贷的过程中更多表现为多数情况下会约定利息或者较高的利息，甚至是突破法律规定的限制获取高利息，这也是《民法典》第680条将禁止高利贷与借贷利息放在同一条文中的一个原因。同时，商事法律规范也尽可能地维护商事主体缔约时的自由处断，减少干预，审判活动中也应注重尊重商事主体的自主行为。

第三，借款性质的不同。通常情况下，自然人之间的借款合同由于其往往具有互助性、无偿性，更应注重保护贷款人的权益。自然人之间借贷之外的借贷更倾向于商业性质，应注重保护借贷双方的权益。

因此，对于非金融机构法人或者其他组织作为一方主体的民间借贷，如果对于利息约定不明的，不能直接认定为不需要支付利息；而对于自然人之间的借贷，如果约定不明的，视为没有利息。

二、自然人之间借贷利息口头协议和书面合同约定的区别及相应的法律后果

实践中，自然人之间的借贷往往在借据等书面证据中是没有明确约定利息、利率的，但当事人因借贷纠纷起诉至法院后，通常情况下出借人会主张双方有口头约定利息。因而在双方对利息没有书面证据证明或者约定不明确的情况下，出借人与借款人各执一词，应根据民法典及司法解释的实体规定、民事诉讼法的程序性规定，按照高度盖然性原则对利息约定事实进行查明，而不能仅以当事人的主张和抗辩没有证据为由径直作出"约定不明"的认定。

《民法典》第 668 条规定，借款合同应当采用书面形式，但是自然人之间借款另有约定的除外。即根据我国法律规定，对非自然人之间的民间借贷，原则上要求以书面形式订立借款合同，同时作为借款合同重要内容的利息应该有书面记载。法律规定也考虑到自然人之间的私人借款，很多都是数额较小、亲戚朋友之间及短时期内的借款，往往不采用书面合同形式，利息等也可以由出借人与借款人以其他形式约定。

我国法律规定应当是鼓励所有的法律主体规范采用书面形式订立合同，但《民法典》第 668 条对借款合同形式的规定，从规定的效力性质上讲，也不属于强制性规定，可以视为有指引作用的管理性规定，因此，在自然人之间民间借贷合同中，法律也并不禁止借贷双方口头约定利息。

三、自然人之间借贷利息约定方面的重点、疑难问题及处理规则

按照民法典的相关规定，自然人之间的借款，对利息没有约定，则不支付利息；对利息约定不明确的，视为没有约定，也不支付利息。这是我们处理自然人之间借贷利息方面的总的法律规定和应当坚持的基本准则。但其中又存在几个需要特别关注的问题，我们结合前述案例及司法实践作一简要分析。

（一）能否直接推定自然人之间"没有约定利息"或者"约定不明"

从原则上讲，自然人之间的借贷是否支付利息，应由当事人自主协商决定，但随着社会经济的发展变化，自然人之间开始出现越来越多的大额借款，如果此时仍仅凭日常生活经验法则推定自然人之间无须约定利息，显得不符合司法实践的现实需求。另外，法律及司法解释也并没有规定排除对"利息约定"事实的查明，即使法官有充分的自由裁量权，也应当适用民事诉讼证据规则对是否属于"约定不明"进行一定程度的查明。如果主张有借款利息约定的一方能够提供证据证明并具有高度盖然性的，则可以认定为存在约定；如果对于是否存在利率约定难以查清的，才视为"利息约定不明"，对其诉求不予支持。

（二）如何认定自然人之间的借贷是否存在"口头约定利息"

自然人之间借贷口头约定利息，根据司法实践可分为以下几种具体情形：一是借贷双方均认可口头约定利息；二是借贷双方中的一方多数情况下是出借人认为有口头约定利息，而另一方否认；三是借贷双方认可有利息约定的事实，但在利率高低上存在分歧。第一种情况比较容易处理，按照法律明文规定认定处理即可。第三种情况属于"对利息约定不明"，按照《民法典》第680条的规定处理即可。

实践中情况相对比较复杂的是上述第二种情形。第二种情形又可分为两种不同的情形，关键在于当事人举证。如果一方能够证明利息有口头约定，则应当认为双方是有约定的，如果主张有利息约定的一方举证不能或者主张无利息约定的一方能够提供证据抗辩成功，且法院穷尽调查手段也难以查明的，则可将其归为"利息约定不明"的情形。按照《民法典》第680条的解释规定，如果借贷双方均为自然人，利息约定不明时，出借人主张支付利息的，人民法院不予支持。

（三）能否以约定利率超过法律规定为由认定"借款利息约定不明"

办理本案时，《最高人民法院关于审理民间借贷案件适用法律若干问题的规定》尚未做修改，民间借贷利率有"二线三区"的规定，意即按照法律规定，借贷利率分为三档，即未超过年利率24%、年利率24%—36%之间、超过年利率36%，相应地该问题又可分为两种情形：一是约定利率在年利率24%—36%之间，另一种则是约定利率超过年利率36%。对于第一种情形，该利率区间实际上是属于民间借贷的"自然债务区"，在此区间，出借人提起诉讼请求支付该区域的利息的，法院不会支持，但如果借款人已经偿还了该区域的利息，提起诉讼请求返还的，法院也不会支持，只能维持现在的自然状态。诉讼中如果一方当事人主张双方口头约定利率在此区间，法院应不对此进行处理。对于第二种情形，该利率区间实际上属于民间借贷的"无效区"，指民间借贷约定的利率超过年利率36%的，超过部分的为无效约定，借款人已支付的超过年利率36%部分的利息，即使借款人已经支付了该利息的，借款人也可以要求返还超过年利率36%部分的利息。有学者指出，利率规制的规范目的就在于防止高利贷。① 但不论是哪种情形，只能显示法律对约定利率是否合法的认定及处理规则，法院不能以此作为认定借贷双方是否明确口头约定利息的判由，正如前述案例所示。

（四）自然人之间借贷在"利息约定不明"时能否比照非自然人之间借贷的认定规则处理

对于该问题，民法典明确规定是不可以的，笔者认为立法原意正如前文所述，是基于自然人与自然人之外主体的不同法律属性及相应的责任承担方式和法律规范侧重点。但是，笔者也同样认为，社会是在不断变化的，随着物质财富的增加，自然人越发具备比肩非金融机构组织等商事主体的资格和能力，他们的身份属性、法律责任承担义务等也均会发生改变，而法律规范的保护范围和方向也会相应地调整以适应社会变化。因此，对于该条款规定的发展变化也应是持续关注的重点，有待进一步作出司法解释或者是法律修改。

（五）自然人之间借贷"视为没有利息"是否影响出借人主张逾期利息

《民法典》第680条第2款适用主体为所有借贷双方，不区分自然人之间借款还是自然人之外借贷，本款虽然没有将"视为没有约定利息"限定在"借款期限内"，但"视为没有约定利息"的立法考虑主要是基于借贷主体之间互通有无、互相扶携或者互利共赢的借贷目的而作出的法律推定，但并不影响出借人对于借款人违反合同约定未按期返还借款的失信行为予以惩戒，追究其逾期还款违约责任。同时，根据《民法典》第676条的规定，逾期利息的支付不以借款合同约定为前提，也不以借期内收取利息为前提。即使是无息借款，出借人也仍然可以要求逾期未还款的借款人，按照约定或者国家相关法律规定支付逾期利息。但对具体逾期利率的规定尚不统一。审判实践中有参照银行同期同类贷款基准利率或者人民银行关于罚期利率的规定，但并不局限于自然人作为主体的借贷行为，在此不再展开论述。

（案例撰写人：张勇利）

---

① 王利明：《合同法研究》（第三卷），中国人民大学出版社2012年版，第271—272页。

专家点评

自然人民间借贷关系中，双方当事人关于口头约定的利息各执一词时，法院应当如何认定，是民间借贷纠纷审理中的争议命题。本案的规范意义主要体现在以下三个层面：其一，申明了自然人借款就口头约定利息产生争议时，法院不应直接推定为"利息约定不明"，而应对口头约定的利息予以查明，如果当事人能够提供证据证明且达到高度盖然性的，可认定当事人之间有利息约定，否则可认定为"利息约定不明"。其二，当事人口头约定的利率超过民间借贷利率法定上限的，影响的是口头利息约定的合法性，而不宜作为认定是否为"利息约定不明"的事实依据。其三，自然人之间借贷被法院认定"利息约定不明"的，仅表示在借贷期间内"利息约定不明"，当事人主张逾期利息的权利不受影响。本案对自然人之间口头约定利息纠纷案件审理的审查监督思路，颇具利益衡量思维，对民间借贷相关法律规则的解释性续造非常精准，对后续类似审理裁判具有鲜明的参考示范意义。

（点评人：邓纲，西南政法大学教授、博士生导师）

007 如何确定民间借贷纠纷中本金、利息、费用等债务的清偿顺序

杨某某与张某某等民间借贷纠纷抗诉案[*]

案情简介

一、基本事实

杨某某与孙某某系夫妻关系。2011年7月26日，杨某某向张某某、朱某某借款770万元，约定利息为月息2.7%，三个月给付一次，借款期限一年。借款之后，杨某某只付了三个月的利息723700元。借款到期后，杨某某于2012年6月8日以房屋和现金共计抵顶本息合计3348024元，于2012年9月20日偿还借款本息22万元，于2013年7月8日以房屋抵顶借款本息合计3161535元，同时给付21万元现金。

二、诉讼过程

2014年7月21日，张某某、朱某某向鄂尔多斯市东胜区人民法院起诉，请求判令：杨某某、孙某某共同偿还张某某、朱某某借款本金3083377元及利息。

2014年12月5日，鄂尔多斯市东胜区人民法院作出民事判决。该院一审认为，杨某某向朱某某、张某某借款770万元，事实清楚，证据充分，有杨某某给朱某某、张某某出具的借款单一份在案佐证，且借款期限已经届满，张某某、朱某某可以请求杨某某偿还借款本息。虽然杨某某辩称，利息已经于2011年11月10日停止支付了，但对于停止支付利息，杨某某并无证据提供，且在其出具的证据中也未表明偿还的是本金，

---

[*] 本案承办人：内蒙古自治区鄂尔多斯市人民检察院白翠琴；内蒙古自治区鄂尔多斯市东胜区人民检察院刘艳。

根据《最高人民法院关于适用〈中华人民共和国合同法〉若干问题的解释（二）》第21条规定，法院认定杨某某在2011年11月10日后的还款均为先偿还当期利息，超过部分偿还借款本金。杨某某支付2011年7月26日至11月10日共计三个月14天利息723700元，上述期间的法定利息应为533869.34元，多支付的189830.66元应当充抵本金，剩余本金数额为7510169.37元。杨某某于2012年6月8日以物抵债的方式向张某某、朱某某还款3348024元，扣除利息1041415.35元，剩余本金数额为5203560.72元。杨某某于2012年9月20日支付张某某、朱某某22万元，2012年6月9日至9月20日期间的利息应为350374.84元，故不需要核减借款本金。杨某某于2013年7月8日以房屋抵顶及现金偿还共计3371535元，从2014年9月21日至2013年7月8日期间利息应为1002557.71元，核减后本金为2834583.43元，故不支持张某某、朱某某的诉讼请求中关于本金的诉讼请求，确认借款本金剩余2834583.43元，从2013年7月9日起至2014年7月21日起诉之日的利息按照月利率2%计算，为712428.86元。判决：杨某某、孙某某于本判决生效之日起10日内偿还原告朱某某、张某某借款本金2834583.43元及利息。

杨某某、孙某某不服生效判决，申请再审。2016年7月10日，东胜区人民法院作出民事裁定书，驳回杨某某、孙某某的再审申请。

三、检察监督

杨某某、孙某某不服生效判决，申请监督，东胜区人民检察院依法受理。通过调阅一审卷宗材料，会见双方当事人，询问当事人，并与承办法官进行沟通，依法查明：杨某某在诉讼过程中提供了一份结算证明，上面列明"第一笔：3348024元，现金22万元，利息723700元；第二笔：3165500元，现金21万元，合计6943524元；欠本金756476元，减利息723700元，实欠张朱32776元"。

2017年7月26日，鄂尔多斯市人民检察院经审查后认为，法院作出的民事判决认定的案件基本事实缺乏证据证明，遂向法院提出抗诉。主要理由如下：

1.杨某某与张某某、朱某某对停息确有约定，一审判决中对2011年

11月10日后的还款均为先偿还当期利息,超过部分偿还借款本金的认定缺乏证据证明。

第一,结算清单所载内容可与借款收条、双方交易习惯相互印证,证明收条中所载"还借款"偿还的是本金。张某某、朱某某先后给杨某某出具了5张收条,这些收条在内容、形式明显不同。张某某、朱某某在给杨某某出具有关利息的收条上明确写明支付的是利息,并且标注利息产生的期间。在出具接收本金的收条上明确写明了一方抵顶偿还的是借款,并未写明是利息,也没有进行标注,基于双方实际交易习惯来看,偿还利息会有明确的标注,而偿还本金则不会予以明确标注,因此应当认定申请人抵顶的房屋是偿还的本金而非利息。朱某某在结算清单上明确写明"欠本金756476元",这与杨某某2011年11月10日后,两次以房抵顶借款6513524元,现金43000元,共给付张某某、朱某某本金6943524元,与借款金额770万元核减后,所得金额一致。

第二,结算清单所记载的情况符合鄂尔多斯在金融危机背景下当地交易习惯并与证人证言相印证,可推定杨某某以房抵顶借款是抵顶本金。本案中杨某某用于抵顶债务的房屋是以7980元的抵顶单价高价顶回,分别以5800元与6500元每平方米的单价低价抵顶给朱某某、张某某,每平方米的差价为2180元、1480元,杨某某称低价抵顶双方债务是经双方协商,以差价来弥补不再支付利息的损失。这一情况可与一审期间富源公司法人代表屈某某出具的证明相互印证:"根据当地政府'打非办'的指导意见,从2011年11月后全部停止付息,并经杨某某、孙某某夫妻及张某某、朱某某和我方协商,同意于2011年11月停止支付利息。"虽然屈某某未出庭作证,但根据《最高人民法院关于民事诉讼证据的若干规定》第69条第5款规定,"未出庭作证的证人证言"属于"不能单独作为认定事实的依据",若可与其他书证、物证进行补强,相互印证,可以认定证人证言效力。本案中,屈某某证言可与朱某某、张某某出具的借款收条、结算清单相印证,且符合逻辑推理,能反映案件真实情况。在2011年期间,鄂尔多斯地区因民间借贷导致的经济危机已经爆发,债务人不可能以600多万元先行给付利息,按照当时的市场交易情形与本地交易习惯,债务人一旦资不抵债,以房抵顶债务时,均按抵顶本金计算。因此综上所述,应当认定杨某某以房抵顶借款是予以抵顶本金。

2. 一审判决认定杨某某、孙某某应当偿还张某某、朱某某借款本金2834583.43元及利息亦缺乏证据证明。

第一，杨某某提供的结算证据符合证据的特征，其证明效力应当予以认定。根据《最高人民法院关于适用〈中华人民共和国民事诉讼法〉的解释》第104条第2款的规定，"能够反映案件真实情况、与待证事实相关联、来源和形式符合法律规定的证据，应当作为认定案件事实的根据"。首先，杨某某提供的结算证据为债权人朱某某所写，由债务人杨某某保存，双方对债权债务交割之后，且在庭审时张某某、朱某某对该证据的真实性无异议，一审法庭也对此份证据的真实性予以确认。其次，结算证明与还款收条相印证，能真实反映借款和还款的真实情况。结算清单所列"第一笔：3348024元，现金22万元"与张某某、朱某某于2012年6月8日、9月20日向杨某某出具的两张收条相印证，收条记载"今收杨某某借款（以房抵顶）叁佰叁拾肆万捌仟零贰拾肆元整（3348024.00）""今收到杨某某交来借款现金贰拾贰万元整（220000.00）"。"第二笔：3165500元，现金21万元"与2013年7月8日向杨某某出具的两张收条相印证。收条记载"今收到杨某某滨河佳苑四套楼房计494.12㎡，折合现金叁佰贰拾壹万壹仟柒佰捌拾元整（3211780.00）""今收到杨某某人民币现金贰拾壹万元整（210000.00）""利息723700元"与2011年11月10日向杨某某出具的利息收条相印证，利息收条记载"今收到杨某某交来利息柒拾贰万叁仟柒佰元整（723700.00），注：2011年7月26日至2011年11月10日所产生的利息"。根据上述法律规定，杨某某提供的结算证明能真实反映借款和还款的真实情况，与待证欠款数额相关联，符合民事诉讼证据的真实性、合法性和关联性的属性和特征，应当作为认定事实的根据。最后，该份结算清单属于书证的一种，是法律事实和行为的直接载体，当书证处于形式真实与客观真实一致的情况下，应当作为认定案件事实的基础。根据其上记载内容看，其具有结算的性质，双方已对债权债务进行了结算，且结算清单为张某某亲笔所写，并与其他书证相印证，虽然张某某、朱某某未在结算清单上签名，但不影响书证记载内容的真实性与证明效力。

第二，根据日常逻辑推理，若杨某某与张某某、朱某某无结算意思表示，作为具有完全民事行为能力的成年人，不会向借款人出具不利于己方的书证，张某某亲笔书写"欠本金756476元，减利息723700元，实欠张、朱32776元"是对其债权的自认。据此，原一审法院判决认定杨某某应当偿还张某某、朱某某借款本金2834583.43元及利息，属于认定案件基本事实缺乏证据证明。

2017年9月19日，鄂尔多斯市中级人民法院作出民事裁定，指令由东胜区人民法院再审。2017年12月5日，东胜区人民法院作出民事判决书，判决：撤销原审判决，杨某某偿还张某某、朱某某借款32776元，驳回张某某、朱某某的其他诉讼请求。

案件要旨

在民间借贷纠纷案件中，债务同时包含本金、利息及实现债权的有关费用，债务人给付不足以清偿全部债务时，如果当事人对履行债务的顺序有明确约定时，则依照当事人约定；如果当事人对此无相应约定时，应当按照下列顺序履行：首先是实现债权的有关费用；其次是利息；最后是本金。

法律规定索引

·《民法典》规定及沿革·

■《民法典》

第五百六十一条 债务人在履行主债务外还应当支付利息和实现债权的有关费用，其给付不足以清偿全部债务的，除当事人另有约定外，应当按照下列顺序履行：

（一）实现债权的有关费用；

（二）利息；

（三）主债务。

■ 新旧对比

我国关于主债务、利息、费用的清偿顺序问题，之前仅在《最高人民法院关于适用〈中华人民共和国担保法〉若干问题的解释》（以下简称

《担保法司法解释》)、《最高人民法院关于适用〈中华人民共和国合同法〉若干问题的解释(二)》(以下简称《合同法司法解释(二)》)中有相应规定。[①] 其中,《担保法司法解释》第64条规定的抵押权人收取孳息的抵偿顺序虽与民法典对该问题的规定不完全一致,但有重要参考价值,即"债务履行期届满,债务人不履行债务致使抵押物被人民法院依法扣押的,自扣押之日起抵押权人收取的由抵押物分离的天然孳息和法定孳息,按下列顺序清偿:(一)收取孳息的费用;(二)主债权的利息;(三)主债权"。《合同法司法解释(二)》第21条对该规则予以了进一步明确,《民法典》相关内容与之基本一致,即"债务人除主债务之外还应当支付利息和费用,当其给付不足以清偿全部债务时,并且当事人没有约定的,人民法院应当按照下列顺序抵充:(一)实现债权的有关费用;(二)利息;(三)主债务"。

▍法条精义

《民法典》第561条是关于主债务、利息、费用清偿顺序的规定。债务人除主债务之外还应当支付利息和费用,而债务人不足以清偿全部债务,当事人又对清偿顺序无明确约定时,可按照该条规定的冲抵顺序清偿债务。

实践中,适用第561条规则的前提是当事人对债的冲抵顺序没有明确约定。意思自治是民法的基本原则之一,当事人如果对债的冲抵顺序有明确确定,则应当尊重当事人的约定。在债务人不足以清偿全部债务时,当事人既可以约定优先冲抵本金,又可以约定优先冲抵利息或者费用,还可以约定交叉冲抵,即有的还款冲抵本金,有的还款冲抵利息和费用。需要注意的是,当事人的约定并非限于书面方式,亦可通过当事人的行为进行认定。

当事人对冲抵顺序未约定时,应当根据《民法典》第561条规定确定当事人冲抵的债务顺序,即首先冲抵实现债权的费用,其次为利息,最后为主债务。具体到民间借贷纠纷中,主债务一般指的就是本金。

[①] 对此,我国台湾地区有关规定,清偿人所提出之给付,应先抵充费用,次充利息,次充原本。

域外立法通览

关于债务人除主债务之外还应当支付利息和费用,其不足以清偿全部债务时如何确定主债务、利息、费用的冲抵顺序的问题,部分国家有类似规定。

《意大利民法典》第1194条规定,没有债权人的同意,债务人不得将给付冲抵成本,而应当冲抵利息或者费用。在还本付息时,应当将给付先冲抵利息。《德国民法典》第367条第1款规定,除主给付外,债务人尚须支付利息及费用者,给付不足清偿全部债务时,应先抵充费用,其次抵充利息,最后抵充主给付。《日本民法典》第489条第1款规定,除本金外,债务人就一个或数个债务应支付利息及费用之情形(债务人负担数个债务之情形,限于对同一债权人负担以同种给付为标的之数个债务),清偿人所作之给付不足以使其债务全部消灭时,应依费用、利息及本金之顺序抵充之。梳理发现,上述各规定是一致的,均是先冲抵费用,再冲抵利息,最后冲抵本金。原因在于,人们普遍认为,费用是债权人一时的支出,应当最先冲抵;利息是债权人预期实现的收益,也应当优先于本金而冲抵。

实务指引

实践中,债务人对债务不能全部清偿,而当事人对债务清偿顺序又无明确约定时,主债务、利息、费用的清偿顺序如何确定容易产生争议。人民法院在审判过程中,有时亦会产生认识偏差,无法实现定分止争目的。检察机关在履行法律监督职能过程中,应准确把握民法典的精神内涵,树立精准监督的理念,切实提高监督的精准性和权威性,实现办案政治效果、社会效果与法律效果有机统一。为进一步加强对该问题的监督,现将民间借贷纠纷中主债务、利息、费用的清偿顺序问题进行梳理,供司法实务中参考。

一、关于基本概念的理解

(一)实现债权的费用

所谓实现债权的费用,应当理解为实现债权本身而支出的必要费用。

费用发生的原因，既可以是自力救济实现债权，也可以是借助国家公权力实现债权。关于实现债权的费用，较为常见者如包装费、汇费、登记费、公证费、通知费、税捐、取得执行名义的费用、执行费用等。[①] 具体到民间借贷领域中，实现债权的费用主要有银行转账费用、交通费、保全费等。

（二）利息

可以抵充的利息，应当以已经产生的利息为限。如果利息尚未产生，则不应优先抵充。利息包括约定利息和法定利息，即使是迟延履行利息也包括在内。具体到民间借贷纠纷中，需要注意以下几个问题：

一是关于利息是否存在问题。传统的民间借贷主体多为自然人，且出借人和借款人双方一般具有亲友、同事关系。借款多用于子女婚嫁、教育支出、购买自用房屋、大病医疗等突发性大额支出，借贷款项目的仍为传统的互帮互助。《民法典》第680条规定："……借款合同对支付利息没有约定的，视为没有利息。借款合同对支付利息约定不明确，当事人不能达成补充协议的，按照当地或者当事人的交易方式、交易习惯、市场利率等因素确定利息；自然人之间借款的，视为没有利息。"《最高人民法院关于审理民间借贷案件适用法律若干问题的规定》第24条规定："借贷双方没有约定利息，出借人主张支付利息的，人民法院不予支持。自然人之间借贷对利息约定不明，出借人主张支付利息的，人民法院不予支持。除自然人之间借贷外，借贷双方对借贷利息约定不明，出借人主张利息的，人民法院应当结合民间借贷合同的内容，并根据当地或者当事人的交易方式、交易习惯、市场报价利率等因素确定利息。"所以，根据我国法律规定，自然人之间的借款合同原则上是无偿的，除非当事人有特别约定，才应当支付利息。

二是关于利率保护上限问题。《最高人民法院关于审理民间借贷案件适用法律若干问题的规定》第25条规定："出借人请求借款人按照合同约定利率支付利息的，人民法院应予支持，但是双方约定的利率超过合同成

[①] 邱聪智：《新订民法债编通则》（下），中国人民大学出版社2004年版，第458页。

立时一年期贷款市场报价利率四倍的除外。"据此，在民间借贷案件中，超过法定标准的利息不受保护。因此，在冲抵利息时，应当限于合法利息，不应包含高于法定利率标准利息。

三是关于逾期利息问题。逾期利息属于利息的一种，应当将其纳入冲抵范围。根据《最高人民法院关于审理民间借贷案件适用法律若干问题的规定》第28条规定，如果当事人约定了逾期利息，则从其约定，但不得超过合同成立时一年期贷款市场报价利率四倍。如果当事人对逾期利息未约定或者约定不明，可以根据不同情况分别处理。一种情况是，既未约定借期内利率，也未约定逾期利率的，出借人可以按照一年期贷款市场报价利率标准主张逾期还款违约责任；另一种情况是，当事人约定了借期内利率但是未约定逾期利率，出借人可以主张按照借期内利率支付资金占用期间利息。

四是关于逾期利息与其他费用并存的问题。根据意思自治原则，出借人和借款人可以约定逾期利率，也可以约定违约金或者其他费用。但是需要注意的是，逾期利率、违约金或者其他费用总计不得超过合同成立时一年期贷款市场报价利率四倍。根据《最高人民法院关于审理民间借贷案件适用法律若干问题的规定》第29条规定，对于逾期利息、违约金、其他费用之和超过上述标准的，人民法院对超过部分不予支持。

二、适用条件

《民法典》第561条规定的债务冲抵顺序规则应当满足以下条件：

第一，只有在同一债务人对同一债权人负担数项种类相同的债务时，始产生债务清偿抵充的问题。也就是说，债务人除了支付本金等主债务外，还应当依照约定或者法律规定向债权人支付利息和费用。如果债务人不存在数项种类相同的债务，自然不存在主债务、利息和费用的清偿顺序问题。另外，适用第561条规定时，要注意债权的费用、利息与主债务是否属于给付种类相同之债。例如借用粮食而以金钱支付利息，因返还粮食之债与清偿利息之债不属于相同种类的债务，故当债务人提出以粮食清偿债务时，只能冲抵主债务，不能冲抵利息，无须考虑清偿顺序问题。

第二，债务人的给付不足以清偿全部债务。适用第561条规定的另一个条件,即债务人不能清偿全部债务。如果债务人足以清偿全部债务,无论债务人的清偿时顺序如何,都不会产生争议,不存在讨论之必要。

第三,当事人对债务清偿顺序无约定。按照合同自由原则,债务人与债权人可以通过订立合同的方式,约定债务的具体冲抵顺序。当然,关于债务冲抵合意的形式,不以书面为限,以口头方式达成冲抵合意,甚至以默示方式达成冲抵合意,均为法律所允许,此为合同自由原则的应有之义。另外,双方合意既可以在原合同中约定,也可以通过事后协商的方式确定。

第四,对于债务清偿顺序不存在相应交易习惯。《民法典》第510条规定:"合同生效后,当事人就质量、价款或者报酬、履行地点等内容没有约定或者约定不明确的,可以协议补充;不能达成补充协议的,按照合同相关条款或者交易习惯确定。"据此,在当事人对有关合同内容未约定的情况下,可以根据交易习惯确定。所谓交易习惯,是指在特定地域、行业、群体范围内为当事人反复实践而实际知悉并普遍遵守的交易规则。[1]有学者认为,交易习惯可具体分为以下几大类:(1)一般交易习惯,它是通行于全国的一般习惯;(2)地区习惯,指在某特定区域为人们遵守的做法;(3)特殊行业习惯,指同类行业中通行的做法;(4)当事人之间长期从事某种交易所形成的习惯。[2] 交易习惯因反复实践、实际知悉并被普遍遵守,已经达到使一方当事人在特定交易中对遵守行为规则抱有合理预期的程度,基于维护交易安全、提高交易效率、维护交易体系有序的现实性考虑,有必要赋予交易习惯一定的约束力。如果根据国家、地区、行业或者当事人之间的交易习惯,能够确定本金、利息、费用的冲抵顺序,则可以依照交易习惯予以认定。

三、与《民法典》第560条内容衔接问题

(一)《民法典》第560条的有关规定

《民法典》第560条规定:"债务人对同一债权人负担的数项债务种类

---

[1] 齐树洁、蔡从燕:《交易习惯若干基本理论问题研究》,载梁慧星主编:《民商法论丛》(第15卷),法律出版社2000年版。

[2] 王利明:《论合同漏洞的填补》,载《判解研究》2000年第2期。

相同，债务人的给付不足以清偿全部债务的，除当事人另有约定外，由债务人在清偿时指定其履行的债务。债务人未作指定的，应当优先履行已经到期的债务；数项债务均到期的，优先履行对债权人缺乏担保或者担保最少的债务；均无担保或者担保相等的，优先履行债务人负担较重的债务；负担相同的，按照债务到期的先后顺序履行；到期时间相同的，按照债务比例履行。"本条是当债务人的给付不足以清偿其对同一债权人所负担的数项相同种类的全部债务时，就债的清偿抵充方法和清偿抵充顺序所作的规定。原民法通则和合同法对债的抵销制度作出了规定，但对债的清偿抵充制度没有明确规定。现实生活中，经常会出现债务人对同一债权人负担的数项同种类债务中，有的已届履行期限，有的尚未到期；有的附设担保，有的未设定担保；有的负有利息，有的未附利息等诸多复杂情形。当债务人对债权人的给付不足以清偿全部债务时，如何认定债务人已经为的给付，到底清偿的是哪项债务，极易产生争议。为弥补立法漏洞，最高人民法院于2009年4月24日发布的《合同法司法解释（二）》对该问题进行了规制。《民法典》对上述司法解释规定予以了吸收。相较于《合同法司法解释（二）》第20条，民法典的内容在文字表述上作了若干调整，主要是针对债的清偿抵充方法在原司法解释规定的"约定抵充"和"法定抵充"两种方法的基础上，新增一种清偿方法，即"指定抵充"。

（二）《民法典》第560条与第561条的衔接问题

适用《民法典》第561条时，要注意的是本条规范的情形并不限于同一债务人对同一债权人仅负担一项债务，即使是同一债务人对同一债权人负担数项相同种类的债务，也在本条的含义射程范围之内。由此，便产生本条与《民法典》第560条的衔接问题。具体而言，同一债务人对同一债权人所负担的数项种类相同的债务，如果各项债务均产生利息或实现债权之费用，究竟是应当先抵充所有各项债务之费用，再抵充各项债务之利息，最后抵充全体主债务？还是应当依照《民法典》第560条的规定，先确定应当优先抵充的债务，在该优先抵充的债务中按照《民法典》第561条规定的抵充顺序依次抵充该笔债务实现的费用、相应利息和该笔债务，抵充后如有剩余，再抵充其他债务的费用、利息和该项债务？对此，应当不问各项债务的履行期是否已经届满，仍应当在各项债务的清偿过程中先清偿实现债权的费用，次清偿利息，最后才按照债务人的指定或者法律规定抵充债务。原因在于，在指定抵充场合，倘若债务人先对履行期未届满的债务指定抵充，势必导致履行期已届满之债务的实现费用、利息和该项主债务只能抵充在后，有失公平。关于此，我国台湾地区学者邱聪智认为："指定抵充之适用，虽在法定抵充之先，惟第 323 条规定，于原本、利息、费用之不同性质债务，须先充费用、次充利息、再冲原本。此为保护债权人利益之规定，与指定抵充规范目的尚有不同，解释上指定抵充应受第 323 条之限制。因此，所谓优先适用者，应以同为原本债务之抵充，或利息债务之抵充，或费用债务之抵充为限。"[1] 而在法定抵充场合，倘若先抵充履行期间届满的主债务，再抵充他项履行期未届满的债务中的费用、利息，则无疑与《民法典》第 561 条规定的抵充顺序相悖。需要指出的是，该条规定并非强制性规范，允许当事人对抵充顺序有专门约定。进一步讲，如果债务人的给付不足以清偿对同一债权人所负担的各项债务的费用或利息时，在各项债务的费用之间，在各项债务的利息之间所分别成立的费用之债、利息之债，在无法适用意定抵充的情况下，仍然应当按照《民法典》第 560 条第 2 款关于法定抵充规定的顺序进行抵充。对此，《日本民法典》第 489 条第 2 款规定可供参考，根据该款规定，"前款之情形，所作之给付不足以消灭费用、利息或者本金中任意一者之全部时，准用前条之规定"。[2]

（案例撰写人：周江涛）

专家点评

民事检察监督要聚焦在司法理念、政策导向、法律适用方面有引领价

---

[1] 邱聪智：《新订民法债编通则》(下)，中国人民大学出版社 2004 年版，第 460 页。
[2] 此处所指"前条"，即《日本民法典》第 488 条关于"存在数个以同种给付为标的之债务时之抵充"的规定："清偿人即受领清偿之人均未作出第一款或第二款规定之指定时，按下列各项之规定，抵充其清偿。一、债务中存在有清偿期者和无清偿期者，先抵充有清偿期者。二、全部债务均有清偿期时，或均无清偿期时，先抵充对债务人清偿利益较多者。三、对债务人清偿利益相等时，先抵充清偿期先到来者或应先到来者。四、前两项所列事项相等之债务，其清偿按各债务之金额抵充。"

值的典型案件。在金融危机的背景下，民间借贷纠纷中，当事人协商以房抵顶的做法常出现，但是由于当事人法律意识淡薄，保留证据意识薄弱，在进行抵顶时未写清楚抵顶本金还是利息、不足额的情况下优先抵顶哪一部分，造成出现纠纷时"有理说不清"的局面。检察机关应当聚焦典型案件依法进行监督，根据相关书面凭证的字面意思，探究当事人的真实意思表示，并结合当地交易习惯，进而认定当事人已对主债务、利息等抵充顺序进行约定。在此情况下，应当尊重当事人意思自治，依照其约定的顺序清偿债务。当事人对清偿顺序无约定且无交易习惯时，方符合《民法典》第561条规定，依法根据实现债权的有关费用、利息、主债务的顺序履行债务。具体到本案中，根据当事人提交的证据足以认定双方已对先抵充本金进行约定，故应当依照当事人约定认定事实，不应当适用《民法典》第561条规定。对于错误的裁判，检察机关应当依法监督，维护法律统一实施和当事人的合法权益。

（点评人：王莉，最高人民检察院第六检察厅副厅长）

第二部分
买卖合同纠纷

买卖合同纠纷类案综述

一、买卖合同纠纷民事检察监督概况

买卖合同是社会经济生活中最典型、最普遍、最基本的交易形式，无论是一般的民事主体，还是各类商事主体都离不开买卖合同，其不仅事关交易关系的稳定和当事人合法权益的保护，而且关涉市场经济的健康发展。尽管人们熟悉和经常进行买卖，但并不意味着人们能够准确运用买卖合同。相反，因为买卖合同本身属于人们日常生活的重要内容且具有一定的技术性和复杂性，导致买卖合同纠纷成为民事纠纷和民事案件的重要类型。同理，正是由于买卖合同本身的复杂性，即使法律专业人士也难免在解决买卖合同纠纷时出错，因此，买卖合同纠纷案件也成为检察机关监督法院裁判的重要内容。

2019年至2022年，检察院受理买卖合同纠纷民事检察监督案件有增有减（4000—5000件），在每年度合同纠纷案件中保持在前3位。2020年全国各级检察机关受理买卖合同纠纷民事检察监督案件3895件，较2019年下降3.76%；2021年全国各级检察机关受理买卖合同纠纷民事检察监督案件4962件，较2020年上涨27.39%；2022年全国各级检察机关受理买卖合同纠纷民事检察监督案件4166件，较2021年下降16.04%。近四年买卖合同纠纷民事检察监督案件具体情况如下：

全国各级检察机关买卖合同纠纷民事检察监督情况统计

类型	2019年 案件数（件）	占该年度受理案件百分比（%）	2020年 案件数（件）	占该年度受理案件百分比（%）	2021年 案件数（件）	占该年度受理案件百分比（%）	2022年 案件数（件）	占该年度受理案件百分比（%）
受理	4047	/	3895	/	4962	/	416	/
提出再审检察建议	351	8.67	352	9.04	503	10.14	502	12.05%

续表

类型	2019年 案件数（件）	2019年 占该年度受理案件百分比（%）	2020年 案件数（件）	2020年 占该年度受理案件百分比（%）	2021年 案件数（件）	2021年 占该年度受理案件百分比（%）	2022年 案件数（件）	2022年 占该年度受理案件百分比（%）
提请抗诉	426	10.53	393	10.09	399	8.04	249	5.98
提出抗诉	256	6.33	256	6.57	373	7.52	177	4.25
终结审查	408	10.08	511	13.12	516	10.40	31	0.74
不支持监督申请	2137	52.80	2529	64.93	3151	63.50	2908	69.08

二、买卖合同纠纷民事检察监督特点

随着科技进步和社会发展，人们交往和交易的方式发生了天翻地覆的变化。买卖合同作为和大众日常生活密切相关的民事交易，一方面受到科技进步的影响，另一方面仍然具有传统民事交易的面相。反映到民事检察监督案件领域，买卖合同纠纷民事检察监督案件具有以下几个特点：

一是买卖合同纠纷息诉服判率高，检察机关受理此类民事检察监督案件比重适中。在人民法院历年审理的民商事纠纷案件中，买卖合同纠纷案件所占比重都非常大。比如，仅2019年，全国各级人民法院新收一审网络购物合同纠纷案件就达到1.56万件。在网络购物合同纠纷中，40.15%的案件最终调解或者撤诉，调撤率较高；在判决结案的纠纷中，超过70%的原告诉请获得法院不同程度的支持。① 地方各级人民检察院向最高人民检察院报送的相关案例材料中，还没有对网络购物合同纠纷进行检察监督的典型案例材料。这表明在绝大多数的买卖合同民事案件中，当事人对人民法院审理的买卖合同纠纷案件息诉服判率较高，当事人向检察院申请监督的比例并不高。

二是买卖合同纠纷案件中的事实认定成为民事检察监督的重要内容。总体而言，买卖合同的法律、司法解释较为成熟，因此在买卖合同纠纷案

---

① 《网络购物合同纠纷案件特点和趋势（2017.1—2020.6）》，载最高人民法院官方网站，https://www.court.gov.cn/fabu-xiangqing-273171.html。2022年5月9日访问。

件中单纯适用法律错误的案件尽管也存在，但事实认定错误所占的比例更高。买卖合同纠纷中的事实认定之所以成为检察监督的重要内容，原因是多方面的：第一，不见面交易使得案外人无辜成为案件当事人。随着科技的发展，人们不见面就能够完成买卖合同的整个过程。由于人们在买卖合同的过程中没有见过面，使得一方当事人以他人名义进行交易时，合同相对方可能没有进行核实就信以为真并进行交易。当发生纠纷时，合同相对人往往将非真正交易人作为被告予以起诉。在许多案件中，这些没有参与买卖的非真正交易人很可能不知晓诉讼的存在，从而难以维护自己的合法权益。第二，买卖合同的非规范性使当事人对合同的性质产生争议。买卖合同作为一种最普遍的交易，既有普通民事主体之间的买卖合同，更多的是民事主体和商事主体之间的买卖合同。作为民事主体的大众在买卖合同中容易忽视合同的相关内容，从而被作为卖方的商事主体所利用。法院由于案多人少的压力，在部分案件中也容易忽视部分案件的特殊性，从而对案件事实作出错误的认定。

三、买卖合同纠纷典型案件归纳

本部分针对 8 类买卖合同纠纷检察监督案例，汇总了相关法律法规、立法解释、司法解释，梳理了国内一些代表性学术观点，并结合域外法比较研究，有针对性地评述案件争议焦点，以指引民事检察实践，提高民事检察案件办理质效。

一是买卖合同当事人真实意思表示的认定。在买卖合同中，漏洞与歧义在所难免。双方产生歧义后，如何认定当事人在合同中的真实意思即成为关键。根据《民法典》第 466 条规定，文义解释规则与其他解释规则之间是顺位关系，而其他解释规则之间是并列关系。也就是说，当事人对合同条款的理解有争议的，首先且必须采取文义解释规则来确定该条款的含义。一般情况下，使用文义解释可以对合同条款的含义作出恰当的解释。由于语言文字本身含义的多样性及当事人文化能力、受领程度等的差异，部分词句的外部表达难免与其内心真意出现差异。此时需要在文义解释的基础上，根据案件事实适用《民法典》第 446 条规定的其他解释规则。第一，体系解释通常意义上对文义解释进行补正的概率较大，争议合同条款必须放置于整个合同文本之中进行考量，使得各部分、各条款之间不至于出现冲突与矛盾。第二，合同解释必须借助于合同性质及双方在交易洽谈、履行过程中所要实现的目的来进行。第三，根据交易习惯、诚实信用等原则平衡合同双方当事人之间的冲突及利益。通过对合同条款的解释，最终准确认定合同双方当事人真实的意思表示。

二是买卖合同当事人的认定。根据《民法典》第465条第2款规定，除法律另有规定外，依法成立的合同仅对当事人具有法律约束力。这就是合同相对性原则在民法典中的体现。所谓合同的相对性，也就是依法成立的合同只在特定的当事人之间发生法律约束力，只有合同当事人能基于法律或合同的约定向相对方提出请求或提起诉讼，而不能向与其无合同关系的第三人提出合同上的请求，也不能擅自为第三人设定合同上的义务。在法律没有特别规定的情况下，审判人员应当严格遵循合同相对性原则，不得随意突破合同相对性，扩大合同责任的主体范围；如果法官突破合同相对性，扩大合同责任的主体范围，即违反了民法典的这一规定。司法实践中，适用合同相对性原则对案件作出裁判一般情况下不会发生错误；导致裁判错误的关键即是案件事实的认定。随着人们联系方式的进步，人与人之间不见面的交易已经成为人们日常生活的重要内容。在这些不见面的买卖合同中，由于实名制并没有在所有的领域普及，从而为当事人以他人名义签订和履行买卖合同提供了机会。实际交易的当事人发生纠纷后，容易将案外人作为当事人予以起诉；没有参与买卖的案外人往往可能因不知道买卖合同案件的存在而没有机会在民事诉讼中维护自己的合法权利。因此，在这些民事诉讼监督案件中，检察机关行使调查核实权就成为重要内容。一方面，案外人提供证据的，检察机关应当予以审查；另一方面，案外人提供相关证据线索的，检察机关必要时应当调查核实。在准确认定案件事实的基础上，检察机关不难对法院关于合同相对性的判决是否正确作出认定。

三是国家机关相关公告对卖方是否构成欺诈的影响。根据《民法典》第148条规定，一方以欺诈手段，使对方在违背真实意思的情况下实施的民事法律行为，受欺诈方有权请求法院或者仲裁机构予以撤销；同时，根据《消费者权益保护法》第55条规定，经营者构成欺诈的，增加赔偿消费者购买商品的价款的三倍，并以500元兜底。正常情况下，此类案件争议的焦点往往是经营者在销售商品过程中是否构成欺诈。特别是经营者销售的特定商品已经被国家机关发布公告要求召回的前提下，如何平衡经营者与消费者之间的权利义务即成为认定经营者是否构成欺诈的关键。经营者作为商品的出卖方，有义务出售符合国家法律、法规规定的商品，因此，当国家机关发布相关公告要求召回特定商品的，经营者应当在一定期限内不再销售该商品。特别是制造商已经通过邮件告知经营者的，经营者对该商品属于国家机关公告召回的商品显然是明知的。争议的焦点在于，有关国家机关发布召回特定商品的公告的，普通消费者有无知晓该公告内容的义务。如果普通消费者负有知晓国家机关公告的义务，即使经营者在销售过程中没有就该商品属于召回商品告知消费者，也不会构成欺诈；相反，如果普通消费者不负有知晓国家机关公告的义务，经营者在销售过程中就负有告知消费者的义务，否则就可能构成欺诈。现实生活中，如果法律要求普通消费者购买商品前需要自行查询有关国家机关公告，显然将会极大地增加交易成本，严重影响正常的交易秩序。因此，一般情况下，普通消费者对有关国家机关召回特定商品的公告不负有知晓义务。当然，经营者有证据证明消费者已经知晓的，则属于例外。

四是虚假意思表示隐藏的民事法律行为的效力。根据《民法典》第146条规定，行为人与相对人以虚假的意思表示实施的民事法律行为无效。以虚假的意思表示隐藏的民事法律行为的效力，依照有关法律规定处理。根据《民法典》第153条规定，违反法律、行政法规的强制性规定的民事法律行为无效。该强制性规定不导致该民事法律行为无效的除外。由此，《民法典》以"虚假的意思表示"替代了"以合法形式掩盖非法目的"，对虚假意思表示实施的民事法律行为及以虚假的意思表示隐藏的民事法律行为的效力进行分别评价。对于行为人与相对人以虚假的意思表示实施的民事法律行为，因其欠缺真实意思表示，违反《民法典》第143条关于民事法律行为的一般有效要件而归于无效。至于其隐藏行为，即当事人隐藏在虚假意思表示之下，想要真正从事的法律行为，产生了当事人之间的实际法律关系。隐藏行为是否有效取决于本身是否符合民事法律行为的有效要件，并依照相关法律规定进行审查。如果不存在法定无效情形，应认定隐藏行为有效；如果存在违反法律、行政法规的强制性规定情形，隐藏行为则与以虚假意思表示实施的民事法律行为一同归于无效；该强制性规定不导致该民事法律行为无效的，隐藏行为有效。

五是无权代理的认定。根据《民法典》第171条规定，行为人没有代理权、超越代理权或者代理权终止后，仍然实施代理行为，未经被代理人追认的，对被代理人不发生效力。行为人没有代理权、超越代理权或者代理权终止后实施代理行为，未经被代理人追认的，在司法实践争议的焦点是该无权代理最终被认定为无权代理还是表见代理。表见代理本来也属于无权代理，但由于行为人的代理行为有使相对人相信其有代理的合理理由，且对该理由形成了合理信赖，从而发生有权代理的效力。就此而言，表见代理和狭义无权代理又存在根本差别。因此，无权代理必须在外观上没有使相对人相信行为人有代理权的理由，才能构成狭义无权代理；否则，其即已构成表见代理。至于哪些无权代理具有使相对人相信行为人有代理权的外观，要结合具体案件具体分析。无权代理与表见代理认定的差异，一方面提醒被代理人要及时消除行为人具有代理权的表面现象，以避免承担不必要的风险；另一方面提醒相对人在交易过程中应当进行必要的调查核实。行为人的有些行为之所以最终被认定为无权代理，主要原因即是行为人的无权代理和被代理人其实完全没有关系，相对人只要稍微进行必要的调查核实就能够发现问题；因相对人自己怠于进行必要的调查核实，当然应当承担由此产生的不利后果。

六是先履行抗辩权与检验义务的冲突与协调。根据《民法典》第526条规定，当事人互负债务，有先后履行顺序，应当先履行债务一方未履行的，后履行一方有权拒绝其履行请求。先履行一方履行债务不符合约定的，后履行一方有权拒绝其相应的履行要求。司法实践中，应当先履行债务一方未履行的，后履行一方有权拒绝其履行请求，一般不会产生太大的争议；容易产生争议的，即是先履行一方履行债务不符合约定，但接受履行的一方没有在约定或者法定的期限内检验并通知对方的，接受当事人还能不能行使先履行抗辩权。在有先后履行顺序的双务合同中，先履行抗辩权依存于合同的履行效力，属延期的抗辩权，只是暂时阻止对方当事人的请求权，非永久的抗辩权。当先履行一方纠正其违约行为，满足或基本满足后履行一方的利益时，先履行抗辩权消灭，后履行一方应当履行自己的义务。先履行抗辩权的行使本质上是对先履行一方违约的抗辩，后履行一方有权中止履行自己的债务，对抗先履行一方的履行请求，且对自己的逾期履行不承担违约责任。后履行一方当事人行使先履行抗辩权致使合同迟延履行的，不承担违约责任，同时有权请求先履行一方当事人承担违约责任。因此，即使买受人在验收期满后向出卖人提出产品质量不符合约定，也可以行使先履行抗辩权。特别是在买卖合同中，出卖人的主要义务为交付符合合同约定的数量、质量的标的物，买受人的主要义务为按约定的数额、时间支付价款。当出卖人交付的标的物不符合合同约定，致使合同目的不能实现的，买受人有权拒绝支付相应价款，从而促使卖方交付符合质量要求的标的物。

七是应由买方而不是卖方承担检验义务。根据《民法典》第621条第1款规定，当事人约定检验期限的，买受人应当在检验期限内将标的物的质量不符合约定的情形通知出卖人。买受人怠于通知的，视为标的物的质量符合约定。因此，如果双方当事人在买卖合同中没有明确约定，就应当由买受人而不是出卖人对标的物质量承担检验义务；即使双方在合同中约定卖方在约定的时间内有权随时检验，而不是约定由买方承担检验义务的，检验义务仍然应当由买方承担。当超过约定的检验期限后，除卖方明确产品质量不合格的外，就应当视为产品质量符合约定或者要求。特别是出现了特殊情况后，比如因买方的其他装备毁坏导致无法检验产品质量的，如何平衡买方与卖方的权利义务即成为关键。正常情况下，卖方已经履行交付义务，除非买方在约定的检验期限内进行检验并通知卖方，否则即应当视为卖方的产品质量符合约定。当买方的其他装备出现问题导致无法验收的，这和卖方完全没有关系，而应当视为产品质量符合约定。

八是外观检验与物的瑕疵担保责任。在买卖合同中，出卖人负有给付与价金相当的标的物义务；若出卖人给付的标的物有瑕疵，应承担瑕疵担保责任。因此，只要标的物在交付时存在质量瑕疵，出卖人即须承担责任。根据《民法典》第621条规定，标的物质量不符合要求的，买受人有异议通知的义务。从尊重当事人意思自治，维护契约自由的角度出发，当事人在合同中约定检验期限的，买受人应当在约定检验期限内将质量不符合约定的情形通知出卖人。买受人怠于通知的，视为质量符合约定。但是，如果双方当事人在合同中约定买受人提出异议的期限过短甚至约定买受人当场检验，根据标的物的性质和交易习惯，买受人在检验期限内难以完成全面检验的，该期限仅视为买受人对标的物的外观瑕疵提出异议的期限。如果人民法院以双方当事人约定检验期限为由不考虑质量检验的实际情况，就忽视了外观检验与质量检验之间的区别，属于适用法律错误。

（撰写人：李先伟）

001　如何准确认定合同双方的真实意思表示

李某与甲公司房屋买卖合同纠纷抗诉案[*]

案情简介

一、基本事实

李某与甲公司于 2008 年 1 月 21 日签订商品房认购合同，约定：李某购买甲公司开发的商品房经营权，总金额 32.5 万元，李某交纳首付 50% 购房款。李某需要办理按揭贷款的，须在签订商品房认购书并交纳 50% 首付款后，6 日内向银行提供按揭贷款相关手续；因自身原因不能办理按揭贷款的，在接到银行拒贷通知次日起，应于 3 日内自行筹措资金向甲公司交清剩余房款。李某未能按期交纳房款的，视为自行放弃该商品房的购买权。甲公司另与郑某等多人签订买卖合同，其中与郑某等 5 人签订的补充协议首部载明"就郑某对甲公司商品房产权认购达成如下协议"。

李某依约交纳全部房款，因甲公司无法办理过户手续，李某函告甲公司解除合同，甲公司予以签收。李某后向沂水县人民法院提起诉讼，请求确认与甲公司签订的商品房认购合同为无效合同。

二、诉讼过程

沂水县人民法院作出一审判决认为，甲公司系涉案房屋的所有权人，在庭审调解中同意将房屋产权证变更到李某名下，但不能保证房屋产权证何时变更到李某名下。由于甲公司不能实现房屋产权变更，李某发出解除合同函，甲公司签收予以认可。遂判决解除双方签订的购房合同，甲公司返还购房款并承担相应利息。

---

[*] 本案承办人：山东省人民检察院高峰；山东省临沂市人民检察院刘娜。

甲公司不服一审判决，向临沂市中级人民法院提出上诉。

临沂市中级人民法院作出二审判决认为，依据双方签订的认购合同中"双方就乙方对甲方商品房购买经营权，达成如下协议"的内容，双方约定购买的是涉案房产的经营权而非产权，对此李某在签订合同时是明知的；且涉案房产2008年就登记并将房产证办理在甲公司名下，甲公司也早将房产证给了李某。李某在四年多的时间里未对合同及产权登记在甲公司名下提出过异议，更没有申请有关机构或法院变更或撤销上述合同。甲公司没有合理理由阻挠李某对涉案房产的使用。既然李某购买的系房产的经营权，且已经履行多年，不存在涉案房产过户登记的问题，故原审法院以不能过户登记为由判决解除双方签订的合同并返还所谓的购房款，无合同依据和法律依据，属适用法律错误，应予纠正。遂判决驳回李某的诉讼请求。

李某不服二审判决，向临沂市中级人民法院申请再审，李某的再审申请被驳回。

三、检察监督

李某向检察机关申请监督，检察机关经审查后认为，原审判决认定"双方约定购买的是涉案房产的经营权，而非产权"属于认定的基本事实缺乏证据证明，适用法律确有错误。

首先，李某等人与甲公司签订的商品房认购合同系甲公司为反复使用而预先拟定的格式合同。就本案所涉的李某与甲公司签订的合同而言，合同标题为"商品房认购合同"，正文开头部分出现"购买经营权"的表述，但具体条款中的表述包括合同名称都更符合房屋所有权买卖约定的特征，缺少经营权使用期限等约定，因此双方就该合同交易的标的是商品房的经营权还是所有权产生争议。在此情形下，依据《合同法》第41条规定，应当作出不利于提供格式条款的甲公司的解释，即认定双方所签合同交易标的为商品房所有权。其次，可以参照甲公司与其他民事主体之间相同合同的补充协议。除买方姓名、房号、面积、单价、总价外，同作为买方的郑某等五人与甲公司签订的认购合同与李某、甲公司之间的认购合同完全一致。尽管李某与甲公司未再签订补充协议，但郑某等与甲公司后来签订了补充协议。庭审时，李某将郑某与甲公司签订的补充协议作为证据提出，因此，李某与甲公司之间权利义务的确定可参照该补充协议。甲公司与郑某签订的补充协议明确约定，郑某对"甲方（甲公司）商铺产权认购"。根据补充协议，即使双方对认购合同中的买卖标的存在争议，补充协议对买卖标的进行了明确，即约定为"产权"而非"经营权"。最后，相关的其他证据证明购买的是产权。按照甲公司关于李某购买的是"经营权"的主张，所有权归甲公司，房屋所有权证应当由甲公司保管，而不应在合同签订后交付李某；一审过程中，甲公司同意将房屋所有权变更到李某名下。上述事实可以印证双方交易的标的是商品房所有权而非经营权。即使李某当时明知暂时无法办理房屋过户登记，也是如何完善和补救所有权手续的问题，不能因此将合同交易标的认定为购买经营权。据此，山东省人民检察院依法向山东省高级人民法院提出抗诉。山东省高级人民法院提审本案，经审理后认可检察机关的抗诉意见，依法作出再审判决，撤销山东省临沂市中级人民法院作出的二审判决，维持沂水县人民法院作出的一审判决。

案件要旨

商品房认购合同正文开头部分表述为"双方对购买经营权达成协议"，合同其他表述符合"所有权"买卖特征的，不能仅以开头部分表述即判令双方转让标的为房屋"经营权"，应从合同解释、转让标的的特征、维护社会交易秩序等角度综合分析，准确把握双方当事人意思表示的本义，切实维护当事人的合法权益。

法律规定索引

·《民法典》规定及沿革·

《民法典》

第一百四十二条　有相对人的意思表示的解释，应当按照所使用的词句，结合相关条款、行为的性质和目的、习惯以及诚信原则，确定意思表示的含义。

无相对人的意思表示的解释，不能完全拘泥于所使用的词句，而应当结合相关条款、行为的性质和目的、习惯以及诚信原则，确定行为人的真实意思。

第四百六十六条 当事人对合同条款的理解有争议的，应当依据本法第一百四十二条第一款的规定，确定争议条款的含义。

合同文本采用两种以上文字订立并约定具有同等效力的，对各文本使用的词句推定具有相同含义。各文本使用的语句不一致的，应当根据合同的相关条款、性质、目的以及诚信原则等予以解释。

第四百九十八条 对格式条款的理解发生争议的，应当按照通常理解予以解释。对格式条款有两种以上解释的，应当作出不利于提供格式条款一方的解释。格式条款和非格式条款不一致的，应当采用非格式条款。

▇ 新旧对比

《民法典》第466条基本延续了《合同法》第125条规定，即当事人对合同条款的理解有争议的，应当按照合同所使用的词句、合同的有关条款、合同的目的、交易习惯以及诚实信用原则，确定该条款的真实意思。合同文本采用两种以上文字订立并约定具有同等效力的，对各文本使用的词句推定具有相同含义。各文本使用的语句不一致的，应当根据合同的目的予以解释。第498条内容与《合同法》第41条完全一致。

▇ 法条精义

当事人的真实意思需依靠语言或文字等载体，由于民事主体表达能力、理解能力的不同，漏洞与歧义在所难免。双方对歧义产生争议后，应当按照法律规定的路径，对合同的歧义部分予以解释，以明确当事人双方在合同中一致达成的真实意思。

民法典对合同解释规则的修正较为突出的一点是解释规则顺位次序的确立。根据原《合同法》第125条规定，文义解释、体系解释、目的解释、习惯解释及诚信解释之间的关系为并列关系，如当事人对合同的相关条款发生争议，则可以在综合考量的基础上根据实际情况自由选择适用如上述之一种或多种解释规则。而《民法典》第466条采取了"顺位＋并列""强制性规范＋任意性规范"相结合的立法模式，即文义解释规则与其他解释规则之间是顺位关系，而其他解释规则之间则是并列关系。当事人对合同条款的理解有争议的，首先且必须采取文义解释规则来确定该条款的含义，并可以辅之以体系解释、目的解释等解释规则中的一种或多种。

　　文义解释在解释方法上的适用上具有优先性。合同文本所运用的字句是当事人真实意思的载体，因此在进行合同解释时，应当优先依据文本，对当事人的词句进行解释。在理解词句的含义时，可以借助辞典、交易惯例及一般理性经济人的认识予以确定。适用整体解释时，手写条款的效力应当高于非手写条款；特别条款优于一般条款；条款内容发生冲突时，非格式条款内容优于格式条款。合同性质与目的是探明当事人意思表示的重要依据，在探究合同目的时，除了合同当事人的叙述外，还应当结合合同文本、交易性质、合同当事人之间的关系等因素进行综合判断，进而确定合同目的。习惯解释的适用首先应判断当事人之间是否存在交易习惯。对于交易习惯，应由提出双方之间具有交易习惯的一方当事人承担相应的证明义务；同时在适用交易习惯之前，还应对交易习惯的合法性进行判断，如果交易习惯的内容违反法律、公序良俗，则不宜认定属于合同法所认可的交易习惯。诚信解释作为兜底方法，唯有在穷尽其他解释方法仍不能探明当事人真意，或其他解释方法得出的结论有悖于一般公平正义观念时，方可运用诚信的解释方法。

域外立法通览

　　关于合同解释理论，大陆法系与普通法系均经历了由最初的严格形式主义，到近代的意思主义，再到现代法上的表示主义之演变，有学者称为"合同解释基准的转换"。合同解释基准其实就是运用合同解释方法的价值取向，是合同解释活动的目标所在。对于合同解释理论，大陆法系与普通法系大致经历了同样的发展历程，最终都采取了主客观标准相结合的判断基准。

　　在大陆法系民法典中，有关合同解释的立法通常可以分为三种模式：
　　第一种是抽象式，以德国民法典为代表。比如，《德国民法典》第157

条规定，契约的解释，应当遵守诚实和信用的原则，并考虑交易上的安全。

第二种是具体式，有代表性的有法国民法典。如《法国民法典》第1156条规定，解释契约，应从契约中寻找缔结之诸当事人的共同本意，而不应局限于用语的字面意思。

第三种是参考判例式，以荷兰民法典为典型。这种立法例，完全放弃了在民法典中规定解释条款的做法，而是将解释视为无须规定和证明的事，因为任何关于解释的条款都避免不了过于抽象而难以适用，不如留给判例来直接完成解释工作。

在普通法系，18世纪末期以前，其合同解释理论也强调从正式的书面文件中推衍出合同的内容；从18世纪末期开始，法院开始转向关注当事人的主观意图。威林斯顿在其主持的《美国合同法重述》第一版中提出了系统的客观解释理论，主张意志的合意通常是由行为人外部行为中抽象出来的。后来科宾教授提出了修正的客观主义理论，强调当事人赋予合同语言含义的重要性，这一观点被《美国第二次合同法重述》采纳。采取折中的客观主义对合同进行解释，也成为现代普通法国家的通行做法。

《美国统一商法典》第2-208条对履约过程或实践解释进行规定：(1)如果买卖合同涉及任何一方重复进行履约活动，且他了解此种履约活动的性质并知道对方有机会对其加以拒绝，在这种情况下，任何未经拒绝而被接受或默认的履约过程，均可用于确定协议的含义。(2)协议的明示条款和任何履约过程，以及交易过程和行业惯例，在合理的情况下，应作一致解释。如果此种解释不合理，明示条款的效力优于履约过程，履约过程的效力优于交易过程和行业惯例（第1-205条）。(3)除下条对修改合同和放弃合同权利另有规定外，此种履约过程可以用于表明对与履约过程有矛盾的条款的修改或放弃。

实务指引

从《民法典》第142条、第466条、第498条对原《合同法》第41条、第125条等相关规定的吸收与完善，可以看出民法典对合同法规定的合同解释规则至少作出了两方面的重大修正。

一、合同解释规则的次序区分

《合同法》第125条依次列举了文义解释、体系解释、目的解释、习惯解释和诚信解释等五种解释方式，对五种解释规则以顿号作间隔，它们之间是并列关系。民法典规定的合同解释规则是"应当按照所使用的词句，结合相关条款、行为的性质和目的、习惯以及诚信原则，确定意思表示的含义"。民法典明确要求合同解释须以文义解释为基础，应在文义解释的基础上结合体系解释、性质解释、目的解释、习惯解释和诚信解释，对争议条款的真实含义进行解释，确立了文义解释的优先性，强调文义解释的基础性地位。

二、增加了合同性质解释

《合同法》第125条第2款规定的合同解释规则单纯强调目的解释，并无根据合同性质进行解释的规定。在《民法典》第466条规定的合同解释规则中，第2款增加了性质解释，强调基于合同性质进行解释。性质解释与目的解释是两种完全不同的解释方式。性质解释重点强调根据合同的性质对争议条款进行解释，旨在使争议条款确实符合合同的基本性质。目的解释则与此不同，强调根据当事人订立合同的目的来解释合同的争议条款，力求使合同的争议条款符合并有助于合同目的的实现。根据合同性质解释往往比按照合同目的解释更具有客观性、科学性和合法性。

三、关于本案案涉合同解释的分析

本案中，检察机关从合同条文出发，但又不局限于合同条文字面约定，通过对合同内容性质以及双方后续履行行为的全面审查，认真辨法析理，对当事人签订合同的真实目的作出合理认定。

（一）坚持文义解释与体系解释、性质目的解释相结合的原则，对合同内容作出准确理解

作为合同内容的每项约定，均由当事人协商确定，表达和传递当事人合同意图所使用的语言文字，在合同整个内容中是有组织的，而不是毫无联系，各个合同条款之间原则上无优劣之分，不论在合同中处于何种位

置，对合同都有同样的重要性。文义解释是指依合同所用语言的字面含义进行解释，是合同解释最基础的解释方法，文义解释必须符合当事人缔约的目的，否则不应予以适用。本案中，就合同本身约定来看，合同名称为"商品房认购合同"，而非"经营权认购合同"；从合同内容看，合同中除开头部分出现一次"经营权"的表述外，具体条款中无论买卖标的物的名称、标的物转让款的交付、标的物的交付及合同的违约与解除，凡涉及标的物表述的均为"商品房"。从李某签订合同的目的看，亦是希望通过签订合同取得房屋所有权。根据合同文义解释、体系化解释的一般规则，应认定本案转让标的为商铺的"所有权"。

（二）格式条款有两种以上解释的，应作出不利于格式条款提供方的解释

在办理本案时，合同法尚未废止，其从维护公平、保护弱者角度出发，对格式条款从三个方面进行了限制。一是提供格式条款一方负有提示、说明的义务；二是免除提供格式条款一方当事人主要义务、排除对方当事人主要权利的格式条款无效；三是对格式条款的理解发生争议的，应当按照通常理解予以解释。对格式条款有两种以上解释的，应当作出不利于提供格式条款一方的解释。本案中，合同系甲公司为重复使用而预先拟定的格式合同。李某与甲公司就合同转让的标的是"所有权"还是"经营权"产生争议的，应当作出不利于提供格式条款的甲公司的解释，即认定双方所签合同转让的标的物为商铺的"所有权"。

（三）转让"经营权"应当符合相应的条件

在我国现行法律体系中，"经营权"既可能是基于债权而产生的一项权利，如基于承包、租赁等法律关系所产生的经营权；也可能是基于物权而派生的一项权利，如基于所有权、用益物权等物权而产生的经营权。基于物权而派生的经营权由物权人自行行使。当物权人基于物权而转让经营权时，因经营权本身不符合法定的物权，其应当基于债权而转让。基于债权而产生的经营权一般具有行使期限、行使方式等权能限制特定内容，不具有绝对性、排他性，本案双方所签合同虽出现了"经营权"的表述，但合同条款约定的内容不符合经营权的特征。

（案例撰写人：刘娜）

专家点评

　　文义解释是合同解释的起点，在其无法实现解释目的时，可根据案件事实对《民法典》第446条规定的其他解释规则进行选择与适用。但是，在其他解释规则之间进行取舍时，需要将其转换为可操作、可细化的举措。一是争议合同条款必须放置于整个合同文本之中进行考量，使得各部分、各条款之间不至于出现冲突与矛盾。二是合同解释必须借助于合同性质及双方在交易洽谈、履行过程中所要实现的目的来进行。三是根据交易习惯、诚实信用等原则平衡合同双方当事人之间的冲突及利益。购房者签订的房屋买卖合同基本为房产开发商所提供的格式条款，购房者或由于欠缺法律意识，或由于合同过长而未耐心审查，或卖房者的强势地位，而最终导致所签合同对于购房者不利。本案中，双方所签合同中仅出现一次"经营权"表述，合同主要条款均体现了房屋买卖合同的特征，前后文义并不一致，需结合其他解释规则综合认定。

　　　　　　　　　（点评人：赵旭东，中国政法大学教授、博士生导师）

002 依法成立的合同仅对当事人具有法律约束力
郭某乙与广州市某童装店、郭某甲买卖合同纠纷抗诉案[*]

案情简介

一、基本事实

自2014年6月6日开始，郭某甲从肖某某经营的广州市某童装店（以下简称童装店）批量购买服装。首次为现场购货，之后的交易是郭某甲通过电话订货，童装店将郭某甲所订货物及该店出具的订货单一并快递给郭某甲，郭某甲签收核对无异议并付款即表示交易完成。双方没有签订书面合同。订货单上记有货品款号、数量、包数、合计金额等。2014年12月12日至2015年4月6日，郭某甲通过电话订货方式向童装店购买了10批共200655元货物。其中，童装店按照郭某甲要求，有4批货物的收货人写为郭某乙。郭某甲曾付款两次共70000元，余款130655元未付。快递公司出具的物流明细表载明，郭某甲签收了6批、电话137×××1145，郭某乙签收了4批、电话138×××9800。徐某某与郭某甲、郭某乙与宋某某各系夫妻关系。徐某某是138×××9800电话号码的使用人。

二、诉讼过程

童装店多次向郭某甲催收货款未得，遂诉至广东省广州市荔湾区人民法院，请求判令：郭某甲、郭某乙支付货款130655元及利息。一审法院认定，童装店与郭某甲、郭某乙的买卖合同关系有订货单、物流明细表、托运单、肖某某与郭某甲的微信聊天记录、电话录音记录等为证，依法予

---

[*] 本案承办人：广东省广州市人民检察院许远洲；广东省广州市荔湾区人民检察院全秋香。

以确认，双方应严格履行合同义务。郭某甲、郭某乙取货后，经催要仍未支付余款，已损害了童装店的合同利益。现童装店诉请郭某甲、郭某乙给付余款，依法应予支持，遂判决郭某甲、郭某乙限期向童装店清偿货款130655元及利息。郭某甲、郭某乙缺席判决。一审判决后，各方当事人均未上诉。郭某乙不服一审生效判决，向广东省广州市中级人民法院申请再审，认为其与童装店不存在买卖合同关系。再审法院裁定驳回郭某乙的再审申请。

三、检察监督

郭某乙向检察机关申请监督，主张其与童装店不存在买卖关系，并与郭某甲向检察机关提交了订货确认单、托运单，郭某乙与宋某某、徐某某与郭某甲的结婚证、电信发票与徐某某的身份证，郭某甲出具的多份情况说明等证据；肖某某亦向检察机关提交了分别与郭某甲、郭某乙的电话录音记录、与郭某甲的微信聊天记录等证据。检察机关分别询问了肖某某、郭某乙。检察机关审查后认为，138××××9800是郭某甲的丈夫徐某某使用的手机号码，郭某甲是借用郭某乙的名义收货，郭某乙并非货物买受人。郭某乙与郭某甲既非合作关系也非夫妻关系，不应对郭某甲的欠付货款承担共同清偿责任。据此，广东省广州市人民检察院提起抗诉。广东省广州市中级人民法院再审后，采纳抗诉意见，认为童装店请求郭某乙承担共同清偿责任证据不足，改判郭某甲向童装店清偿货款130655元及利息。

案件要旨

从合同法到民法典，合同相对性原则仍是司法裁判中识别合同主体、认定合同责任承担的重要依据。依法成立的合同，只在特定的当事人之间发生法律约束力，合同当事人只能基于法律规定或合同约定向相对方提出请求或提起诉讼，而不能向与其无合同关系的第三人提出合同上的请求，也不能擅自为第三人设定合同上的义务。在法律没有特别规定的情况下，裁判者应当严格遵循合同相对性原则，不得随意突破合同相对性，扩大合同责任承担主体的范围。

法律规定索引

·《民法典》规定及沿革·

■《民法典》

第四百六十五条第二款　依法成立的合同，仅对当事人具有法律约束力，但是法律另有规定的除外。

■新旧对比

《合同法》第8条第1款规定："依法成立的合同，对当事人具有法律约束力。当事人应当按照约定履行自己的义务，不得擅自变更或者解除合同。"《民法典》第465条第2款是在《合同法》第8条第1款的基础上修改而来，主要变化体现在：（1）在"对当事人具有法律约束力"之前加一个"仅"字，这一调整明确确立了合同相对性原则。（2）为适应社会经济发展和保护第三人利益，增加"但是法律另有规定的除外"的但书规定，明确在法律另有规定的情况下，可以突破合同相对性原则。（3）删除了原《合同法》的部分内容，理顺了与《民法典》其他条款的衔接。原《合同法》第8条第1款第2句"当事人应当按照约定履行自己的义务"因与《民法典》第509条第1款"当事人应当按照约定全面履行自己的义务"重复而被删除。因《民法典》第543条规定了"当事人协商一致，可以变更合同"、第557条第2款规定了"合同关系解除的，该合同的权利义务关系终止"，故删除了原《合同法》第8条中的"不得擅自变更或者解除合同"，以体现合同自由。

■法条精义

《民法典》第465条第2款是关于合同相对性及其例外的规定。可从两个方面来理解：

一是关于合同相对性。《民法典》第465条第2款规定，依法成立的合同，仅对当事人具有法律约束力，该规定明确确立了合同相对性原则。合同相对性原则是指合同项下的权利与义务只能由合同当事人享有或者承担，合同仅对当事人具有法律约束力，对合同当事人之外的第三人不具有法律约束力。具体而言，对于依法成立的合同，只能由合同当事人享有合同上的权利，当事人之外的任何第三人不能向合同债务人主张合同上的权利；合同义务由合同当事人承担，合同债权人不得要求当事人之外的第三人承担合同义务，当事人之外的第三人也不得代为履行合同义务；合同债务人不履行合同义务或者履行合同义务不符合约定的，应当向债权人承担违约责任，而非向当事人之外的第三人承担违约责任。[1]

二是合同相对性的例外。依据《民法典》第 465 条第 2 款的规定，合同具有严格的相对性，只对合同当事人具有法律约束力，这个属于原则性规定。但是，有原则就有例外，合同相对性原则只有一个例外，即"法律另有规定"。一般而言，合同只能对合同当事人产生约束力，非合同当事人不能诉请强制执行合同，除非基于法律另有明确规定，而此处的法律是指法律、法规、司法解释等。[2]

域外立法通览

合同相对性，在大陆法系中属于"债的相对性"的子概念，是一条具有悠久历史的合同法原则，大陆法系称为债的相对性或合同关系的相对性。早在罗马法时期，契约对当事人以外的第三人不发生权利义务就被作为一条基本原则确立，并为各大陆法系国家的立法所借鉴。例如，《德国民法典》[3] 第 241 条债权人基于债的关系，有权向债务人请求给付。给付也可以是不作为的规定，确定了享有给付请求权的仅为债权人。《法国民法典》[4] 第 1119 条规定："一般来说，任何人仅得以本人的名义、为本人承诺义务，订立契约。"第 1134 条规定："依法成立的契约，对于缔结契约的人，有相当于法律之效力。此种契约，只有经各当事人相互同意或者依法律允许的原因才能取消。前项契约应善意履行之。"第 1165 条规定："契约

---

[1] 石宏主编:《中华人民共和国民法典立法精解》(中册)，中国检察出版社2020年版，第 600 页。

[2] 中国审判理论研究会民事审判理论专业委员会编著:《民法典合同编条文理解与司法适用》，法律出版社 2020 年版，第 9—10 页。

[3] 台湾大学法律学院、台大法学基金会编译:《德国民法典》，北京大学出版社 2017 年版，第 228 页。

[4] 罗结珍:《法国民法典》，北京大学出版社 2010 年版。

仅在诸缔约当事人之间发生效力；契约不损害第三人，并且仅在本法典第1121条规定的情形下才能利益于第三人。"可见，《法国民法典》第1119条和第1134条确立了合同债务的承担仅限于合同当事人，合同对当事人有法律约束力。第1165条规定了原则上合同不得为第三人设定义务，且仅在第1121条所示的情况下，可为第三人设定利益。也就是说，第三人不能成为合同当事人，不履行合同义务，也没有对当事人的履行请求权。2016年修订的《法国民法典》颁布后，《法国民法典》第1199条替代了原来的第1165条，对合同相对性有关的部分进行了重新表述，修改为"唯有当事人得以请求合同的履行或受强制而履行合同"合同相对性的重点变为了"合同利益的实现"。①《意大利民法典》② 第1372条规定："契约在当事人之间具有法律强制力。该效力只有因相互同意或者法律认可的原因而解除。契约仅在法律规定的情形内对第三人产生效力。"《俄罗斯联邦民法典》③ 第425条第1款规定："合同自签订之时起生效并对当事人产生约束力。"日本、瑞士等尽管没有立法规定，但理论界均承认合同相对性原则的奠基地位。在大陆法系中，债权的相对性与物权的绝对性原理不仅是区分债权与物权的一项重要标准，而且在此基础上形成了债权法与物权法各自的一些重要规则。

英美法系国家虽然在立法上没有采用债的概念，但其在判例中涉及的"合同的相对性"（privity of contract）也确立了类似大陆法系中的合同相对性规则，英国普通法将这一原则称为合同相对性，即合同的权利义务只对合同当事人产生约束力、非合同当事人不得主张合同上的权利。具体包含以下内容：第一，合同当事人可以为第三人设定权利，但第三人不能请求合同当事人履行合同，只有合同当事人可以就合同起诉和被诉。第二，如果订立合同的允诺是向多人作出的，则受允诺人或其中的任何一人都可以

---

① 转引自宗朋：《〈民法典〉中合同相对性的法律适用问题论述》，载《法制博览》2021年第26期。

② 费安玲、丁玫译：《意大利民法典》，中国政法大学出版社1997年版，第367页。

③ 黄道秀：《俄罗斯联邦民法典》，北京大学出版社2007年版，载 https://weread.qq.com/web/reader/1c632a80717262a41c621dck1c3321802231c383cd30bb3。

就允诺提起诉讼。第三，合同中的免责条款只能免除合同当事人的责任，而并不保护非合同当事人，换言之，非合同当事人不能援引免责条款对合同当事人的请求提出抗辩。[①]

自罗马法以来，尽管两大法系关于合同的相对性或债的相对性原则的内容有所区别，但两大法系基本认为，合同关系是存在于特定当事人之间的权利义务关系，原则上仅在合同当事人之间发生效力，并不及于第三人。

实务指引

合同相对性原则将因意思表示一致而产生的效力严格限制在当事人之间，使合同自由和私法自治成为可能，对合同法的发展起到了重大的推动作用。民法典合同编在合同法的基础上，进一步规范了合同相对性原则及其例外情形，以切实维护契约平等交换、公平竞争，促进商品和要素自由流动。检察机关在监督时，应准确理解民法典规定的合同相对性原则及其例外的精神内涵，切实提高监督的精准性和权威性。现结合本案，将涉及合同相对性原则及其例外的纠纷中常见的理论和实践问题进行梳理，以供参考。

一、合同相对性原则的内涵及其适用

合同的相对性包含了非常丰富和复杂的内容，是合同关系不同于其他民事法律关系的一个重要特点，是合同规则和制度赖以建立的基础和前提，也是合同立法和司法所必须依据的一项重要规则。两大法系均将合同相对性视为合同制度的基本原则。该原则是由债的特定性、意思表示的效力范围决定的，它体现了意思自治、合同自由的私法精神，表明了当事人意思表示的效力只能约束自己，而不及于第三人。

法学界基本上认为，合同相对性原则是指合同项下的权利与义务只能由合同当事人享有或者承担，合同仅对当事人具有法律约束力，对合同当

[①] 王利明：《合同法研究·第一卷》（第三版），中国人民大学出版社2015年版，第114—115页。

事人之外的第三人不具有法律约束力。[①] 合同的相对性关键在于合同效力上的相对性,这是合同所固有的一种对内效力,亦即合同的内容、履行及责任的承担都仅作用于各缔约人之间,而合同以外的第三人不受合同的限制和约束。具体而言,在大陆法系国家,合同相对性原则在具体适用中要注意以下三个方面的内容:

第一,合同的主体具有相对性。合同的权利义务关系只能发生在特定的主体即各缔约人之间,只有合同当事人一方能够向合同的另一方当事人基于合同提出请求或提起诉讼。具体来说,由于合同关系是仅在特定人之间发生的法律关系,因此,只有合同关系当事人之间才能相互提出请求,非合同关系当事人,没有发生合同上的权利义务关系的第三人不能依据合同向合同当事人提出请求或提出诉讼。另外,合同一方当事人只能向另一方当事人提出合同上的请求和提起诉讼,而不能向与合同无关的第三人提出合同上的请求及诉讼。因此,在每份依法成立的合同中,应仅有各缔约人才能享有和承担合同项下的权利与义务,而非缔约人因其本身并无接受合同约束的意愿,故其不能向合同当事人主张合同权利,也无须向合同当事人履行合同义务。

第二,合同的内容具有相对性。合同内容即合同当事人享有的权利和承担的义务。合同内容的相对性是指除法律另有规定以外,对于依法成立的合同,只有合同当事人才能享有合同约定的权利,并承担该合同约定的义务,当事人以外的任何第三人不能向合同债务人主张合同上的权利,更不承担合同中约定的义务。合同债权人不得要求第三人承担合同义务,第三人也不得代为履行合同义务。从合同内容的相对性可以引申出几个具体规则:一是合同赋予当事人享有的权利,原则上并不及于第三人,合同约定由当事人承担的义务,一般也不能对第三人产生约束力。二是合同当事人无权为他人设定合同上的义务。三是合同权利与义务主要对合同当事人产生约束力,法律的特殊规定即为合同的相对性原则的例外。

第三,合同的责任具有相对性。合同责任是因当事人未如约履行合同

[①] 黄薇主编:《中华人民共和国民法典释义》(中),法律出版社2020年版,第891页。

义务而应该承担的法律后果。合同责任的相对性则主要指的是所要追究的责任主体具有相对性，即合同责任的承担只能在特定的合同关系当事人之间发生，合同关系以外的人不承担合同责任，合同当事人也不对合同关系以外的人承担合同责任。违反合同责任的相对性的内容包含四个方面：一是违约当事人应对因自己的过错造成的违约后果承担违约责任，而不能将责任推卸给他人。二是在因第三人的行为造成债务不能履行的情况下，债务人仍应向债权人承担违约责任。债务人在承担违约责任后，有权向第三人追偿。三是合同债务人不履行合同义务或者履行合同义务不符合约定的，只向债权人承担违约责任，而非向当事人之外的国家或第三人承担违约责任。四是不论违约事由是由合同一方当事人自身原因引起还是由第三人行为造成债务人履行不能，非违约方均只能向违约方主张责任而不能向第三人主张违约责任，并且在合同当事人向第三人主张合同责任时其可以依法予以拒绝。

在英美法系国家，合同法和侵权法都是独立的法律部门，并无大陆法系国家的债法概念及债权相对性之说，与之相对应的称为合同相对性。在英美法系国家，合同相对性包括以下具体规则：

第一，合同当事人可以为第三人设定权利，不过第三人不能请求合同当事人履行合同，也不得就债务人的履行瑕疵提起违约之诉，只有合同双方能基于合同起诉和被诉。究其原因是在英美法系中，第三人与合同当事人之间不存在对价关系。但第三人可以通过合同当事人一方提出请求，而自己并不能够以合同当事人的名义向义务人提出请求，合同当事人一方可以为第三人利益而申请强制执行合同。

第二，合同义务只能由合同当事人承担，不涉及第三人。在英美法系中，约因（consideration，即作为对价的物、行为或允诺）是合同成立的要件之一，无约因即无合同，无合同即无责任。第三人与合同当事人之间不存在约因，也就不存在合同义务的承担。

第三，如果订立合同的允诺是向多人作出的，则对该允诺每个受诺人都享有诉权，其他受诺人可作为共同原告或共同被告参加该诉讼。允诺人与两个或两个以上的受诺人订立合约，则任何一个受诺人都可以就强制执行该允诺提起诉讼，尽管在这种情况下，其他受诺人可能必须以共同原告或共同被告身份参加诉讼。

第四,合同中的免责条款只能保护合同当事人,但不能使第三人从中受益,第三人无权援引免责条款对抗合同当事人。换言之,合同中的免责条款只能免除合同当事人的责任,而并不保护非合同当事人,非合同当事人不能援引免责条款对合同当事人的请求提出抗辩。

两大法系尽管在合同相对性原则的名称、制度上有些差异,但实质内涵基本一致,即合同只对缔约双方有效,合同的内容及基于合同所产生的请求权和诉权只涉及当事人,与第三人无关,且债务履行瑕疵时,债务人所承担的主要是合同责任。民法典合同编将合同相对性原则在第一章"一般规定"中予以明确,确立了合同相对性原则在合同编中的基础地位,并在相关制度中得到具体体现。例如,第522条第1款关于不真正第三人利益合同的规定即体现了合同相对性原则。该款规定,当事人约定由债务人向第三人履行债务,债务人未向第三人履行债务或者履行债务不符合约定的,应当由债务人向债权人,而不是向第三人承担违约责任。再如,第523条关于由第三人履行合同的规定也体现了合同相对性原则。该条规定,当事人约定由第三人向债权人履行债务,第三人不履行债务或者履行债务不符合约定的,由债务人向债权人承担违约责任,而不是由第三人向债权人承担违约责任。

二、合同相对性的突破及其适用

合同相对性原则将合同的效力限定在当事人之间,为意思自治的实现提供了法秩序上的可能。但随着社会经济的发展和个人本位向社会本位的回归,合同相对性原则在保护第三人利益方面的局限性逐渐显现。立法基于现实性考虑,在继承合同相对性规则的前提下进行了适当的突破,以矫正合同相对性原则的缺陷,促使其适应现代社会生活。民法典因此在第465条第2款中增加了"除法律另有规定的除外",换言之,合同相对性仍然是合同的基本原则,但基于法律的明文规定,可以突破该原则。可突破的条件为"法律另有规定",如法律上无明确规定,则不能适用该条款,并且排除了突破该原则的自由裁量权。在司法实践中,主张适用《民法典》第465条第2款中"法律另有规定的除外"的情形的一方将承担严格的举证责任。目前，法律对合同相对性原则的例外规定主要有以下几种：

（一）租赁合同的部分约定

租赁关系在性质上属于债权债务关系，并不能像物权一样具有对世性。但随着社会生活的发展，承租人的权利，尤其是居住权的保护越来越受到各国的重视。各国纷纷通过立法赋予租赁合同对抗一般人的效力。《民法典》第725条规定的"买卖不破租赁"制度，使租赁合同产生了对抗合同之外第三人的效力，突破了合同相对性原则。

（二）利他合同

所谓利他合同，是指基于当事人约定，合同债务人向第三人为一定给付义务，并且根据法律的规定或合同的约定，第三人可以直接请求债务人履行的合同。利他合同突破了合同相对性原则，使第三人基于当事人的约定享有了请求合同债务人为特定给付的权利。保险合同就是一种较为常见的利益第三人的合同。《民法典》第522条第2款规定："法律规定或者当事人约定第三人可以直接请求债务人向其履行债务，第三人未在合理期限内明确拒绝，债务人未向第三人履行债务或者履行债务不符合约定的，第三人可以请求债务人承担违约责任；债务人对债权人的抗辩，可以向第三人主张。"该款规定的也是利他合同。利他合同中的第三人并非合同的当事人，亦非债的主体，其请求债务人履行义务的请求权既可以是合同约定，也可以源于法律的直接规定，同时，第三人享有拒绝的权利。

（三）合同保全

债务人所有的财产是债权人享有的债权得以实现的保障。债务人责任财产的增减，对债权人的利益关系重大。如债务人怠于行使自己的债权或者无偿、低价处分自己的财产权益等使其责任财产不当减少，那么将对债权人债权的实现构成直接威胁。如果严守合同相对性原则，债权人无权干涉债务人不当减少自身责任财产的行为，对债权人是很不公平的。因此，为保护债权人的合法权益，《民法典》合同编专门规定了合同保全制度，在第535条、第538条和第539条对代位权和撤销权进行了规定，赋予债权人救济的权利：可以在符合法定条件时介入当事人之间的合同，代位行使债务人对相对人的债权或者与该债权有关的从权利，撤销债务人积极减少责任财产的有关行为。合同保全制度允许债权人向合同以外的第三人主张权利,突破了合同内容的相对性。

(案例撰写人:许远洲)

专家点评

　　合同是当事人的自治法,仅在缔结者间产生约束力。合同相对性规则限定了受合同约束的主体范围,体现的是合同作为债的法律属性,且将合同债权与所有权、用益物权等绝对性权利相区别。合同相对性规则历来是、将来仍然是合同法的基础制度。司法机关和仲裁机构在审理合同纠纷时,首先必须考虑合同的相对性,才能准确识别责任主体,高效、公平地定分止争。考察域外立法,无论是大陆法系,还是英美法系,无一例外都以成文法或判例方式确认了合同的相对性规则。《联合国国际货物销售合同公约》第4条明确规定,公约只适用于销售合同的订立和卖方和买方因此种合同而产生的权利和义务。虽然它规定的是公约的适用范围,但也表明,合同的权利和义务只为缔结销售合同的买卖双方而设。因此,合同当事人一方只能基于合同向相对方主张权利、提出请求,不能对与其无合同关系的第三人提出合同上的请求,也不能在合同中擅自为第三人设定义务。

　　具体到本案,检察机关经全面认真审查申请人郭某乙提交的订货确认单、托运单,郭某乙与宋某某、徐某某与郭某甲的结婚证、电信发票与徐某某的身份证,郭某甲出具的多份情况说明等证据,据此认为申请人郭某乙不是案涉合同的主体,亦非合作关系和夫妻关系,依法不应对案涉货款承担共同清偿责任,原判缺席判决郭某甲和郭某乙限期向童装店清偿所欠货款及利息,不仅程序瑕疵,而且实体认定有悖合同相对性规则。该案抗诉改判,是检察机关严格依法办案并成功运用合同相对性规则进行民事法律监督的典型案例,取得良好的法律效果和社会效果,具有较强的示范性。

(点评人:谢鸿飞,中国社会科学院法学研究所研究员、中国社会科学院大学博士生导师)

003 如何准确认定民事欺诈行为
姜某与甲汽车公司买卖合同纠纷抗诉案[*]

—— **案情简介** ——

一、基本事实

2017年5月4日,姜某购买甲汽车公司销售的起亚牌KX5汽车一辆。姜某购买涉案车辆后,交纳了交强险、商业险和车辆购置税。姜某起诉前,2017年5月20日、6月11日,甲汽车公司电话告知姜某其所购车辆有召回信息,要求其到4S店更换原厂配件。姜某未更换,提起诉讼。经查,姜某购买的车辆由国家质检总局于2016年10月13日发布公告,内容为:(1)该批次汽车由于后牵引臂强度不足、车辆在驻车制动未松开或急加速倒车状态,后牵引臂可能会受到较大撞击力,有可能产生弯曲,长时间持续使用后,可能出现断裂,存在安全隐患。(2)由于双离合变速器控制单元TUC程序存在瑕疵,车辆起步可能产生延迟,如果持续稳定踩加速踏板1.5—2.0秒,车辆会开始加速,且车辆恢复正常;如果加速踏板反复踩下和松开,在特定驾驶条件下,车辆可能无法加速,存在安全隐患。维修措施为免费更换装配改善后的左、右后牵引臂;免费升级TUC程序,以消除安全隐患。

二、诉讼过程

姜某向黑龙江省伊春市乌马河区人民法院提起诉讼,请求:(1)判令撤销姜某与甲汽车公司的买卖合同,由甲汽车公司退还购车款162800元,姜某返还所购车辆;(2)判令甲汽车公司赔偿姜某三倍购车款488400元;(3)判令甲汽车公司赔偿姜某车辆购置税10875元、车辆保险费用6608.07

---

[*] 本案承办人:最高人民检察院第十检察厅兰楠;黑龙江省人民检察院徐蕾。

元。案件受理费由甲汽车公司承担。

一审法院判决：（1）撤销双方签订的买卖合同；（2）甲汽车公司返还姜某购车款 162800 元，姜某待甲汽车公司的购车款返还时，将起亚牌 KX5 汽车一辆返还给甲汽车公司；（3）甲汽车公司赔偿姜某车辆购置税 10875 元、车辆保险费用 6608.07 元，合计 17483.07 元；（4）驳回姜某的其他诉讼请求。

姜某不服一审判决，上诉至黑龙江省伊春市中级人民法院，该院二审判决：驳回上诉，维持原判。

姜某不服二审判决，向黑龙江省高级人民法院申请再审。黑龙江省高级人民法院作出民事裁定，驳回姜某的再审申请。

三、检察监督

姜某不服再审裁定，向检察机关申请监督。检察机关审查后认为：本案争议焦点为甲汽车公司销售案涉车辆时是否存在欺诈行为。

本案中，2017 年 5 月 4 日，姜某通过第三方与甲汽车公司电话联系购买一辆起亚牌 KX5 汽车，甲汽车公司将案涉车辆运至第三方处，姜某去第三方处提车，并将购车款通过第三方以转账方式汇至甲汽车公司的账户内，甲汽车公司为姜某开具机动车销售统一发票。可见，双方购车合同于 2017 年 5 月 4 日成立并履行。甲汽车公司在向姜某提供案涉车辆之后于 5 月 20 日、6 月 11 日电话告知姜某所购车辆为召回车辆。对此，姜某主张甲汽车公司赔偿其三倍购车款，因为甲汽车公司在向其销售案涉车辆时隐瞒了该车辆系被召回车辆的事实，即甲汽车公司在销售案涉车辆时存在欺诈行为。

检察机关审查后认为，判断甲汽车公司是否构成欺诈，应以甲汽车公司向姜某提供案涉车辆时，甲汽车公司是否向姜某隐瞒案涉车辆为召回车辆为准。经查，2016 年 10 月 13 日，国家质检总局发布公告对案涉车辆予以召回。该召回车辆存在可能危及不特定人身、财产安全的缺陷，依法不应销售。在一审庭审过程中，甲汽车公司自认在 2017 年 2 月收到生产厂家通知车辆出现瑕疵的邮件，且第三方提前打电话询问甲汽车公司涉案车辆的颜色、配置、生产时间，甲汽车公司都一一告知。可见，甲汽车公司在姜某购车时对案涉车辆是召回车辆主观上是明知的，且没有告知作为普通消费者的姜某，导致姜某陷入错误认识而作出意思表示,构成民事欺诈行为。姜某在甲汽车公司提供案涉车辆后得知车辆属于被召回车辆范围,不能作为认定甲汽车公司不构成欺诈行为的依据。一是甲汽车公司没有举证证明,本案也无证据证明,姜某在本案购车合同成立及甲汽车公司提供涉案车辆时明知涉案车辆为召回车辆。二是国家质检总局于2016年10月13日发布公告,对部分起亚牌KX5车辆予以召回,包括涉案车辆。姜某系普通消费者,现无证据证明,该公告足以让姜某得知;也无证据证明,甲汽车公司在向姜某销售案涉召回车辆时作出了真实的说明和明确的警示。且一审法院亦认定姜某在交易时不知道涉案车辆系召回车辆。三是姜某在2017年5月12日办理车辆注册登记时被告知车辆可能属于召回车辆,而甲汽车公司首次告知姜某所购车辆为召回车辆为2017年5月20日。在姜某得知案涉车辆为召回车辆之前,其对购买车辆及支付费用无过错,不应承担责任,也不能认定其扩大损失,故意造成损失,不能作为甲汽车公司免责的根据。

黑龙江省高级人民法院审理后作出再审判决,采纳检察机关抗诉意见,依法改判,判令甲汽车公司三倍赔偿姜某购车款488400元。

案件要旨

行为人故意欺骗他人,使他人陷入错误判断,并基于错误判断作出意思表示,应当认定为民法上的欺诈。以欺诈手段实施的民事法律行为,受欺诈方有权请求人民法院或仲裁机构予以撤销。经营者提供商品或者服务有欺诈行为的,应当按照消费者的要求增加赔偿其所受到的损失,增加赔偿的金额为消费者购买商品的价款或者接受服务的费用的三倍;增加赔偿的金额不足500元的,为500元。法律另有规定的,从其规定。

法律规定索引

·《民法典》规定及沿革·

《民法典》

第一百四十八条 一方以欺诈手段,使对方在违背真实意思的情况下实施的民事法律行为,受欺诈方有权请求人民法院或者仲裁机构予以撤销。

新旧对比

《民法通则》第58条规定:"下列民事行为无效:(一)无民事行为能力人实施的;(二)限制民事行为能力人依法不能独立实施的;(三)一方以欺诈、胁迫的手段或者乘人之危,使对方在违背真实意思的情况下所为的;(四)恶意串通,损害国家、集体或者第三人利益的;(五)违反法律或者社会公共利益的;(六)经济合同违反国家指令性计划的;(七)以合法形式掩盖非法目的的。"

《合同法》第52条规定:"有下列情形之一的,合同无效:(一)一方以欺诈、胁迫的手段订立合同,损害国家利益;(二)恶意串通,损害国家、集体或者第三人利益;(三)以合法形式掩盖非法目的;(四)损害社会公共利益;(五)违反法律、行政法规的强制性规定。无效的民事行为,从行为开始起就没有法律约束力。"第54条规定:"下列合同,当事人一方有权请求人民法院或者仲裁机构变更或者撤销:(一)因重大误解订立的;(二)在订立合同时显失公平的。一方以欺诈、胁迫的手段或者乘人之危,使对方在违背真实意思的情况下订立的合同,受损害方有权请求人民法院或者仲裁机构变更或者撤销。当事人请求变更的,人民法院或者仲裁机构不得撤销。"

民法通则和合同法对欺诈均作了规定,但效力规范有所不同。根据《民法通则》第58条第1款第3项的规定,一方以欺诈、胁迫的手段或者乘人之危,使对方在违背真实意思的情况下所为的民事行为无效。合同法则进一步区分了效力规范。根据《合同法》第52条第1项规定,一方以欺诈、胁迫的手段订立合同,损害国家利益的合同无效;根据《合同法》第54条第2款规定,一方以欺诈、胁迫的手段或者乘人之危,使对方在违背真实意思的情况下订立的合同,受损害方有权请求人民法院或者仲裁机构变更或者撤销。

法条精义

《民法典》第148条是关于行为人以欺诈手段实施的民事法律行为的效力规定。

民法中的欺诈,一般是指行为人故意欺骗他人,使他人陷入错误判断,并基于此错误判断作出意思表示的行为。欺诈的构成要件一般包括:

第一，行为人有欺诈的故意，这种故意既包括使他人陷入错误判断的故意，也包括诱使他人基于此错误判断而作出意思表示的故意。第二，行为人须有欺诈的行为，这种行为既可以是故意虚构虚假的事实，也可以是故意隐瞒应当告知的真实情况等。第三，受欺诈人因行为人的欺诈行为陷入错误判断，即欺诈行为与错误判断之间存在因果关系。第四，受欺诈人基于错误判断而作出意思表示。[1]

理解本条，应当重点把握以下几点：第一，注意把握欺诈行为与错误判断之间的因果关系。相对人因行为人的欺诈行为陷入错误判断，并进而作出意思表示。如果没有行为人的欺诈行为，相对人不会作出这样的意思表示。第二，相对人客观上的损害后果并不是欺诈的构成要件。只要相对人因行为人的欺诈行为实施民事法律行为，则满足欺诈的构成要件。第三，注意把握欺诈的法律后果的变化。欺诈的法律后果为可撤销，受欺诈人享有撤销权。关于欺诈的法律后果，民法通则规定为无效，合同法根据是否损害国家利益区分为无效和可变更或可撤销，民法典将欺诈的法律后果规定为可撤销，享有撤销权的是受欺诈人。

· 司法解释 ·

《最高人民法院关于适用〈中华人民共和国民法典〉总则编若干问题的解释》

第二十一条[2] 故意告知虚假情况，或者负有告知义务的人故意隐瞒真实情况，致使当事人基于错误认识作出意思表示的，人民法院可以认定为民法典第一百四十八条、第一百四十九条规定的欺诈。

域外立法通览

世界主要国家和地区都对欺诈行为及其效力作出了规定，主要有以下

---

[1] 黄薇主编：《中华人民共和国民法典总则编释义》，法律出版社2020年版，第391页。
[2] 《最高人民法院关于贯彻执行〈中华人民共和国民法通则〉若干问题的意见》（已失效）第68条规定，一方当事人故意告知对方虚假情况，或者故意隐瞒真实情况，诱使对方当事人作出错误意思表示的，可以认定为欺诈行为。

两种立法模式:

一、可撤销模式

德国、日本、韩国、意大利民法规定较为接近,属于可撤销模式。

《德国民法典》第 123 条第 1 款规定,因被恶意欺诈或被不法胁迫,致使作出意思表示的人,可以撤销该表示。

《日本民法典》第 96 条第 1 款规定,因欺诈或胁迫而作出的意思表示,可以撤销。

《韩国民法典》第 110 条第 1 款规定,因欺诈或胁迫而为的意思表示可撤销。

《意大利民法典》第 1439 条第 1 款规定,在缔约一方实施欺骗致使另一方缔结了在未受欺骗时不会缔结的契约的情况下,诈欺是契约得被撤销的原因。第 1440 条规定,如果诈欺不是能够导致合意形成的诈欺,则尽管没有诈欺该契约会根据不同的条件缔结,但是契约有效;不过,恶意缔约人要承担损害赔偿责任。

二、无效模式

与其他大多数国家和地区立法例不同,《法国民法典》将欺诈规定为无效行为,其第 1109 条规定,如同意是由于错误、胁迫或欺诈的结果,不得认为同意已有效成立。第 1116 条规定,如当事人一方不实施欺诈,其他当事人绝不缔结契约者,此种欺诈构成无效原因。欺诈不得推定,应证明之。①

综览全球大陆法系主要国家和地区立法例,将欺诈实施的法律行为规定为可撤销行为,是通行的做法,将决定权最大程度地赋予受欺诈方,尊重其权利行使。值得注意的是,立法例大都强调了因果关系。

---

① 黄薇主编:《中华人民共和国民法典总则编释义》,法律出版社 2020 年版,第 392 页。

实务指引

根据我国民法典规定，受欺诈方有权请求人民法院或者仲裁机构撤销在违背真实意思的情况下实施的民事法律行为；根据消费者权益保护法规定，提供商品或者服务的经营者有欺诈行为的，消费者还可以请求惩戒性赔偿，因此，准确认定民事欺诈，对于维护被欺诈的合法权益至关重要。

按照通常的理解，法律行为的意思表示瑕疵包含"意思的欠缺"和"意思表示不自由"。前者包括错误、真意保留、虚伪表示，而后者则指欺诈与胁迫。对于欺诈的构成，我国目前的通说认为包括三个方面的要件：行为人存在欺罔行为、欺罔行为与表意人的意思表示存在因果关系及行为人具有欺诈的故意。其中，欺诈的"故意"是指行为人具有"二重故意"——欺骗他人、欲使他人陷入错误的故意；欲使相对人因错误而作出一定的意思表示的故意。[1]

根据《最高人民法院关于适用〈中华人民共和国民法典〉总则编若干问题的解释》第 21 条及民法学原理，欺诈可以理解为包括故意告知对方虚假情况，或负有告知义务的人故意隐瞒真实情况。

一、注意把握欺诈行为人的如实告知义务

按照最高人民法院的司法解释，故意隐瞒真实情况和故意告知虚假情况，同为欺诈的构成情形。按照学理，欺诈行为可表现为积极作为（积极欺诈），即告知对方虚假情况，如明知二手车而告知为新车；也可以表现为消极不作为（消极欺诈），即隐瞒真实情况。本案即属于后一种情形，明知标的物在被召回之批次而不告知。

无论是行为人故意隐瞒真实情况还是故意告知虚假情况，都以行为人负有如实告知义务为前提。相反，如果根据法律规定或者行业惯例，行为人不负有如实告知义务，一般情况下行为人的故意隐瞒真实情况或者故意

---

[1] 刘勇：《"欺诈"的要件重构与立法课题——以民法典的编纂为背景》，载《东南大学学报（哲学社会科学版）》2016 年第 5 期。

告知虚假情况都不构成欺诈。因此,并非所有的隐瞒真实情况都构成欺诈,或者说消极地隐藏真实情况,原则上不成立欺诈;构成欺诈应当以存在告知义务为前提。① 仍以购买汽车为例,卖方的进货价格虽然重要,但不必告知;只有对于汽车的性能、事故状况、里程数等有关标的物的基本信息,出卖人才负有告知义务,如不告知则可能构成隐瞒真实情况,因此,应当结合具体情形分析告知义务。

《消费者权益保护法》第8条第1款规定,"消费者享有知悉其购买、使用的商品或者接受的服务的真实情况的权利";第18条规定,"经营者应当保证其提供的商品或者服务符合保障人身、财产安全的要求。对可能危及人身、财产安全的商品和服务,应当向消费者作出真实的说明和明确的警示,并说明和标明正确使用商品或者接受服务的方法以及防止危害发生的方法"。《缺陷汽车产品召回管理条例》第17条规定,"生产者应当将报国务院产品质量监管部门备案的召回计划同时报销售者,销售者应当停止销售缺陷汽车产品"。根据上述法律法规规定,销售者负有停止销售缺陷汽车产品和如实告知消费者真实情况,尤其是可能存在的危及人身、财产安全的情况。

本案中,原国家质检总局缺陷产品管理中心于2016年10月13日发布公告对案涉车辆予以召回。在一审庭审过程中,甲汽车公司自认在2017年2月收到生产厂家通知车辆出现瑕疵的邮件,且第三方提前打电话询问甲汽车公司涉诉车辆的颜色、配置、生产时间,甲汽车公司都予以一一告知。可见,甲汽车公司在姜某购车时对涉案车辆是召回车辆,主观上是明知的或者至少应为明知,故意导致姜某陷入错误认识。该召回车辆存在可能危及不特定人身、财产安全的缺陷,依法不应销售。甲汽车公司销售该缺陷汽车产品,行为违法。甲汽车公司在销售时隐瞒涉案车辆系召回车辆的真实情况,未告知姜某,诱使姜某作出错误意思表示,侵犯了姜某的知情权,构成民事欺诈行为。

---

① 王泽鉴:《民法总则》,北京大学出版社2009年版,第368页。

二、注意把握认定是否构成欺诈的时间节点

传统民法理论认为，法律之所以对受欺诈者提供救济，意思表示是否真实并非唯一的决定性因素，更为关键的是，表意自由受到侵害。严格来说，受欺诈作出的表示并无错误存在，毋宁说，是表示人的意志决定自由在作出表示之前受到侵害，换言之，保护的是意志自由。[1]

认定欺诈的时间节点应在相对人作出意思表示之前，这是由欺诈的因果关系构成要件决定的。在受欺诈人因行为人的欺诈行为陷入错误判断而作出意思表示之后，行为人如实告知真实情况或澄清此前告知的虚假情况的，不能认定为不构成欺诈。

通常认为，因果关系要件应当理解为双重因果关系，即相对人因受欺诈而陷入错误，基于错误而作出意思表示。欺诈人故意告知虚假情况或者故意隐瞒真实情况，使得受欺诈人对于事实的认知陷入错误。比如，误以为车辆完好不需要被召回之瑕疵，此错误认知属于受欺诈人据以形成意思表示的基础，尚不构成意思表示的内容，属于动机错误，但意味着当事人的意志形成自由受到了侵犯，存在救济的前提和基础。在受欺诈人陷入错误之后，基于错误作出意思表示才构成欺诈。注意把握，如果没有该错误，则受欺诈人根本不会或者不会在这一时间或以这一内容发出意思表示；且受欺诈人的表意自由受到干扰，无论程度如何，只要欺诈行为引发的错误对意思表示的作出构成影响即可。同时应当注意把握的是，上述双重因果关系，缺一不可。[2] 比如，受欺诈人虽然陷入错误，但是作出欺诈人所期待的意思表示是基于其他考虑，而非基于错误认知，受欺诈人的表意自由并未受到侵扰，不产生撤销的法律后果。

以本案为例，甲公司以合同签订后已电话告知姜某车辆被召回事实为抗辩理由，认为该公司不构成欺诈。这一抗辩理由之所以不成立，是因为甲公司在销售车辆后告知消费者，不能作为认定其在销售商品时不存在欺诈行为的依据。

---

[1] 朱庆育：《民法总论》，北京大学出版社2016年版，第279页。
[2] 朱庆育：《民法总论》，北京大学出版社2016年版，第280—281页。

《合同法》第 36 条规定,"法律、行政法规规定或者当事人约定采用书面形式订立合同,当事人未采用书面形式但一方已经履行主要义务,对方接受的,该合同成立"。本案中,双方购车合同于 2017 年 5 月 4 日成立并履行完毕。在合同成立后,甲汽车公司主张于 2017 年 5 月 20 日、6 月 11 日电话告知姜某所购车辆为召回车辆,以此主张如实告知,不构成欺诈,不能成立。

三、注意把握民事欺诈的法律后果

既然是自由意志的形成与表达受到不当干扰,那么,法律提供的矫正手段只能是阻止意志不自由的情形出现,却无法积极替当事人作出具体的意志选择。在法律效果的选择上,曾经存在两种选择:一种是实证法直接认定无效,即《民法通则》第 58 条第 1 款第 3 项;二是将是否有效的决定权交由当事人,即原《合同法》第 54 条第 2 款、《德国民法典》第 123 条。显然后者与私法自治的理念更吻合,将是否有效的决定权交由意志自由受不当干扰之人。我国《民法典》吸收了后者的规定,其第 148 条规定,一方以欺诈手段,使对方在违背真实意思的情况下实施的民事法律行为,受欺诈方有权请求人民法院或者仲裁机构予以撤销。值得注意的是,民法典分则或其他单行法关于欺诈行为的效力有特别规定的,从其规定。例如,《民法典》第 1143 条第 2 款规定,遗嘱必须表示遗嘱人的真实意思,受欺诈、胁迫所立的遗嘱无效。[①]

撤销的法律后果,视为自始无效。根据《民法典》第 155 条规定,无效的或者被撤销的民事法律行为自始没有法律约束力。根据《民法典》第 157 条规定,民事法律行为无效、被撤销或者确定不发生效力后,行为人因该行为取得的财产,应当予以返还;不能返还或者没有必要返还的,应当折价补偿。有过错的一方应当赔偿对方由此所受到的损失;各方都有过错的,应当各自承担相应的责任。法律另有规定的,依照其规定。本案中,由于构成欺诈,合同被撤销,该合同自始不具备法律效力,产生的后

[①] 冯小光主编:《中华人民共和国民法典学习读本》,中国检察出版社 2020 年版,第 136 页。

果是双方各自返还财产，由于甲公司存在过错，并应当赔偿由此给姜某造成的损失。

值得注意的是，欺诈行为可能同时构成侵权。此时，将发生撤销权和损害赔偿请求权的聚合，即被欺诈人有权撤销欺诈行为的同时可以请求欺诈人赔偿侵权造成的损失。比如，假如涉案车辆因质量不合格造成购买人人身损害的，购买人既可以请求因欺诈而导致的惩罚性赔偿，又有权请求欺诈人赔偿其人身损害。另外，损害赔偿请求权不取决于受欺诈人是否撤销其意思表示，即便撤销权因除斥期间经过而消灭，受欺诈人依然有权依侵权法规定主张损害赔偿。欺诈行为还可能引发基于缔约过失的损害赔偿请求权。

（案例撰写人：兰楠）

专家点评

近年因汽车销售欺诈引发纠纷而诉诸法院的案例时见报端，汽车销售方是否构成欺诈，往往成为案件诉争的焦点。对此，本案的规范启示意义体现在下述几个层面：一是明确了欺诈系销售方对告知义务的违反，包含积极地提供虚假信息和消极地隐瞒重要信息。同时，当事人违反如实告知义务的并不必然构成欺诈，该义务必须是关于标的或者商品的重要信息、基础信息，或者说足以直接影响一般消费者购买决策的关键信息。二是对消费者是否明知所购买商品真实情况的认定具有启发意义。本案中尽管相关部门已经公开发布了案涉汽车相关品牌、型号的召回信息，但并不能就此推定一般消费者知悉该信息，进而认定其为明知或者应知。这大大降低了普通消费者的信息甄别、审查义务，强化了销售方的信息提供义务，很好地展现了消费者权益保护法的倾斜性保护思维。

（点评人：吴飞飞，西南政法大学副教授、硕士生导师）

004 以融资为目的的循环虚假买卖合同效力认定
甲公司与乙公司买卖合同纠纷抗诉案[*]

案情简介

一、基本事实

2012年6月14日，甲公司（卖方）与乙公司（买方）口头约定：卖方向买方出售二级螺纹钢。货物数量3580件，6508.009吨，价款25186994.83元。2012年6月18日，双方补签书面购销合同。

2012年6月14日，丙公司与乙公司签订钢材采购合同，约定乙公司将同日从甲公司购买的螺纹钢6508.009吨，以总价25381235.1元卖给丙公司。同日，丙公司与甲公司签订钢材销售合同，约定丙公司将同日从乙公司购买的螺纹钢6508.009吨，以25761953.63元价格卖给甲公司。合同特殊条款最后标注"合同编制员：冯慧 六部 托盘"。

上述合同签订后，甲公司、乙公司、丙公司于2012年6月14日、15日通过丁公司以签发仓单、货物转权书等形式将货物所有权转移。乙公司向丙公司交付丁公司签发的仓单后，丙公司于2012年6月15日向乙公司出具两份货物收据，表明已收到钢材。

2012年6月18日，甲公司向丙公司转账支付保证金520万元。2012年6月20日，丙公司向乙公司支付了全部货款。随后，乙公司向甲公司支付全部货款。甲公司分别于2012年9月18日、9月20日、11月19日、12月20日向丙公司转账798819.84元、102081.42元、367万元、100万元，共计5570901.26元。

2012年8月15日至27日，丙公司陆续从丁公司提取螺纹钢1741.195吨。

---

[*] 本案承办人：广东省广州市人民检察院潘建明；广东省人民检察院韩凌宇。

2012年8月，由于丁公司空头存储出现爆仓，丙公司没能提货。

二、诉讼过程

2013年4月1日，丙公司以乙公司未依约交货为由，向广州市越秀区人民法院（以下简称越秀区法院）起诉，要求解除钢材采购合同，退还货款人民币25381235.1元，并支付逾期利息1201166.95元及违约金5076247.02元。越秀区法院经审理认为，丙公司与乙公司于2012年6月14日签订的钢材采购合同合法有效，双方均应恪守执行。相关仓单、货物转权书显示，该批钢材存放于丁公司，所有权已转移到丙公司名下。丙公司于2012年6月15日向乙公司出具两份货物收据，表明已收到存放于丁公司的该批钢材。据此足以认定乙公司履行了合同约定的交货义务，而丙公司接受并认可。另外，丙公司从丁公司提取该批螺纹钢中1741.195吨的行为，说明丙公司已以该批钢材所有权人的身份对该批钢材进行管理和处分，也进一步印证乙公司确已履行完毕货物交付义务。综上，判决驳回丙公司的全部诉讼请求。丙公司不服一审判决，提起上诉。广州市中级人民法院（以下简称广州市中院）判决驳回上诉，维持原判。丙公司不服，向广东省高级人民法院（以下简称广东省高院）申请再审。广东省高院裁定驳回丙公司再审申请。

三、检察监督

丙公司的独资股东甲一公司向检察机关提出监督申请。

广东省人民检察院经审查认为，本案涉及的买卖合同实际是企业之间融资的掩盖形式，是为了逃避金融监管以买卖形式进行的融资借贷行为。真正的融资方为甲公司，其向贷款方丙公司借款，通过引进第三方进行虚假买卖，低价卖出高价买回的方式进行托盘融资。广东省人民检察院提出抗诉。

之后，广东省高院指令广州市中院对本案再审，广州市中院将本案发回越秀区法院重新审理。

越秀区法院经审理认为：从甲公司—乙公司—丙公司—甲公司之间的三份循环买卖合同分析可知，合同标的物均为螺纹钢6508.009吨，合同交易额分别为 25186994.83 元、25381235.1 元、25761953.63 元，即甲公司以相同的标的物低价卖出高价买回，甲公司在此循环买卖合同中亏损 574958.8 元，不符合以盈利为目的的正常买卖交易。另外，丙公司向乙公司支付货款后，虽然确认收到全部货物，但从查明情况看，乙公司仅将涉案货物仓单和货物转权书的复印件交付给丙公司，且乙公司也确认丙公司仅从仓库实际提取了 1741.195 吨的钢材，同时该钢材所有权亦非属于乙公司所有，故乙公司收款后实际并没有向丙公司交付任何的货物。丙公司、乙公司、甲公司之间的循环交易不存在真实的货物流转关系；且丙公司称通过这种"托盘"融资交易方式已经实施三次，故丙公司、乙公司、甲公司之间的关系是名为买卖、实为借贷的融资关系，三方之间签订的购销合同均无效。据此，甲公司与乙公司应共同返还借款本金并计付资金占用费。甲公司在丙公司出借款项 25381235.1 元前，已支付的 520 万元保证金，应视为系在出借款项前先扣留的费用，即出借本金应为 20181235.1 元。之后甲公司向丙公司支付的 5570901.26 元，应视为还款。另外，丙公司同意甲公司以 6198654.2 元的钢材冲抵借款，一审法院予以认定。综上，判决乙公司、甲公司向丙公司返还欠款 8411679.64 元并支付相应资金占用费，驳回其余诉讼请求。

丙公司不服一审判决，提出上诉，广州市中院对一审判决予以维持。

案件要旨

循环贸易具有资金与货物流向闭合、一方高买低卖、不存在真实货物等特点。为查清完整交易链，全面认定交易事实和性质，应追加合同上下游当事人参加诉讼。被认定为闭合性循环贸易后，因意思表示虚假，买卖合同应属无效，各方当事人应按真实的意思表示，即借贷法律关系中的地位行使权利履行义务。

法律规定索引

·《民法典》规定及沿革·

▇《民法典》

第一百四十六条 行为人与相对人以虚假的意思表示实施的民事法律行为无效。

以虚假的意思表示隐藏的民事法律行为的效力，依照有关法律规定处理。

第一百五十三条 违反法律、行政法规的强制性规定的民事法律行为无效。但是，该强制性规定不导致该民事法律行为无效的除外。

违背公序良俗的民事法律行为无效。

▇ 新旧对比

《合同法》第52条规定："有下列情形之一的，合同无效：（一）一方以欺诈、胁迫的手段订立合同，损害国家利益；（二）恶意串通，损害国家、集体或者第三人利益；（三）以合法形式掩盖非法目的；（四）损害社会公共利益；（五）违反法律、行政法规的强制性规定。"上述条款吸收、完善了《合同法》第52条第3、5项。

▇ 法条精义

《民法典》第146条是关于通谋虚假的意思表示及其隐藏行为的法律效力的一般性规定。民法典以"虚假的意思表示"替代了"以合法形式掩盖非法目的"，对虚假意思表示实施的民事法律行为及以虚假的意思表示隐藏的民事法律行为的效力进行分别评价。对于行为人与相对人以虚假的意思表示实施的民事法律行为，因其欠缺真实意思表示，违反《民法典》第143条关于民事法律行为的一般有效要件而归于无效。至于其隐藏行为，即当事人隐藏在虚假意思表示之下，想要真正从事的法律行为，产生了当事人之间的实际法律关系。隐藏行为是否有效取决于本身是否符合民事法律行为的有效要件，并依照相关法律规定进行审查。如果不存在法定无效情形，应认定隐藏行为有效；如果存在违反法律、行政法规的强制性规定，隐藏行为则与以虚假意思表示实施的民事法律行为一同归于无效；该强制性规定不导致民事法律行为无效的，隐藏行为有效。

·司法解释[①]·

《最高人民法院关于审理民间借贷案件适用法律若干问题的规定》

第十条 法人之间、非法人组织之间以及它们相互之间为生产、经营需要订立的民间借贷合同，除存在民法典第一百四十六条、第一百五十三条、第一百五十四条以及本规定第十三条规定的情形外，当事人主张民间

[①] 20世纪90年代，为保障国家金融秩序的稳定和国家宏观金融政策的运行，最高人民法院连续出台三个司法解释否定企业间借贷合同的效力。1990年的《关于审理联营合同纠纷案件若干问题的解答》中规定："企业法人、事业法人作为联营一方向联营体投资，但不参加共同经营，也不承担联营的风险责任，不论盈亏均按期收回本息，或者按期收取固定利润的，是明为联营，实为借贷，违反了有关金融法规，应当确认合同无效。除本金可以返还外，对出资方已经取得或者约定取得的利息应予收缴，对另一方则应处以相当于银行利息的罚款。"1996年的《最高人民法院关于企业相互借贷的合同出借方尚未取得约定利息人民法院应当如何裁决问题的解答》中规定："对企业之间相互借贷的出借方或者名为联营、实为借贷的出资方尚未取得的约定利息，人民法院应当依法向借款方收缴。"1996年的《最高人民法院关于对企业借贷合同借款方逾期不归还借款的应如何处理问题的批复》规定："企业借贷合同违反有关金融法规，属无效合同……对自双方当事人约定的还款期满之日起，至法院判决确定借款人返还本金期满期间内的利息，应当收缴，该利息按借贷双方原约定的利率计算，如果双方当事人对借款利息未约定，按同期银行贷款利率计算……"此外，1998年的《中国人民银行关于对企业间借贷问题的答复》中对禁止企业之间借贷的目的作了进一步解释："企业间的借贷活动，不仅不能繁荣我国的市场经济，相反会扰乱正常的金融秩序，干扰国家信贷政策、计划的贯彻执行，削弱国家对投资规模的监控，造成经济秩序的紊乱。因此，企业间订立的所谓借贷合同（或借款合同）是违反国家法律和政策的，应认定无效。"可见，20世纪90年代对企业间借贷是严格禁止的。

随着社会经济的发展，银行等金融机构贷款手续繁杂，已不能满足企业的融资需求，企业间借贷现象普遍增加。在2015年《最高人民法院关于审理民间借贷案件适用法律若干问题的规定》（以下简称《民间借贷规定》）出台以前，最高人民法院虽通过部分案例对企业借贷合同的效力不再一刀切地予以否定，但实践中对此问题仍存在争议。2015年颁布并实施的《民间借贷司法解释》有条件地承认了企业间借贷合同的效力。第11条规定："法人之间、其他组织之间以及它们相互之间为生产、经营需要订立的民间借贷合同，除存在合同法第五十二条、本规定第十四条规定的情形外，当事人主张民间借贷合同有效的，人民法院应予支持。"此条款明确规定出借企业非以资金融通为常业，企业间临时性资金拆借行为应属有效。其后，为保障促进实体经济发展和贯彻实施民法典的需要，最高人民法院于2020年8月、12月先后两次对2015年9月起施行的《民间借贷规定》作出修改，第二次修正后的《民间借贷司法解释》于2021年1月1日与民法典同步施行。

借贷合同有效的，人民法院应予支持。

第十三条　具有下列情形之一的，人民法院应当认定民间借贷合同无效：

（一）套取金融机构贷款转贷的；

（二）以向其他营利法人借贷、向本单位职工集资，或者以向公众非法吸收存款等方式取得的资金转贷的；

（三）未依法取得放贷资格的出借人，以营利为目的向社会不特定对象提供借款的；

（四）出借人事先知道或者应当知道借款人借款用于违法犯罪活动仍然提供借款的；

（五）违反法律、行政法规强制性规定的；

（六）违背公序良俗的。

域外立法通览

关于以通谋虚假的意思表示实施的民事法律行为制度，许多国家都在民法体系中有所规定。有的在意思表示瑕疵体系中作出相关规定，有的在契约体系中进行相关立法。

一、意思表示瑕疵体系中的虚假行为

这种立法体例以德国为主要代表。根据《德国民法典》第三章"法律行为"第二节"意思表示"通谋虚假表示的规定，意思表示出现严重瑕疵的，该法律行为不产生法律效果；通谋虚假表示是意思表示瑕疵体系中比较严重的一种类型。《德国民法典》第117条规定，须向他人作出的意思表示，系与相对人通谋而只是虚伪地作出的，无效。因虚伪行为，致另一法律行为隐藏的，适用关于该隐藏的法律行为的规定。可以看出，我国《民法典》第146条与德国民法典的规定基本一致。

二、契约行为体系下的虚假表示行为

意大利民法典将虚伪表示规定在"契约总论"中，相关规定也较为详尽。《意大利民法典》第二章"契约总论"第十节专门规定了"虚假行为"：第1414条规定，虚假契约在当事人之间不产生效力。如果当事人愿

意缔结的是一个不同于虚假契约的契约,则该实际希望缔结的契约在当事人之间有效,但是以具备实质条件和行使条件为限。上述规定也适用于表意人与受意人之间协议造假而针对特定人签署的单方文件。第 1415 条规定,缔约当事人、相关权利人或者虚假出让人的债权人,不得就虚假行为向自表见权利人处善意获得权利的第三人提出抗辩,但是虚假行为请求登记的效力不在此限。虚假行为有害于第三人权利的,第三人可以对当事人的虚假行为提出主张。第 1416 条规定,虚假契约缔约人不得以契约的虚假性为由,对抗善意请求强制执行虚假契约标的物的表见权利人的债权人。虚假转让人的债权人,可以对损害其权利的虚假行为主张权利;在与虚假受让人之无担保债权人发生冲突时,如果其债权的确立先于虚假行为的成立,则其债权优先于无担保债权人。

总结意大利民法典关于虚假表示行为的规定,主要是虚假表示行为无效,当事人之间缔结的隐藏行为依其是否符合法定条件来判定是否有效。关于效力的表述,与我国民法典的规定大体一致。关于对第三人的效力,虚假表示行为不得对抗善意第三人,但是已登记的虚假行为除外;有利害关系的第三人可以向虚假表示行为提出权利主张。意大利民法典关于虚假表示制度的特殊规定在于单独规定了与债权人的关系,其中同样保护善意债权人。

实务指引

一、学理阐释

在 2015 年的《民间借贷司法解释》颁布以前,融资渠道单一、融资成本高是民营企业、中小企业面临的普遍问题。民营企业、中小企业有融资需求,一些国有企业有提升营业额、提高资金使用率、赚取利润的需求,融资性循环贸易应运而生。虽然融资性循环贸易在一定程度上解决了民营企业、中小企业的融资难问题,但由于参与方较多、标的额较大、没有货物可供出借方管控,其中的法律风险较高。融资方一旦资金链断裂,可能会造成国有资产流失。本案即是在此背景下发生的。

由于循环贸易涉及多方当事人及多份合同,作为出借人的原告,为保障资金及时收回，通常会以买卖合同为由起诉与其有直接合同关系的通道方，完整的贸易链难以在法院审理期间查明。因此，检察机关在办理此类案件时应保持高度的敏感性，严格审查案件是否具备循环贸易的特质。循环贸易主要具有以下特征：

第一，多个当事人对同一批货物进行闭合性循环买卖。从合同文本来看，循环贸易涉及的多份合同在标的名称、数量、款式、型号等方面的约定一致或相似，且签订合同日期紧密衔接。合同对货物的质量、验收标准、交货方式等通常不作约定，更会免除供货方的瑕疵担保责任、迟延交货责任等。循环贸易所涉及的合同对货物的关注度远不及买卖合同对货物的关注度。

第二，借款人通过高买低卖的方式进行融资借款并支付利息。在闭合性循环贸易中，实际借款人必然高买低卖，有违商业交易常理。每环交易中的差价是出借方或通道方所获得的固定收益。一般而言，各方当事人中购买货物价格最高者为借款人。本案中，货物价格一环环上升，甲公司却在此闭合性交易中亏损574958.8元，应为实际借款人。

第三，不存在真实的货物流转。在循环贸易中，买卖货物并非各方当事人的真实意图，融资才是交易目的。因此，在循环贸易中，各方虽均作出已收货的承诺，但并不存在真实的货物流转，真正流转的是资金和发票。如本案中丙公司向乙公司出具两份货物收据，货款从丙公司→乙公司→甲公司流转，实现了借款人甲公司融资的真实目的。

二、实践常见问题

（一）关于合同效力的认定

司法实践中，对于循环贸易纠纷案件的处理中，往往会涉及合同效力的认定。目前司法实务中尚未对合同效力问题形成统一的处理方式，通常有以下三种做法：一是回避买卖合同关系的效力问题，直接认定为借贷关系；二是买卖合同无效，未认定借贷关系；三是买卖合同无效，认定为借贷关系。上述三种处理方式虽无对错之分，但合同性质及效力的认定与最终的裁判结果息息相关，直接影响到当事人的切身利益。尤其在大标的额案件中，如未认定为借贷关系，仅仅因当事人虚假意思表示而认定买卖合同无效的话，当事人承担的是返还财产、赔偿损失的缔约过失责任，赔偿的利息损失通常不会按贷款利率处理，可能仅按银行同期存款利率处理，所以会产生较大的利息差额，切实影响到当事人的经济利益。同时，此种方式也不符合《民法典》第 146 条第 2 款的规定。《民法典》第 146 条第 2 款明确规定"以虚假的意思表示隐藏的民事法律行为的效力，依照有关法律规定处理"。可见，民法典明确要求对当事人隐藏的民事法律行为进行处理，即探究当事人的真实意思表示。

笔者认为，循环贸易纠纷案件中，对于合同效力的认定应采取第三种方式，在认定买卖合同无效后按借贷关系处理不仅符合民法典的相关规定，更能妥善平衡此类纠纷中当事人之间的利益。其中，借贷合同的效力则要依照借款人是否出于生产、经营需要的目的、出借人是否以资金融通为常业等条件综合判断。

（二）关于借款人偿还利率的标准

当查实循环贸易所隐藏的行为是借贷行为后，应适用民间借贷的相关法律规定进行审理。此时原告关于资金占用费的诉求主张，也应参照民间借贷相关司法解释关于利息的规定进行审理。在循环贸易中签订的数份买卖合同间、上下游合同间的差额通常就是借贷双方的融资成本。

利率问题是公平处理民间借贷案件的核心问题。检察机关在审查循环贸易纠纷案件时，应严格遵守民间借贷的最新本息政策。《民法典》第 680 条规定，"禁止高利放贷，借款的利率不得违反国家有关规定"。最新的民间借贷司法解释更是执行严格的本息保护政策。根据民间借贷司法解释规定，无论当事人采取何种方式约定利息，对于按照约定要求借款人支付的利息，超过双方合同成立时 1 年期贷款市场报价利率 4 倍计算的整个借款期间利息之和的，人民法院均不予支持。除此之外，当事人主张的逾期利息、违约金或其他费用总计超过合同成立时 1 年期贷款市场报价利率 4 倍的部分，人民法院亦不予支持。其中的"其他费用"是借款人为融资而支付的成本，包括服务费、担保费、咨询费等，应依出借人有无最终收取来认定。

（三）关于通道方的责任问题

在以借贷为目的的循环贸易中，为企业间借贷提供通道服务的第三方在整个交易结构中主要起到掩饰借贷和提供资金通道的作用,实践中被称为通道方。借贷方不能还款的,出借方往往会起诉通道方,请求偿还相关款项。关于通道方应否承担责任及承担何种责任,实践中有不同观点。

一种观点认为,通道方应当承担还款责任。首先,依据合同的相对性原则,出借方和通道方直接签订贸易合同,通道方是借款款项的直接接收人,其还款后可再依合同相对性进行追索。其次,通道方明知出借方、借款方之间的借贷关系,仍积极参与,且在交易过程中获取收益,属于债务加入。最后,从交易模式上看,增设通道方的目的之一是增加借款方的资信,可认定通道方以自身资信为借款方承担担保,应当承担连带保证责任。另一种观点认为,通道方不应承担还款责任。依据《民法典》第146条规定,虚假意思表示无效后应按隐藏行为即借贷关系处理。通道方不是借款合同的当事人,不应承担还款责任。但是,通道方提供通道服务收取费用,对借款损失的发生有一定过错的,应当根据其过错大小对不能偿还借款的损失承担相应赔偿责任。

笔者认为,在融资性循环贸易中,若通道方仅为资金融通提供过桥服务,并未与出借人形成借款关系或作出债务加入、债务担保等意思表示的,不宜认定通道方与借款人承担共同或连带的还款责任。但若通道方对造成合同无效有主观过错时,应当按照过错大小对借款人不能偿还的部分承担补充赔偿责任。

三、典型意义

本案是典型的以融资为目的的循环贸易纠纷案件。原告以买卖合同为由起诉通道方,原审法院仅停留在表面的买卖合同法律关系层面审查,完整的循环贸易链条直至检察监督阶段才得以浮现,足以看出循环贸易的隐蔽性。"名为买卖、实为借贷"的循环贸易涉及多方交易主体及多份合同,仅从其中一个交易环节中难以判断当事人是否作出了虚假意思表示,且游离于金融监管之外,通过穿透式审查查明案件事实真相,探究当事人真实的意思表示及交易目的,符合民法典及司法解释的最新精神。融资性循环贸易虽在一定程度上缓解了中小企业融资难的问题,但这种规避金融监管的融资行为会带来市场交易风险，冲击正常的资本市场发展，影响金融秩序。检察机关在办理此类案件时，要准确识别交易模式，审慎认定合同效力，积极发挥司法服务保障大局的作用。

（案例撰写人：张艺馨　何詠合）

专家点评

德国哲学家黑格尔（Georg Wilhelm Friedrich Hegel）曾云："理性即存在，存在即理性。"（Was vernünftig ist, das ist wirklich; und was wirklich ist, das ist vernünftig）[1] 国内学界通常将其译为"凡是存在的都是合理的"或"存在即合理"。该译法可追溯至章太炎所译"事事皆合理，物物尽美善"，以及冯友兰在《新理学》中所述"凡存在者都是合理的"。近年来有人质疑该译法，认为正确译法为"凡是现实的都是合理的，凡是合理的都是现实的"。[2] 这些译法虽各有千秋，但都容易被庸俗地理解为消极认命的宿命论或成王败寇的霸王逻辑。从信达雅兼顾的角度看并参酌其不同英文译法，笔者建议将前述名言译成："凡存在者皆应符合理性，凡符合理性者皆应存在。"相较而言，此种译法更贴近黑格尔本意。[3]

资金是企业经营活动的血脉。企业间融资性循环贸易在我国市场活动中出现绝非偶然，而有其特定的历史、经济和社会背景。随着需求侧企业尤其是民营企业融资需求的不断扩大，供给侧企业尤其是国有企业的资金供给能力的不断增强，催生了一大批企业间融资性买卖合同。在 2015 年《民间借贷司法解释》出台以前，"名为买卖，实为借贷"的循环贸易纠纷较多。其中的出借人多为国企，借款则通过一方或多方的通道方过桥辗转提供给实际借款人。由于此类纠纷的各方当事人从事借贷的真实意思表示比较隐蔽，法院在审理时往往难以洞察这种真实的意思表示，因而倾向于

---

[1] 对应的两种英文翻译分别是："What is reasonable is real; that which is real is reasonable", "What is rational is actual and what is actual is rational"。
[2] 陈启伟：《"存在的就是合理的"不是黑格尔的命题》，载《读书》2009 年第 1 期。
[3] 刘俊海：《论股权代持的法律性质和效力》，载《河北大学学报（哲学社会科学版）》2021 年第 5 期。

仅对浮出表面的买卖合同关系进行审理。在本案监督审查期间，检察机关明察秋毫，敏锐识别出本案交易模式为融资性循环贸易，将以虚假意思表示达成的相关购销合同认定为无效，对隐藏其中的借贷关系认定为有效，符合《民法典》第146条规定的通谋虚伪的法律行为的制度设计本意，有助于弘扬契约精神，优化稳定、透明、公平、可预期的法治化营商环境，为实现经济高质量发展提供有力司法保障。

（点评人：刘俊海，中国人民大学法学院教授、博士生导师）

005 如何准确认定与正确处理买卖合同中的无权代理

山东金某公司买卖合同纠纷抗诉案[*]

案情简介

一、基本事实

2009年3月3日,许某某在未经山东金某公司(合同中的买方)授权的前提下,以该公司名义与天某公司(合同中的卖方)签订两份《工矿产品购销合同》。合同约定:标的物为全液压岩芯钻机一台套,单价81.6万元;岩芯钻机6台,单价6.5万元;主动钻杆6根,单价为1000元,合计金额121.2万元;质保期半年;交货地点为青海省平安县(这一交货地点和山东金某公司没有任何关系);运费由买受人承付;付款方式为2009年5月15日付款30%,2009年8月15日付清全款等。合同落款印签为金某公司前身"烟台金某一公司",但该印章是许某某私自制作的。合同签订后,天某公司于3月21日将全液压岩芯钻机、岩芯钻机、主动钻杆等运送至青海省平安县;许某某于3月24日给付天某公司货款36万元。4月28日、29日,天某公司开具了抬头为许某某的金额总计为1213440元的增值税普通发票。天某公司多次向许某某催要余款85.2万元未果。

二、诉讼过程

2013年11月18日,天某公司起诉至海州区人民法院,请求判令金某公司给付货款85.2万元及利息。海州区人民法院于2014年5月12日作出民事判决。一审法院认为,天某公司与金某公司签订的工矿产品购销合同

---

[*] 本案承办人:江苏省连云港市人民检察院张团;江苏省连云港市海州区人民检察院李超。

是双方当事人的真实意思表示，没有违反法律和行政法规的强制性规定，具有法律效力。天某公司已按约定交付合同约定的标的物，金某公司未按合同约定支付货款，应承担向天某公司支付货款及逾期付款利息的民事责任，遂判决金某公司给付天某公司货款85.2万元及利息。金某公司因不知诉讼，既未到庭应诉，也未提起上诉。2015年4月9日，根据天某公司的强制执行申请，海州区人民法院从金某公司账户扣划存款130万元，其中支付给天某公司120万元。金某公司不服一审判决，向连云港市中级人民法院申请再审。连云港市中级人民法院于2015年7月17日向海州区人民法院下达指令复查函和交办复查函。海州区人民法院于2015年8月14日裁定驳回再审申请。

三、检察监督

2016年5月3日，金某公司向检察机关申请监督。海州区人民检察院受理后，金某公司提供的证据材料表明，烟台芝罘公安部门已根据其报案对许某某涉嫌伪造公司印章案立案侦查，并对涉案合同落款印签作出了与公司印章不一致的否定性鉴定。海州区人民检察院进一步查明，合同约定的交货地点是许某某个人注册的青海博某公司所在地，合同载明的金某公司所在地的房屋产权人是许某某妻子马某某，和金某公司没有关系。海州区人民检察院认为，行为人许某某的签约行为没有取得金某公司授权，且未经金某公司事后追认；合同落款的地址和联系电话均非金某公司的注册地或办公地及联系电话；交货地点青海省平安县系许某某成立的青海博某公司所在地，收货人是许某某，天某公司开具增值税发票的相对人也是许某某；许某某是个人签订合同、履行合同，合同效力不能及于金某公司；原审判决认定许某某代理金某公司与天某公司签订公司的基本事实缺乏证据证明；认定事实的主要证据是伪造的，判决不当。2016年6月14日，海州区人民检察院提请连云港市人民检察院抗诉。2016年9月8日，连云港市人民检察院向连云港市中级人民法院提出抗诉。同年10月11日，连云港市中级人民法院裁定发回海州区人民法院重审。2018年9月3日，海州区人民法院再审判决撤销原审民事判决并驳回天某公司的诉讼请求。天某公司不服再审判决，向连云港市中级人民法院提出上诉。2020年5月18

日,连云港市中级人民法院作出终审判决,驳回上诉,维持再审一审民事判决。

案件要旨

行为人代理被代理人签订买卖合同过程中,在合同上加盖被代理人的假冒印章、合同载明的被代理人的其他信息均与登记信息不符,且相对人向行为人履行合同义务和行为人向相对人履行相应合同义务的,应当认定为无权代理。被代理人始终没有追认的,无权代理对被代理人不发生效力。

法律规定索引

·《民法典》规定及沿革·

■《民法典》

第一百七十一条 行为人没有代理权、超越代理权或者代理权终止后,仍然实施代理行为,未经被代理人追认的,对被代理人不发生效力。

相对人可以催告被代理人自收到通知之日起三十日内予以追认。被代理人未作表示的,视为拒绝追认。行为人实施的行为被追认前,善意相对人有撤销的权利。撤销应当以通知的方式作出。

行为人实施的行为未被追认的,善意相对人有权请求行为人履行债务或者就其受到的损害请求行为人赔偿。但是,赔偿的范围不得超过被代理人追认时相对人所能获得的利益。

相对人知道或者应当知道行为人无权代理的,相对人和行为人按照各自的过错承担责任。

■ 新旧对比

民法总则、合同法、民法通则对无权代理都作出过规定。

《民法典》第171条和《民法总则》第171条的意思表述完全相同。

《合同法》第48条规定:"行为人没有代理权、超越代理权或者代理权终止后以被代理人名义订立的合同,未经被代理人追认,对被代理人不发生效力,由行为人承担责任。相对人可以催告被代理人在一个月内予以追认。被代理人未作表示的,视为拒绝追认。合同被追认之前,善意相对人有撤销的权利。撤销应当以通知的方式作出。"

《民法通则》第66条第1款规定:"没有代理权、超越代理权或者代理权终止后的行为,只有经过被代理人的追认,被代理人才承担民事责任。未经追认的行为,由行为人承担民事责任。本人知道他人以本人名义实施民事行为而不作否认表示的,视为同意。"

从法律条款变迁的角度看,民法总则对民法通则和合同法无权代理制度进行修改完善后,该制度已经相当成熟,所以民法典延续了民法总则的规定。

▌法条精义

广义的无权代理,是指行为人没有代理权仍以被代理人名义实施民事法律行为。代理权的存在是代理法律关系成立的前提,行为人只有基于代理权才能以被代理人的名义从事代理行为。一般来说,行为人没有代理权,其实施的民事法律行为对被代理人而言就不应当发生代理的效力。但实际情况错综复杂,无权代理发生的原因多种多样,简单地否定所有无权代理的效力,一方面不一定完全符合被代理人的利益,另一方面也不能不顾善意地相信代理人是有代理权的相对人的利益。因此,各国和地区一般都区分情况,以有无代理权表象为标准,将无权代理进一步区分为狭义无权代理和表见代理两类,赋予其不同的法律后果。《民法典》第171条规定的即是狭义无权代理,即行为人的无权代理不具有使相对人有理由相信其有代理权的外部表象。对于无权代理,民法典赋予被代理人追认权、赋予相对人撤销权和请求行为人履行或者承担赔偿责任的权利等。被代理人不追认的,无权代理对被代理人不发生效力,相对人不能要求被代理人承担责任。

域外立法通览

无权代理涉及代理人、被代理人、相对人三者之间利益的平衡,需要进行精准的立法。大陆法系有关国家和地区对无权代理作了明确具体的规定。

一、德国[1]

《德国民法典》第177条规定，无代理权而以他人名义订立合同的，对被代理人有利或者不利的合同的效力，依被代理人追认与否而定。相对人催告被代理人作出追认的意思表示的，该意思表示只能向相对人作出；在催告前向代理人所表示的追认或者拒绝追认，均为无效。追认仅得在收到催告后两星期内予以表示；不表示追认的，视为拒绝追认。第178条规定，合同在被被代理人追认之前，相对人有撤回的权利，但相对人在合同订立时已知道代理人没有代理权的除外。合同的撤回，也可以向代理人作出。第179条规定，以代理人身份订立合同的，如不能证明其有代理权，而被代理人又拒绝追认时，相对人有权选择要求代理人履行合同或者赔偿损失。代理人不知道自己没有代理权的，仅对因信其有代理权而受损毁的相对人承担赔偿的责任。但其赔偿额不得超过相对人在合同有效时可以得到的利益。相对人知道或者应当知道代理人没有代理权的，代理人不负责任。代理人的行为能力受有限制的，亦同。但经其法定代理人同意的行为，不在此限。

二、意大利[2]

《意大利民法典》第1398条规定，无权代理或者超越代理权订立合同的人，要对第三人因相信合同效力而没有过错所遭受的损害负赔偿责任。第1399条规定，在前条规定的情况中，利害关系人可以按照规定的缔约形式对合同进行追认。追认具有溯及力，但不得侵害第三人的权利。第三人和作为代理人订立合同的人可以在追认前协议解除合同。第三人可以请求利害关系人在指定期间内追认。期间届满，利害关系人保持沉默的，视为拒绝追认。追认权可以转让给继承人。

---

[1] 黄薇主编:《中华人民共和国民法典总则编释义》，法律出版社2020年版，第449页。

[2] 黄薇主编:《中华人民共和国民法典总则编释义》，法律出版社2020年版，第449—450页。

三、俄罗斯[①]

《俄罗斯联邦民法典》第 183 条规定，未被授权而以他人名义实施的法律行为或超越权限实施的法律行为，被认为是实施人以自己的名义和为自己的利益而实施的法律行为，但事后得到他人（被代理人）对该法律行为的明确赞同的情形除外。被代理人事后对法律行为的赞同，自法律行为实施之时起对该被代理人确立、变更和终止民事权利和义务。

四、日本[②]

《日本民法典》第 113 条规定，无代理权人作为他人代理人而订立的合同，非经被代理人追认，不对被代理人发生效力。追认或者拒绝追认，除非对相对人为之，不得以之对抗相对人。但相对人已知其事实时，不在此限。第 114 条规定，于前条情形，相对人可以定相当期间，催告被代理人于期间内，作出是否追认的确答。如被代理人于该期间内未作确答，则视为拒绝追认。第 115 条规定，无代理权人订立的合同，于被代理人未追认期间，相对人可以撤销。但是，相对人于订立合同的当时已知无代理权的事实时，不在此限。第 116 条规定，如无另外意思表示，追认溯及于订立合同时发生效力，但不得侵害第三人的权利。第 117 条规定，作为他人代理人订立合同者，如不能证明其代理权，且得不到被代理人追认时，应依相对人的选择，或履行合同，或承担损害赔偿责任。前款规定，不适用于相对人已知或因过失而不知无代理权情形或者作为代理人订立合同者无其能力情形。

从内容上看，《民法典》第 171 条关于无权代理的规定和上述国家的规定基本相同：一是明确无权代理对被代理人的效力取决于被代理人的追认与否。被代理人追认的，无权代理对被代理人和相对人发生效力；被代理人不追认的，无权代理对被代理人不发生效力。因此，被代理人追认前，

---

① 黄薇主编：《中华人民共和国民法典总则编释义》，法律出版社 2020 年版，第 450 页。

② 黄薇主编：《中华人民共和国民法典总则编释义》，法律出版社 2020 年版，第 450 页。

无权代理只是对被代理人不发生效力,而不是没有发生法律效力,更不是对行为人和相对人没有法律效力。上述国家都有这样的规定。二是明确相对人的催告权。相对人可以催告被代理人在一定期限内作出是否追认的意思表示。被代理人不表示追认的,视为拒绝追认。德国、意大利、日本对此作了明确规定。三是明确善意相对人的撤销权。在被代理人没有追认前,善意相对人可以撤销;但是,相对人在签订合同时已经知道行为人没有代理权的,则不得撤销。德国、日本对这个问题作了明确规定。四是明确被代理人不追认时的法律后果。对于这个问题,上述国家和地区民法的规定存在一定的差异。德国和日本民法规定,相对人不知道且不应当知道代理人没有代理权的,有权选择要求代理人履行合同或者赔偿损失,且德国民法规定赔偿额不得超过相对人在合同有效时可以得到的利益;意大利规定,行为人要对第三人因相信合同效力而没有过错所遭受的损害负赔偿责任,没有规定善意相对人请求行为人履行合同的权利;俄罗斯民法则规定,此时被认为是实施人以自己的名义和为自己的利益而实施的法律行为,即合同直接对行为人和相对人发生效力,且没有区分行为人是否善意。第171条关于无权代理制度的规定和德国民法典的规定基本一致。

实务指引

无权代理涉及行为人、相对人和被代理人之间的利益平衡。《民法典》第171条对无权代理作了合理的规定,准确认定并依法进行处理是司法实践的关键和核心。

一、无权代理的认定

无权代理具有有权代理行为的形式特征,但不具有有权代理行为的实质特征,因此不是有权代理,不能发生有权代理的效力。一般可以从以下四个方面认定无权代理:

(一)行为人以被代理人名义实施法律行为

无论是有权代理还是无权代理,首先都需要行为人以被代理人名义实施法律行为。如果行为人没有以被代理人名义而是以自己名义实施法律行为，这既不会成立有权代理，也不涉及无权代理。

（二）行为人没有从被代理人处取得代理权

行为人从事代理行为时是否有被代理人的授权委托，是区分无权代理（包括表见代理）和有权代理的标准。行为人以被代理人名义实施法律行为时没有被代理人的授权委托的，即是无权代理（包括表见代理）。根据第171条第1款规定，行为人以被代理人名义实施法律行为时没有代理权，可以细分为三种类型：(1)没有代理权的无权代理。这是指行为人在没有被代理人授权的情况下以被代理人名义从事的代理。比如，典型的无权代理就是行为人伪造被代理人的公章、合同书或者授权委托书等，假冒被代理人的名义实施民事法律行为。(2)超越代理权的无权代理。这是指行为人虽然被被代理人授权从事一定的代理行为，但其实施的代理行为超出了被授权范围的代理。例如，甲委托乙购买液晶电视机，但是乙购买了等离子电视机，就是超越代理权的无权代理。(3)代理权终止后的无权代理。这是指行为人在与被代理人之间的代理关系依法终止后，仍然从事的代理。因此，只要行为人以被代理人名义实施法律行为时没有代理权，就是无权代理（包括表见代理）。

（三）外观上没有使相对人相信行为人有代理权的理由

也就是说，行为人的无权代理不构成表见代理。如前所述，表见代理本来也属于无权代理，但由于行为人的代理行为有使相对人相信其有代理权的合理理由，且对该理由形成了合理信赖，从而发生有权代理的效力。就此而言，表见代理和狭义无权代理又存在根本差别。因此，无权代理必须在外观上没有使相对人相信行为人有代理权的理由，才能构成狭义无权代理；否则，其即已构成表见代理。从最高人民法院相关裁判看，哪些无权代理具有使相对人相信行为人有代理权的外观，必须结合具体案件具体分析，很难给出统一的标准。比如，公司副总虽然代表公司洽谈、签订协议，但如果从未向对方出具过任何委托而要求将合同明确约定的公司收款开户银行和账号变更付款至其个人账户，这种行为不符合一般的交易规则，不能构成表见代理。① 再如，非公司员工私刻公司项目部印章以公司名义借款的，如果从公司处没有得到借款的授权，即使借款汇入公司账户，也不能形成具有公司授予其代理权的表象；相对人没有审查核实其是否取得公司对外借款事项的明确授权，就与公司项目部签订借款合同，未尽到合理的注意义务，主观上存在过失，不能构成表见代理。对此，公司退还借款后，相对人的损失不应当由公司承担而应当由无权代理人承担。② 因此，凡是没有代理权且外观上没有使相对人相信行为人有代理权的理由的，都应当认定为无权代理。

（四）相对人应承担不能证明行为人有代理权或者构成表见代理的后果

合同相对人主张行为人为有权代理的，当然应当承担举证责任。表见代理制度不仅要求代理人的无权代理行为在客观上形成具有代理权的表象，而且要求相对人在主观上善意且无过失地相信行为人有代理权。因此，合同相对人主张构成表见代理的，应当承担举证责任，不仅应当举证证明代理行为存在诸如合同书、公章、印鉴等有权代理的客观表象形式要素，而且应当证明其善意且无过失地相信行为人具有代理权。③ 如果合同相对人既不能证明行为人有代理权，也不能证明行为人外观上有使自己相信行为人有代理权的理由，则应当认定构成无权代理。

二、对无权代理的处理

行为人没有代理权却以被代理人的名义实施代理行为，没有征求被代理人的意愿，法律效果不能直接及于被代理人，法律本来应当将其规定为无效。但是，考虑到行为人实施的代理行为并非都是对被代理人不利，有些对被代理人可能是有利的；而且，既然代理行为已经完成，行为人有为被代理人实施民事法律行为的意思表示，相对人有意与被代理人签订合同，如果被代理人愿意事后承认，从鼓励交易、维护交易秩序稳定及更好

---

① 参见最高人民法院（2021）最高法民申 5842 号民事裁定书。
② 参见最高人民法院（2020）最高法民申 6900 号民事裁定书。
③ 参见最高人民法院（2021）最高法民申 2345 号民事裁定书。

地保护各方当事人利益的角度出发，也没有必要一律否定其效力。因此，法律规定无权代理行为对被代理人而言属于效力待定的行为，即该行为是否对被代理人发生效力取决于被代理人是否追认；该行为不被被代理人追认的，对行为人和相对人发生相应的效力。

（一）被代理人追认前的效力待定

为更好地保护被代理人的合法权益，第171条规定，对于无权代理行为，被代理人可以追认该行为，使之对被代理人发生法律效力，也可以拒绝追认使之对被代理人不发生法律效力。同时，为平衡保护相对人的合法权益，法律赋予了相对人催告权和善意相对人撤销权。

所谓催告权，是指相对人催促被代理人在一定期限内明确答复是否承认无权代理行为。根据第171条第2款的规定，催告权的行使一般需具备以下要件：一是要求被代理人在一定的期限内作出答复，第171条第2款规定的期限为30日；二是催告应当以通知的方式作出；三是催告的意思必须是向被代理人作出。

第171条第2款还规定了善意相对人享有撤销权。根据本款规定，善意相对人在被代理人追认之前，可撤销其对行为人所作的意思表示。善意相对人行使撤销权应当满足以下条件：一是在被代理人追认前撤销。被代理人已经追认的，该代理行为对被代理人和相对人发生效力，相对人不得撤销。二是相对人在行为人实施代理行为时是善意的。也就是说，在行为人实施代理行为时，相对人并不知道且也不应当知道行为人是无权代理。如果相对人知道或者应当知道行为人是无权代理而仍与行为人共同实施民事法律行为，相对人就无权撤销。三是撤销应当以通知的方式作出。

无论在相对人催告期间还是在相对人撤销前，只要在被代理人（拒绝）追认前，无权代理对被代理人而言就处于效力待定状态。实践中，被代理人追认前的时间较短，一般会发生争议；即使被代理人因不知道无权代理而导致追认前的期间较长，但只要被代理人没有予以追认，无权代理始终对被代理人处于效力状态待定。当无权代理对被代理人处于效力待定状态时，相对人无权请求被代理人履行义务或者承担责任，而只能催告被代理人在收到通知起30日内予以追认；同时，善意相对人还可以在被代理人追认前撤销。

(二)被代理人追认后发生有权代理的效力

根据第 171 条规定,无权代理发生后,被代理人有追认和拒绝的权利。这里的"追认"是被代理人对无权代理行为事后予以承认的一种单方意思表示。同时,第 171 条规定,被代理人未作表示的,视为拒绝追认。追认必须在相对人催告期限届满前及善意相对人撤销前行使。被代理人追认的,无权代理就转变为有权代理,行为人实施的代理行为从成立时起对被代理人和相对人发生效力。

向相对人或者行为人作出明示的意思表示,当然发生有权代理的效力。有疑问的是,被代理人已经开始履行合同义务的,能否继续视为对合同的追认。《最高人民法院关于适用〈中华人民共和国合同法〉若干问题的解释(二)》第 12 条规定,"无权代理人以被代理人的名义订立合同,被代理人已经开始履行合同义务的,视为对合同的追认"。这一规定具有合理性,使无权代理及时转变为有权代理,虽然已经被废止,但在司法实践中仍然可以作为参照,即可以把被代理人开始履行合同义务视为对合同的追认。同时,被代理人接受相对人履行合同义务或者开始接受相对人履行部分合同义务的,也应当视为对合同的追认。需要注意的是,所谓被代理人接受相对人履行合同义务,应当是被代理人知道相对人在履行义务而且接受的。如果被代理人在不知道的情况下被动接受相对人履行合同义务但知晓后拒绝接受的,仍然属于拒绝追认。

因此,被代理人既没有明确表示追认,也没有开始履行合同义务或者接受相对人履行合同义务的,应当视为拒绝追认,从而对其不发生效力。

(三)未经被代理人追认的,对被代理人不发生效力,但对行为人和相对人发生效力

实践中,相对人之所以愿意与行为人签订合同甚至履行合同义务,其主要目的就是与被代理人进行交易。根据第 171 条第 1 款规定,无权代理未经被代理人追认的,对被代理人不发生效力。也就是说,被代理人对于无权代理既不享有权利也不负有任何义务。一般而言,被代理人行使拒绝权有两种方式:一是被代理人知道无权代理行为后,明确向相

对人或者行为人表示拒绝承认；二是被代理人收到相对人催告通知之日起30日内未作表示的，视为拒绝追认。正常情况下，上述两种方式是被代理人拒绝的常态。同时，司法实践中还可能存在另外一种未经被代理人追认的非正常状态，也就是被代理人完全不知晓无权代理的存在，从而根本没有机会追认的。在被代理人根本不知晓无权代理存在从而根本没有机会追认的，属于当然的未经被代理人追认，从而无权代理不得对被代理人发生效力。

但是，无权代理不对被代理人发生效力，并不意味着其不发生任何效力；相反，对行为人和相对人发生相应效力。根据第171条第3款、第4款规定，根据相对人是否善意，无权代理对行为人和相对人的效力有所区别。

第一，相对人善意时的效力。根据第171条第3款规定，行为人实施的无权代理行为未被被代理人追认时，允许善意相对人选择，或者让行为人履行债务，或者让行为人承担损害赔偿责任。善意相对人选择让行为人履行债务的，行为人实施的无权代理行为也转变为行为人和相对人之间的合同，由双方分别履行义务和行使权利。

善意相对人选择让行为人承担损害赔偿责任的，赔偿的范围不得超过被代理人追认时相对人所能获得的利益。也就是说，赔偿的范围不得超过履行利益。这主要是考虑到善意相对人对因无权代理而遭受损害也有一定的过失，不能因此而多获利益，应当对行为人的赔偿责任适当加以限制。

第二，相对人为恶意时的效力。根据第171条第4款规定，相对人知道或者应当知道行为人无权代理的，相对人和行为人按照各自的过错承担责任。这种情况下，行为人和相对人对无权代理都存在重大过错，应当根据各自的过错来承担相应的责任。

（案例撰写人：李先伟）

专家点评

由被代理人、代理人与相对人组成的三角代理关系是市场配置资源的无形之手。但无权代理行为损害了被代理人和相对人的利益，破坏了代理关系的稳定性，威胁着交易安全。① 由于无权代理行为蕴含市场风险、道德风险和法律风险，无法实现各方当事人的互利共赢，无权代理风险很容易导致行为人、相对人、被代理人之间的利益失衡。

为落实意思自治原则，保障交易的稳定性与可预期性，必须精准适用《民法典》第171条规定。首先，无权代理行为未经被代理人追认的，对被代理人不发生效力。其次，相对人可催告被代理人自收到通知之日起30日内予以追认。被代理人未作表示的，视为拒绝追认。行为人实施的行为被追认前，善意相对人有撤销的权利。撤销应当以通知的方式作出。再次，行为人实施的行为未被追认的，善意相对人有权请求行为人履行债务或者就其受到的损害请求行为人赔偿。但是，赔偿的范围不得超过被代理人追认时相对人所能获得的利益。最后，相对人知道或应当知道行为人无权代理的，相对人和行为人按照各自的过错承担责任。

本案中，许某某没有获得金某公司授权委托，擅自使用伪造的金某公司印章、以金某公司名义与天某公司签订购销合同，属于典型的无权代理。该案的特殊性在于，许某某虽以金某公司名义实施代理行为，但自己作为行为人履行了合同义务、行使了合同权利，而天某公司也向许某某履行了合同义务。从签约到履约再到成讼的整个过程看，许某某与天某公司的签约和履约行为始终未得到金某公司的事先授权和事后追认，因此本案争议合同项下的法律后果不应由金某公司承担。

值得注意的是，天某公司在签约履约过程中虽难以识别许某某伪造金某公司印章的行为，但对许某某其他明显不符合交易习惯的代理行为缺乏应有的警惕之心。例如，合同落款的地址和联系电话均非金某公司的注册地或办公地及联系电话。又如，合同约定的交货地点是许某某个人注册公司所在地，收货人是许某某，天某公司开具增值税发票的抬头是许某某。对许某某上述不合常理的代理行为与蛛丝马迹，天某公司如能保持应有的审慎与注意，完全可以避免不应有的损失。这一点值得其

---

① 徐海燕:《表见代理构成要件的再思考：兼顾交易安全和意思自治的平衡视角》，载《法学论坛》2022年第3期。

他公司引以为戒。

本案检察机关成功抗诉,在准确认定无权代理的基础上,请求法院依法对无权代理作出正确裁判,在司法实践中具有较强的指导和参照意义,有助于铸造司法公信,警示市场主体提高对无权代理的风险防范意识,维护交易安全,优化法治化营商环境。

(点评人:刘俊海,中国人民大学法学院教授、博士生导师)

006 合同先履行抗辩权构成要件分析
上海甲公司与乙公司买卖合同纠纷抗诉案 *

—— **案情简介** ——

一、基本事实

2015年5月,上海甲公司与乙公司签订买卖合同,约定上海甲公司向乙公司采购水泵及冷却塔,合同总价款为人民币584529元。合同供货清单以表格形式予以列明,其中生活变频加压泵组共计4台,过流部件要求材质为不锈钢,总价款计44768元。上海甲公司根据合同约定的内容和验收标准验收无误后,在验收期满后出具验收合格证明,该证明为最终付款所需文件的组成部分。上海甲公司在验收期内未提出书面异议的,即使验收期满后不出具验收合格证明,也视为乙公司交付的标的物符合约定;双方还对付款方式、违约责任等进行了约定。合同签订后,乙公司将全部货物交付至上海甲公司指定地点;上海甲公司支付了30%的预付款,并接收了乙公司交付的货物。

2015年8月,上海甲公司向乙公司发出律师函称,乙公司交付的产品质量及交货程序严重不符合合同约定,其中生活变频加压泵组过流部件材质为铸铁,与约定的不锈钢材质不符,导致水泵及冷却塔整体不能进行安装调试,无法验收;乙公司的行为已构成违约且严重侵犯上海甲公司合法权益。乙公司函复上海甲公司,自认产品中的过流部件材质为铸铁,不符合合同约定,并承诺尽快予以更换。但此后乙公司未更换过流部件,上海甲公司亦未支付剩余款项。

---

* 本案承办人:上海市人民检察院第一分院侯百丰;上海市金山区人民检察院严晓慧。

二、诉讼过程

2015年12月23日，乙公司向上海市金山区人民法院提起诉讼，要求上海甲公司支付剩余70%货款及逾期付款违约金。上海甲公司提出反诉，要求乙公司更换过流部件，并支付交货不合格的违约金。

2016年4月5日，上海市金山区人民法院作出一审民事判决，认为上海甲公司在律师函中认可乙公司按约交付货物的事实，其仅对交货的质量及交货程序提出了异议。上海甲公司在合同约定的最后付款期限前并无证据证明其曾向乙公司提出过任何有关供货数量方面的异议。合同约定上海甲公司在验收期内未提出书面异议的，即使验收期满后不出具验收合格证明，也视为乙公司交付的标的物符合约定，故上海甲公司应承担延期付款的违约责任。乙公司未按约定材质交付产品，且未能及时为上海甲公司予以更换，理应承担相应的违约责任。判决：上海甲公司支付乙公司剩余货款及逾期付款违约金；乙公司支付上海甲公司违约金并按合同约定更换过流部件。

上述判决生效后，上海甲公司不服，申请再审。2016年11月29日，上海市第一中级人民法院作出民事裁定，驳回上海甲公司的再审申请。

三、检察监督

上海甲公司向上海市金山区人民检察院申请监督。该院审查后认为本案应予再审，遂向上海市金山区人民法院提出再审检察建议但未被采纳，后提请上海市人民检察院第一分院抗诉。上海市人民检察院第一分院通过调阅原审案卷，审查证据材料，听取双方当事人意见，依法查明，直至原审判决作出之日，乙公司仍未将涉案产品中的生活变频加压泵组过流部件更换为不锈钢材质。上海市人民检察院第一分院认为，上海市金山区人民法院的本案民事判决认定的基本事实缺乏证据证明，且适用法律确有错误。一是乙公司交付的货物不符合合同约定的质量要求，且上海甲公司通过律师函将上述情况通知乙公司，乙公司亦回函认可，故生效判决认定乙公司所交付的标的物符合合同约定，属认定事实错误。二是生活变频加压泵组系合同标的物的有机组成部分，该部分过流部件材质不符合合同约定，造成合同标的物整体不具备验收条件。在此情况下，上海甲公司不履行支付剩余货款义务，具有事实和法律依据。故原审判决认定上海甲公司逾期付款构成违约,且应支付违约金,属适用法律确有错误。

2018年4月20日,上海市人民检察院第一分院向上海市第一中级人民法院提出抗诉。上海市第一中级人民法院受理后,指令上海市金山区人民法院再审本案。2019年4月9日,上海市金山区人民法院再审认定乙公司交付的货物不符合合同约定,其要求上海甲公司支付剩余货款的条件尚未成就,上海甲公司拒付剩余款项不构成违约,遂判决:撤销原审判决,驳回乙公司的诉讼请求。

案件要旨

买卖合同系双务有偿合同,出卖人的主要义务为交付标的物,且标的物需符合合同约定的数量、质量等标准。买受人的主要义务为按约定的数额、时间支付价款。买卖双方互负债务,有先后履行顺序,当先履行方出卖人交付的标的物不符合合同约定,致使合同目的不能实现的,买受人有权拒绝支付相应价款,这是法律赋予的先履行抗辩权。在具体案件中,应结合合同内容,依据出卖人和买受人各自的履行行为及其相互之间的逻辑关系,综合判断认定违约行为和违约责任,保护守约方的合法权益。

法律规定索引

·《民法典》规定及沿革·

《民法典》

第五百二十六条 当事人互负债务,有先后履行顺序,应当先履行债务一方未履行的,后履行一方有权拒绝其履行请求。先履行一方履行债务不符合约定的,后履行一方有权拒绝其相应的履行请求。

新旧对比

《合同法》第67条规定,"当事人互负债务,有先后履行顺序,先履行一方未履行的,后履行一方有权拒绝其履行要求。先履行一方履行债务不符合约定的,后履行一方有权拒绝其相应的履行要求"。《民法典》第526条保留了上述规定。

法条精义

《民法典》第 526 条是关于先履行抗辩权的规定。在有先后履行顺序的双务合同中，先履行一方未履行或履行不符合约定的，赋予后履行一方拒绝对方请求履行的权利。先履行抗辩权依存于合同的履行效力，属延期的抗辩权，只是暂时阻止对方当事人的请求权，非永久的抗辩权。当先履行一方纠正其违约行为，满足或基本满足后履行一方的利益时，先履行抗辩权消灭，后履行一方应当履行自己的义务。《国际商事合同通则》第 7.1.3 条首次将先履行抗辩权规定为一项独立规则。为矫正司法实践对双务合同牵连性的认识缺陷，我国借鉴《国际商事合同通则》第 7.1.3 条，在《合同法》第 67 条对先履行抗辩权作出明确规定。民法典对该概念进行了吸纳沿用。

先履行抗辩权的行使本质上是对先履行一方违约的抗辩，后履行一方有权中止履行自己债务，对抗先履行一方的履行请求，且对自己的逾期履行不承担违约责任。但是，先履行一方部分违约时，后履行一方拒绝履行的部分应当与部分违约相当，不得超出必要的限度。后履行一方当事人行使先履行抗辩权致使合同迟延履行的，不承担违约责任，同时有权请求先履行一方当事人承担违约责任。

先履行抗辩权的成立需要具备以下要件：一是基于同一双务合同；二是双方当事人的债务有先后履行顺序；三是应当先履行一方当事人不履行债务或者履行债务不符合约定；四是后履行一方当事人的债务履行期已届满。

域外立法通览

虽然大陆法系传统民法上没有先履行抗辩权的概念，但先履行抗辩属于合同不履行的抗辩或同时履行的抗辩内含之一。在大陆法系与英美法系的不同国家中，对这一问题有相关的立法例。当事人因同一双务合同互负对待给付义务，且对待给付义务在时间上有先后之分，是先履行抗辩权成立的前提条件。先给付一方完全未履行债务时，后给付一方当事人可拒绝履行自己的债务，这种情形下的先履行抗辩权，比较容易判断。先行给付一方当事人的履行不符合约定或规定的标准时，后给付一方当事人在何种情况下可进行抗辩，成为先履行抗辩权行使中的疑难问题，各国的解决办法很不一致。

一、大陆法系

《德国民法典》第 320 条第 2 款规定,"一方已部分给付的,依情形,特别是因未给付部分无足轻重,拒绝对待给付将违背诚信原则时,不得拒绝对待给付"。[1] 可见,在先给付一方当事人部分履行时,后给付一方当事人并非当然获得拒绝给付的权利;只有拒绝履行对待给付义务不违背诚实信用原则时,后给付一方当事人方可拒绝履行。有疑问的是,先给付一方当事人瑕疵履行的,后给付一方当事人可否行使拒绝履行抗辩权?在德国,一般认为,瑕疵履行在第 320 条第 2 款规定的范围内相当于部分履行。德国法院把拒绝给付的抗辩权理解为一种迫使对方履行的工具,并因而对第 320 条第 2 款采取狭义解释。当先行给付一方当事人未完成的履行或履行瑕疵比较小,而其至少又愿意弥补该瑕疵时,后给付一方当事人不得拒绝履行。在决定适用诚信原则时,法院可考虑案件的一般情况,包括履行迟延的时间长度、当事人间关系的恶化状况。[2]

二、英美法系

在英国,法院对工作合同适用"实质履行"原则。此规则的法律效果为:严格履行并非雇主付款义务的先决条件,付款的先决条件是工作已被实质地完成。雇主可因雇员的履行瑕疵,从价格上扣除损失。通常,损失将是工作由第三人完成的成本。对"实质履行"原则而言,一旦工作被实质地完成,完成者即可获得对价。"实质履行"原则只是一个概括的原则,当事人可特别约定工作须严格完成是付款的先决条件。

除"实质履行"原则外,英国法还有一个可适用于所有合同的方法。其判断标准是,未被履行的合同条款是一个"条件"条款,或者是一个"担保"条款。英国《1979 年货物买卖法》第 11 条第 2 款对条件和担保作出了明确的区别,即买卖合同中的一项规定如果是一个条件条款,违反它可能会产生一项视为合同被抛弃的权利;如果是一个担保条款,违反它可

---

[1] 杜景林、卢谌译:《德国民法典》,中国政法大学出版社 1999 年版,第 71 页。
[2] 转引自朱广新:《先履行抗辩权之探究》,载《河南省政法管理干部学院学报》2006 年第 4 期。

能产生一项损害赔偿请求权,但不能产生拒绝货物和把合同视为已被抛弃的权利。

对于先履行抗辩,美国法律思维及规则体系具有如下特点:首先,美国法将合同区别为不可分合同与可分合同。前者是一次履行完毕的合同,后者是一个可分开或分期分批履行的合同。如果履行是可分的,先给付一方只是部分不履行的,后给付一方只能拒绝履行与先给付一方未履行部分相当的债务。其次,即使先给付一方违约,如果后给付一方对先给付一方的违约放弃权利的,后给付一方当事人不得行使拒绝履行抗辩权。

从上述各国和地区的立法或学说来看,在先给付一方不完全履行时,两大法系均强调应依据个案实际来判断应否允许后给付一方拒绝履行债务。其中,大陆法系国家和地区侧重于适用诚实信用原则灵活判断后给付一方能否行使先履行抗辩权,英美法系国家更多地注重个案判断,由此导致法律规则的不统一。因合同类型多种多样,当事人的履行也千差万异,通过诚实信用原则判断个案中后给付一方应否行使先履行抗辩权比较合理。

实务指引

在双务合同中,应当先履行债务的一方当事人未履行或者履行不符合约定的,后履行债务的一方当事人有权拒绝对方履行请求或者拒绝对方相应履行请求,这就是先履行抗辩权,又称为后履行抗辩权、先违约抗辩权。

一、关于先履行抗辩权的成立要件

先履行抗辩权的成立,需要具备以下要件:

一是基于同一合同互负债务。双方当事人因同一合同互负债务,在履行上存在关联性。先履行抗辩权不适用于单务合同。

二是当事人的债务有先后履行顺序。当事人互负债务,并且能够确定先后履行顺序。这种履行顺序的确立,或依法律规定,或按当事人约定,或按交易习惯。一些法律对双务合同的履行顺序作了规定。当事人在双务合同中也可以约定履行顺序。在法律未规定、合同未约定的情况下,双务合同的履行顺序可依交易习惯确定。

三是应当先履行债务的一方当事人不履行或者履行不符合约定。负有先履行义务的一方在其债务已届履行期时应当先履行义务。如果先履行一方的债务已届履行期而不履行或履行不符合合同约定、法律规定或者行业确定的标准，则属于违约。例如对于应先供货，检验合格后再付货款的合同，供货方交付的货物材质、质量不符合约定，则属于履行债务不符合合同约定，已构成违约。

四是后履行一方当事人的债务已届履行期。先履行一方构成违约并请求后履行一方履行的，后履行义务一方的债务必须已届履行期。此时，后履行一方可以行使先履行抗辩权，拒绝对方的履行请求或在对方不适当履行范围内拒绝其履行请求。后履行义务一方债务未届履行期，先履行义务的一方提出履行请求的，后履行义务的一方可以以履行期限未到，对方无履行请求权为由提出抗辩，这是期限利益抗辩权而不是先履行抗辩权。

符合上述条件的，后履行义务的一方当事人可以行使先履行抗辩权，对抗应当先履行一方当事人的履行请求。

二、关于先履行抗辩权的行使方式

对于先履行抗辩权的行使方式，争议主要集中在后履行一方当事人是否必须以明示方式行使及何时行使。对此，有行使效力说和存在效力说的分歧。若采取存在效力说，则对后履行一方当事人的行使方式和行使时间不作要求，即使没有明确向对方当事人提出，只要先履行一方的不履行或者不完全履行符合先履行抗辩权成立要件的，就可以行使先履行抗辩权。此时，后履行一方不构成违约，还有权要求先履行一方承担违约责任。若采取行使效力说，则要求后履行一方当事人必须在合理的时间并以恰当的方式要求对方承担违约责任方才有效；否则，应认定先履行一方当事人的履行符合约定，后履行一方行使先履行抗辩权构成违约。

先履行抗辩权的行使是否需要明示，不宜一概而论，应当区分情况确定：

一是先履行一方不能履行、拒绝履行、迟延履行且未请求后履行一方履行时，后履行一方不需要明确行使先履行抗辩权。行使先履行抗辩权的表现是届期不履行债务，此时应推定在先履行一方了解另一方是在行使自己的对抗权利。行使先履行抗辩权而未通知另一方并不构成违约。

二是在前述情形下，先履行一方请求后履行一方履行合同义务的，后履行一方应当对是否行使先履行抗辩权作出明确表示。

三是负有先履行义务一方当事人的履行有重大瑕疵或部分履行的，根据诚信原则，后履行一方行使先履行抗辩权应当通知对方，给对方举证、解释、改正的机会，以防止损失扩大。主要原因是，先履行一方有时可能不了解自己履行的效果。

三、关于先履行抗辩权的效力

先履行抗辩权的行使本质上是对违约的抗辩，对抗先履行一方的履行请求，产生后履行一方可中止履行自己债务的效力，且对自己的逾期履行不承担违约责任。先履行一方履行不当的，后履行一方拒绝履行的部分应当与此相当，不能超出必要的限度。

先履行抗辩权是后履行债务一方在先履行债务一方当事人不履行或者不完全履行时享有的中止履行自己到期债务的权利，不可能永久存续；当先履行一方纠正其违约行为，完全履行债务后，先履行抗辩权消灭。行使先履行抗辩权的一方应当及时恢复履行，否则构成违约责任。当事人行使先履行抗辩权后，先履行债务一方当事人仍然不履行或者不完全履行的，可根据法定条件或者约定条件通知对方解除合同。

同时，后履行一方行使先履行抗辩权并不影响其要求先履行一方承担违约责任的权利。即使先履行一方在后履行一方抗辩后履行了自己的债务，或者对不完全履行进行了补救，后履行一方在履行自己债务的同时，可以要求先履行一方承担违约责任。

四、关于本案适用先履行抗辩权的分析

根据先履行抗辩权的相关法律规定，先履行一方未履行债务的，后履行一方即使自己的债务到期，也有权拒绝对方的履行请求。先履行一方履行债务不符合约定的，后履行一方即使自己的债务到期的，也有权拒绝对方相应的履行请求。

本案中，上海甲公司与乙公司签订的买卖合同对货物材料品质及履行先后顺序均有明确约定，即签订合同后上海甲公司预付部分款项，然后由乙公司先按合同供货；待上海甲公司对货物验收合格后方才按约付剩余款

项，因此上海甲公司支付剩余货款是以货物验收合格为前提的。这就符合先履行抗辩权中"当事人互负债务，有先后履行顺序"的前提。

此外，上海甲公司验收乙公司交付的货物时发现产品质量不符合合同约定，并通过律师函通知乙公司。虽然上海甲公司的律师函超过了合同约定的验收期限，但乙公司对上海甲公司的律师函回函，承认产品中的过流部分材质不符合合同约定，并承诺予以更换。这说明，乙公司交付的货物不符合合同约定，上海甲公司就此提出异议，验收结论为不合格。直至原审法院作出判决时，乙公司均未更换不合格产品，其所交付的货物始终处于不合格状态，其履行不符合约定，故乙公司请求上海甲公司支付剩余款项的条件并未成就，上海甲公司有权行使先履行抗辩权。所以，原审判决以上海甲公司没有在合同约定的验收期限内提出书面异议为由，认为上海甲公司行使先履行抗辩权的行为构成违约，属于适用法律错误。

（案例撰写人：阚林）

专家点评

要加速商事流转、维护交易安全，必须弘扬契约自由、契约公平、契约严守的契约精神。[①] 在契约约定合同义务的履行先后顺序时，先履行一方必须守约践诺，及时足额、保质保量履行合同约定义务。先履行抗辩权制度赋予后履行合同义务当事人在符合法定或约定条件时中止履行自己到期债务的权利。该权利在性质上非如长矛，而如盾牌，具有倒逼对方积极履行债务的消极防御功能。该权利虽不消灭后履行方的合同义务，但会推迟先履行方请求后履行方履行对待给付的权利。

先履行方要想后履行方尽早履行义务，就必须率先垂范，确保先行履约没有瑕疵。本案中，倘若乙公司按照合同约定提供符合质量要求的产品，乙公司就有权依据合同请求上海甲公司支付尾款，上海甲公司的先履行抗辩权即归于消灭。

---

① 刘俊海：《论新时代的契约精神》，载《扬州大学学报（人文社会科学版）》2018年第4期。

实践中，为确保先履行抗辩权制度的落地生根，需要注意四点：

第一，后履行方要善于妥当行使先履行抗辩权。抗辩权是权利，权利可行使，也可放弃。若后履行方不主张，就不发生抗辩的效果。而主张先履行抗辩权，则需要后履行方及时通知先履行方，以便及时提示先履行方尽快弥补履约瑕疵、加速履约进程。就买卖契约而言，后履行方在收到不符合约定的产品交付时，应及时通知先履行方，并表明拒绝履行付款义务的意思表示。只要履行了通知义务，即使日后成讼，后履行方也能手握已行使先履行抗辩权的证据，进而预防法院或仲裁机构错把先履行抗辩权行使误解为"双方违约"的裁判风险。

第二，从先履行方管控交易风险的维度看，一定要加强履约细节管理合同，全面落实适当履行原则。不少违约方在违约时并非恶意，而是存在质量控制与履约环节的管理漏洞。因此，先履行方要严格恪守实际履行原则，确保交付的标的物的质量符合法律规定和缔约目的。

第三，要强调合同双方当事人按照诚信原则与交易习惯履行相互提示与协助的义务。在前期的谈判与缔约阶段，缔约各方应在合同中明确违约条款，以预防交易风险、明确守约方对违约方的损害赔偿计算依据。在履约阶段，若先履行方违约，后履行方既要及时通过发函、提起诉讼等方式预防交易风险，也要及时通过协商与沟通、协助先履行方尽快纠正违约行为、尽量促进合同如约履行。

第四，检察机关在审查商事交易纠纷案件时，应准确、完整地理解与把握先履行抗辩权的适用条件与程序，有效保护守约方合同权益。先履行方违约时后履行方有权中止履行其合同义务的制度设计，有助于确保违约成本高于违约收益、守信收益高于守信成本、维权收益高于维权成本，进而维护交易安全、降低交易成本、加速商事流转。

（点评人：刘俊海，中国人民大学法学院教授、博士生导师）

007 如何准确理解买卖合同买受人的检验义务

石家庄甲公司与铜陵乙公司买卖合同纠纷抗诉案[*]

案情简介

一、基本事实

2013年8月8日,石家庄甲公司与铜陵乙公司签订《工业循环水处理药品试用协议》,在乙公司的DEC装置中试用LJ-120水质稳定剂。协议约定:(1)试用期为协议签订之日起三个月,一个月为一批次……(4)试用期届满时,产品使用效果没有达到约定标准的,乙公司终止试用;使用效果达到约定标准的,乙公司不得以任何理由拒绝购买甲公司产品……(6)试用期产品单价及结算方式:试用期内,产品达到乙公司评定效果的,乙公司需支付甲公司货款,水质稳定剂每吨18000元,最短周期为两个月,最长周期为三个月;没有达到效果的,乙公司不支付任何费用。

2013年12月23日,甲公司与乙公司就在二期装置中试用水质稳定剂签订了《铜陵金泰化工二期循环水处理药品试用协议》。协议约定事项包含前述试用协议约定的内容,并约定:试用期内产品达到乙公司评定效果的,乙公司需向甲公司支付货款,水质稳定剂单价每吨15500元(含税),最短周期为两个月,最长周期为三个月;甲公司可在试用期满两个月后随时提出验收,如有效果,需保持至少半个月以上。试用期内,没有达到效果的,乙公司除支付甲公司50000元相关杂费外,不支付任何费用。乙公司循环水系统达到测评效果的,乙公司应当按甲公司价格付清所有药剂货款,并与甲公司签订继续使用产品的正式购销合同。2014年3月13日,乙公司的试用装置因堵塞而停车。在两次试用期间内,甲

---

[*] 本案承办人:安徽省人民检察院汪永印;安徽省铜陵市人民检察院刘胜。

公司多次通过邮件或派工作人员到乙公司指导。后因乙公司未支付货款，双方发生争议。

二、诉讼过程

甲公司向安徽省铜陵县人民法院（现为义安区人民法院）起诉，诉讼请求：乙公司支付货款等453572元，并赔偿甲公司损失132921.8元。

安徽省原铜陵县人民法院经审理认为，甲公司与乙公司签订的两份试用协议合法有效。第一期试用中，乙公司在试用过程和试用期届满后未在合理期限内对水质稳定剂的质量和投加使用后的效果予以否定，并通知甲公司。因此，对第一期试用中的77400元货款，乙公司应予支付。第二期试用中，除需按照约定的效果评定方式对水质稳定剂的试用效果进行检测外，第二期试用协议约定甲公司在试用期届满后两个月内提出验收。甲公司未能举证证明其履行了验收义务，故要求乙公司支付二期货款的证据不充分。遂判决乙公司支付甲公司第一期货款，对甲公司请求支付第二期货款的诉讼主张不予支持。

甲公司不服，向安徽省铜陵市中级人民法院提起上诉，请求改判乙公司支付货款和利息459093.8元。安徽省铜陵市中级人民法院经审理认为，甲公司与乙公司于2013年12月23日签订的二期循环水处理药品试用协议约定，试用产品达到评定效果的，乙公司需支付货款；甲公司可在试用期满两个月后随时提出验收，达到效果的，需保持至少半月以上；没有达到效果的，乙公司除支付50000元相关杂费外，不支付任何费用。从上述约定可知，判断乙公司应否向甲公司支付二期货款，依据是甲公司提供的水质稳定剂是否达到双方约定的使用效果；认定水质稳定剂使用效果的方法是在试用期满后进行验收，且验收的主动权在甲公司，即由甲公司在试用期满后随时提出验收。现甲公司没有证据证明二期水质稳定剂在试用期满后验收合格，且2014年3月13日乙公司的试用装置发生堵塞停车是客观事实，故原审法院认定第二期试用未达到使用效果并无不当。安徽省铜陵市中级人民法院以（2016）皖07民终50号民事判决驳回上诉，维持原判。

甲公司不服二审法院判决，向安徽省高级人民法院申请再审，安徽省高级人民法院于 2018 年 2 月 9 日作出（2017）皖民申 876 号民事裁定，驳回甲公司的再审申请。

三、检察监督

甲公司不服生效判决，向检察机关申请监督。安徽省人民检察院经审查认为，安徽省铜陵市中级人民法院（2016）皖 07 民终 50 号民事判决适用法律确有错误。（1）原审判决以甲公司在试用期满后随时提出验收，现甲公司没有证据证明二期水质稳定剂在试用期满后验收合格为由，认定供货方甲公司对二期水质稳定剂质量具有验收义务和举证责任，适用法律确有错误。（2）原审判决没有认定甲公司关于《铜陵金泰化工二期循环水处理药品试用协议》是正式买卖合同关系的事实，适用法律确有错误。据此，安徽省人民检察院依法提起抗诉。

安徽省高级人民法院再审采纳检察建议予以改判，判决乙公司承担相应赔偿责任。

案件要旨

买卖合同中，买受人对标的物质量具有检验义务。买受人收到标的物时，应当在约定的检验期限内检验。没有约定检验期限的，应当及时检验。本案原审判决将"二期水质稳定剂在试用期满后经验收合格"的举证责任分配给出卖人甲公司，适用法律确有错误。检察机关对该案成功抗诉，对买受人检验义务的正确适用具有指导意义。

法律规定索引

·《民法典》规定及沿革·

《民法典》

第六百二十条　买受人收到标的物时应当在约定的检验期限内检验。没有约定检验期限的，应当及时检验。

第六百二十一条　当事人约定检验期限的，买受人应当在检验期限内将标的物的数量或者质量不符合约定的情形通知出卖人。买受人怠于通知的，视为标的物的数量或者质量符合约定。

当事人没有约定检验期限的，买受人应当在发现或者应当发现标的物的数量或者质量不符合约定的合理期限内通知出卖人。买受人在合理期限内未通知或者自收到标的物之日起二年内未通知出卖人的，视为标的物的数量或者质量符合约定；但是，对标的物有质量保证期的，适用质量保证期，不适用该二年的规定。

出卖人知道或者应当知道提供的标的物不符合约定的，买受人不受前两款规定的通知时间的限制。

第六百二十二条 当事人约定的检验期限过短，根据标的物的性质和交易习惯，买受人在检验期限内难以完成全面检验的，该期限仅视为买受人对标的物的外观瑕疵提出异议的期限。

约定的检验期限或者质量保证期短于法律、行政法规规定期限的，应当以法律、行政法规规定的期限为准。

新旧对比

《民法典》第620条源于《合同法》第157条，第621条源于《合同法》第158条，仅有部分文字修改，即将"期间"修改为"期限"，内容无变化。《民法典》第622条是对2012年《最高人民法院关于审理买卖合同纠纷案件适用法律问题的解释》第18条的吸收和转化。

法条精义

《民法典》第620条规定了买受人对标的物的检验义务。根据该条规定，买受人收到标的物时，应当对标的物进行检验，检验的目的是查明标的物是否与约定相符。规定买受人需对标的物进行检验主要基于以下三点理由：一是保护善意出卖人的利益。出卖人交付货物后，即产生履约完毕的信赖。合理期间经过后，买受人没有向出卖人通知标的物存在瑕疵的，即推定出卖人交付的标的物符合约定。要求买受人及时检验标的物，可以尽快确定标的物的质量状况，有利于保护出卖人的信赖利益，维护正常交易秩序。二是便于出卖人及时采取补救措施。买受人及时通知标的物不符合约定的，出卖人可以采取修理、更换等补救措施。三是便于双方当事人及时保存证据。及时通知可以使出卖人保全证据并收集相反证据，避免当事人对标的物质量是否符合约定出现举证困难。①

《民法典》第 622 条规定了买受人检验标的物后提出异议的通知义务。根据该条第 1 款规定，买受人怠于通知的，视为标的物的数量或者质量符合约定。该条根据是否约定检验期限规定了不同的异议通知义务，并规定了最长异议通知期限，以及出卖人知道或者应当知道提供的标的物不符合约定时买受人异议通知义务的豁免。

《民法典》第 622 条规定了约定的检验期限或者质量保证期限过短的处理。（1）检验期限过短的补救。当事人在买卖合同中约定的检验期限过短，根据标的物的性质和交易习惯，买受人在检验期限内难以完成全面检验的，该期限仅视为买受人对标的物的外观瑕疵提出异议的期限。买受人在使用过程中发现买卖标的物存在瑕疵的，可按照本条规定提出异议，确定标的物是否符合质量要求。（2）检验期限、质量保证期间短于相关规定的补救。当事人在买卖合同中约定的检验期限或者质量保证期短于法律、行政法规规定期限的，应当以法律、行政法规规定的期限为准。②

·司法解释·

《最高人民法院关于审理买卖合同纠纷适用法律问题的解释》③

第十二条　人民法院具体认定民法典第六百二十一条第二款规定的"合理期限"时，应当综合当事人之间的交易性质、交易目的、交易方

---

① 黄薇主编：《中华人民共和国民法典释义》（中），法律出版社 2020 年版，第 1198 页。

② 杨立新、李怡雯：《中国民法典新规则要点》，法律出版社 2020 年版，第 340—341 页。

③ 2012 年《最高人民法院关于审理买卖合同纠纷案件适用法律问题的解释》第 15 条至第 20 条规定了"标的物检验"。其中，第 15 条规定了买受人对标的物数量和外观瑕疵的检验义务，即"当事人对标的物的检验期限未作约定，买受人签收的送货单、确认单等载明标的物数量、型号、规格的，人民法院应当根据合同法第一百五十七条的规定，认定买受人已对数量和外观瑕疵进行了检验，但有相反证据足以推翻的除外"。因该条被《民法典》第 621 条吸收转化，2020 年新修订的《最高人民法院关于审理买卖合同纠纷案件适用法律问题的解释》删除了该内容，第四部分"标的物检验"用 3 条条文规定了"合理期间""买受人提出异议"等问题。

式、交易习惯、标的物的种类、数量、性质、安装和使用情况、瑕疵的性质、买受人应尽的合理注意义务、检验方法和难易程度、买受人或者检验人所处的具体环境、自身技能以及其他合理因素，依据诚实信用原则进行判断。

民法典第六百二十一条第二款规定的"二年"是最长的合理期限。该期限为不变期间，不适用诉讼时效中止、中断或者延长的规定。

第十三条 买受人在合理期限内提出异议，出卖人以买受人已经支付价款、确认欠款数额、使用标的物等为由，主张买受人放弃异议的，人民法院不予支持，但当事人另有约定的除外。

第十四条 民法典第六百二十一条规定的检验期限、合理期限、二年期限经过后，买受人主张标的物的数量或者质量不符合约定的，人民法院不予支持。

出卖人自愿承担违约责任后，又以上述期限经过为由翻悔的，人民法院不予支持。

域外立法通览

国际货物买卖规定了买受人的检验义务。《联合国国际货物销售合同公约》第 38 条第 1 项规定，"买方必须在按情况实际可行的最短时间内检验货物或由他人检验货物"。该条明确买受人的检验义务。第 39 条规定，"买方对货物不符合同，必须在发现或理应发现不符情形后一段合理时间内通知卖方，说明不符合同情形的性质，否则就丧失声称货物不符合同的权利。无论如何，如果买方不在实际收到货物之日起两年内将货物不符合同情形通知卖方，他就丧失声称货物不符合同的权利，除非这一时限与合同规定的保证期限不符"。该条规定了买受人发现货物瑕疵的通知义务、不积极履行通知义务的法律后果及通知期间等问题。

一、大陆法系

欧盟法上买受人的检验义务表现为"选项条款"，是否将这一规范转化为国内法由各成员国自行决定。27 个成员国中有 21 个国家明确规定了检验义务,将该规定予以转化。① 如《瑞士债务法》第 201 条规定,"买受人怠于为前款通知者,除依通常的检查不能发现的外,视为承认受领物"。②

在采取民商分立立法体例的国家和地区,一般都区分普通民事买卖和商人之间的买卖,商事买受人才需承担检验义务。如德国和日本仅规定商事买受人负有瑕疵问责义务。③《德国商法典》第 377 条（2）规定,买受人不进行此通知的,货物视为被承认。④《日本商法典》第 526 条亦予以规定。⑤

二、英美法系

英美法系关于买卖交易的一项重要原则是"买者当心",即在买卖交易中,买受人需承担检验货物的责任。《美国统一商法典》第 2-513 条规定,除当事人另有约定外,买方在支付货款和接收标的物以前,有权对货物进行检验。第 2-602 条第 1 款规定,拒收货物必须在交付或提示交付货物后的合理时间内作出。如果买方未能及时通知卖方,拒收无效。

《英国货物买卖法》第 34 条第 1 款规定,当货物交付买方时,如他以前未曾对该货进行过检验,则除非等到他有一个合理的机会加以检验,以便确定其是否与契约规定者相符,否则不能认为他已经接受了货物。⑥

实务指引

民事诉讼监督要树立精准监督的理念。最高人民检察院 2019 年 2 月发

---

① ［德］托马斯·M.J. 默勒斯：《中国〈民法典〉买卖法中的开放式问题——与德国法及欧盟法相比较》,李雨泽译,载《财经法学》2021 年第 3 期。
② 《瑞士债务法》,戴永盛译,中国政法大学出版社 2016 年版,第 64 页。
③ ［德］托马斯·M.J. 默勒斯：《中国〈民法典〉买卖法中的开放式问题——与德国法及欧盟法相比较》,李雨泽译,载《财经法学》2021 年第 3 期。
④ 《德国商法典》,杜景林、卢谌译,法律出版社 2010 年版,第 221 页。
⑤ 黄薇主编：《中华人民共和国民法典释义》（中）,法律出版社 2020 年版,第 1202 页。
⑥ 黄薇主编：《中华人民共和国民法典释义》（中）,法律出版社 2020 年版,第 1197 页。

布的《2018—2022年检察改革工作规划》也明确提出，健全以"精准化"为导向的民事诉讼监督机制。精准监督要求检察机关必须聚焦突出问题，精准履行法律监督职能。检察机关对裁判显失公平等突出问题监督，依法维护民事主体的合法权益。

一、买受人的检验义务

买受人的检验义务是指在买卖合同中，买受人收到标的物后，必须在合理期间予以检验并将商品瑕疵情况通知出卖人的义务。是否规定买受人的检验义务，理论界存在争议。反对者认为，规定买受人检验义务的实际作用不大，因为当买受人购买的商品出现问题时，绝大多数的买受人都会及时主动通知出卖人。有观点甚至反对规定消费者的瑕疵通知义务，理由是消费者不知道该义务时，要求其进行通知不合理。即消费者在收到商品后，无须主动进行检验。[1] 支持者认为，规定买受人的检验义务是必要的，符合买受人的利益。过度保护买受人不符合其利益，反而会加重其负担。从经济角度看，应将保护买受人的成本保持在最优性价比上。从后果上看，买受人检验义务的功能是确保商品符合合同目的。我国法律规定买受人的检验义务有着悠久的传统。《合同法》第157条、第158条就加以了规定。2012年《最高人民法院关于审理买卖合同纠纷案件适用法律问题的解释》第15条至第20条规定了"标的物检验"。《民法典》第620条、第621条、第622条对上述法律及司法解释条款予以吸收转化。

买受人检验义务的前提是买受人收到标的物。买受人只有收到标的物，在物理空间上才具有检验的可能。买受人检验义务的内容是检验查明出卖人交付的标的物是否与合同的约定相符，包括标的物的数量和质量是否符合，但不包含权利瑕疵。也就是说，检验是对标的物的数量或者质量瑕疵状态的检验，不包含权利瑕疵状态，因为权利瑕疵通常依赖第三人主张。

---

[1] ［德］托马斯·M.J.默勒斯：《中国〈民法典〉买卖法中的开放式问题——与德国法及欧盟法相比较》，李雨泽译，载《财经法学》2021年第3期。

二、买受人检验义务的法律后果

买受人履行检验义务后，可能会选择以下处理方式：（1）通知出卖人标的物符合约定；（2）通知出卖人标的物不符合约定；（3）不通知出卖人，但标的物符合约定；（4）不通知出卖人，但标的物不符合约定。第一种情形和第三种情形中，因标的物符合约定，双方自无争议。第二种情形中，买受人在合理期限内通知出卖人的，买受人履行了检验义务，该通知具有证据保全的功能。出卖人没有履行相应补救修复措施的，买受人可向出卖人主张质量瑕疵担保责任或者数量不足。第四种情形较为复杂，涉及买受人检验义务性质问题。

买受人检验义务为不真正义务，出卖人无须请求买受人提出质量或者数量异议。买受人在该期限内不予检验、不提出质量或者数量异议的，法律效果是消极的不利益，即其得不到本可获得的利益。检验义务关系到买受人的合同利益，买受人怠于通知的，视为标的物的数量或者质量符合约定。《民法典》第621条规定的"买受人怠于通知"，应理解为买受人没有通知出卖人即视为出卖人交付的标的物的数量或者质量符合约定这一法律推断成立。根据2020年《最高人民法院关于审理买卖合同纠纷案件适用法律问题的解释》第14条第1款关于"民法典第六百二十一条规定的检验期限、合理期限、二年期限经过后，买受人主张标的物的数量或者质量不符合约定的，人民法院不予支持"的规定，该推定不允许买受人提出相反的证据加以反驳。司法解释强化了买受人的通知义务，使通知义务具有实体法上的意义。因此，是否履行通知义务，将影响买受人是否可向出卖人主张瑕疵担保责任。如果买受人未在一定期限内通知，将产生推定标的物的数量和质量符合约定的法律后果，买受人丧失向出卖人主张质量瑕疵担保责任和补充交付剩余标的物的权利。

三、买受人检验义务的期限

检验期限是指买受人检验出卖人交付的标的物、发现瑕疵时适时提出质量异议和数量不足所必需的时间。[1] 检验期限的客体是买受人的检验义

---

[1] 崔建远：《论检验期限》，载《现代法学》2018年第4期。

务。如前所述，检验义务是不真正义务。买受人在检验期限内不检验、不提出质量或者数量异议，法律效果是消极的不利益，即其得不到本可获得的利益。从法律效果来说，检验期限既是权利产生的期限又是阻止权利产生的期限。[1] 买受人在检验期限内就标的物向出卖人提出适格质量或者数量异议的，将产生减价权、违约金支付请求权甚至合同解除权等相应权利。买受人在检验期限内未提出质量或者数量异议的，视为标的物的数量和质量符合约定，不产生相应的救济权。

检验义务是否完全履行，要结合通知义务予以判定。买受人的通知内容应具体明确，买受人需经过检验才能作出适格的通知。因此，检验本身并无独立存在的价值。《民法典》第621条一体规定的期限是结合了检验期限和通知期限。为方便表达，本书以检验期限直接表述。

根据《民法典》第621条、第622条的规定，标的物的数量或者质量不符合约定的，买受人有异议通知的义务。检验期限的确定有以下几种情形：(1) 约定检验期限。从尊重当事人意思自治，维护契约自由的角度出发，当事人在合同中约定检验期限的，买受人应当在检验期限内将标的物数量或者质量不符合约定的情形通知出卖人。如果买受人怠于通知的，视为标的物数量或者质量符合约定。(2) 未约定检验期限。当事人没有在合同中约定检验期限的，买受人发现标的物数量或者质量不符合约定的，应当在合理期限内通知。合理期限是指买受人对标的物进行正常检验，以及通知出卖人所必需的时间。这个合理期限包括买受人对标的物进行检验需要的时间和买受人提出异议通知的时间两个期限。[2] 合理期限的确定应根据合同性质、标的物瑕疵是否隐蔽等情况综合确定。同时，为了防止法律关系长期处于不稳定状态，民法典设置了买受人最长异议通知期限，即买受人自收到标的物之日起两年内未通知出卖人的，视为标的物的数量和质量符合约定。(3) 出卖人知道或者应当知道标的物不符合约定。出卖人在出卖标的物时，知道或者应当知道其提供的标的物不符合约定的，豁免买受

---

[1] 崔建远：《论检验期限》，载《现代法学》2018年第4期。
[2] 最高人民法院民法典贯彻实施工作领导小组主编：《中华人民共和国民法典合同编理解与适用（二）》，人民法院出版社2020年版，第983页。

人的异议通知义务,不受前述两年最长异议期限的限制。这是对出卖人欺诈行为的一种惩罚,是民法公平原则和诚信原则在买卖合同履行中的具体体现。①(4)约定的检验期限过短。当事人在买卖合同中约定的检验期限过短,根据标的物的性质和交易习惯,买受人在检验期限内难以完成全面检验的,该期限仅视为买受人对标的物的外观瑕疵提出异议的期限。约定的检验期限或者质量保证期短于法律、行政法规规定期限的,应当以法律、行政法规规定的期限为准。

四、与买受人检验义务相关的几种法律关系辨析

(一)检验义务与物的瑕疵担保责任的关系

标的物的瑕疵担保责任是指在买卖合同中,出卖人负有给付与价金相当的标的物义务;如果出卖人给付的标的物有瑕疵,应承担瑕疵担保责任。物的瑕疵担保责任主体是出卖人。检验义务的义务主体是买受人。二者的联系在于买受人需先进行检验,才能发现标的物的瑕疵,并决定是否主张瑕疵担保责任。若买受人怠于履行检验及通知义务,将免除出卖人物的瑕疵担保责任。

(二)检验期限与质量保证期

首先,检验期限与质量保证期的性质不同。质量保证期是指出卖人交付的标的物符合质量要求或者使用性能的期间,即当事人约定或者法律规定标的物的品质保证时间。质量保证期指向的是标的物使用一段时间后的品质,解决的是交付后的正常使用寿命。买受人在质量保证期内发现瑕疵,出卖人不得以交付时标的物无瑕疵为由免责。而检验期限指向交付标的物本身,解决的是交付的标的物是否符合约定。

其次,检验期限的客体为不真正义务,期限届满的后果主要取决于买受人是否通知出卖人:买受人通知出卖人交付的标的物不符合约定的,买受人可要求出卖人承担违约责任;买受人没有通知出卖人的,视为出卖人交付的标的符合约定。质量保证期的客体为真正的义务,期间届满,出卖人的

---

① 黄薇主编:《中华人民共和国民法典释义》(中),法律出版社2020年版,第1201页。

质量保证义务随之消失。

最后，法律后果不同。检验期限内可能产生买受人要求减少价款、支付违约金甚至解除合同的权利。质量保证期内可能产生的法律后果为修理、更换等。《民法典》第615条规定了买卖合同标的物法定质量担保义务。

（案例撰写人：陈美治）

专家点评

买受人收到标的物后，应当对标的物进行检验，查明标的物是否与约定相符。《民法典》第620条明确规定了该义务，主要是促使买受人尽快确定标的物的质量状况，有利于保护出卖人的信赖利益，维护正常交易秩序。买受人对标的物的检验为法定义务，如果买受人怠于履行该义务，买受人没有在约定或者合理检验期间向出卖人通知标的物存在瑕疵的，推定出卖人交付的标的物符合约定。法律推定属于司法证明领域的问题，其主要功能在于形成或辅助形成对事实的认识。本案中，买受人乙公司收到二期水质稳定剂后没有在约定期限内提出质量异议，应推定甲公司的二期水质稳定剂在试用期满后验收合格。

（点评人：赵旭东，中国政法大学教授、博士生导师）

008 如何准确认定买卖合同质量瑕疵担保责任
牛甲、牛乙与郑州丙公司买卖合同纠纷抗诉案*

案情简介

一、基本事实

牛甲、牛乙共同出资经营通风道生意。2013年7月8日,牛甲(需方)与郑州丙公司(供方)签订订货合同,约定订购4套烟道机设备(种类物),金额共计70500元。验收标准方法及提出异议期限为"验收无异议提货",供方对货物质量负责的条件及期限为"按照说明书操作,除易损件外,非人为情况下一年内整机质量保修",合同还约定"货到供方派人技术指导"。

2013年7月10日,牛甲、牛乙依约支付全部货款。同日,郑州丙公司将设备交付运输;到货后,委派技术人员对设备进行安装调试。后牛甲、牛乙认为设备存在问题,将设备发回郑州丙公司。郑州丙公司对牛甲、牛乙所述的设备质量问题不予认可,又于2013年7月31日将设备发回牛甲、牛乙处。

二、诉讼过程

2013年9月27日,牛甲、牛乙起诉至郑州市中原区人民法院。一审法院认为,牛甲、牛乙称郑州丙公司所供设备存在质量问题,并向一审法院提供照片、录音资料等予以证明,但上述证据不能充分证明郑州丙公司所供设备存在质量问题,亦不能证明郑州丙公司存在违约行为致使不能实现合同目的。判决:驳回牛甲、牛乙的诉讼请求。

---

*本案承办人:河南省人民检察院李俊香、陈军波;河南省郑州市人民检察院雷蜜、曹普卿。

牛甲、牛乙不服一审判决，向郑州市中级人民法院上诉。二审法院认为，当事人对自己的诉讼主张有责任提供证据。牛甲、牛乙要求解除订货合同、退还货款并赔偿损失，但在一审及二审程序中均未提交充分证据证明涉案烟道机存在质量问题及存在何种质量问题，也不能证明郑州丙公司存在违约行为致使合同目的不能实现，故其应承担举证不能的法律后果。同时，订货合同第8条约定"验收标准方法及提出异议期限：验收无异议提货"；牛甲、牛乙在二审庭审中也认可对设备进行了验收，并在验收后付清了余款。牛甲、牛乙在二审程序中申请对涉案烟道机进行质量鉴定。因牛甲、牛乙未在一审举证期限内提出，且不属于法律规定的新证据，故对其鉴定申请，二审法院不予准许。二审法院判决：驳回上诉，维持原判。牛甲、牛乙不服，向河南省高级人民法院申请再审，该院裁定予以驳回。

三、检察监督

牛甲主张：从其提供的照片可以清晰看出，利用设备生产出的成品有裂缝，且郑州丙公司派到需方的安装调试工作人员在长达8天的时间内调试不好机器；在其提供的录音证据中，郑州丙公司法定代表人冯某亲口承认设备存在质量问题。虽然合同约定验收无异议后收货，但这种验收属于外观验收，接收涉案烟道机并不意味着牛甲、牛乙的检验义务全部完成。对于涉案烟道机的内在质量瑕疵，牛甲、牛乙只能在使用过程中才能进行检验并发现可能存在的质量问题。生效判决以验收后接收并付清尾款为由，认定涉案烟道机质量合格，对买受人在合理检验期限内全面检验后提出的质量瑕疵不予以认定，适用法律错误。牛甲向河南省郑州市人民检察院申请监督。该院予以受理审查。检察机关依法调阅原审案卷，查看照片、收听录音后，认为牛甲为证明涉案烟道机存在的质量问题，已经提供相关证据。

河南省郑州市人民检察院就本案提请河南省人民检察院抗诉。河南省人民检察院经审查认为：从订货合同第9条约定，"供方对货物质量负责的条件及期限：按照说明书操作非人为情况下，易损件除外，整机一年内质量保修。随机备品、配件工具数量按发货清单清点"；第14条约定，"货到供方派人技术指导"可知，牛甲提货时只是对产品外形及配件进行了表面验收,并不能调试产品进行验收,其效用需在郑州丙公司技术指导后、产品投入使用过程中才能检验。根据牛甲提供的录音可知,烟道机在调试过程中确有质量问题,且在保质期内。郑州丙公司作为出卖方,其对烟道机的生产流程、生产工艺、应达到的质量标准、规格信息等具有知情优势,应对烟道机的质量承担法定的瑕疵担保义务。本案中,牛甲提供的证据已能够证明烟道机确有质量问题,故郑州丙公司应履行瑕疵担保义务。生效判决以牛甲验收后接收并付清尾款为由,认定涉案烟道机质量合格,对买受人在合理检验期限内全面检验后提出的质量瑕疵不予以认定,属适用法律确有错误。2016年8月,河南省人民检察院依法向河南省高级人民法院提出抗诉。

2019年3月20日,河南省高级人民法院作出(2018)豫民再118号民事判决,认定郑州丙公司提供的证据不足以证明其产品质量符合法律规定的要求,牛甲主张涉案设备存在质量问题,具有较强说服力,符合高度盖然性的证明标准,故郑州丙公司应承担举证上的不利责任。郑州丙公司作为涉案设备的生产者与出卖人,对涉案设备应承担法定的质量担保义务。牛甲在接收设备后,短期内即与郑州丙公司就质量问题进行沟通,并于后期以诉讼形式向郑州丙公司主张解除合同。本案由于涉案设备质量不符合要求,导致合同目的无法实现,涉案合同应予解除。判决:撤销原判;解除订货合同;郑州丙公司返还牛甲货款并赔偿经济损失,牛甲返还涉案设备。

案件要旨

买卖合同是社会经济生活中广泛使用的合同。在买卖合同法律关系中,出卖人的基本义务是按约定交付标的物,承担标的物的瑕疵担保责任。当事人在买卖合同中约定,买受人验收无异议提货。该验收应理解为买受人对标的物外观的验收。买受人在使用标的物的过程中发现隐蔽瑕疵并提供相应证据予以证明的,出卖人应承担标的物的质量瑕疵担保责任。

法律规定索引

·《民法典》规定及沿革·

《民法典》

第六百一十条 因标的物不符合质量要求，致使不能实现合同目的的，买受人可以拒绝接受标的物或者解除合同。买受人拒绝接受标的物或者解除合同的，标的物毁损、灭失的风险由出卖人承担。

第六百一十五条 出卖人应当按照约定的质量要求交付标的物。出卖人提供有关标的物质量说明的，交付的标的物应当符合该说明的质量要求。

第六百一十七条 出卖人交付的标的物不符合质量要求的，买受人可以依据本法第五百八十二条至第五百八十四条的规定请求承担违约责任。

第六百二十二条 当事人约定的检验期限过短，根据标的物的性质和交易习惯，买受人在检验期限内难以完成全面检验的，该期限仅视为买受人对标的物的外观瑕疵提出异议的期限。

约定的检验期限或者质量保证期短于法律、行政法规规定期限的，应当以法律、行政法规规定的期限为准。

新旧对比

《民法典》第610条源于《合同法》第148条，第615条源于《合同法》第153条，第617条源于《合同法》第155条，上述条文仅有部分文字修改，内容无变化。第622条是对2012年《最高人民法院关于审理买卖合同纠纷案件适用法律问题的解释》的吸收和转化。该司法解释第18条规定，"约定的检验期间过短，依照标的物的性质和交易习惯，买受人在检验期间内难以完成全面检验的，人民法院应当认定该期间为买受人对外观瑕疵提出异议的期间，并根据本解释第十七条第一款的规定确定买受人对隐蔽瑕疵提出异议的合理期间。约定的检验期间或者质量保证期间短于法律、行政法规规定的检验期间或者质量保证期间的，人民法院应当以法律、行政法规规定的检验期间或者质量保证期间为准"。《民法典》对该司法解释予以吸收和转化，并删除其中"根据本解释第十七条第一款的规定确定买受人对隐蔽瑕疵提出异议的合理期间"的规定。

法条精义

理论界对物的瑕疵担保责任的法律性质一直有激烈争论，主要有履行说和担保责任说。履行说认为，出卖人对买受人负有交付无瑕疵物的义务，出卖人就物的瑕疵承担债务不履行责任。担保责任说认为，出卖人并不负有给付无瑕疵物的义务；其依现状交付标的物，交付的物纵然具有瑕疵，出卖人仍属履行契约上的给付义务，并不构成给付义务部分不履行。出卖人承担的是一种附加的担保责任，目的是在买受人因物的瑕疵不能得到相对对价时，能有适当救济，以实现契约正义。[①] 依履行说认为，物的瑕疵担保责任实质上是不适当履行，属于违约责任的一种形态。担保责任说则认为物的瑕疵担保责任是一种独立的违约形态，属于法定责任。《民法典》第577条规定，当事人一方不履行合同义务或者履行合同义务不符合约定的，应当承担继续履行、采取补救措施或者赔偿损失等违约责任。第615条规定了出卖人应当按照约定的质量要求交付标的物。第617条则规定了出卖人交付的标的物不符合质量要求的，买受人可以要求其承担违约责任。因此，民法典中物的瑕疵担保责任是以违反合同义务为核心构建的，属于不适当履行范畴，即民法典已经将物的瑕疵担保责任纳入违约责任中。[②]

物的瑕疵担保责任与一般违约责任在救济方式、构成要件等方面又有差异，使其具有相对独立性。因此，对该制度的探讨，有助于指导司法实践。在国内学界，对于物的瑕疵的分类存在不同观点。司法实践一般将标的物质量瑕疵分为外观瑕疵和隐蔽瑕疵。外观瑕疵的检验相对容易，而隐蔽瑕疵的检验则需要借助于专业的知识和设备。[③]《民法典》第622条也是

[①] 王泽鉴：《民法学说与判例研究》，北京大学出版社2015年版，第1212页。
[②] 《民法典》关于物的瑕疵担保责任延续《合同法》的规定。韩世远教授认为，《合同法》第155条和第111条的规定已经将该责任违约责任化了。参见韩世远：《合同法总论》，法律出版社2004年版，第694页。
[③] 黄薇主编：《中华人民共和国民法典释义》（中），法律出版社2020年版，第1202页。

采用此分类方式。

在判断标的物质量瑕疵时,学理上有主观说和客观说。主观说认为,标的物不符合当事人约定的品质,导致价值减损或者灭失时,该标的物具有瑕疵。客观说认为,标的物不符合该类物客观特征和所应具有的通常性质,导致价值减损或者灭失时,该标的物具有瑕疵。[①]《德国民法典》第434条规定了物的瑕疵担保责任,该规定采用主观标准优先,兼取客观标准。《民法典》也是采用该模式。

·司法解释·

《最高人民法院关于审理买卖合同纠纷案件适用法律问题的解释》[②]

第十二条 人民法院具体认定民法典第六百二十一条第二款规定的"合理期限"时,应当综合当事人之间的交易性质、交易目的、交易方式、交易习惯、标的物的种类、数量、性质、安装和使用情况、瑕疵的性质、买受人应尽的合理注意义务、检验方法和难易程度、买受人或者检验人所处的具体环境、自身技能以及其他合理因素,依据诚实信用原则进行判断。

民法典第六百二十一条第二款规定的"二年"是最长的合理期限。该期限为不变期间,不适用诉讼时效中止、中断或者延长的规定。

第十三条 买受人在合理期限内提出异议,出卖人以买受人已经支付价款、确认欠款数额、使用标的物等为由,主张买受人放弃异议的,人民法院不予支持,但当事人另有约定的除外。

第十四条 民法典第六百二十一条规定的检验期限、合理期限、二年期限经过后,买受人主张标的物的数量或者质量不符合约定的,人民法院不予支持。

[①] 李永军:《合同法》(第二版),中国人民大学出版社2008年版,第331页。

[②] 2012年《最高人民法院关于审理买卖合同纠纷案件适用法律问题的解释》第18条被《民法典》第622条吸收转化,2020年新修订的《最高人民法院关于审理买卖合同纠纷案件适用法律问题的解释》删除该内容。在新司法解释第四部分"标的物检验"中用3个条款规定了"合理期间""买受人提出异议"等问题。

出卖人自愿承担违约责任后，又以上述期限经过为由翻悔的，人民法院不予支持。

域外立法通览

一、大陆法系

物的瑕疵担保责任起源于罗马的市政官救济制度。早期罗马法贯彻买者当心的原则，如果标的物存在瑕疵，买主无法获得救济。在公元前 2 世纪初，履行市场监督职能的市政官发布告示规定：在特定的奴隶和家畜买卖中，出卖人对标的物存在的瑕疵负有说明义务，否则买受人有权提起相应诉讼；这一举措有利于保护买受人的利益，成为物的瑕疵担保责任制度的雏形。[①] 起初，要式买卖的出卖人才需承担瑕疵担保。此后，出卖人对暗藏的瑕疵也负有担保的义务；买受人可以在必要时提起买物之诉；具体可分为减少价款的减价之诉和要求撤销契约的退货之诉。[②] 罗马法的上述制度对大陆法系的物的瑕疵担保责任的立法产生了重大影响。

大陆法系传统上同时采用"一般的履行障碍法"与"瑕疵担保责任"二元救济体系。如德国债法以给付义务为中心，规定履行障碍分为迟延履行和履行不能，没有规定不适当履行，因此，用瑕疵担保责任和积极侵害债权予以解决。[③] 德国民法典关于债务不履行情形仅规定了履行不能和迟延履行两种，并没有将不适当履行作为一种独立的违约形态；债务不适当履行责任主要通过瑕疵担保责任解决。德国学者史韬伯于 1902 年提出积极违约亦是违约的观点，此后在司法实践中形成包括积极违约在内的违约形

[①] ［德］迪·吕费尔特：《德国买卖法中的物之瑕疵担保》，载《中德经济法研究所年刊》1992 年版，第 80 页。最高人民法院民法典贯彻实施工作领导小组主编：《中华人民共和国民法典合同编理解与适用（二）》，人民法院出版社 2020 年版，第 954 页。

[②] ［意］彼德罗·彭梵得：《罗马法教科书》，黄风译，中国政法大学出版社 2005 年版，第 283—286 页。

[③] 李浩然：《美国和德国货物买卖品质担保比较研究》，东北财经大学 2006 年硕士学位论文。

态。[1]法国民法中违约责任分为不履行和迟延履行两种形式，不适当履行并未作为违约形态对待。法国民法典专门在买卖合同中规定了瑕疵担保。20世纪以来，法国司法实践并未像德国那样采用积极违约理论弥补瑕疵担保的不足，而是通过判例扩大了瑕疵担保的适用范围。

二、英美法系

英美法系实行单轨制的法律救济体系，采用统一的违约概念，从权利救济的角度出发，认为出卖人交付有瑕疵的物品，都纳入违约救济体系之中。英国法是在合同法的一般规则中发展出出卖人对履行的不符合性的责任。《英国1979年商品买卖法》没有针对履行不符合约定建立特别的救济体系。该法第53条第1款允许买受人在货物有瑕疵的场合主张违约请求权"以减少或者免除价款"。[2]《美国统一商法典》与英国模式较为接近，其救济体系总的来说也是基于一般合同法。[3] 1980年的《联合国国际货物销售合同公约》不承认独立的瑕疵担保请求权，从一般概念"合同不履行"（或"违约"）出发，将交付瑕疵物、权利瑕疵、错误交付及出卖人违反合同的其他义务统称为不履行。

实务指引

买卖合同是出卖人转移标的物的所有权于买受人，买受人支付价款的合同。民法典合同编第九章"买卖合同"规范的是以物为标的物的买卖。在买卖合同法律关系中，出卖人的基本义务是按约定交付标的物，买受人的基本义务是按约定支付价款并受领标的物。为进一步加强买卖合同物的瑕疵担保责任类案监督，现将该纠纷中常见的理论和实践问题进行梳理，供司法实务中参考。

---

[1] 王利明：《买卖合同中的瑕疵担保责任探讨》，载《王利明学术文集（合同编）》，北京大学出版社2020年版，第577—578页。

[2] 韩世远：《减价责任的逻辑构成》，载《清华法学》2008年第1期。

[3] 韩世远：《出卖人的物的瑕疵担保责任与我国合同法》，载《中国法学》2007年第3期。

一、出卖人承担物的瑕疵担保责任的构成要件

物的瑕疵担保责任是指在买卖合同中，出卖人负有给付与价金相当的标的物义务；若出卖人给付的标的物有瑕疵，应承担瑕疵担保责任。物的瑕疵担保责任具有四个构成要件：

（一）交付的标的物有瑕疵

根据《民法典》第 510 条、第 511 条第 1 项规定，标的物质量应符合约定要求。当事人对标的物的质量要求没有约定或者约定不明确的，可以采取协议补充。当事人达成补充协议的，实质上是成立一个补充合同，对标的物的质量进行约定。标的物质量以当事人的协议为依据，充分尊重当事人的意思表示，体现了契约自由的价值理念。当事人不能达成补充协议的，按照合同相关条款或者交易习惯确定。若依前述方法仍不能确定的，适用《民法典》第 511 条第 1 项予以确定。物的瑕疵担保责任的前提是交付的标的物有瑕疵，即出卖人交付的标的物不符合合同约定或法律规定。

（二）标的物瑕疵在标的物风险转移时存在

只要标的物在交付时存在质量瑕疵，出卖人才需承担责任。标的物需要运输的，出卖人按照约定将标的物运送至买受人指定地点并交付给承运人后，标的物毁损、灭失的风险由买受人承担。标的物毁损、灭失的风险由买受人承担的，不影响因出卖人履行义务不符合约定，买受人请求其承担违约责任的权利。如果标的物符合《民法典》第 610 条规定的情形，买受人拒绝接受标的物或者解除合同的，标的物毁损、灭失的风险由出卖人承担。

（三）买受人为善意且无重大过失

比较法上，多数国家通常规定，买受人在缔约时明知标的物存在瑕疵的，出卖人不承担瑕疵担保责任。如《德国民法典》第 442 条。我国原合同法没有规定，2012 年《最高人民法院关于审理买卖合同纠纷案件适用法律问题的解释》第 33 条予以了规定，即"买受人在缔约时知道或者应当知道标的物质量存在瑕疵，主张出卖人承担瑕疵担保责任的，人民法院不予支持，但买受人在缔约时不知道该瑕疵会导致标的物的基本效用显著降

低的除外"。民法典征求意见稿试图吸收该规定，征求意见时，有的部门和地方建议删除，理由是对一般消费者过于苛刻，最后未予规定。2020年《最高人民法院关于审理买卖合同纠纷案件适用法律问题的解释》第24条保留原司法解释的规定。从买受人与出卖人利益平衡角度出发，对"应当知道标的物质量存在瑕疵"作限缩解释，即应当限定为买受人因重大过失应当知道标的物质量存在瑕疵而不知道的情形。

（四）买受人须在异议期间内履行瑕疵的通知义务

根据《民法典》第621条规定，标的物质量不符合要求的，买受人有异议通知的义务。买受人提出异议期限有三类：(1) 约定的检验期限就是异议期限。从尊重当事人意思自治，维护契约自由的角度出发，当事人在合同中约定检验期限的，买受人应当在约定检验期限内将质量不符合约定的情形通知出卖人。买受人怠于通知的，视为质量符合约定。(2) 未约定检验期限的异议期限。当事人在合同中没有约定检验期限，买受人发现质量不符合约定的，应当在合理期限内通知。合理期限是指买受人对标的物进行正常检验以及通知出卖人所必需的时间。[①] 这个合理期限包括买受人对标的物进行检验需要的时间和买受人提出异议通知的时间两个期限。合理期限的确定应根据合同性质、标的物瑕疵是否隐蔽等情况综合确定。当事人未约定质量保证期的，买受人需自收到标的物之日起两年内通知出卖人，否则，视为标的物的质量符合约定。(3) 出卖人知道或者应当知道标的物质量不符合约定的异议期限。出卖人知道或者应当知道提供的标的物不符合约定的，买受人提出异议的期限不受限制，也就是说，买受人在任何时候都可以向出卖人主张物的瑕疵担保责任。

二、物的瑕疵担保责任的法律后果

在买卖合同中坚持民事权利、义务、责任有机统一的原则，才能保护交易安全、提高交易秩序、降低交易成本，维护社会主义市场经济秩序，因此，若出卖人出卖的标的物质量不符合要求时，根据民事权利、义务、

[①] 最高人民法院民法典贯彻实施工作领导小组主编：《中华人民共和国民法典合同编理解与适用（二）》，人民法院出版社2020年版，第983页。

责任有机统一原则的要求，出卖人应承担相应的责任。

（一）一般违约的法律后果

标的物不符合约定的，买受人可以要求出卖人承担违约责任。违约责任的确定，当事人在合同中有约定的，按照合同的约定确定。当事人在合同中没有约定的，买受人可以合理选择请求出卖人承担修理、重作、更换、退货、减少价款或者报酬等违约责任。同时，根据产品质量法的规定，销售产品有质量问题的，销售者应当负责修理、更换、退货；给购买产品的消费者造成损失的，销售者应当赔偿损失。因此，承担违约责任的形式可以是修理、重作、更换、退货，也可以是减少价款、报酬及赔偿损失。

根据《民法典》第618条规定，出卖人故意或者重大过失不告知标的物瑕疵的，不得减免违约责任。总体而言，该规定与《产品质量法》《消费者权益保护法》规定的产品质量责任、保护消费者合法权益的精神一脉相承。此外，在民法典背景下，确定违约责任应坚持体系思维，不仅要适用买卖合同的规定，还应适用合同编通则如第582条关于瑕疵履行的规定，乃至总则编中如第119条关于合同约束力的规定。

（二）根本违约的法律后果

根据《民法典》第610条规定，因标的物不符合质量要求，致使不能实现合同目的的，买受人可以拒绝接受标的物或者解除合同。出卖人违反质量瑕疵担保义务，致使不能实现合同目的的，构成根本违约。根本违约属于法定解除事由，买受人享有法定解除权，有权解除合同。理论界对"买受人可以拒绝接受标的物"的法律后果有两种不同观点：第一种观点认为，此处的拒绝接受标的物，既可以是买受人行使解除权的表现，也可以是买受人希望更换等符合质量要求的标的物的方式。第二种观点认为，此处的拒绝接受标的物，应从解除合同角度出发理解。笔者认为，该条规定的因标的物不符合质量要求，致使不能实现合同目的，应作第一种理解为妥。合同解除后，尚未履行的，终止履行；已经履行的，根据履行情况和合同性质，当事人可以请求恢复原状或者采取其他补救措施，并有权请求赔偿损失。本案中，郑州丙公司交付后的设备，经其技术人员现场调试仍无法使用，致使不能实现合同目的，因此，牛甲、牛乙在起诉时主张解除合同并赔偿损失，有法律依据。

三、与物的瑕疵担保责任相关的几种法律关系

（一）物的瑕疵担保责任与加害给付

加害给付是指因债务人交付的财产存在缺陷，致债权人不但遭受了履行利益损失，还遭受了履行利益以外的其他损害，即加害给付不仅使债权人未获得合格的产品，还损害债权人履行利益之外的人身权利或财产权利。[1] 德国称为"积极侵害债权"，我国台湾地区称为"不完全给付"。加害给付的法律后果涉及违约者责任和侵权责任并存。根据《民法典》第1202条、第1205条规定，如果因标的物存在缺陷，造成他人损害的，出卖人还应承担侵权责任，上述规定就属于加害交付。质量瑕疵担保责任属于违约责任，不涉及侵权责任。

（二）物的瑕疵担保责任与附随义务的违反

附随义务是指在合同履行过程中，当事人基于诚信原则应当负担的以保护他人之人身和财产利益为目的的通知、保密、保护等义务。[2] 物的瑕疵担保责任以违反主给付义务为前提，其法律后果除了出卖人需承担违约责任外，还有可能导致合同解除。附随义务是债务人除给付义务外尚应履行其他辅助行为的义务。因此，违反附随义务并不会导致合同解除。如果二者存在竞合，应优先适用物的瑕疵担保责任。因为附随义务来源于诚信原则，附随义务本身的附随性和补充性决定了违反附随义务责任适用的后序性。

（案例撰写人：陈美治）

专家点评

在买卖合同中，出卖人对物的瑕疵担保责任是重要的制度，它与权利

---

[1] 王利明：《违约责任十论》，载《王利明学术文集（合同编）》，北京大学出版社2020年版，第407页。

[2] 最高人民法院民法典贯彻实施工作领导小组主编：《中华人民共和国民法典合同编理解与适用（二）》，人民法院出版社2020年版，第954页。

瑕疵担保责任一起构成出卖人瑕疵担保责任的整体。就物的瑕疵担保责任与违约责任的关系，在立法例上存在不同的做法：一是并列模式。物的瑕疵担保责任独立于违约责任之外，两者并列。二是整合模式。物的瑕疵担保责任被整合到违约责任之中。我国属于整合模式，以合同义务违反作为核心来构建。认定物的瑕疵担保责任应当符合四个构成要件，即标的物在交付时存在物的瑕疵、买受人在异议期间内尽到了检验和通知义务、买受人在缔约时不知道且不应当知道标的物存在瑕疵、当事人没有通过约定减轻或免除出卖人的瑕疵担保责任。本案中，牛甲接收设备时，只是对烟道机进行了外观验收，是否存在质量问题须调试后才能确定。牛甲在接收设备后，短期内即与郑州丙公司就质量问题进行沟通，双方对烟道机的质量问题确有争议，但未对补救措施达成一致意见。对于标的物的内在质量瑕疵，买受人只能在使用过程中才能进行检验并发现可能存在的质量问题，不能以买受人外观验收并付清尾款为由，免除出卖人对物的瑕疵担保责任。

（点评人：赵旭东，中国政法大学教授、博士生导师）

第三部分
房屋买卖合同纠纷

房屋买卖合同纠纷类案综述

一、房屋买卖合同纠纷民事检察监督情况

在我国，房地产具有一定的金融属性，在国家着力稳定金融秩序、防范化解金融风险的大背景下，房地产泡沫又被称为威胁金融安全的最大"灰犀牛"。[①] 作为与房地产直接相关的房屋买卖合同纠纷，案件不仅关系到当事人的具体利益，也可能涉及银行业金融机构的资金安全。而且，房屋买卖合同的标的额通常较高，纠纷的争议较大，当事人通常会穷尽所有救济手段，以维护自身合法权利，因而出现大量案件向检察机关申请监督，以寻求检察机关对其权利进行救济。检察机关办理涉及房地产的民事检察监督案件时，要落实精准监督理念，注重把握国家防范化解金融风险的政策要求，发挥民事检察在国家治理体系框架中的积极作用，准确研判法院判决是否符合法律和国家大政方针政策，作出与国家金融政策和法律法规相适应的司法决定，避免因案件产生系统性金融风险。

近年来，房屋买卖合同纠纷案件数量和涉案标的额双双大幅上升，新类型案件、新问题不断涌现，检察机关对于房屋买卖合同纠纷的民事检察监督工作也面临着新的挑战。2019年至2022年，检察院受理房屋买卖合同纠纷民事检察监督案件数量在每年度合同纠纷案件中保持在前五位，其中，全国各级检察机关2019年受理房屋买卖合同纠纷民事检察监督案件4693件，2020年受理3693件，2021年受理4916件，2022年受理3768件。近四年房屋买卖合同纠纷民事检察监督具体情况如下：

[①] 郭树清：《坚定不移打好防范化解金融风险攻坚战》，载《中国银行保险报》2020年8月17日，第1版。

全国各级检察机关房屋买卖合同纠纷民事检察监督情况统计

类型	2019年 案件数（件）	2019年 占该年度受理案件百分比（%）	2020年 案件数（件）	2020年 占该年度受理案件百分比（%）	2021年 案件数（件）	2021年 占该年度受理案件百分比（%）	2022年 案件数（件）	2022年 占该年度受理案件百分比（%）
受理	4693	6.10	3693	5.10	4916	6.00	3768	5.40
提出再审检察建议	291	6.20	321	8.69	381	7.75	391	10.38
提请抗诉	712	15.17	275	7.45	387	7.87	266	7.06
提出抗诉	214	4.56	225	6.09	550	11.19	219	5.81
终结审查	345	7.35	368	9.96	554	11.27	372	9.87
不支持监督申请	2414	51.44	2695	72.98	2972	60.46	2752	73.04

二、房屋买卖合同纠纷民事检察监督特点

房屋买卖合同纠纷案件标的额通常较高，案件双方当事人争议较大，不仅涉及当事人的财产权，还与国家的房地产政策息息相关。检察机关办理的房屋买卖合同纠纷民事检察监督案件也有着鲜明的特点：

一是房屋买卖合同纠纷法院判决自由裁量权较大，生效判决、裁定经常会出现"同案不同判"现象。由于社会生活的复杂性、个案的特殊性及立法的滞后性，房屋买卖合同纠纷错综复杂，审判人员在处理司法案件时存在较大的裁量空间，"同案不同判"的现象时有发生，严重影响了司法公信力。检察机关在办理民事监督案件时，发现审判人员行使自由裁量权失当的，应当通过抗诉、检察建议等形式提出明确意见，监督审判人员"依法、合理、公正、审慎"行使自由裁量权，防止自由裁量权的滥用。同时，对于类案反映的普遍问题，可通过类案检察建议、联合座谈调研方式督促人民法院纠正错误、规范司法行为，推动类案裁判规则的明确，促进司法标准的统一。

二是房屋买卖合同纠纷案件房地产领域涉及公共利益，并受国家政策调控影响。检察机关在处理房屋买卖合同纠纷时，应聚焦社会公共利益，保障国家有关房地产金融政策的实施。近年来，部分城市房价快速上涨，泡沫化及金融化现象不断加剧，对整个金融市场的稳定造成一定风险。对

此，中央连续制定出台了多项调控政策，保障好群众住房需求，坚持房子是用来住的、不是用来炒的定位，稳地价、稳房价、稳预期。目前，我国商品房交易市场规模仍在不断扩大，房价的波动客观上为出卖人寻求经济利益最大化提供了选择空间。检察机关在处理该类案件纠纷时，应与国家房地产市场政策保持一致，以司法手段推进诚信缺失突出问题的治理，强化对不诚信行为的否定性评价，合理平衡各方当事人利益，服务房地产行业稳定发展的大局。

三是当事人对房屋买卖合同纠纷案件的基本事实经常存在较大争议，进而导致对判决结果的认可度较低。当事人对案件基本事实存在较大争议的，检察机关可以开展调查核实。基本事实对裁判有实质的直接影响，是裁判正确的充分条件。在裁判认定案件基本事实存在争议的情况下，检察机关应当调取审判卷宗，通过阅卷逐一核实证据的真实性、合法性和关联性，从而判断裁判事实认定、证据采信是否存在错误。对于属于案件基本事实及与案件基本事实直接关联，但人民法院未予认定或者错误认定的事实，可能影响到当事人权利义务和责任承担的，应依法行使调查核实权。

三、房屋买卖合同纠纷典型案件归纳

综观房屋买卖合同纠纷民事检察监督案件，存在一些普遍性的问题，对这些问题进行深刻分析、透彻研究，将有助于提升民事检察人员办理此类案件的履职能力和业务水平。本书第三部分共梳理了与房屋买卖合同司法实践密切相关、出现频次较高、具有代表性与典型性的5个问题，并通过汇总相关法律法规、立法解释、司法解释，梳理国内主要学术观点与理论，进行域外法比较研究，有针对性地评述案件争议焦点，以指引民事检察实践，提高民事检察案件办理质效。

一是房屋买卖合同中合同解除的条件与法律后果问题。《民法典》第563条第1款规定了四种法定解除情形，即不可抗力、拒绝给付、给付不能和不良给付。房屋买卖合同当中，交付符合约定条件的房屋并协助买受人办理房屋产权证书，是房屋出卖人的主要合同义务。《最高人民法院关于审理商品房买卖合同纠纷案件适用法律若干问题的解释》第15条规定，商品房买卖合同约定或者《城市房地产开发经营管理条例》第32条规定的

办理不动产登记的期限届满后超过一年，由于出卖人的原因，导致买受人无法办理不动产登记，买受人请求解除合同和赔偿损失的，应予支持。因此，出卖人无法履行合同主要义务，致使买受人无法实现合同目的的，买受人享有合同解除权。

二是房屋实际所有人与房屋登记名义人不一致，应当如何认定房屋的物权归属的问题。在房屋买卖合同中，存在因当事人借名买房、合伙买房或者为了规避房屋限购政策等原因，导致房屋实际所有人与房屋登记名义人不一致，应当如何认定房屋的物权归属问题。对此，应正确处理不动产登记与物权确认或基础法律关系的冲突。一般认为，不动产登记在不动产物权归属和内容认定上具有权利推定的法律效力。但作为一种法律拟制事实，登记表彰的物权归属状态并不总与真实权利状态相一致，特别是在处理物权人之间的内部争议时，并不能根据登记情况当然地得出结论，仍应取决于当事人之间的民事基础法律关系。房屋的实际所有权人要证明房屋为其所有，应当承担推翻不动产登记簿记载的举证责任。通常情况下，借名人与出名人之间存在房屋代持协议。如双方不存在房屋代持协议，则借名人不仅要证明购买房屋的钱由其出资，还应证明该部分出资并非借款或赠与。

三是房屋买卖合同纠纷中善意取得的认定问题。《民法典》第311条规定，无处分权人将不动产或者动产转让给受让人的，所有权人有权追回，但符合善意取得构成要件的除外。对于不动产的善意取得而言，"无权处分"不仅包括无所有权，也包括无处分权，特别是在登记错误的情况下，如果登记簿上错误记载的权利人进行处分行为，也构成无权处分。基于公平原则的考虑，善意取得应以有偿取得为前提。受让人在取得财产时，必须支付合理的对价。同时，房屋的买卖只有在受让人与转让人办理登记时，才能适用善意取得制度。

四是"一房数卖"案件中不同买受人的权利保护顺位问题。对于房屋多重买卖中买受人取得房屋权利顺位的确定，应以所涉多份房屋买卖合同均为有效为前提。如合同无效，则买受人就不能取得房屋所有权。在合同有效的前提下，不同买受人的权利保护顺位，通常要根据房屋是否因登记而发生权属转移、房屋是否已实际占有使用、房屋价款是否已支付、房屋价款付款先后顺序、付款数额多寡、合同成立先后时间、后买受人的主观是否属于善意等多重因素进行考量。在具体判断过程中，应当本着民法典中公平、诚实信用、公序良俗等原则，结合民事生活实际，进行利益衡量，作出合理判断。

五是买受人已支付大部分购房款且实际占有使用房屋的，其依照合同约定向出让方提出房屋产权变更登记的请求是否受诉讼时效限制的问题。对于该问题，司法实务中是存在争议的：第一种意见认为，该请求权系债权请求权，当然应适用消灭时效，因此对于已经交付买受人的房屋，如果买受人请求出卖人办理变更登记，而出卖人以时效经过为由拒绝办理，法院应支持出卖人。第二种意见认为，虽然该请求权系债权请求权，但基于特定理由而不适用诉讼时效。2016年最高人民法院出台的《第八次全国法院民事商事审判工作会议（民事部分）纪要》采纳了第二种意见，根据该纪要第24条规定，已经合法占有转让标的物的受让人请求转让人办理物权变更登记，对方当事人以超过诉讼时效期间抗辩的，法院不予支持。与司法解释不同，最高人民法院的纪要类规范性文件虽然不能被裁判文书作为法律依据直接引用，但能够作为法院裁判说理的依据，而且对各级法院民事审判活动具有实质上的约束力。因此，鉴于民法典对合法占有房屋买受人请求办理过户登记是否受诉讼时效的限制问题未有明确规定，实务中应以《第八次全国法院民事商事审判工作会议（民事部分）纪要》第24条作为办理此类案件的重要参考依据。

（撰写人：李大扬）

001 由于出卖人原因无法办理房屋产权证书是否符合合同法定解除条件

刘某某与甲公司房屋买卖合同纠纷抗诉案[*]

案情简介

一、基本事实

2011年9月21日,甲公司以出让方式取得卫辉市健康路东段南侧605号国有土地使用权,面积12008.20平方米,用于建设豫商时代广场项目,并取得了建设用地规划许可证、建设工程规划许可证、建筑工程施工许可证,于2013年4月25日取得商品房预(销)售许可证。其中5#楼于2014年12月竣工验收合格。2014年底,刘某某购买甲公司开发的豫商时代广场5#楼1层1029、1030号商业商品房屋,建筑面积99.73平方米,单价每平方米2.2万元,总价款219.4060万元,双方未签订书面商品房买卖合同。2014年底至2015年2月8日,刘某某向甲公司陆续支付购房款70.4060万元,甲公司出具收据。双方签订的计价单载明了案涉房屋的坐落位置、建筑面积、单价、总价;付款方式为分期付款,即首付504060元,剩余房款从2014年11月13日起至交房之前止,分两期付清,一期50万元,从2014年11月13日起2014年12月30日止,二期119万元,从2014年12月30日起,交房之前止。甲公司未加盖公司印章,由顾问曹某某和刘某某分别在计价单上签名。计价单下方注明:"上述计算如有误,以正式商品房买卖合同为准。"后刘某某提出延期付款,并在延期申请上载明,剩余房款149万元于2015年5月30日之前全部付清,如超过2015年5月30日,延期付款按日计算,每日扣除3‰

---

[*] 本案承办人:河南省人民检察院冯海宽、武晓新。

作为违约金。支付部分房款后，刘某某要求甲公司签订书面商品房买卖合同，甲公司称交齐房款后才能签订，双方一直未签订书面商品房买卖合同。案涉商品房因拆迁安置问题，容积率不符合法律规定，影响房屋产权证书办理。刘某某因所购商品房不能办理房屋产权证书，未支付剩余房款149万元。甲公司未向刘某某交付房屋。

二、诉讼过程

2018年7月，刘某某将甲公司诉至卫辉市人民法院，请求判令解除房屋买卖合同关系，甲公司退还刘某某已支付的购房款704060元，并赔偿因延期交付商品房给其造成的损失。

甲公司提出反诉，请求判令刘某某向其支付剩余房款149万元，并支付逾期付款违约金。卫辉市人民法院于2019年2月21日作出（2018）豫0781民初2149号民事判决，认为刘某某主张其所购楼房超容积率建设、系违法建筑、不能办理房屋产权证书等证据不足，不予采信，刘某某要求解除合同，没有法律依据，不予支持。刘某某未按约定期限支付购房款，构成违约，判决刘某某支付剩余房款及违约金。

刘某某不服一审判决，向新乡市中级人民法院提起上诉，新乡市中级人民法院驳回上诉，维持原判。

刘某某不服二审判决，向河南省高级人民法院申请再审，河南省高级人民法院裁定驳回再审申请。刘某某向检察机关申请监督。

三、检察监督

新乡市人民检察院受理后，向河南省人民检察院提请抗诉。河南省人民检察院于2020年11月作出民事抗诉书，向河南省高级人民法院提出抗诉。抗诉理由：

1. 原审法院对涉案房屋是否能够办理房屋产权证书举证责任分配不当。协助办理房屋产权证书系商品房出售方的合同义务，买受人刘某某主张涉案房屋无法办理房屋产权证书，甲公司作为出售方，应对涉案房屋能否办理产权证书负举证责任，并承担举证不能的不利后果。甲公司虽提交了相关许可证，但未能举证证明包含涉案房屋在内的豫商时代广场5#楼在合理期限内能否办理房产证，甲公司应承担举证不能的不利后果。故原审法院认定刘某某对无法办理房屋产权证书应承担举证责任，显属不当。

2.原审法院认定刘某某解除合同无法律依据不当。《合同法》第94条规定："有下列情形之一的，当事人可以解除合同：……（四）当事人一方迟延履行债务或者其他违约行为致使不能实现合同目的……"房屋产权证书是房屋所有权的权属证明，直接关系所有权的行使，故协助办理房屋产权证书是房屋出售方的主要合同义务。甲公司作为出售方仅与刘某某达成房屋买卖口头合同，且没有证据证明涉案房屋可在合理时间内办理房屋产权证书，无法履行涉案房屋买卖合同的主要义务，买受人亦无法实现合同目的。根据上述法律规定，刘某某有权解除合同。故原审法院认定刘某某解除合同无法律依据，判决刘某某继续履行商品房买卖合同属适用法律错误，判决不当。

河南省高级人民法院于2021年3月作出再审判决，认为检察机关抗诉理由成立，刘某某有权解除合同。改判解除甲公司和刘某某之间的豫商时代广场计价单和延期申请，甲公司退还刘某某已付购房款704060元。

案件要旨

房屋产权证书是房屋所有权的权属证明，直接关涉所有权的行使和商品房买卖合同目的的实现。商品房买卖合同纠纷中，由于出卖人原因，未能在合理时间内协助办理房屋产权证书的，符合《民法典》规定的合同法定解除条件。买受人以"当事人一方迟延履行债务或者其他违约行为致使不能实行合同目的"为由解除合同的，应当予以支持。

法律规定索引

·《民法典》规定及沿革·

《民法典》

第五百六十三条　有下列情形之一的，当事人可以解除合同：

（一）因不可抗力致使不能实现合同目的；

（二）在履行期限届满前，当事人一方明确表示或者以自己的行为表明不履行主要债务；

（三）当事人一方迟延履行主要债务，经催告后在合理期限内仍未履行；

（四）当事人一方迟延履行债务或者有其他违约行为致使不能实现合同目的；

（五）法律规定的其他情形。

以持续履行的债务为内容的不定期合同，当事人可以随时解除合同，但是应当在合理期限之前通知对方。

第五百六十四条 法律规定或者当事人约定解除权行使期限，期限届满当事人不行使的，该权利消灭。

法律没有规定或者当事人没有约定解除权行使期限，自解除权人知道或者应当知道解除事由之日起一年内不行使，或者经对方催告后在合理期限内不行使的，该权利消灭。

第五百六十五条 当事人一方依法主张解除合同的，应当通知对方，合同自通知到达对方时解除；通知载明债务人在一定期限内不履行债务则合同自动解除，债务人在该期限内未履行债务的，合同自通知载明的期限届满时解除。对方对解除合同有异议的，任何一方当事人均可以请求人民法院或者仲裁机构确认解除行为的效力。

当事人一方未通知对方，直接以提起诉讼或者申请仲裁的方式依法主张解除合同，人民法院或者仲裁机构确认该主张的，合同自起诉状副本或者仲裁申请书副本送达对方时解除。

第五百六十六条 合同解除后，尚未履行的，终止履行；已经履行的，根据履行情况和合同性质，当事人可以请求恢复原状或者采取其他补救措施，并有权请求赔偿损失。

合同因违约解除的，解除权人可以请求违约方承担违约责任，但是当事人另有约定的除外。

主合同解除后，担保人对债务人应当承担的民事责任仍应当承担担保责任，但是担保合同另有约定的除外。

新旧对比

《民法典》第 563 条至第 566 条规定了合同法定解除事由、解除权行使期限、合同解除程序及合同解除的效力，与原《合同法》第 94 条至第 97 条的相关规定相比，一是法定解除条件增加了"以持续履行的债务为内容的不定期合同，当事人可以随时解除合同，但是应当在合理期限之前通知对方"的内容，即对于不定期继续性合同，双方当事人在合理期限之前通知对方后均具有随时解除权。二是对解除权行使期限进行分层次量化规定。原《合同法》对法律无规定和当事人未约定期限情形下的解除权行使期限，仅规定"经对方催告后在合理期限内不行使的，该权利消灭"。《民法典》第 564 条规定了一年的除斥期间，明确了解除权的行使期限为一年。三是在合同解除程序方面，《民法典》第 565 条较原《合同法》第 96 条规定，一方面增加了"通知载明债务人在一定期限内不履行债务则合同自动解除，债务人在该期限内未履行债务的，合同自通知载明的期限届满时解除"。该内容系对解除权行使"附条件和期限"的特殊规定，即债务人不履行债务，以通知载明的时间，作为行使解除权法律行为生效的条件和期限。另一方面明确了起诉状和仲裁申请书副本的送达可以作为行使解除权的方式。

2003 年《最高人民法院关于审理商品房买卖合同纠纷案件适用法律若干问题的解释》第 18 条规定："由于出卖人的原因，买受人在下列期限届满未能取得房屋权属证书的，除当事人有特殊约定外，出卖人应当承担违约责任：（一）商品房买卖合同约定的办理房屋所有权登记的期限；（二）商品房买卖合同的标的物为尚未建成房屋的，自房屋交付使用之日起 90 日；（三）商品房买卖合同的标的物为已竣工房屋的，自合同订立之日起 90 日。合同没有约定违约金或者损失数额难以确定的，可以按照已付购房款总额，参照中国人民银行规定的金融机构计收逾期贷款利息的标准计算。"该解释并未将"由于出卖人的原因，买受人在合理期限届满未能取得房屋权属证书的情况"列为可以解除合同的事由。2020 年 12 月修正的《最高人民法院关于审理商品房买卖合同纠纷案件适用法律若干问题的解释》增加了第 15 条"商品房买卖合同约定或者《城市房地产开发经营管理条例》第三十二条规定的办理不动产登记的期限届满后超过一年，由于出卖人的原因，导致买受人无法办理不动产登记，买受人请求解除合同和赔偿损失的，应予支持"的规定，新修正的司法解释明确了由于出卖人的原因，导致买受人无法办理不动产登记的情况下，期限届满后超过一年的，买受人可以请求解除合同和赔偿损失。

▎**法条精义**

《民法典》第563条规定的是合同的法定解除事由。法定解除是指合同具有法律约束力后，当事人在法律规定的解除事由出现时，行使解除权而使合同权利义务关系终止。其中第1款第4项中的"迟延履行债务致使不能实现合同目的"，是指履行期限对于债权的实现至关重要，超过了合同约定的期限履行合同，则不需要经过催告，而可以直接解除合同。通常，可以认为构成根本违约的迟延履行有以下情况：一是当事人在合同中明确约定超过期限履行合同，债权人将不接受履行，而债务人履行迟延。二是履行期限构成合同的必要因素，超过期限履行将严重影响订立合同所期望的经济利益。三是继续履行不能得到合同利益。"致使不能实现合同目的的其他违约行为"主要指违反的义务对合同目的的实现十分重要，如果一方不履行这种义务，将剥夺另一方当事人根据合同有权期待的利益。该种违约行为主要包括：（1）不能履行主要债务；（2）拒绝履行；（3）履行质量与约定严重不符，无法通过修理、替换、降价的方法予以补救，致使不能实现合同目的；（4）履行主要债务之外的其他合同义务不适当，致使不能实现合同目的。

· **司法解释** ·

《最高人民法院关于审理商品房买卖合同纠纷案件适用法律若干问题的解释》

第十四条 由于出卖人的原因，买受人在下列期限届满未能取得不动产权属证书的，除当事人有特殊约定外，出卖人应当承担违约责任：

（一）商品房买卖合同约定的办理不动产登记的期限；

（二）商品房买卖合同的标的物为尚未建成房屋的，自房屋交付使用之日起90日；

（三）商品房买卖合同的标的物为已竣工房屋的，自合同订立之日起90日。

合同没有约定违约金或者损失数额难以确定的，可以按照已付购房款总额，参照中国人民银行规定的金融机构计收逾期贷款利息的标准计算。

第十五条 商品房买卖合同约定或者《城市房地产开发经营管理条例》第三十二条规定的办理不动产登记的期限届满后超过一年，由于出卖人的原因，导致买受人无法办理不动产登记，买受人请求解除合同和赔偿损失的，应予支持。

域外立法通览

一、德国有关合同解除权的立法规定

德国合同解除制度的最大亮点在于主张合同解除与合同终止在法律上属于两种不同的概念。德国民法典详细对合同解除与合同终止进行了理论上的区分，有效解决了二者在法律适用上的冲突。合同解除的原因之一有给付障碍，给付障碍包括履行不能和履行迟延。履行不能是指债务人出于某种原因，事实上已不可能履行债务。迟延履行是指债务人在合理期限内没有履行主要债务或是经债权人催告后仍不履行的。《德国新债法》第375条涵盖了除一时给付不能外的一切给付不能的情形，包括法律不能和自然不能、事实上履行不能、具有高度人身属性债务的履行不能，后两者又被称为"拒绝给付"。合同一方迟延履行主要债务，经另一方催告后在合同期限内仍不履行的，当事人可以解除合同。

二、英国有关合同解除权的立法规定

在英美法系国家中，只有"实质性地违反合同"时，才会导致合同的解除。英国法律中的合同条款分为两类：一类是根本性条款；另一类是次要条款，也就是附属性条款。违反根本性条款，无论其性质是否重要，是否造成损失，当事人可以依据自己的权利合法地解除合同，而在违反附属性条款的情况下，当事人只能请求损害赔偿却无权解除合同，并且不免除继续履行的义务。传统的英国法律关于合同解除的规定相对机械，已经不

能满足日益变化的实践需要，解除权的界定标准也由一板一眼的条款主义向效果主义转变，即"中间条款"，非违约方在对方违约时未必有权免除自己的履行义务，解除合同的判断标准以违约后果是否严重为基础，违约的性质及效果也起着重要作用，但还需要考虑其他因素，如合同双方的义务是否完整、履行是否独立等。

三、美国有关合同解除权的立法规定

根本违约的概念并没有出现在美国的立法中，现行美国法中采用的是重大违约或根本性不履行的概念作为合同解除的条件。解除权人在一方当事人对合同构成重大违约，致使合同目的不能实现时可以解除合同，如果违约情况并不严重，则不能因此解除合同。因当事人一方违约而造成合同解除的情况下，以后果是否严重为合同解除的判断标准。重大违约是解除合同的前提条件，虽不是必要条件，但也不可或缺。重大违约是指合同当事人以违反法律规定或是双方的约定，不履行合同义务致使合同目的难以实现。但在美国法院的判例中，在一方构成重大违约时，很多情况下并不允许受害方解除合同，而是给违约方一次补救的机会，法官从切实平衡双方之间的利益，使双方的利益损失降低到最小的角度出发，酌情考虑违约方补救的期限。

实务指引

民法典对于合同法定解除权及解除权行使的规则作出了重要的制度变革。合同法定解除权包括三个层次，依次为合同编通则第七章的一般法定解除权，通则中的不安抗辩、情事变更和履行不能引发的法定解除权，以及典型合同中特别规定的解除权。上述法定解除权规则构成一个协调的体系。同时，民法典对解除权行使的期限、程序及合同解除后的法律后果等进行了完善。检察机关在办理涉及合同解除的民事监督案件中，应准确理解和把握合同解除的相关规定，正确适用法律。

一、合同解除的情形

合同解除是指在合同履行过程中，基于特定情形的出现，法律规定或

者双方当事人约定可以终结该合同的权利。根据合同解除条件以及发生原因的不同，可以将合同解除分为三类：(1)法定解除，即当事人基于法律的规定行使合同解除权致使合同发生解除效果。关于法定解除，《民法典》第563条作了明确规定。(2)约定解除，即当事人在订立合同中约定合同解除的条件，当该条件成就时，被赋予解除权的一方或者双方就可以行使解除权，使合同发生解除的效果。(3)协议解除，即合同的解除既非基于法律的规定，也不是合同双方当事人在合同中明确约定的，而是在合同履行过程中双方当事人经过协商一致后决定终结合同的效力。

二、合同解除权的行使条件及程序

《民法典》第563条规定了合同法定解除事由，但是在符合法定解除的条件下，当事人如何行使解除权以及当事人双方是否均有解除的权利，在司法实践中仍存在一定争议。

解除权产生之后，并不导致合同自动解除，为了防止一方当事人因不确定对方已行使合同解除权而仍未履行的行为，避免债权人的消极反应使债务人误解债权人会接受其履行，从而对己方给付作出必要的安排以避免遭受损害，解除权人必须行使解除权才能使合同解除。具体到《民法典》第563条规定的法定解除，目前，司法实践中基本上形成一致认识，即符合第一项"因不可抗力致使不能实现合同目的"解除条件的，当事人双方均有解除权，而符合第二项预期违约、第三项迟延履行和第四项根本违约法定解除事由的，原则上只能由守约方享有解除权，违约方不享有单方解除权。

根据《民法典》第565条的规定，当事人根据约定解除权和法定解除权主张解除合同的，应当通知对方，且通知一方必须享有解除权。如果一方当事人向对方当事人发出了解除通知，对方对解除通知有异议，认为解除通知的发出人不享有解除权的，为防止随意解除合同导致对方利益受损，避免进一步争议的发生，可以请求人民法院或仲裁机构确认解除合同的效力。在一方当事人向对方当事人发出解除通知之后，对方对解除表示了异议，认为解除通知的发出人不享有解除权，但对方不向人民法院或者仲裁机构确认解除合同效力的，此时，为了使当事人之间的法律关系确定，解除通知的发出人也可以在收到对方的异议后，请求人民法院或者仲裁机构确认解除行为的效力。该条规定较之前《合同法》第 96 条第 1 款规定得更为明确合理。《合同法》第 96 条第 1 款"当事人一方依照本法第九十三条第二款、第九十四条的规定主张解除合同的，应当通知对方。合同自通知到达对方时解除。对方有异议，可以请求人民法院或者仲裁机构确认解除合同的效力"的规定，并未对发出通知形式作出明确要求，但对受领通知的一方异议方式却作出严格的规定，那就只能通过诉讼或者仲裁的方式提出异议。相比之下，发出解除通知成本很小，而以诉讼或者仲裁的方式提出异议，需要投入相对高昂的人力、物力、财力。为弥补此种权利义务的不均衡、不对等，有必要对发出通知一方是否享有合同解除权这种实体权利进行审查。否则，如果不享有合同解除权的一方甚至违约方发出解除通知，也要求受通知一方以诉讼或者仲裁方式提出异议，极易造成遵守合同的一方利益受损。[1] 民法典对合同解除程序进行了更合理的优化。首先，双方都有请求人民法院或者仲裁机构确认解除行为效力的权利。其次，对方提出异议不以"请求人民法院或者仲裁机构确认解除行为的效力"为唯一途径，而可以更便捷地提出。这有助于对方提出异议方式的简便，同时也有利于双方的相互制约，以尽快确定双方之间的法律关系。

三、合同解除权的行使在本案中的应用

本案是商品房买卖合同纠纷，争议焦点是买受人刘某某是否有权解除合同。

首先，检察机关通过正确理解和适用举证责任分配规则，认定甲公司未在合理期限内办理房屋产权证书的事实。举证责任也称证明责任，是指证明主体依据法定职权或举证负担在诉讼证明上所应承担的相应责任。具体到民事诉讼中，是指应当由当事人对其主张的事实提供证据并予以证明，若诉讼终结时根据全案证据仍不能判明当事人主张的事实真伪，则由

---

[1] 崔建远：《论外观主义的运用边界》，载《清华法学》2019 年第 5 期。

该当事人承担不利的诉讼后果。[1]因此，举证责任分配不当直接关系判决结果。本案原审法院将涉案房屋能否办理产权证书的举证责任错误分配给买受人刘某某，认为"对刘某某称所购商铺因违反规划规定，擅自提高原批准容积率，造成整个项目楼盘无法竣工验收备案，导致无法办理产权证书的主张，因缺乏证据证明，刘某某应承担举证不能的不利后果"，直接导致刘某某解除合同的请求未被支持。检察机关在审查该案中认为，协助办理房屋产权证书系商品房出售方的合同义务，买受人刘某某主张涉案房屋无法办理房屋产权证书，甲公司作为出售方，对涉案房屋能否办理产权证书应负举证责任，并承担举证不能的不利后果。本案中，甲公司虽提交了相关许可证，但未能举证证明包含涉案房屋在内的豫商时代广场5#楼在合理期限内能够办理房产证，甲公司应承担举证不能的不利后果。原审法院错误认定刘某某对无法办理房屋产权证书应承担举证不能的不利后果，导致作出刘某某继续履行合同的不当判决。

其次，检察机关从论证甲公司构成根本违约，认定刘某某享有合同解除权。本案系房屋买卖合同纠纷，交付符合约定条件的房屋及协助买受人办理房屋产权证书是房屋出卖人的主要合同义务。双方虽然未约定房屋交付时间及条件，但甲公司作为出卖人未能证明案涉房屋可在合理时间内办理房屋产权证书，无法履行合同主要义务，买受人刘某某无法实现合同目的。根据原《合同法》第94条规定："有下列情形之一的，当事人可以解除合同；……（四）当事人一方迟延履行债务或者有其他违约行为致使不能实现合同目的……"刘某某有权解除合同。再审法院采纳抗诉意见，判决解除合同。

（案例撰写人：冯海宽　武晓新）

专家点评

本案的价值在于如何准确理解合同的法定解除权。为了保护交易安全和维护正常市场经济秩序，合同当事人应当在尊重意思自治的基础上，严

---

[1] 张永泉：《民事诉讼证据原理研究》，厦门大学出版社2005年版，第160页。

格履行已经按照约定而确定的合同义务,行使合同权利,不得随意变更或解除合同。《民法典》第563条对当事人所享有的合同解除权的规定具有一定的不确定性。特别是第563条第1款第4项中提到的"其他违约行为"。本案的关键点之一就在于因甲公司原因而无法办理产权证是否属于有其他违约行为致使不能实现合同目的。一般而言,其他违约行为应当是合同当事人违背主给付义务,从而阻碍了合同目的的实现,前后应当具有相当因果关系。这就需要结合案件实际情况予以综合判断。本案的关键点之二在于正确理解和适用举证责任分配规则。精准梳理并有效解决好这两个关键点,成为实施精准监督的关键因素。

(点评人:孙晋,武汉大学教授、博士生导师)

002 房屋名义登记人和实际所有人不一致时如何准确认定物权变动

陶某某、帅某某房屋共有权确认纠纷裁判结果监督案[*]

案情简介

一、基本事实

2006年，重庆市黔江区农村信用合作联社某信用社（以下简称某信用社）发布公告，欲整体出售债务人尹某某、易某某的房产。12月4日，陶某某到某信用社以黄某某的名义交纳定金10万元。12月25日，陶某某向姚某甲的兄弟姚某乙交付2万元，姚某乙给陶某某出具的收条载明："今收到陶某某交来购房款贰万元整，收款人黄某某，姚某乙代收。"2007年1月1日，黄某某与尹某某、易某某、黔江区农村信用合作联社签订房屋转让协议，由信用社将坐落于黔江区石会镇关后社区五组一幢三楼一底8间、建筑面积为1448.12平方米的砖混结构房屋以78万元价款转让给黄某某。从签订转让协议当日起，陶某某将其中两间门面及其之上的二、三楼住房，黄某某将六间门面及之上的住房，分别进行出租，用电、闭路电视双方各自独立开户，分别缴费。

2007年6月15日，黄某某向某信用社交房款40万元。12月26日，国土房管部门将房屋登记在黄某某、姚某甲名下，并颁发了房屋产权证书，陶某某对此不知情。2009年8月20日，双方进行了账务结算，结算清单载明：陶某某收取黄某某六间门面及其以上住房的房屋租金与陶某某为黄某某、姚某甲办理事务所支付的费用相抵后，陶某某为黄某某、姚某甲多支付的19913.50元，加上陶某某交付的房屋定金10万元、姚某乙收

---

[*] 本案承办人：重庆市人民检察院朱振喜；重庆市人民检察院第四分院侯俊霞。

取的2万元和陶某某补现金86.50元，经结算后，黄某某于当日向陶某某出具收条一张："今收到陶某某购房定金壹拾肆万元整（包括原付信用社定金拾万元）。"双方此次结算没有将陶某某出租的两间门面及两间门面上的二、三楼的住房租金纳入结算范围。

二、诉讼过程

2010年10月22日，黄某某、姚某甲以房屋所有人身份起诉陶某某、帅某某，要求返还所占房屋，法院一审、二审均支持了黄某某、姚某甲的诉讼请求，判决陶某某、帅某某返还占有的房屋。陶某某、帅某某遂于2012年7月30日向黔江区人民法院提起本案共有权确认之诉。

黔江区人民法院于2013年3月27日作出一审民事判决。该院一审认为，虽然陶某某、帅某某提供了黄某某给其的购房款收条和其他一些间接证据以证明双方系合伙购房。但是，争议房屋颁证时间是2007年12月26日，购房款收条内容为"今收到陶某某购房定金壹拾肆万元整"，形成时间是2009年8月20日，只能说明双方自2009年8月20日以后具有买卖房屋意向。双方的买卖房屋意向因黄某某于2010年10月22日诉请陶某某、帅某某返还原物而未能最终形成购房合意，因此，该证据并不能直接证明原告是争议房屋的共有权人。加之，陶某某提供的其他一些租房协议、证人证言等属间接证据，其证明力明显弱于双方均认可的房屋产权证书。本案中，黄某某、姚某甲作为房屋所有权人已经登记领取了争议房屋的房地产权证。根据物权的公示效力，该争议房屋不属于陶某某、帅某某与黄某某、姚某甲的共有物，在未经有权机关依法撤销之前，不动产登记具有物权绝对的排他性。据此，判决驳回原告陶某某、帅某某的诉讼请求。

陶某某、帅某某不服一审判决，上诉至重庆市第四中级人民法院。第四中级人民法院于2013年8月1日作出二审民事判决。该院二审认为，陶某某、帅某某主张共同出资购房，提供了购房款收条、房屋出租协议、租金结算账务、乔迁新居的嘉宾礼簿、用电手册及电缆收据、有线电视使用证、讼争房屋照片、房屋装修照片以及证人证言等用以证明其主张成立，但因双方无书面的共同出资购房合同，黄某某对共同出资购房予以否认，并以房屋产权证证明陶某某、帅某某的主张不成立。房屋权属证书是权利人享有房屋权利的证明,黄某某、姚某甲作为房屋所有权人已经登记领取了争议房屋的房地产权证,证明黄某某、姚某甲是争议房屋合法的所有权人。一审法院确认陶某某、帅某某与黄某某、姚某甲对争议房屋不成立共有并无不当。故判决驳回上诉,维持原判。

陶某某、帅某某不服二审判决,向重庆市第四中级人民法院提出再审,该院于2014年6月9日作出再审裁定,裁定由本院另行组成合议庭进行再审。2014年10月15日,该院作出再审民事判决,判决认为,经对双方当事人举示的证据进行审核认定,黄某某夫妇通过不动产登记取得了房地产权证,其证明力明显大于陶某某夫妇所举示的证据的证明力,且在黄某某、姚某甲诉陶某某、帅某某等排除妨害纠纷一案的终审判决中认定黄某某、姚某甲是争议房屋合法的所有权人。据此,再审申请人陶某某、帅某某的再审理由不成立,其相应的请求不能得到支持,经该院审判委员会研究决定,最终判决维持该院二审民事判决。

三、检察监督

陶某某、帅某某不服再审判决,向检察机关申请监督,重庆市人民检察院第四分院受理该案。经重庆市人民检察院第四分院提请抗诉,重庆市人民检察院认为重庆市第四中级人民法院再审民事判决认定的基本事实缺乏证据证明,适用法律错误,判决结果确有错误,依法提出抗诉。

重庆市高级人民法院于2017年3月9日作出再审民事判决。重庆市高级人民法院再审认为,现有证据足以形成证据锁链,应当认定陶某某与黄某某共同出资购买争议房屋的事实成立,陶某某、帅某某实际购买的是其中相邻李某某一侧的两间门面以及其上住房,检察机关的抗诉理由成立,原审判决认定事实和适用法律有误,予以纠正。重庆市高级人民法院再审判决撤销重庆市黔江区人民法院一审判决、重庆市第四中级人民法院二审判决和再审判决,认定重庆市黔江区石会镇关后社区五组房地产权证号为302房地证2007字第02338号的三楼一底砖混结构房屋中相邻李某某一侧的两间门面以及两间门面之上的二、三楼住房归陶某某、帅某某所有。

案件要旨

在房屋名义登记人和实际所有人不一致时，不能根据登记情况当然地得出结论，特别是在处理物权人之间的内部争议时，仍应取决于当事人之间的民事基础法律关系。

法律规定索引

·《民法典》规定及沿革·

■《民法典》

第二百一十六条　不动产登记簿是物权归属和内容的根据。

不动产登记簿由登记机构管理。

第二百一十七条　不动产权属证书是权利人享有该不动产物权的证明。不动产权属证书记载的事项，应当与不动产登记簿一致；记载不一致的，除有证据证明不动产登记簿确有错误外，以不动产登记簿为准。

■新旧对比

原《物权法》第16条规定，不动产登记簿是物权归属和内容的根据。不动产登记簿由登记机构管理。第17条规定，不动产权属证书是权利人享有该不动产物权的证明。不动产权属证书记载的事项，应当与不动产登记簿一致；记载不一致的，除有证据证明不动产登记簿确有错误外，以不动产登记簿为准。

■法条精义

《民法典》第216条是关于不动产登记簿的规定。不动产登记簿是记载不动产上的权利状况并备存于特定机关的簿册。不动产登记簿具有四个特征：一是统一性，即一个登记区域内不动产登记簿只能有一个。二是官方性，不动产登记簿是国家建立的档案簿册，其公信力以国家的行为担保。三是持久性，不动产登记簿由登记机关长期保存。四是公开性，不动产登记簿允许权利人和利害关系人查询，并且还要为其查询提供方便。以上特性决定了不动产登记簿只能由登记机构管理。本条规定不动产登记簿是物权归属的内容和依据，赋予不动产登记簿证据资格，在涉及产权争议的案件中,当事人可以不动产登记簿或不动产权属证书作为证据。

《民法典》第216条第1款规定,不动产登记簿是物权归属和内容的根据,旨在赋予不动产登记以推定力。但作为一种法律拟制事实,登记表彰的权利状态并不总能反映真实不动产物权关系,所谓的推定力并不具有绝对的效力。《民法典》第217条规定,除有证据证明不动产登记簿确有错误外,以不动产登记簿为准,也意在明确不动产登记可以通过证据推翻,这为人民法院在民事诉讼中将不动产登记作为证据进行审查提供了法律依据。当事人对不动产登记簿记载的权利状态提出异议,则应提出证据对其主张加以证明。如果当事人提出了能够充分证明真实权利状态与不动产登记簿的记载不一致的证据,人民法院可以依法采信该证据,进而对真正物权状态作出司法判断。当然,需要进一步明确的是,如果涉及外部关系,权属确认还需注意对交易安全的保护问题。[①]

《民法典》第217条是关于不动产登记簿和不动产权属证书关系的规定。不动产权属证书,即不动产的所有证、使用证等,是登记机关颁发给权利人作为其享有权利的证明。根据物权公示原则,进行不动产登记才算完成不动产物权公示,不动产物权的归属和内容应以不动产登记簿为根据。不动产权属证书只是不动产登记簿所记载内容的外在表现形式。在市场交易时,不动产权利人为证明自己的权利可以出示不动产权属证书。不动产权属证书记载的事项,应当与不动产登记簿一致,当记载不一致时,不动产登记簿证明力优于不动产权属证书,但能证明不动产登记簿确有错

---

① 司伟:《论不动产登记与权属确认——兼论对〈物权法司法解释一〉第2条的理解》,载《法律适用》2016年第5期。

误的除外。①

·司法解释·

《最高人民法院关于适用〈中华人民共和国民法典〉物权编的解释（一）》

第二条　当事人有证据证明不动产登记簿的记载与真实权利状态不符、其为该不动产物权的真实权利人，请求确认其享有物权的，应予支持。

域外立法通览

一、法国

法国对于不动产物权变动采意思主义物权变动模式。在该立法模式下，买卖合同不仅产生债的效力，而且直接产生所有权转移的物权效力。对不动产或特定物的买卖，所有权从买卖合同成立时即发生转移的效力。因此，买卖合同中发生所有权转移效力，是固定在意思主义物权变动模式背景下才能得出的结论。②

二、韩国

韩国对于如何处理不动产登记所有人与实际所有人不一致的情况，出现了一定程度的反复。最初，韩国判例及法学通说认为，对于不动产的借名登记行为，属于所谓的名义信托。名义信托的实质，是在对内关

---

① 我国台湾地区的通说认为，对于房屋登记人与实际所有人不一致的情形，认为属于借名登记契约，即当事人约定，借名人经出名人同意，就属于借名人现在或将来之财产，以出名人之名义，登记为所有人或其他权利人，但实际管理、使用、收益与处分均由借名人自行为之。其特征为：当事人约定借名人应经登记之财产，以出名人为登记名义人，只是借名人自己仍保留管理、使用、收益和处分权之契约。由于出名人只负有单纯出借名义供登记之义务，不负有管理财产标的之义务，借名人则视双方是否有约定，而决定是否负有支付对价义务，故不属于真正双务契约；又因其非民法债编之有名契约类型，故属于无名契约；且因重视两造间之信任关系，出名人有为借名人处理事务之本旨，故性质上属于劳务契约。借名人为不动产实际所有人，不动产所有权归属于借名人。在对外关系方面，出名人进行的物权处分行为，系无权处分，只有在相对人是善意时，才受到信赖登记的保护。参见吴从周：《民法与民事诉讼法之对应适用（一）》，元照出版公司2015年版，第213—215页。

② 季境：《物权变动立法模式在我国的修正及其完善》，载《法律适用》2015年第5期。

系上，由信托委托人保留所有权，并有收益及管理信托财产的权利。在对外关系上，受托人即登记簿上名义所有人充当所有权人，即当事人之间根据信托债权契约将实质上属于信托委托人的不动产，通过买卖等形式转移为不存在实际交易关系的受托人登记而名义所有的行为。名义信托是韩国特有的概念。在韩国不动产实名登记法[①]制定之前，通说及判例均承认名义信托的有效性，即在对内关系上，一方拥有不动产的实际权利，但以他方名义进行登记。1995年施行的《不动产实名登记法》则完全否定了名义信托的行为效力以及内部效力（包括债权及物权行为的效力），对实施名义信托的行为处以行政处罚或刑事处罚。这主要是源于韩国对国家经济状况、扶植不动产政策、安定不动产交易秩序等政策方面的考量。在对外关系上，名义受托人将不动产转让给第三人的，无论第三人是善意还是恶意，均发生物权变动效力。即以登记作为发生不动产物权变动的条件，即登记物权变动主义。此后，韩国民法吸收了上述法律规定，其中第186条规定，不动产物权以法律行为取得、丧失或者变更的，需经登记才发生效力。[②]

实务指引

在房屋所有人与房屋登记人不一致的情况下，是否发生物权的变动，我国学界曾经存在一定争议。根据是否以不动产登记作为发生物权变动的要件进行区分，分为"债权说"和"物权说"两种观点。"债权说"（又称登记要件说）认为，双方之间的合同仅存在债权的关系，不动产物权的变动要以不动产登记为其生效要件，未经不动产登记，不发生物权变动，当事人之间仅存在债权关系。"物权说"（又称登记对抗说）认为，当事人之间达成协议，即发生物权的变动，但这一物权变动只在当事人之间发生效

[①] 该法律的具体英文名称为：Act on the Registration of Real Estate under Actual Titlehoder's Name。

[②] 吴从周：《民法与民事诉讼法之对应适用（一）》，元照出版公司2015年版，第231—236页。

力，不能对抗善意第三人。[1]

一、"债权说"观点

"债权说"认为，除非法律有特别规定，合同一经成立，只要在内容上不违反法律的强行性规定和公序良俗，就可发生效力。如果当事人之间仅就物权的变动达成合意，而没有办理登记，合同仍然有效。只不过当事人之间在性质上仍然只是一种债的关系，并没有形成物权关系，此时产生的只是债权，不能产生物权变动的效果。正是由于未完成公示要件不产生物权变动的效果，公示直接决定着物权设定和变动效力的发生，当事人的合意不能产生物权变动的后果。[2]

所谓依据法律行为的物权变动，是指依据法律行为设立物权、移转物权、消灭物权的情形。依照《民法典》第208条的规定，不动产物权的转让、设立、变更和消灭依法应当登记，动产应当交付。第209条规定，不动产物权的设立、变更、消灭经依法登记发生效力，未经登记的不发生效力，但法律有另有规定的除外。法律另有规定的除外就是指《民法典》第352条的但书条款。此外，民法典物权编还有几个条文涉及交易中的物权确认，如第214条规定："不动产物权的设立、变更、转让和消灭，依照法律规定应当登记的，自记载于不动产登记簿时发生效力。"第216条规定："不动产登记簿是物权归属和内容的根据。不动产登记簿由登记机构管理。"第217条规定："不动产权属证书是权利人享有该不动产物权的证明。不动产权属证书记载的事项，应当与不动产登记簿一致；记载不一致的，除有证据证明不动产登记簿确有错误外，以不动产登记簿为准。"关于这些条文的基本精神，通过仔细分析就可以得出以下结论：这些规则说明不动产登记作为一种公示方式，在"依据法律行为发生物权变动"的环节中发挥决定性作用，因此，登记本身与物权变动的关系，必须首先从法律行为这个角度去理解。同时，还应理解到，

---

[1] 艾茜：《中国不动产物权变动立法模式反思及检讨》，载《江西财经大学学报》2015年第4期。
[2] 王利明：《关于物权法草案中确立的不动产物权变动模式》，载《法学》2005年第8期。

这个时候的法律行为不是订立合同时债权性质的法律行为，而是物权变动过程中的法律行为。①

二、"物权说"观点

"物权说"认为，物权登记应为物权变动的对抗要件，而非生效要件。无论我们的立法是否区分债权行为与物权行为，都应当明确法律行为的形式应以不要式为原则，要式为例外。至于哪些法律行为应为法定要式行为，当然取决于立法政策，但总的来说，只有涉及社会利益等事项的法律行为才可规定为要式行为。例如，婚姻、收养等有关身份变动的行为或处分国有资产的行为，都应规定为要式行为。变动物权的法律行为也是当事人意思自治的行为，如果不涉及其他人的利益或者说对他人的利益已给予了足够的保护，法律也就不应当加以干涉，包括对其形式上的强制。物权变动的根本原因是当事人的意思，即当事人之间的合意，而不是其他。当事人之间所变动的为何种物权以及自何时起物权变动，仅取决于当事人的意志而非他人的意志。因此，物权由何时发生转移也就应由当事人决定，而不应由他人为其决定。物的交付也好，权利登记也罢，仅是物权变动的外在表征，而非根本原因。物权变动取决于当事人的意志，并非说只要有当事人的意思就发生物权的变动。当事人的主观意志也只有具备一定的条件才可发生物权的变动。首先，当事人的意思须为合法的、真实的。其次，当事人的意思须为变动特定物上的物权的意思。当事人的意思不真实或不合法，自然不能发生物权变动的后果。当事人的意思并非变动特定物上的物权的，也不能发生物权变动的后果。实际上，物权变动生效主义与物权变动对抗主义，都是承认物权登记的公示、公信力的，不过在物权登记生效主义下，物权登记为物权变动的生效要件。物权登记可以对抗任何第三人，甚至包括善意第三人。在物权登记对抗主义下，物权登记为物权变动的对抗要件，未经登

---

① 孙宪忠：《〈物权法司法解释（一）〉与交易中的物权确认规则》，载《法律适用》2016 年第 11 期。

记的物权不能对抗善意第三人。①

三、立法采取的"多元混合模式"

随着 2007 年物权法及物权法司法解释的颁布实施，学理上的分歧逐渐得以消解。在吸收外国立法经验的基础上，我国物权法、民法典及相关司法解释均是采用"多元混合模式"，即区分不同情况而分别采取相应的物权变动模式，不动产物权的设立、变更、转让和消灭，应当登记；物权变动的效力发生的时间为记载于不动产登记簿之时（《民法典》第 214 条）；未经登记，不发生物权效力，同时设有若干例外（《民法典》第 209 条第 1 款）。② 对于商品房而言，则是采用"债权说"（登记要件说），即认为在不动产登记名义人和不动产实际所有人之间只存在债权关系，不动产物权的变动以不动产登记为其生效要件，物权仍然是归不动产登记名义人所有。在物权确认诉讼中，应正确处理不动产登记与物权确认或基础法律关系的冲突。根据《民法典》第 216 条的规定，不动产登记簿是物权归属和内容的根据。一般认为，不动产登记在不动产物权归属和内容认定上具有权利推定的法律效力。但作为一种法律拟制事实，登记表彰的物权归属状态并不总与真实权利状态相一致，特别是在处理物权人之间的内部争议时，并不能根据登记情况当然地得出结论，仍应取决于当事人之间的民事基础法律关系。常见的如不动产所有权实际上属多人共有，但仅登记在一人或部分人名下，导致不动产登记名不符实，实践中较多地发生在合伙人之间、家庭成员之间及房地产合建或共同购买的情况下。对于这些登记物权人与真实物权人之间因内部关系发生的争议，真实物权人完全可以通过确权之诉来主张权利，人民法院应当依据不动产物权变动的基础法律关系来重新确认物权的归属。

四、本案监督要点

本案中，应当认定讼争房屋系陶某某、帅某某与黄某某、姚某甲共同

---

① 郭明瑞：《物权登记应采对抗效力的几点理由》，载《法学杂志》2005 年第 4 期。
② 崔建远：《中国民法典所设不动产物权登记之我见》，载《法学杂志》2020 年第 9 期。

出资购买。

（一）陶某某支付的 14 万元系购房款而非黄某某主张的借款

第一，胡某某、易某某证实售房公告载明"房屋整体出售，只认一个买主"，公告张贴后，陶某某即来询问售房情况，还问及能不能分开出售，说明陶某某从开始就有购房的意思。第二，胡某某证实 2006 年 12 月 4 日，陶某某拿来自有的 10 万元交付了第一笔购房定金，当时明确表示是与黄某某合伙买房。第三，2006 年 12 月 25 日，姚某甲弟弟姚某乙前往陶某某处收款 20000 元，收条内容为"今收到陶某某交来购房款贰万元整（20000元）"。第四，2009 年 8 月 20 日，黄某某出具收条"今收到陶某某购房定金壹拾肆万元整（包括原付信用社定金拾万元）"。根据以上证据，可推知陶某某自知道售房公告伊始就有买房的意思，在该意思的驱动下，与黄某某一道参与购房事宜的前期商谈，并前往某信用社交付第一笔定金 10 万元，交给黄某某妻弟姚某乙购房款 2 万元，加上代黄某某管理房屋期间的垫支款，共计 14 万元，最后由黄某某出具了 14 万元购房款的收条。

黄某某主张双方系借贷关系，14 万元系自己向陶某某的借款，但黄某某没有举证证明借贷关系产生的事实及借款利息、还款期限、还款方式等主要内容，且陶某某从未向黄某某催还借款，黄某某亦没有主动偿还借款。综上，陶某某已支付的 14 万元应认定为合伙购房款。

（二）2007 年 6 月房屋交接后，陶某某对其主张的两间门面及以上住房是以所有人的意思为管理、使用、收益

第一，胡某某、租房户郝某某证实，2007 年 6 月初，信用社将房屋交给新的买主，胡某某、陶某某、黄某某均到场，于同一时间，陶某某、黄某某与原租房户续签租房合同，陶某某以自己的名义与其主张的两间房屋的原有租户签订合同。另据陶某某在一审中提交的房屋租赁协议，陶某某以自己的名义先后与案外人郝某某、徐某等人订立租赁协议，其中与郝某某、徐某的协议是在接房当日签订的，黄某某在场并知情，但未表示反对。第二，陶某某房屋装修后，为庆祝乔迁新居，于 2007 年腊月十九曾邀请亲朋好友吃酒，黄某某亲自到场并赠送 1200 元以示祝贺。第三，陶某某所主张的两间房屋内电、有线电视均是独立户头并单独交费。第四，2009 年 8 月 20 日，陶某某与黄某某对买房以来的账务进行结算，双方仅对黄某

某独立出租的六间门面及以上住房进行了结算，另两间未纳入结算范围。综合以上证据，可以认定2007年6月房屋交接后，双方即对合伙所购房屋进行了分配，且各自以所有权人的名义对占有范围内的房屋进行管理、使用、收益。

（三）有证据显示，陶某某曾给黄某某出具"欠条"一张，证实双方存在合伙购房的事实

张某某、陶某某两次证词表明：2009年8月20日，陶某某与黄某某结账时，陶某某曾用类似学生作业本那种纸张给黄某某出具了欠条一张，内容大概是"陶某某的两间房屋应付总房款20万，已付14万，还欠黄某某6万元，但只作账务列示"。另据黄某某、姚某甲诉陶某某、帅某某等排除妨害纠纷案件一审庭审笔录，黄某某在庭审中主动提到陶某某确实写了一个20万元的条子给他，陶某某及律师曾当庭要求对方出示该证据未果，又要求法庭调取该证据，被法庭拒绝。

以上证据充分证明：20万元条子确实存在并为黄某某掌握，同时结合证人证言及庭审笔录内容，条子的基本内容应与陶某某述说的一致。该条子所载明的内容对查清该案事实有关键性作用，在其后的庭审中，法庭多次要求黄某某提交而拒不提交。根据2002年施行的《最高人民法院关于民事诉讼证据的若干规定》第75条[①]"有证据证明一方当事人持有证据无正当理由拒不提供，如果对方当事人主张该证据的内容不利于证据持有人，可以推定该主张成立"规定，可以依法推定该条子所载明内容的真实性，即陶某某、黄某某对合伙购房曾有过明确的结算，并将该推定事实作为评判案件的依据。

（四）再审判决以付款情况、房屋产权登记情况以及有关裁判文书作为本案认定基础法律关系的依据，明显错误

其一，某信用社主任胡某某的两次证词明确表达了当时信用社出于简

[①] 最高人民法院在2019年对《关于民事诉讼证据的若干规定》进行修正时，对该条款也进行了修正。2019年《最高人民法院关于民事诉讼证据的若干规定》第95条规定，一方当事人控制证据无正当理由拒不提交，对待证事实负有举证责任的当事人主张该证据的内容不利于控制人的，人民法院可以认定该主张成立。

化程序、避免矛盾的目的，对整栋八间房屋出售的要求是"整体出售，只认一个买主"，在这种情况下，即便是多人合伙购房，对外也只能以一个人的名义与信用社进行交易，房屋转让协议的最终受让人、名义上的付款人、不动产登记载明的产权人必然为同一人。很显然，名义上的购房人并不等同于实际购房人，更不能简单地依据这些表面证据就否认陶某某与黄某某共同出资、合伙购房这一基础法律关系。其二，不动产登记所载明的内容是权利人享有该不动产物权的证明，其主要功能在于其对外的公示作用，而不能起到对内部基础法律关系进行证明的作用。同时，根据《最高人民法院关于审理房屋登记案件若干问题的规定》第8条"当事人以作为房屋登记行为基础的买卖、共有、赠与、抵押、婚姻、继承等民事法律关系无效或者应当撤销为由，对房屋登记行为提出行政诉讼的，人民法院应告知当事人先行解决民事争议"规定精神，应当先行审查基础法律关系，继而判定房屋登记行为正确与否，但不能以登记行为的结果来反向推导在先的基础法律关系。其三，黄某某、姚某甲诉陶某某、帅某某排除妨碍一案所作出的裁判文书，并非确权纠纷，再审以上述裁判文书认定黄某某、姚某甲是争议房屋合法的所有权人作为本案的判决理由，明显错误。故原再审以付款情况、房屋产权登记情况、有关裁判文书作为本案认定基础法律关系的依据，明显错误。

（案例撰写人：李大扬）

专家点评

基于法律行为的不动产物权变动，《民法典》第209条第1款规定："不动产物权的设立、变更、转让和消灭，经依法登记，发生效力；未经登记，不发生效力，但是法律另有规定的除外。"如此即确立了"登记要件主义为一般原则，登记对抗主义为例外"的模式。本案涉及建筑物所有权的物权变动，不属于采登记对抗主义的例外情形。《民法典》第214条规定："不动产物权的设立、变更、转让和消灭，依照法律规定应当登记的，自记载于不动产登记簿时发生效力。"由此可见，基于法律行为的不动产物权变动，自登记之日起发生物权变动的效果。

《民法典》第216条第1款规定："不动产登记簿是物权归属和内容的根据。"通说认为，本条确立了不动产登记簿的权利正确性推定效力和善意保护效力。① 在登记没有更正且不存在异议登记的情况下，不动产登记簿记载的权利人应当被推定为法律上的权利人，即使此后事实证明不动产登记簿记载的物权不存在或存有瑕疵，对于信赖该物权的存在并已从事了物权交易的人，法律仍然承认其行为具有与若物权真实存在一样的法律效果。② 对于因信赖不动产登记簿记载的物权状态而与登记物权人交易的第三人，只要该第三人满足善意取得的条件，则即使事后真实物权人证明不动产登记簿的记载与真实物权状况确实不一致，但该第三人仍可取得该不动产物权。

作为一种拟制事实，不动产登记簿所表彰的权利状态并不总能反映真实不动产物权关系。《民法典》第217条、第219条分别规定了"不动产登记簿确有错误""不动产登记簿记载的事项错误"的情形。由此可见，法律一方面认可了不动产登记簿在确认物权归属和内容方面具有极高的证明力；另一方面也承认现实中确实存在不动产登记簿记载的物权权属和内容与其真实情况不一致的情形，不能赋予不动产登记簿绝对的证明力。③

在不动产物权归属争议中，不动产登记簿是证明不动产物权归属和内容的证据（书证中的公文书证）。不动产登记簿的权利正确性推定效力，本质上只是诉讼法上的证明责任分配，并无终局证明效力，自应允许当事人通过举证推翻不动产登记簿所表彰的物权状态。④《最高人民法院关于适

---

① 王利明：《物权法》（第二版），中国人民大学出版社2021年版，第76—77页；崔建远：《物权法》（第五版），中国人民大学出版社2021年版，第58页；黄薇主编：《中华人民共和国民法典物权编释义》，法律出版社2020年版，第22—23页；杜万华主编：《最高人民法院物权法司法解释（一）理解与适用》，人民法院出版社2016年版，第67—68页。

② 王利明：《物权法》（第二版），中国人民大学出版社2021年版，第76—77页。

③ 杜万华主编：《最高人民法院物权法司法解释（一）理解与适用》，人民法院出版社2016年版，第13页、第58页。

④ 杜万华主编：《最高人民法院物权法司法解释（一）理解与适用》，人民法院出版社2016年版，第70页。

用〈中华人民共和国民法典〉物权编的解释（一）》第 2 条据此规定："当事人有证据证明不动产登记簿的记载与真实权利状态不符、其为该不动产物权的真实权利人，请求确认其享有物权的，应予支持。"由此可见，就登记"名实不符"情形下的登记物权人与真实物权人之间的关系，《民法典》第 216 条第 1 款只是一种证明责任负担的规范：不动产登记簿上记载的物权人首先被推定为真实物权人，对此无须再行举证证明；对此提出异议的当事人通过举证证明真实的物权状态。

值得注意的是，基于《民法典》第 216 条第 1 款的规定，不动产登记簿本身具有很强的证明力。这就意味着，否定不动产登记簿的证明力的当事人不但要有证据证明不动产登记簿的记载与真实权利状态不符，而且其所提供的证据需达到一定的证明标准，即达到"具有高度可能性"程度。[①] 登记物权人与真实物权人之间因内部关系发生的争议，真实物权人可以通过不动产确权诉讼或执行异议之诉等主张权利，人民法院应当根据不动产物权变动的基础法律关系、民事诉讼法及其司法解释对于证据规则及证明责任的规定，综合认定不动产物权的归属。本案的典型意义也就在于此。

（点评人：高圣平，中国人民大学法学院教授、博士生导师）

[①] 杜万华主编：《最高人民法院物权法司法解释（一）理解与适用》，人民法院出版社 2016 年版，第 73—74 页。

003 房屋买卖合同纠纷中"善意取得"如何认定
高某与甲房地产公司、乙科技公司所有权纠纷抗诉案[*]

案情简介

一、基本事实

高某通过公开竞拍购得某资产公司依据法院执行裁定公开拍卖的案涉两套房屋，该房屋的原所有权人为案外人丁房地产公司，系其以联合开发形式向甲房地产公司承接的开发项目，因丁房地产公司在该项目上不具备销售和办证确权等资格，因此 2006 年 8 月 3 日，高某与甲房地产公司签订委托实现权益协议书，将竞买房屋委托甲房地产公司办理权属证书，约定办理此项事务的全部代理费为 143 万元。后甲房地产公司违反约定，未在规定的时间内为高某办理竞买所得房屋的权属证书，高某诉至法院，法院于 2011 年 5 月 20 日判决解除双方签订的委托实现权益协议书，甲房地产公司退还高某代理费并赔偿违约金。

2011 年 8 月 30 日，甲房地产公司与乙科技公司分别就案涉两套房屋签订两份商品房买卖合同（合同价款分别为 650 万元、450 万元），将上述房产转让给乙科技公司，约定分期付款。2011 年 9 月 14 日，甲房地产公司取得涉案两套房产的房屋所有权证。2011 年 9 月 16 日，某市房管局、市国土资源和规划局将案涉房产和国有土地使用权登记至乙科技公司的名下。高某向一审法院提起诉讼，请求：确认案涉两套房屋的所有权为高某所有；甲房地产公司与乙科技公司于 2011 年 8 月 30 日签订的两份商品房买卖合同无效。一审审理中，乙科技公司提交了两份总计 1100 万元的购房款发票以及 400 余万元的支付购房款凭证。

---

[*] 本案承办人：最高人民检察院第六检察厅肖正磊；最高人民检察院原民事行政检察厅王景琦（已退休）。

二、诉讼过程

一审法院经审理后认定，高某通过公开竞拍取得案涉房屋所有权，符合法律规定，对其取得该房产所有权的诉讼请求予以支持。关于甲房地产公司与乙科技公司之间的房屋买卖民事行为是否具有法律效力的问题。甲房地产公司在明知高某已通过竞拍取得并实际占有涉案房产的情况下，仍将该房产的权属登记在自己名下并对外转让，其主观上具有恶意。其转让房产系无权处分行为，且未经实际权利人高某追认，属无效民事行为。乙科技公司主张其购买房产的行为符合善意取得，但从审理情况看，乙科技公司在与甲房地产公司签订的两份购房合同中仅约定付款方式为分期付款，但分期付款金额、时间及违约责任等合同主要条款未作约定，不符合重大交易的基本习惯，且合同虽约定涉案房产的转让总价款为1100万元，甲房地产公司亦开具了1100万元的购房发票，但乙科技公司在诉讼中仅提供了总计400余万元的资金支付凭证，未能提交购买涉案房产的全部支付凭证，不能证明其已支付了受让该房产的合理对价，因此其受让涉案房产的行为不符合善意取得的法定条件，不能取得该房产的所有权。高某诉请确认涉案两份购房合同无效的诉讼请求应予支持。

甲房地产公司、乙科技公司均不服一审判决，提出上诉。

二审法院认为，本案的争议焦点为乙科技公司购买本案诉争房屋是否构成善意取得。甲房地产公司转让行为虽构成无权处分，但诉争房屋的所有权和土地使用权登记在甲房地产公司名下，登记信息亦未显示涉案房产存在权利瑕疵，故没有证据证明乙科技公司知道甲房地产公司出售诉争房屋系无权处分，乙科技公司在购买房产过程中已尽必要的注意义务。虽高某主张甲房地产公司与乙科技公司系恶意串通，但未提交证据予以证明。关于购房款的交付，案涉商品房买卖合同约定购房款为1100万元，乙科技公司的股东及其丈夫分别将购房款付给甲房地产公司或其会计、法定代表人、员工，已付清了购房款。虽然乙科技公司提交证据证明其支付的购房款达1230.25万元，超出了约定的购房款数额，但双方约定房屋买卖的税费由购房人承担，亦提交证据证明超出购房款的部分系支付相关的税费，故乙科技公司购买本案诉争房屋已支付了合理对价，且已取得了房屋的所有权证和土地使用权证。综上，乙科技公司受让行为符合善意取得的法定条件，依法取得诉争房屋的所有权。判决：撤销一审民事判决；驳回高某的诉讼请求。

高某不服二审民事判决，向最高人民法院申请再审，最高人民法院裁定驳回其再审申请。

三、检察监督

高某向检察机关申请监督，某省人民检察院提请最高人民检察院抗诉。检察机关经审查后认为，有新的证据足以推翻原二审判决，理由如下：

有新的证据证明乙科技公司未实际支付约定的1100万元中的大部分购房款。

二审期间，乙科技公司为证明其支付了合理对价，提交了公司股东王某于2011年8月26日向黄某某账户转款900万元的证据。甲房地产公司称黄某某是其业务人员，但未向法院提交黄某某是其业务人员的任何证据。有新证据证明，黄某某不是甲房地产公司的员工：黄某某的社保一直由中国建设银行武汉江岸支行缴纳，法院调查笔录显示，黄某某自称从未接触过甲房地产公司、乙科技公司，从未收到过乙科技公司转款900万元。其身份证曾经丢失两次、失窃一次，曾有人用其身份证注册过公司且该公司被工商局列入黑名单，以至于他本人无法注册公司。法庭审理笔录显示，黄某某自始至终宣称900万元之事与其无关，是由于身份证信息被盗用所致，房屋坐落于何处、何时交易，整个事情都不知道，也不知道甲房地产公司的名字。银行账户是别人冒用其身份证开户的。以上证据足以证明黄某某不是甲房地产公司的员工。

2011年8月26日，由乙科技公司王某的账户向黄某某的账户转账900万元，并于当天由黄某某的账户转至武汉某融资担保有限公司的账户，而没有转入甲房地产公司的账户，显然并未用于购买诉争房屋，无证据证明该款与购房款有任何关联性，因此将该款认定为购房款没有依据。

综上，双方约定的1100万元购房款中，乙科技公司已经支付的金额为330.25万元，约占总金额的30%，尚未支付的金额为769.75万元，约占总金额的70%，不符合房地产交易的商业惯例，具有虚假交易的重大嫌疑。因此，乙科技公司未支付合理对价，对诉争房屋不构成善意取得。最高人民检察院依法提起抗诉。

最高人民法院经审理后作出再审判决，认定甲房地产公司向乙科技公司转让房产系无权处分行为，未经实际权利人高某追认，属无效民事行为。甲房地产公司在与乙科技公司签订的两份购房合同中约定了付款方式为分期付款，但对于分期付款金额、时间及违约责任等合同主要条款未作约定，不符合重大交易的基本习惯。《最高人民法院关于审理买卖合同纠纷案件适用法律问题的解释》第38条第1款规定："合同法第一百六十七条第一款规定的'分期付款'，系指买受人将应付的总价款在一定期间内至少分三次向出卖人支付。"诉讼中，乙科技公司为证明其已支付合理对价，在一审中提交了400余万元资金支付凭证，在二审中补充提交了2011年8月26日王某向黄某某转账900万元的个人业务交易单，再审时，又以新提交的证据撤销了在二审中关于通过黄某某账户向甲房地产公司支付900万元购房款的凭据，且经过法院再审查明的事实可以确定，该900万元不足以认定为系乙科技公司向甲房地产公司支付的购房款。在涉案房产已经于2011年9月16日登记至甲房地产公司名下，而高某于2011年10月即提起确权之诉情形下，乙科技公司若为善意购房人，应当在更短的合理期间内向甲房地产公司支付购房对价，并对其支付购房款的明细票据予以保存，以证明其受让财产时出于善意并支付了合理的对价。本案二审判决于2014年10月22日作出，乙科技公司在法院再审期间首次提交的付款明细，形成于二审判决之前的，不构成新的证据；形成于二审判决之后的，已经超出了合理付款期间，再审法院均不予采信。乙科技公司在本案三次审理程序中，向人民法院提交了不同数额、不同对象的支付凭证，但至今不能提供完整的付款凭证，不能证明其已支付了受让该房产的合理对价，在二审中还提交了虚假的证据，不能排除其与甲房地产公司存在恶意串通转让涉案房产的嫌疑，其受让涉案房产的行为不符合善意取得的法定条件，对于其已善意取得诉争房产的主张不予采信。再审法院判决：撤销二审法院判决，维持一审判决。

案件要旨

无处分权人将不动产或者动产转让给受让人，受让人是善意的且付出合理的价格，依法取得该不动产或者动产的所有权。受让人受让不动产或者动产时，不知道转让人无处分权且无重大过失的，认定其为善意。

受让人与无处分权人所签订的购房合同主要条款不符合重大交易习惯，不能证明其在与转让人的交易中已支付了受让房产的合理对价，且在庭审中提交虚假证据，不能排除其与转让人之间存在恶意串通转让房产的嫌疑，其受让该房产的行为不符合善意取得的法定条件，对于其已善意取得诉争房产的主张，不予支持。

法律规定索引

·《民法典》规定及沿革·

《民法典》

第三百一十一条　无处分权人将不动产或者动产转让给受让人的，所有权人有权追回；除法律另有规定外，符合下列情形的，受让人取得该不动产或者动产的所有权：

（一）受让人受让该不动产或者动产时是善意；

（二）以合理的价格转让；

（三）转让的不动产或者动产依照法律规定应当登记的已经登记，不需要登记的已经交付给受让人。

受让人依据前款规定取得不动产或者动产的所有权的，原所有权人有权向无处分权人请求损害赔偿。

当事人善意取得其他物权的，参照适用前两款规定。

新旧对比

《民法典》第311条基本延续了《物权法》第106条规定，仅作了部分文字的修改，一是将第1款第1项中的"善意的"修改为"善意"；二是将第2款最后的"赔偿损失"修改为"损害赔偿"；三是将第3款"参照前两款规定"修改为"参照适用前两款规定"。

📖 法条精义

《民法典》第311条是关于善意取得制度的规定,其中第1款明确了善意取得所有权的构成要件,第2款赋明确了原所有权人可请求无权处分人承担损害赔偿责任,第3款明确了其他物权参照适用前两款关于所有权善意取得的规定。

善意取得是一项重要物权变动规则,是指动产或不动产的占有人无权处分其占有的动产或不动产,将该物的所有权转移给他人或者为他人设定他物权,如果该他人于受让所有权或取得他物权时为善意且符合法律规定的其他条件,则其将如同处分人有处分权那样,取得该物的所有权或他物权。[①] 善意取得制度的目的在于保护受让人的合理信赖,维护商品交易的正常秩序,保障交易安全,进而促进市场经济的有序发展。

依据本条规定,构成善意取得须同时具备以下要件:

第一,受让人受让不动产或动产时为善意。财产的善意取得以受让人的善意为条件,如果受让人具有恶意,则不得适用善意取得。[②] 受让人受让财产时,不知道转让方无处分权,且无重大过失的,应当认定受让人为善意。

第二,以合理的价格有偿转让。善意取得制度意在维护交易安全,如果受让人无偿获得动产或不动产,法律允许真实权利人追回该财产,自然无损于交易安全,没必要适用善意取得制度。[③] 无偿取得财产时,不能适用善意取得,也更为符合公平原则。那么在有偿转让的前提下,何谓"合理的价格",则须以一般人所具备的交易经验为判断,价格的不合理通常也是认定受让人非善意的一个重要判断标准。[④]

第三,转让的不动产或动产依照法律规定应当登记的已经登记,不需要登记的已经交付给受让人。受让人完成了法定的物权变动公示要求,是善意取得制度的必要条件,也是维护交易安全的必然要求。具体而言,对

---

① 王利明等:《民法学》,法律出版社2017年版,第405页。
② 最高人民法院物权法研究小组编著:《〈中华人民共和国物权法〉条文理解与适用》,人民法院出版社2007年版,第328页。
③ 王利明等编著:《中国民法典评注——物权编(上册)》,人民法院出版社2021年版,第405页。
④ 刘家安编著:《物权法论》(第二版),中国政法大学出版社2015年版,第108页。

于不动产的转让，以登记作为财产所有权转移的标志。对于不需要登记的动产等的转让，以交付给受让人、占有转移等作为善意取得成立的条件。

·司法解释·

《最高人民法院关于适用〈中华人民共和国民法典〉物权编的解释（一）》

第十四条　受让人受让不动产或者动产时，不知道转让人无处分权，且无重大过失的，应当认定受让人为善意。

真实权利人主张受让人不构成善意的，应当承担举证证明责任。

第十五条　具有下列情形之一的，应当认定不动产受让人知道转让人无处分权：

（一）登记簿上存在有效的异议登记；

（二）预告登记有效期内，未经预告登记的权利人同意；

（三）登记簿上已经记载司法机关或者行政机关依法裁定、决定查封或者以其他形式限制不动产权利的有关事项；

（四）受让人知道登记簿上记载的权利主体错误；

（五）受让人知道他人已经依法享有不动产物权。

真实权利人有证据证明不动产受让人应当知道转让人无处分权的，应当认定受让人具有重大过失

第十六条　受让人受让动产时，交易的对象、场所或者时机等不符合交易习惯的，应当认定受让人具有重大过失。

第十七条　民法典第三百一十一条第一款第一项所称的"受让人受让该不动产或者动产时"，是指依法完成不动产物权转移登记或者动产交付之时。

当事人以民法典第二百二十六条规定的方式交付动产的，转让动产法律行为生效时为动产交付之时；当事人以民法典第二百二十七条规定的方式交付动产的，转让人与受让人之间有关转让返还原物请求权的协议生效时为动产交付之时。

法律对不动产、动产物权的设立另有规定的，应当按照法律规定的时间认定权利人是否为善意。

第十八条　民法典第三百一十一条第一款第二项所称"合理的价格",应当根据转让标的物的性质、数量以及付款方式等具体情况,参考转让时交易地市场价格以及交易习惯等因素综合认定。

第十九条　转让人将民法典第二百二十五条规定的船舶、航空器和机动车等交付给受让人的,应当认定符合民法典第三百一十一条第一款第三项规定的善意取得的条件。

第二十条　具有下列情形之一,受让人主张根据民法典第三百一十一条规定取得所有权的,不予支持:

(一)转让合同被认定无效;

(二)转让合同被撤销。

域外立法通览

善意取得制度是以日耳曼法的"以手护手"原则为契机演绎发展而成的,近代以来,大陆法系国家和地区继受了日耳曼法的善意取得制度。在传统的善意取得理论中,善意取得的财产仅限于动产,而以登记作为公示的不动产的取得,则不适用此制度,而是通过不动产登记的公信力本身效果而加以实现。

《德国民法典》将善意取得规定在物权编"动产所有权的取得和丧失"之内,一般认为其理论依据在于将第三人取得权利归结于让与人占有动产之公信力。第932条规定无权利人的善意取得,即物虽不属于让与人,受让人也得因第929条的规定让与成为所有人,但在其依此规定取得所有权的当时为非善意者,不在此限。同时,德国法区分不动产物权与动产物权的领域而赋予善意不同的含义,在不动产物权善意取得制度中,依据第892条、第893条的规定,取得人仅在明知土地登记薄之不正确时,为非善意;取得人重大过失且不知情的,不妨碍该条款的适用。与此有别,在动产善意取得制度中,取得人知道或因重大过失而不知该动产不属于让与人的,非为善意。法律上如此区别处理的理由,乃立法者认为土地登记薄相较于占有，能提供更为坚实的信赖基础。[1]

《法国民法典》中善意取得规定在"时效"一章，第2279条规定，对于动产，占有即等于所有权证书，亦即动产的善意受让人是基于自主占有而取得所有权，并规定受让人明知或因重大过失而不知物不属于让与人者，视为非善意者。

《日本民法典》同样采取德国法的立场，第186条规定即时取得：平稳而公然地开始占有动产者，如系善意且无过失，则即时取得行使于该动产上的权利。

由此，不少国家的立法对从瑕疵登记的权利人处取得不动产权利的问题通过物权登记的公信力制度加以解决，而对从无处分权的动产占有人处取得动产权利的问题，则另设动产善意取得制度加以规范。我国民法典规定善意取得制度可以适用于不动产交易领域，是我国物权法律制度的一大特色。

实务指引

不少国家的立法对从瑕疵登记的权利人处取得不动产权利的问题通过物权登记的公信力制度加以解决，而对从无处分权的动产占有人处取得动产权利的问题，则另设动产善意取得制度加以规范。我国民法典规定善意取得制度可以适用于不动产交易领域，是我国物权法律制度的一大特色。

近年来，随着我国社会主义市场经济的不断发展，对于培植公民契约精神、规则意识，提升社会诚信水平提出更高要求，作为与百姓生活密切相关的房产交易领域呼声更甚，司法实践中存在较多因无权处分行为影响购房人权利的情形。为进一步加强房屋买卖合同纠纷类案监督，现将房屋买卖合同纠纷中善意取得认定所涉及的常见理论和实践问题进行梳理，供司法实务中参考。

---

[1] ［德］鲍尔／施蒂尔纳：《德国物权法》（上册），张双根译，法律出版社2004年版，第500页。

一、无权处分的界定

根据《民法典》第 311 条规定，无处分权人将不动产或者动产转让给受让人的，所有权人有权追回，但符合善意取得构成要件的除外。根据该规定，善意取得制度的适用前提即是"无权处分"。

所谓无权处分，是指没有处分权而处分他人财产的行为。此处的处分系指法律上的处分，包括通过买卖、赠予、抵押等使权利发生转让或者权利发生分离的情形。对于不动产的善意取得而言，其"无权处分"的认定，不仅包括无所有权，也包括无"处分权"，尤其要注意，在登记错误的情况下，如果登记簿上错误记载的权利人进行处分行为，也构成无权处分，原因在于错误的登记记载并不能使其获得处分权。

对于实务中常见的，登记人将财产一物数卖，是否构成无权处分的问题。笔者认为，如果没有办理登记手续，只是产生了债的关系，不发生物权变动的效果。此时，数个买受人都可以要求出卖人履行合同，出卖人不能履行将产生违约损害赔偿责任。但是若出卖人将房屋登记给其中一个买受人，该买受人取得物权，但此种转让行为属于有权处分，因为出卖人在登记之前仍然享有该房屋的所有权，其通过变更登记将房屋转让的行为构成有权处分，从而不适用善意取得。[①]

二、第三人"善意"的判断标准

善意取得制度的核心要件就是受让人在取得财产时主观上处于善意状态。依据《最高人民法院关于适用〈中华人民共和国民法典〉物权编的解释（一）》第 14 条规定："受让人受让不动产或者动产时，不知道转让人无处分权，且无重大过失的，应当认定受让人为善意。真实权利人主张受让人不构成善意的，应当承担举证证明责任。"在判断受让人是否为善意时，应采取推定的方式，即推定受让人是善意的，由真实权利人对受让人是否具有恶意进行举证，如果不能证明其为恶意，则应认定受让人为善意。值得注意的是，在不动产的处分中，受让人的善意也可以被反证所推翻，具体排除方式可依照《最高人民法院关于适用〈中华人民共和国民法典〉物

---

① 王利明：《不动产善意取得的构成要件研究》，载《政治与法律》2008 年第 10 期。

权编的解释（一）》第 15 条规定，如受让人事先明知登记记载的错误、登记簿中存在异议登记的记载等均不成立"善意"。关于"善意"的判断时点，有申请登记时、登记完毕时等不同的意见。

通常认为，对于动产而言，受让人的善意应当限于财产受让时，即让与人交付财产时受让人须为善意；而在不动产处分中，善意判断的时点应当以办理产权变更登记之时或之前为标准，即受让人自交易开始至变更登记完毕时整个阶段一直处于不知无权处分的事实且无重大过失的状态。至于以后是否为善意，则不影响善意取得的效力。

三、关于有偿转让的"合理价格"的判断

善意取得是为了实现交易安全而设计的法律制度，只适用于交易行为。基于公平原则的考虑，善意取得应以有偿取得为前提，如果财产是无偿接受的，受让人占有财产已经获得了一定的利益，因此返还财产并不会蒙受多少损失。受让人在取得财产时，必须以相应的财产或者金钱支付给出让人。无偿取得财产时，不能适用善意取得。所谓合理，应当根据市场价格来判断，大体应是符合市场价格的。《最高人民法院关于适用〈中华人民共和国民法典〉物权编的解释（一）》第 18 条规定："民法典第三百一十一条第一款第二项所称'合理的价格'，应当根据转让标的物的性质、数量以及付款方式等具体情况，参考转让时交易地市场价格以及交易习惯等因素综合认定。"这一规定属于对"合理的价格"的细化解释，可在实务中依照适用。

四、善意取得的法律后果

善意取得制度是为了保护交易安全，在一定程度上牺牲财产静的安全来保护交易动的安全，而在原权利人和受让人之间的权利所作的一种强制性的物权配置。善意取得涉及三方当事人，即财产原权利人、让与人和受让人，具体而言，涉及如下三方面的法律关系：

第一，原权利人与受让人之间的法律关系。构成善意取得的，原权利人与受让人之间将发生物权变动。受让人因善意而即时取得标的物所有权，原权利人的所有权将因此而消灭。善意取得是财产所有权取得的一种

方式，受让人取得财产所有权是法律直接规定而不是法律行为，具有确定性和终局性，善意取得行为自始有效，无须权利人追认。概言之，符合善意取得构成要件的，原权利人不能再向善意受让人主张返还原物。

第二，让与人与受让人之间的法律关系。让与人与受让人基于法律行为而产生债权债务关系，受让人因善意取得相应的财产所有权，应向让与人支付财产的价款，如果受让人没有按照与让与人的约定支付价款，应向让与人承担违约责任。

第三，原权利人与让与人之间的法律关系。由于原权利人因受让人的善意取得使其标的物所有权发生消灭，故而不能请求受让人返还财产，对原权利人的保护只能在债权层面进行，即原权利人可以基于债权请求权要求让与人承担违约、侵权责任或不当得利的返还责任。具体而言：（1）违约责任。如果原权利人与转让人之间已经存在租赁、保管等合同关系，而转让人擅自处分原权利人的财产，则原权利人可以违约为由，请求其承担违约责任。（2）侵权责任。转让人对原权利人的标的物不享有处分权，其将该标的物转让给他人的行为，构成对原权利人财产所有权的侵害，应当依法承担侵权责任。如果转让人和原权利人之间事先存在上述合同关系，则可构成违约责任和侵权责任的竞合，原权利人可以选择一种对其最为有利的请求权提出主张或提起诉讼。（3）不当得利返还责任。让与人与受让人之间通过合理价格转让的情况下，让与人作出的是一种有偿处分行为，并因此而获得一定的利益，其获得该利益并无法律上的依据，原权利人有权请求让与人返还不当得利。但这种不当得利请求权与侵权责任请求权也可能发生一种竞合现象，原权利人可以选择一种对其最为有利的请求权对让与人提出主张或提起诉讼。[1]

（案例撰写人：李亚楠）

---

[1] 最高人民法院物权法研究小组编著：《〈中华人民共和国物权法〉条文理解与适用》，人民法院出版社 2007 年版，第 329 页。

专家点评

由于登记错误是不动产交易中不可避免的情形，故为保护不动产买受人对登记的合理信赖，保障不动产交易安全，我国法上认可不动产善意取得制度。在不动产善意取得制度中的关键要件"善意"的把握上，需注意以下几点：第一，"善意"指不知情，具体指买受人对前手的无权处分情形不知情。第二，"善意"实为善意无重大过失，即买受人不仅不知情，还要求不能严重违反注意义务或有严重的疏忽大意。或言之，买受人要尽到基本的注意义务后仍不知情，该要件具体要依据个案案情和一般交易经验来认定。第三，"善意"为推定善意，即推定信赖登记的买受人为善意，主张买受人为恶意须负举证责任，不能让当事人自证其善意。

（点评人：于飞，中国政法大学教授、博士生导师）

004 "一房数卖"情形下如何确定权利保护顺位

赵某、刘某甲与甲实业公司、乙物业公司、怀某、王某乙房屋买卖合同纠纷抗诉案[*]

案情简介

一、基本事实

济南市历城区某小区系甲实业有限公司（以下简称甲公司）以乙物业有限公司（以下简称乙公司）名义开发的楼盘，并以乙公司名义对外销售房屋。2002年2月，案外人张某从甲公司处购买了涉案房产并支付了购房款101543元。甲公司向其出具了收据。2002年4月12日，赵某从张某处购买了涉案房屋并支付了购房款120300元，并于同年5月入住。2002年8月1日，赵某（合同乙方）又与乙公司（合同甲方）补签了商品房购销合同，乙公司在甲方处加盖房屋销售专用章，甲公司法定代表人刘某乙在乙公司经办人处签字确认，赵某在乙方处签字确认。2009年前后，甲公司、乙公司的办证小组为涉案房屋办证时，赵某未能提供原始的购房合同及收款收据，所以未能办理房产登记手续。

2009年，因甲公司的法定代表人刘某乙欠王某甲部分款项无力偿还，王某甲与刘某乙商定以涉案房产顶账，王某甲与甲公司于2009年8月7日签订房屋购销合同一份。因办证需要，王某甲与乙公司重新签订了商品房购销合同，并将合同落款日期倒签到2002年8月21日。王某甲凭借该销售合同并交纳配套费等费用后，于2009年9月21日取得了涉案房产的房产证。

赵某将甲公司、王某甲诉至人民法院，要求将案涉房屋产权变更至赵

---

[*] 本案承办人：山东省人民检察院董梅；山东省济南市人民检察院周金涛。

某名下。

二、诉讼过程

一审法院认为，本案争议的焦点问题是涉案房产的权利归属即何者权益应优先保护。赵某于 2002 年即已购买并实际入住涉案房屋，系合法占有涉案房屋的买受人，甲公司及其法定代表人刘某乙对此明知。王某甲也系在明知赵某购买涉案房屋并实际占有的情况下，与甲公司的法定代表人刘某乙协商以房抵债，并在乙公司的协助下办理了涉案房屋产权证，属于恶意抢先办理房产登记。因此，赵某的权利应当优先保护，甲公司、乙公司与王某甲串通办理产权登记的行为侵犯了赵某的合法在先权益，故应当协助赵某将涉案房屋的产权变更登记到赵某名下。因王某甲已去世，故应当由其法定继承人怀某、王某乙履行协助义务。怀某、王某乙不服一审判决，提出上诉。

二审法院认为，赵某在甲公司对涉案房屋进行调查时，并不持有张某的购房手续，在明知办理房产证的情况下亦未告知甲公司、乙公司其购房情况，因此不能认定甲公司、乙公司、王某甲在办理房产证时明知赵某对涉案房屋享有权利的事实，故不能认定甲公司、乙公司、王某甲系恶意串通办理房产登记。判决撤销一审判决并驳回了赵某、刘某甲的诉讼请求。

赵某申请再审被驳回。

三、检察监督

2018 年 12 月，赵某、刘某甲向济南市人民检察院申请监督，该院予以受理审查。围绕甲公司、乙公司、王某甲之间是否系恶意串通先行办理登记的问题，检察机关依法调阅原审案卷，根据卷宗记载：2009 年初，王某甲去过涉案房屋 3 次，但没发现家中有人，王某甲曾询问过邻居涉案房屋的情况，邻居说赵某没有相关手续，所以无法办理房产证。

检察机关认为，赵某于 2002 年即已购买并实际入住案涉房屋，系合法占有案涉房屋的买受人，甲公司及其法定代表人刘某乙对此明知。王某甲在案件审理时认可曾于签订房屋买卖合同前到案涉房屋处 3 次，未发现有人居住，但向邻居了解到，赵某之所以不办房产证因为其什么手续都没有。

既然未发现有人居住,又为何向邻居了解赵某未办房产证的原因,王某甲这一说法前后矛盾。且这一行为与一般人从开发商处购买房屋前,进入房屋内实地查看的通常做法明显不符。因此,王某甲对他人已购买案涉房屋并实际占有居住这一事实是明知的,在此前提下,王某甲与甲公司的法定代表人刘某乙协商以房抵债,并在甲公司的协助下办理了案涉房屋产权证,属于恶意抢先办理房产登记。因此,赵某的权利应当优先保护,甲公司与王某甲串通办理产权登记的行为侵犯了赵某的合法在先权益,故提出抗诉。

2020年7月10日,山东省高级人民法院作出(2020)鲁民再83号民事判决书,认定甲公司、乙公司与王某甲串通办理产权登记的行为侵犯了赵某的合法在先权益。判令撤销二审判决,维持一审判决。

案件要旨

一房数卖情形下,第三人明知他人已购买房屋并合法占有,仍与房屋转让人签订买卖合同并恶意抢先办理登记,其权利不能优先于已经合法占有该房屋的先买受人。

法律规定索引

·《民法典》规定·

《民法典》

第七条 民事主体从事民事活动,应当遵循诚信原则,秉持诚实,恪守承诺。

法条精义

在民法中,诚信是一项重要的原则,该原则常常被称为民法特别是债法中的最高指导原则或称为"帝王规则"。诚信原则适用于民法的整个领域,民事主体行使任何民事权利、履行任何民事义务,都应当遵守这一原则。同时,面对丰富多彩、发展变化的社会经济生活,该原则也是法官解释民法的重要依据,既是法官行使自由裁量权和克服成文法的局限性的工具，也为利益关系平衡提供法律支持。

诚信原则弘扬了社会主义核心价值观中的诚信价值，承继了守诚信、重允诺的中华民族优秀传统文化。同时，秉持诚实、恪守承诺也是维护正常的市场交易秩序的前提和基础，市场经济应当是诚信经济。我国《民法典》从维护社会主义核心价值观和市场秩序出发，必然要求民事主体从事民事活动时诚实守信、恪守承诺，以善意的方式行使权利、履行义务。诚信原则既可以适用于填补法律漏洞，也可以适用于填补合同漏洞。同时，平等主体之间在交易中因追求各不相同的经济利益而产生的冲突或矛盾，也需要借助诚信原则加以平衡。

·司法解释·

1.《最高人民法院关于审理涉及国有土地使用权合同纠纷案件适用法律问题的解释》

第九条　土地使用权人作为转让方就同一出让土地使用权订立数个转让合同，在转让合同有效的情况下，受让方均要求履行合同的，按照以下情形分别处理：

（一）已经办理土地使用权变更登记手续的受让方，请求转让方履行交付土地等合同义务的，应予支持；

（二）均未办理土地使用权变更登记手续，已先行合法占有投资开发土地的受让方请求转让方履行土地使用权变更登记等合同义务的，应予支持；

（三）均未办理土地使用权变更登记手续，又未合法占有投资开发土地，先行支付土地转让款的受让方请求转让方履行交付土地和办理土地使用权变更登记等合同义务的，应予支持；

（四）合同均未履行，依法成立在先的合同受让方请求履行合同的，应予支持。

2.《最高人民法院关于审理涉及农村土地承包纠纷案件适用法律问题的解释》

第十九条　发包方就同一土地签订两个以上承包合同，承包方均主张取得土地承包经营权的，按照下列情形，分别处理：

（一）已经依法登记的承包方，取得土地承包经营权；

（二）均未依法登记的，生效在先合同的承包方取得土地承包经营权；

（三）依前两项规定无法确定的，已经根据承包合同合法占有使用承包地的人取得土地承包经营权，但争议发生后一方强行先占承包地的行为和事实，不得作为确定土地承包经营权的依据。

3.《最高人民法院关于审理买卖合同纠纷案件适用法律问题的解释》

第六条 出卖人就同一普通动产订立多重买卖合同，在买卖合同均有效的情况下，买受人均要求实际履行合同的，应当按照以下情形分别处理：

（一）先行受领交付的买受人请求确认所有权已经转移的，人民法院应予支持；

（二）均未受领交付，先行支付价款的买受人请求出卖人履行交付标的物等合同义务的，人民法院应予支持；

（三）均未受领交付，也未支付价款，依法成立在先合同的买受人请求出卖人履行交付标的物等合同义务的，人民法院应予支持。

第七条 出卖人就同一船舶、航空器、机动车等特殊动产订立多重买卖合同，在买卖合同均有效的情况下，买受人均要求实际履行合同的，应当按照以下情形分别处理：

（一）先行受领交付的买受人请求出卖人履行办理所有权转移登记手续等合同义务的，人民法院应予支持；

（二）均未受领交付，先行办理所有权转移登记手续的买受人请求出卖人履行交付标的物等合同义务的，人民法院应予支持；

（三）均未受领交付，也未办理所有权转移登记手续，依法成立在先合同的买受人请求出卖人履行交付标的物和办理所有权转移登记手续等合同义务的，人民法院应予支持；

（四）出卖人将标的物交付给买受人之一，又为其他买受人办理所有权转移登记，已受领交付的买受人请求将标的物所有权登记在自己名下的，人民法院应予支持。

此外，根据《第八次全国法院民事商事审判工作会议（民事部分）纪要》第15条，关于一房数卖的合同履行问题：在审理一房数卖纠纷案件时，如果数份合同均为有效且各买受人均要求履行合同，一般应按照已经办理房屋所有权变更登记、合法占有房屋以及合同履行情况、买卖合同成立先后等顺序确定权利保护顺位。但恶意办理登记的买受人,其权利不能优先于已经合法占有该房屋的买受人。对买卖合同的成立时间,应综合主管机关的备案时间、合同载明的签订时间以及其他证据证明的合同签订时间等因素进行确定。

域外立法通览

在"一房数卖"情形下,不同的物权变动模式直接决定了房屋权属转移的认定。下面从比较法视角,对当前基于法律行为的物权变动模式的几种立法例进行简要介绍,并对各立法模式所对应的"一房数卖"行为的认定进行分析:

一、以法国为代表的意思主义

意思主义是指不动产或动产上的物权仅因当事人合意而发生变动,无须进行登记或者交付,故也称"合意原则"。在该立法模式下,债权行为生效,物权即发生移转,交付与登记不是动产或不动产变动效力发生的要件。[1] 该原则为法国民法典首创,后为比利时、卢森堡等国的民法所继受。

《法国民法典》第1583条规定,买卖双方就标的物及其价金达成合意时,即使标的物尚未交付给买受人,价金尚未支付给出卖人,买卖也告成立,标的物的所有权也在此时由出卖人转移给了买受人。第1599条规定,就他人之物成立的买卖,无效。买受人不知标的物属于他人的情形,出卖人负损害赔偿责任。因此,当事人双方就特定房屋签订买卖合同,合同成立并生效后,出卖人即将房屋所有权转移至买受人,出卖人已无权再对标的物进行处分。到此时为止,物权变动已经完成了整个过程,买卖合同的目的也已经实现。

---

[1] 下文中不同国家的立法体例均参考刘家安:《物权法论》(第二版),中国政法大学出版社2015年版,第70—72页。

二、以德国为代表的形式主义

形式主义是指物权因法律行为而发生变动时，不仅需要当事人的变动物权的合意，还要进行登记或交付，否则物权变动之效力不发生。在此种立法模式下，债权行为仅仅引发债权债务关系，只有物权行为才导致物权的设立、转让、变更或消灭。同时，物权行为具有无因性，不受债权行为无效或被撤销的影响。

德国民法典是采取形式主义的最典型的立法。《德国民法典》第873条第1款，为了转移土地所有权，或为了在土地上设定某项物权或移转此项物权，或为了在此项物权上更设定某项物权，除法律另有规定外，必须由权利人及相对人，关于此种权利变更成立合意，并必须将此种权利变更之事实，登记于土地登记簿内。在形式主义模式下，先买受人若因故未及时完成登记手续，那么房屋所有权仍未转移，出卖人仍是该房屋的所有权人，有权就该房屋与第三人订立新的买卖合同并进行交易，只要进行了房屋所有权登记，那么该第三人就能确定地取得房屋所有权，而先买受人只能根据买卖合同要求出卖方承担违约责任。

三、以奥地利为代表的折中主义

折中主义也称"交付主义""登记原则"，是指当物权因法律行为而发生变动时，除当事人的合意之外，仅需践行登记或交付的法定形式，就足以发生物权变动的效果。折中主义并不将当事人的意思区分为发生债权的意思表示与发生物权的意思表示，而是将二者合二为一，此同意思主义立法例；同时，要使物权变动发生效力，除意思表示之外，还需要履行登记或者交付的法定方式，此同形式主义。奥地利与瑞士的民法典采取了此种立法例。

在此种模式之下，物权变动是以债权合同与交付或登记相结合为根据。出卖人与买受人就特定房屋订立买卖合同，买受人并不在买卖合同成立并生效后立即获得该所有权，而必须在完成房屋所有权的变更登记后，房屋所有权才转移，此时，即使出卖人又将同一房屋"出卖"给他人，交易也是无效的。但若先买受人并未及时完成房屋的过户登记，此时，房屋的所有权因登记这一物权变动的生效要件的缺失而未发生移转，出卖人仍然是该特定房屋的所有权人,只不过房屋所有权变动的效力会受到债权行为的影响。

实务指引

为满足新时代人民群众的更高期待,最高人民检察院党组明确提出,民事检察要树立精准监督理念,在精准监督上下功夫。在精准监督理念的引导下,民事检察要不断优化生效裁判结果监督,发挥对类案的案例指导作用,通过优化监督实现强化监督。

"一物数卖,自古有之,在物价波动之际,最为常见,而此实多出于出卖人罔顾信用,图谋私利。"[1] 近年来,我国商品房交易市场发展迅速,房价的波动客观上为出卖人寻求经济利益最大化提供了选择空间,在房价涨速较快、涨幅较大的情形下,出卖人以罔顾信用订立多重买卖合同的方式图谋私利,引发一房多卖现象,不仅违背了诚信原则,而且影响了交易秩序。进一步加强房屋买卖领域"一房数卖"的类案监督,厘清"一房数卖"的救济途径,对维护交易市场稳定秩序、构筑社会诚信体系有着重要的现实意义。现将涉及"一房数卖"领域常见的理论和实践问题进行梳理,供司法实务中参考。

一、"一房数卖"所涉数份买卖合同的效力认定

处理同一房屋多重买卖纠纷,涉及房屋出卖人分别与多个买受人之间的买卖合同关系。取得房屋所有权的依据首先是房屋买卖合同有效。如果第二买受人与出卖人的房屋买卖合同无效,则其不能取得房屋所有权。即使办理了房屋所有权转移登记,也不妨碍第一买受人提起诉讼,要求确认出卖人与第二买受人所订立的房屋买卖合同无效,要求出卖人向其履行办理房屋所有权移转登记手续的义务。因此,对于房屋多重买卖中买受人取得房屋权利顺位的确定,应以所涉各个房屋买卖合同效力的认定为前提。

通说认为,我国物权变动系折中主义物权变动模式,即债权行为加交

---

[1] 王泽鉴:《民法学说与判例研究》(第四册),北京大学出版社2009年版,第114页。

付或登记的事实行为发生物权变动。在发生房屋所有权变动时，作为两个法律事实的债权合同与房屋变动结果是相互分开的，不能认为有效房屋买卖合同必然引起房屋所有权的变动，也不能简单地认为未发生房屋物权变动之前签订的买卖合同是无效的。[①]

根据我国《民法典》第215条规定，当事人之间订立有关设立、变更、转让和消灭不动产物权的合同，除法律另有规定或者当事人另有约定外，自合同成立时生效；未办理物权登记的，不影响合同效力。因此，出卖人就同一房屋订立数个买卖合同的，在没有其他合同无效情形的情况下，数个买卖合同均应为有效合同。

同样，在合同有效的前提下，如果物权确定归属于某一买受人，法律也给予了其他买受人相应的救济途径，其可以按照相关法律规定要求出卖人承担相应的违约责任。此外，房屋买卖合同的买受人已经办理房屋所有权转移登记而合同又被确认无效，利害关系人可以依据已经生效的民事判决书，依照《民法典》第220条的规定申请更正登记。

二、同一房屋所订数份房屋买卖合同均有效情况下，确定各买受人取得房屋所有权顺位的原则

在一房数卖纠纷中，根据债权平等原则，在数个买卖合同均为有效合同的情况下，数个买受人均可要求继续履行合同，但究竟哪一份合同最终能够继续履行，是司法实务中的一个复杂问题。特别是出卖人无力承担违约责任时，各方利益冲突尤甚。房屋是否因登记而发生权属转移，是否已实际占有使用、房屋价款是否已支付、付款顺序先后、付款数额多寡、合同成立先后时间、后买受人的主观是否属于善意等均是司法实务中考量的因素，具体认定如下：

（一）已经办理了房屋所有权转移登记的情形

根据物权优先于债权的原则，不动产如果已经办理了过户登记，则受让人已经成为物权人，其依法享有的物权应当优先受到法律保护，自属当然。在此情形下，应当优先保护已经办理所有权登记的买受人利益，即已

[①] 孙宪忠：《论物权法》，法律出版社2001年版，第36页。

经办理转移登记应作为房屋多重买卖的第一履行顺位。

但要特别说明的是,《第八次全国法院民事商事审判工作会议(民事部分)纪要》第 15 条中明确了"恶意串通先行办理登记的买受人,其权利不能优先于已经合法占有该房屋的买受人"的裁判理念。虽有学者提出该理念与我国物权变动规则不尽相符,但笔者认为,结合我国当前的社会经济环境,住宅还是"家"的载体,是买受人,尤其是已付款并已取得直接占有的买受人的精神寄托,且居住时间越久,此项因素的效果越为显著。因此,依合同侵夺他人已占有之房屋,常为一般之社会观念所不容,简单地将登记作为不动产物权变动的公示形式,单纯地强调登记的公信力,并不能完全获得民众的理解和支持,对"一房数卖"交易施加必要的限制,尤其是提供侵权救济,将在很大程度上增强公众对合同、交易的信任以及道德上的支持。过度的自由放任会破坏社会中诚实信用的观念,最终导致交易环节增多、交易成本增加和经济效率降低。[1] 如果根据已经查明的案件事实,在办理所有权转移登记之前,其他买受人已经合法占有该房屋的,办理登记的买受人不能作出合理说明,要注意审查当事人之间是否存在恶意串通损害第三人利益的情形,如果存在,则该恶意办理登记的买受人权利不能优先于已经合法占有该房屋的买受人,此亦符合民法的诚信原则,符合社会主义的核心价值理念。

(二)已办理了房屋所有权预告登记的情形

预告登记是指不动产物权变动中的债权人为保障实现其所期望的不动产物权变动,按照与债务人的约定,向不动产登记机构申请办理的登记。《民法典》第 221 条规定:"当事人签订买卖房屋的协议或者签订其他不动产物权的协议,为保障将来实现物权,按照约定可以向登记机构申请预告登记。预告登记后,未经预告登记的权利人同意,处分该不动产的,不发生物权效力。预告登记后,债权消灭或者自能够进行不动产登记之日起九十日内未申请登记的,预告登记失效。"

面对"一房数卖"案件导致的数个买受人之间产生利益纠纷,预告登

---

[1] 许德风:《不动产一物二卖问题研究》,载《法学研究》2012 年第 3 期。

记制度能为纠纷解决提供强有力的价值衡量和利益取舍，优先保护预告登记权利人或者预告登记在先的权利人。在民法典物权编已经确立了预告登记制度的情况下，处理房屋多重买卖应当把预告登记作为确定买受人取得房屋所有权的要素之一。

（三）均未办理登记备案手续情况下的平衡与考量

由于民事生活的复杂性，现实发生的同一房屋多重买卖的情况各不相同，应当允许法官依据民法的公平、诚信等基本原则，综合进行利益平衡和自由裁量。比如对于买受人尚未取得物权，但已经合法先行占有，要注意基于房屋买卖关系的转移占有行为，本身就包含所有权转移的意思，该占有的事实状态应受到法律保护；若各买受人均未办理所有权变更登记，也未合法占有，则要本着公平和经济原则，进一步考察合同履行情况，比如购房款的缴纳、买卖合同的登记备案、办理贷款情况等，考量不同合同履行的经济和司法成本；若数个买卖合同均未履行，可以参考买卖合同成立先后等顺序确定权利保护顺位。如果各方对买卖合同的成立时间存在争议的，应综合主管机关备案时间、合同载明的签订时间以及其他证据等综合确定，特别要注意防止当事人之间通过倒签合同或者篡改合同签订时间等方式获取不法利益。

总之，确定由哪一个买受人取得房屋所有权不能机械套用法律，而应当本着民法典中公平、诚信、公序良俗等原则，结合民事生活实际，进行利益衡量，作出合理判断。

（四）特殊情形下保护顺位在先的买受人的权利救济

在复杂的司法实践中，一般只有出卖人明知存在"一房多卖"的情况，各买受人之间很可能并不清楚其他买受人的存在。在某一个买受人起诉出卖人要求承担继续履行违约责任的诉讼中，如果出卖人未披露其他买受人的存在，法院很有可能依据现有的事实，作出支持买受人的判决。待到其他买受人知悉此情况时，该判决已经生效或已经进入执行程序。如果顺位在后的买受人与出卖人已经通过诉讼或仲裁的方式获得生效裁决确认，则顺位在先的买受人可通过案外人申请再审或执行异议之诉程序获得相应的救济。

三、"一房数卖"情形下虚假诉讼行为的防范

《中共中央关于全面推进依法治国若干重大问题的决定》明确要求加大对虚假诉讼、恶意诉讼的惩治力度。检察机关要始终把虚假诉讼监督作为做强民事检察工作的重要途径，不断满足人民群众对于检察工作的新需求、新期盼。《最高人民法院、最高人民检察院、公安部、司法部关于进一步加强虚假诉讼犯罪惩治工作的意见》中明确，对于下列虚假诉讼犯罪易发的民事案件类型，人民法院、人民检察院在履行职责过程中应当予以重点关注："……涉及房屋限购的以物抵债案件；以拆迁区划范围内的自然人为当事人的房屋买卖合同纠纷案件。"检察监督实践中，一房多卖纠纷系虚假诉讼多发的案件领域之一，应当予以特别关注。

从司法实践中的案例来看，虚假诉讼行为多表现为：双方当事人存在恶意串通，以规避法律、法规或国家政策牟取非法利益为目的，虚构事实并借用合法的民事程序，侵害国家利益、社会公共利益或者案外人的合法权益。在房屋买卖领域，出卖人通过一房二卖达到逃避债务、躲避合同义务或者获取不法利益的目的。如某国有房产公司的负责人，在房屋已经出售的情形下，与其亲属签订虚假的房屋买卖合同，并由其亲属作为原告起诉公司要求支付因一房二卖履约不能造成的损害赔偿，骗取法院调解书，进而实现获取不法利益的目的，后经检察机关调查核实提起抗诉，才得以纠错。检察机关在履职时应强化监督意识，加大虚假诉讼监督力度，切实维护司法公正和司法权威。

四、"一房数卖"情形下相关刑民交叉问题的关注

刑民交叉案件的法律适用问题，一直是司法实践中长期关注的议题。如何在实践中准确合理地处理刑民交叉案件，防止机械地以刑止民或一概排斥"先刑后民"的适用，是检察机关精准进行诉讼监督的一个重要课题。

"一房数卖"很多时候都是市场行为，即在所售房屋价格上升时，出卖人为追求利益最大化，不惜撕毁与前买受人签订之合同，而以更高价格出售于后买受人，因此对其研究多限于民事范畴。但在司法实践中，另有出卖人为获取非法之利益，一房数卖，或卷款潜逃，或能拖则拖，因此在

一房数卖情形下，出卖方是否构成合同诈骗而应引入刑法规制之内，也是实践中的热议问题，判断的核心为出卖人主观上是否具有非法占有目的。

在司法实践中，认定是否具有非法占有目的，应当坚持主客观相一致的原则，根据案件具体情况分析。《全国法院审理金融犯罪案件工作座谈会纪要》中明确，行为人通过诈骗的方法非法获取资金，造成数额较大资金不能归还，并具有下列情形之一的，可以认定为具有非法占有的目的：(1)明知没有归还能力而大量骗取资金的；(2)非法获取资金后逃跑的；(3)肆意挥霍骗取资金的；(4)使用骗取的资金进行违法犯罪活动的；(5)抽逃、转移资金、隐匿财产，以逃避返还资金的；(6)隐匿、销毁账目，或者搞假破产、假倒闭，以逃避返还资金的；(7)其他非法占有资金、拒不返还的行为。该规定可在区分"一房数卖"合同诈骗罪与民事欺诈中参照适用。

具体到"一房数卖"案件中，在判断行为人主观上是否具有非法占有目的时，要综合以下因素：其一，行为人"一房数卖"的具体原因，是基于房价上涨为获得更高经济利益而重复售卖，还是以出售房屋为幌子，根本不具有交付房屋的意思；其二，行为人取得钱款后的处置方式，是用于还债、赌博、个人挥霍，还是正常的生产经营活动或风险较小的投资；其三，行为人实际有无继续履行合同的意愿和能力，是否具有履约可能性或者承担违约责任的能力；其四，无法履约时对待买受人的态度，有无逃避责任的表现。

总之，在民事监督的过程中，必须准确领会民事、刑事相关立法精神，正确认识刑、民立法和程序在调整相关社会关系方面的职责分工，平衡好公权与私权、公益与私益的关系，善于将案件置于相应的经济和社会环境中进行全面分析和判断，依法审慎认定案件事实，从而确保案件刑民界限清晰以及三个效果的有机统一。

（案例撰写人：李亚楠）

专家点评

"一房数卖"情况下，通常规则是由取得登记者获得不动产所有权，未能取得登记者可以依据有效买卖合同追究出卖人的违约责任。本案中，之所以出现无登记者战胜了有登记者的例外情况，原因在于诚信原则的适用。赵某2002年即购买了房屋，交付了全部房款并入住，但未办理变更登记手续。2009年，出卖人又将房屋抵给明知前述情况的王某甲，双方倒签合同并办理了变更登记。此时王某甲虽然先办理了登记，但其既明知前手交易情况，又违背诚信原则，损害第一买受人利益，属于背信的恶意者，不应受保护。因此，本案应当保护第一买受人赵某，出卖人应当协助赵某将房屋所有权登记变更至其名下。

（点评人：于飞，中国政法大学教授、博士生导师）

005 合法占有房屋买受人请求办理过户登记是否受诉讼时效的限制

叶某、刘某与卢某房屋买卖合同纠纷申请监督案[*]

案情简介

一、基本事实

2003年12月,叶某将其所有的位于某市×××路15号502室房屋委托该市某信息中介工作室挂牌出售。卢某获知该信息后,经该中介机构介绍,与叶某达成了该房屋买卖的合意,并通过该中介向叶某支付了1000元定金。2004年1月16日,卢某与叶某签订了房地产买卖合同。合同约定:叶某将其自有的位于某市×××路15号502室的混合结构的建筑面积约80平方米的房屋以9万元的价格转让给卢某;卢某首付定金1000元,应于2004年1月16日付6.9万元,余款2万元卢某应待"两证"办妥当日付清;叶某于2004年1月16日将上述房产交付给卢某使用;叶某应于2004年4月16日前为卢某办理房屋所有权、土地使用权的交易过户手续,并承担办理"两证"费用及过户税费,水电一并同时过户;中介费用由卢某与叶某各自承担实际成交额的1%,本合同签订即付清;叶某保证上述转让的房产权属清楚,合法有效,转让行为已征得共有权人同意,若发生与转让的房地产有关的权属及债权债务纠纷,均由叶某负责,由此给卢某造成经济损失的,叶某负责全额赔偿;本合同自双方签订之日起生效,双方在签订本合同时具有完全民事行为能力,对各自的权利、义务清楚明白,并愿按本合同规定履行。合同签订的当日,卢某向叶某支付了6.9

---

[*] 本案承办人:最高人民检察院第六检察厅颜良伟(当时在福建省三明市人民检察院民事行政检察处工作)。

万元购房款。同日，叶某向卢某交付了房屋钥匙及交该房屋水电用的开户名为刘某的存折。卢某于2004年1月16日拿到本案讼争房屋的钥匙后进行了简单装修，于2004年2月除夕的前一天入住。叶某一直未将"两证"过户到卢某名下，引起讼争。叶某与刘某于1989年9月29日结婚，无夫妻财产约定。叶某于1994年向该市某住宅开发公司购买了某市×××路15号502室、402室两套房屋。由于各种原因，直至2009年3月9日，叶某才将上述两套房产的所有权证和土地使用证办下来。2009年5月13日，叶某与刘某将本案讼争房屋和某市×××路15号402室捆绑在一起作为抵押物抵押给中国建设银行某支行，并向该银行借款28万元，借款期限为8年。2011年1月11日，原告卢某向一审法院提起诉讼，请求判令二被告叶某、刘某解除对讼争房屋的抵押关系，将讼争房产的所有权和土地使用权过户到原告名下，并按约承担相关税费。

二、诉讼过程

一审法院认为，本案讼争的房屋系二被告婚姻关系存续期间购买，属二被告夫妻共同所有，但该房屋所有权证和土地使用证所记载的权利人仅被告叶某一人，无共有权人的相关记载；且被告叶某在房地产买卖合同条款中保证上述转让的房地产权属清楚、合法有效，转让行为已征得共有权人同意，若发生与转让的房地产有关的权属及债权债务纠纷，均由其负责；另根据本案查明的事实，原告卢某与被告叶某于2004年1月16日签订房地产买卖合同后即行装修，并于同年2月除夕前入住讼争房屋至今，被告刘某辩称其从未委托他人以其名义实施民事法律行为，亦不知被告叶某与原告间的买卖，直至七年之后原告起诉时才知道，因二被告系夫妻关系，被告刘某七多年来对其房产不闻不问，其漠视自己所有权的行为，显然有悖生活常理，在这么长的时间中，被告刘某足以知道也应当知道被告叶某的该项处分行为。故原告有理由相信被告叶某有权处分该房产，并有理由相信被告刘某知道或应当知道该房已出售他人，被告叶某也具有出售房屋的代理权，被告叶某实施的出售房屋的行为，系二被告的共同意思表示；且原告与被告叶某签订的房地产买卖合同的内容合法，未违反法律效力性强制性规定，为有效合同。原告卢某要求二被告解除对讼争房屋的抵押关系,将讼争房产的所有权和土地使用权过户到原告名下,并按约承担相关税费之主张,理由充分,该院予以支持。根据《最高人民法院关于适用〈中华人民共和国婚姻法〉若干问题的解释(一)》第17条"婚姻法第十七条关于'夫或妻对夫妻共同所有的财产,有平等的处理权'的规定,应理解为:(一)夫或妻在处理夫妻共同财产上的权利是平等的。因日常生活需要而处理夫妻共同财产的,任何一方均有权决定。(二)夫或妻非因日常生活需要对夫妻共同财产做重要处理决定,夫妻双方应当平等协商,取得一致意见。他人有理由相信其为夫妻双方共同意思表示的,另一方不得以不同意或不知道为由对抗善意第三人"规定,夫或妻一方都有平等的处分夫妻共同财产的权利,特别是由于夫妻间的特殊身份关系,夫或妻任何一方对夫妻共同财产的处分行为对于第三人来说,无论是客观上还是主观上均无法知道该处分行为是否只是个人的意思表示。故被告叶某应当负有证明其在与原告签订房地产买卖合同时,已将其妻即被告刘某的意思表示告知过原告,原告是在明知合同相对方被告刘某不同意或者不知道的情况下,仍与被告叶某签订该房地产买卖合同的举证责任,但被告叶某并未能就此完成举证责任,应承担由此产生的举证不力的法律后果。故二被告认为,被告叶某无权处分该讼争房产,该房地产买卖合同为无效合同之主张,理由不充分,该院不予支持。由于出卖人即被告已经将讼争房屋交付给买受人即原告,原告亦实现对讼争房屋的占有,故原告请求出卖人即被告移转房屋所有权、办理房屋所有权登记的请求权具有物权属性,该请求权不属于债权请求权,不适用诉讼时效的规定,因此,被告认为本案诉讼时效已过之主张,理由不充分,该院不予支持。原告要求二被告支付迟延履行过户变更登记的合同义务的违约金之主张,因房地产买卖合同未对违约责任予以约定,且本案的房屋买卖行为并不属于《最高人民法院关于审理商品房买卖合同纠纷案件适用法律若干问题的解释》规定的商品房买卖行为,不能适用该规定的违约责任承担方式,故原告主张的该项请求,证据不足,理由不充分,该院不予支持。据此,依照《婚姻法》第17条,《合同法》第44条第1款、第49条、第60条,《最高人民法院关于适用〈中华人民共和国婚姻法〉若干问题的解释(一)》第17条,《最高人民法院关于审理商品房买卖合同纠纷案件适用法律若干问题的解释》第1条规定,判决:(1)原告卢某与被告叶某签订的房地产买卖合同有效。(2)被告叶某、刘某应于本判决生效后10日内解除对某市×××路15号502室房屋设定的抵押关系。(3)被告叶某应于本判决生效后20日内履行将某市×××路15号502室房屋的所有权和土地使用权过户至原告卢某名下的义务。(4)办理某市×××路15号502室房屋过户时产生的相关税费,由被告叶某承担。(5)驳回原告的其他诉讼请求。

叶某不服一审判决,上诉于二审法院。

二审法院认为,本案中,根据房地产买卖合同的约定,上诉人叶某已于2004年1月16日将讼争房交付给了被上诉人卢某并由被上诉人装修后入住至今。被上诉人也支付了全部购房款9万元中的7万元。双方约定余款2万元应待"两证"办妥当日一次性付清给上诉人。由于本案讼争房"两证"在双方交易时上诉人尚未取得,因此,双方合同约定上诉人应于2004年4月16日前办理完"两证"手续。由于上诉人迟至2009年3月9日才将讼争房的"两证"办妥而被上诉人也并未对此提出异议,因此,可视为双方当事人对合同约定的上诉人办证期限的变更。在上诉人将"两证"办理完毕后,就应当依照双方合同的约定与被上诉人办理讼争房的过户手续。上诉人的该项不作为,已构成违反合同义务。被上诉人要求上诉人履行该项合同义务符合法律规定,应当予以支持。上诉人主张对本案被上诉人的诉讼请求适用诉讼时效的规定,缺乏事实和法律依据。二审中,被上诉人申请撤回"要求被告解除对某市×××路15号502室房屋设定的抵押关系"的诉讼请求。被上诉人的该项撤回部分诉讼请求的申请并未违反法律规定,可予准许。综上,原审判决认定事实清楚,所作处理并无不当。上诉人就诉讼时效问题提出的上诉没有事实和法律依据,该院不予支持。依照《民事诉讼法》第153条第1款第1项[①]规定,判决:维持一审判决第一、三、四、五项;撤销一审判决第二项。

叶某不服,向检察机关申请监督。叶某认为,双方当事人所达成的协议约定过户登记的时间是2004年4月16日,卢某是在六年多以后才到法

[①]《民事诉讼法》(2024年1月1日起施行)第177条第1款第1项。——编者注

院起诉,已经超过了《民法通则》第135条规定的两年诉讼时效,原审法院对卢某的过户登记诉讼请求不应当给予支持。

三、检察监督

检察机关经审查认为,本案争议的焦点是卢某的过户登记诉讼请求是否超过诉讼时效,因叶某的申请监督理由不能成立,遂对本案作出不支持监督申请决定。主要理由是:

1. 因叶某未积极办理"两证",房地产买卖合同约定的过户登记时间实际上无法履行,应视为双方当事人对过户登记履行时间约定不明确。房地产买卖合同约定的过户登记时间为2004年4月16日,但当时叶某尚未取得诉争房屋"两证",客观上是无法在这个时间办理过户登记的。另外,原一审中主审法官问及叶某为何拖到2009年才把"两证"办下来,叶某回答为"2003年前没办证是因为某法院查封了,2003年后没办证是因为我把诉争的房屋卖给原告,并发生争议,但因原告迟迟没有起诉,才拖到2009年才办证"。可见,叶某主观上并未严格遵照合同约定的过户登记时间去积极办理"两证",而是因与卢某在诉争房屋平方数问题未能达成补充协议发生纠纷后,拖延办理"两证"。因此,因叶某未积极办理"两证",房地产买卖合同约定的过户登记时间实际上无法履行,应视为双方当事人对过户登记履行时间约定不明确。

2. 双方当事人对过户登记履行时间约定不明确,又不能达成补充协议的,且双方当事人均未提出解除合同意思表示,因此过户登记履行时间应按照交易习惯确定。本案中,双方当事人未能就过户登记履行期限达成补充协议,且在合同约定2004年4月16日过户登记实际上无法履行的情况下,双方当事人均未提出解除合同意思表示,根据《合同法》第61条的规定,应当按照交易习惯来确定过户登记履行期限。根据市场的一般交易习惯,在房屋买卖活动中,只有房屋出让人取得房屋权属证明后,房屋买受人才有可能要求房屋出让人配合办理房屋过户登记手续。本案的情况是由于各种原因,直至2009年3月9日,叶某才将诉争房屋的所有权证和土地使用证办下来,因此,按照交易习惯,本案中过户登记履行期限确定为2009年3月9日是合理的。

3. 虽然卢某的过户登记请求权系债权请求权,但合法占有房屋买受人请求出卖人配合办理房屋过户登记的权利属债权请求权,具有物权属性,出卖人以超过诉讼时效为由拒绝办理的,不予支持。

4. 从诚信原则以及维护市场交易稳定性角度来看,叶某应当继续履行过户登记合同义务。在房屋买卖合同中,配合买受人办理过户登记手续是出让人的基本合同义务,否则违背了订立买卖合同之根本目的。本案中的诉争房屋是叶某通过中介机构挂牌出售的,也是根据自愿原则与卢某订立房屋买卖合同的,因此双方所订立的合同是合法有效的。当叶某在2009年3月9日办下诉争房屋"两证"时,就应当积极履行过户登记合同义务,否则将违反诚信原则。另外,本案中,双方当事人在订立房屋买卖合同不久后,叶某就将房屋钥匙交给卢某,卢某在简单装修后即入住。至起诉时,卢某已入住诉争房屋六年多,为维护市场交易的稳定性,原审法院判决叶某应当履行过户登记义务更能体现法律的公平公正。

案件要旨

合法占有房屋买受人请求办理过户登记的,不受诉讼时效的限制,出卖人以超过诉讼时效抗辩的,法院不予支持。[1]

---

[1] 关于合法占有房屋买受人请求办理过户登记是否受诉讼时效的限制问题,有肯定说和否定说两种观点。我国台湾地区法院判例持肯定说,认为按消灭时效完成,仅债务人取得拒绝履行之抗辩权,得执以拒绝给付而已,其原有之法律关系并不因而消灭;在土地买卖之情形,倘出卖人已交付土地与买受人,虽买受人之所有权移转登记请求权之消灭时效已完成,惟其占有土地既系出卖人本于买卖之法律关系所交付,即具有正当权源,原出卖人自不得认系无权占有而请求返还。参见[日]《我妻荣:民法讲义Ⅱ:新订物权法》,罗丽译,中国法制出版社2008年版,第145页。日本法院判例持否定说,认为买受人对出卖人的登记请求权,是作为买受人的所有权的效力而产生,因此不发生消灭时效。法国法院判例亦持否定说,认为当物的现时占有人因不能满足法律规定的期间而无法取得物之所有权时,就会出现所有人不能取得物之所有权,占有人也不能取得占有物之所有权,但又不能因无法确定具体的所有人而使物一直处于无归属的状态,所以法国法规定该物归国家所有;但是,如果对所有权适用诉讼时效不加以限制,放任无主物的增加,这无疑会不断增加国家的财产,这与法律保护私人财产权利的预设目标相违背。参见毛乐乐:《浅析请求权诉讼时效制度的适用》,载《淮北职业技术学院学报》2019年第1期。

法律规定索引

·《民法典》规定·

📖《民法典》

第一百九十六条　下列请求权不适用诉讼时效的规定：
（一）请求停止侵害、排除妨碍、消除危险；
（二）不动产物权和登记的动产物权的权利人请求返还财产；
（三）请求支付抚养费、赡养费或者扶养费；
（四）依法不适用诉讼时效的其他请求权。

📖 法条精义

《民法典》第196条是关于不适用诉讼时效具体情形的规定。民法通则并未规定哪些请求权不适用诉讼时效，2017年民法总则在参考最高人民法院有关司法解释[①]的基础上，结合各方意见对不适用诉讼时效的请求权进行了明确。《民法典》第196条延续了民法总则相关规定，未作修改。

《民法典》第196条第1项规定的"停止侵害、排除妨碍、消除危险"的请求权主要是针对妨害物权行使的行为提出。对于侵害物权的行为，不论经过多长时间，权利人都可主张权利。此外，对于不具有财产利益内容的人身权请求权，如停止侵害请求权，也不应适用诉讼时效的规定。该条第2项明确对于不动产物权的返还请求权，无论是否登记，均不受诉讼时效约束；对于动产物权的返还请求权，则需经过登记才产生不适用诉讼时效规定的法律效果。该条第3项"请求支付抚养费、赡养费或者扶养费"的主体一般都是未成年人或者年老多病、丧失劳动能力的人，抚养费、赡养费或者扶养费往往涉及他们的生存权，本着人本主义精神，对此类费用的请求权不宜适用诉讼时效的规定。该条第4项"依法不适

[①] 2008年《最高人民法院关于审理民事案件适用诉讼时效制度若干问题的规定》第1条规定："当事人可以对债权请求权提出诉讼时效抗辩，但对下列债权请求权提出诉讼时效抗辩的，人民法院不予支持：（一）支付存款本金及利息请求权；（二）兑付国债、金融债券以及向不特定对象发行的企业债券本息请求权；（三）基于投资关系产生的缴付出资请求权；（四）其他依法不适用诉讼时效规定的债权请求权。"2020年修正时，对上述条款未作修改。

用诉讼时效的其他请求权"为兜底条款，因为无法穷尽列举所有不适用诉讼时效的情形，[1] 对于其他法律有规定的不适用诉讼时效的情形，则依照其规定。

·司法解释·

《第八次全国法院民事商事审判工作会议（民事部分）纪要》

24.已经合法占有转让标的物的受让人请求转让人办理物权变更登记，登记权利人请求无权占有人返还不动产或者动产，利害关系人请求确认物权的归属或内容，权利人请求排除妨害、消除危险，对方当事人以超过诉讼时效期间抗辩的，均应不予支持。[2]

（案例撰写人：颜良伟）

实务指引

关于合法占有房屋买受人请求办理过户登记是否受诉讼时效的限制问题，首先要明确的一点是合法占有房屋买受人过户登记请求权是债权请求权，还是物权请求权？目前，多数观点认为，房屋买卖受让人请求转让人

---

[1] 黄薇主编：《中华人民共和国民法典总则编解读》，中国法制出版社2020年版，第660页。

[2] 其官方释义书列举制定本条的理由主要有：一是物权法确定的形式主义物权变动模式是以债权和物权的两分法为理论背景，反映到交易过程中则是买受人要么受到债权的保护，要么受到物权的保护，但是，社会经济的复杂多样性使得交易过程不会严格按照逻辑的推演进行，形式主义物权变动模式也存在一定的缺陷，某些债权物权化即为其例。因此，虽然占有并非不动产物权变动的法定公示形式，但该种长期、持续、和平地占有使用不动产行为本身在一定程度上又能起到一定的公示作用。二是诉讼时效制度最核心的价值在于维持既定社会秩序的稳定，买受人的占有即为该种稳定状态，但若将其变更登记的请求权雁于诉讼时效，则对于占有不动产的买受人来讲，其仅有大部分物权之实，却无物权之名；对于转让人来讲，虽有物权之名，却无物权之实，会导致双方僵局。三是我国现行法律并未规定取得时效制度，占有人不能因取得时效而获得所有权，而且，我国目前的诉讼时效期间规定得过短。实务中，由于开发商、政府登记部门的原因等，往往需要很长时间才能办理变更登记，如果使该种请求权适用诉讼时效制度，不仅不能起到督促权利人及时行使权利的目的，反而会损害其利益，与民法原理不符。

办理物权变更登记，实应为物权转移登记，办理转移登记请求权仍属于因合同而发生的债权请求权，不属于物权请求权。即使认为合法占有房屋买受人过户登记请求权为债权请求权，但该请求权是否适用诉讼时效仍有以下两种不同意见：

第一种意见认为，该请求权系债权请求权，当然应适用消灭时效。因此对于已经交付买受人的房屋，如果买受人请求出卖人办理变更登记，而出卖人以时效经过为由拒绝办理，法院应支持出卖人。虽然出卖人可以超过诉讼时效进行抗辩，但实务中应注意把握以下几点：一是在诉讼时效期间的起算上，应当区分具体情况：如果房屋具备法定交付条件，诉讼时效期间自合同约定的交付期限届满之日起计算；如果房屋尚不具备法定的交付条件，诉讼时效期间应从房屋具备法定的交付条件之日起计算。二是买卖合同合法有效，因此买受人对房屋的占有系有权占有，出卖人不得以买受人无权占有为由请求买受人返还原物、排除妨害。三是如果出卖人再卖给第三人，并办理变更登记，则第三人作为所有权人有权以原买受人无权占有为由请求返还房屋；而原买受人则可以出卖人违约为由，请求出卖人承担违约责任或解除合同请求损害赔偿等。

第二种意见认为，虽然该请求权系债权请求权，但基于特定理由而不适用诉讼时效。如有学者认为，此种请求权不适用诉讼时效，理由在于对受让人的特别保护。[①] 在最高人民法院的部分民事判决[②] 中认为，合法占有房屋买受人请求出卖人配合办理房屋过户登记的权利属债权请求权，但具有物权属性[③]，出卖人以超过诉讼时效为由拒绝办理的，法院不予支持。根据 2016 年《第八次全国法院民事商事审判工作会议（民事部分）纪要》第24 条规定，已经合法占有转让标的物的受让人请求转让人办理物权变更登记，对方当事人以超过诉讼时效期间抗辩的，法院不予支持。

[①] 李宇：《民法总则要义：规范释论与判解集注》，法律出版社 2017 年版，第 952 页。
[②] 最高人民法院（2013）民申字第 1669 号、（2020）最高法民再 115 号民事判决书。
[③] 如果将某种债权请求权定性为具有物权属性，则需要考虑与传统民法理论的融洽性问题。也就是说，债权与物权的区分是民法的基本原则，称某债权具有物权性质，须有法律依据，例如买卖不破租赁、预告登记等。因此基于买卖合同而产生的请求权有物权性质的认定需要法律依据上的充足性。

2016年《第八次全国法院民事商事审判工作会议（民事部分）纪要》第24条显然是采纳了第二种意见。最高人民法院的纪要虽然不能被裁判文书作为法律依据直接引用，但能够作为法院裁判说理的依据，而且对各级法院民事审判活动具有实质上的约束力，因此，鉴于民法典对合法占有房屋买受人请求办理过户登记是否受诉讼时效的限制问题未有明确规定，实务中，检察机关仍应以《第八次全国法院民事商事审判工作会议（民事部分）纪要》第24条作为办理此类案件的重要参考依据。

专家点评

　　诉讼时效通常适用于债权请求权，具有督促权利人行使权利，促进社会财产流转，替代证据及诉讼经济等重要功能。除未登记动产返还请求权外，物权请求权原则上不适用诉讼时效。本案中，卢某已经合法占有诉争房屋近七年，其请求被告叶某将诉争房屋所有权登记变更至自己名下，是为了使其对诉争房屋的物权状态得以圆满，该请求权具有物权请求权性质，故不适用诉讼时效。在权利人已经占有不动产的情况下，权利人行使变更登记请求权是促使权利外观与权利事实状态相符合的手段，应当予以保障。

（点评人：于飞，中国政法大学教授、博士生导师）

第四部分
建设工程合同纠纷

建设工程合同纠纷类案综述

一、建设工程合同纠纷民事检察监督情况

根据国家统计局 2023 年 2 月 28 日发布的《中华人民共和国 2022 年国民经济和社会发展统计公报》，2022 年我国建筑业增加值 83383 亿元，约占全年国内生产总值（GDP）的 6.9%，全国具有资质等级的总承包和专业承包建筑业企业利润 8369 亿元。

近年来，建设工程施工合同纠纷案件数量和涉案标的额双双大幅上升，新类型案件、新问题不断涌现，检察机关对于建设工程合同纠纷的民事检察监督工作也面临着新的挑战。2019 年至 2022 年，检察院受理建设工程合同纠纷民事检察监督案件整体呈现增长趋势，案件数量在每年度合同纠纷案件中保持在前五位。2020 年，全国各级检察机关受理建设工程合同纠纷民事检察监督案件 3304 件，较 2019 年上涨 3.77%；2021 年，这类案件数量跃升至 4428 件，较 2020 年大幅上涨 34.02%；2022 年，案件数量虽有所回落，但相比其他类型的合同纠纷，4284 件的案件数量仍处于高位。近四年建设工程合同纠纷民事检察监督具体情况如下：

全国各级检察机关建设工程合同纠纷民事检察监督情况统计

类型	2019 年 案件数（件）	占该年度受理案件百分比（%）	2020 年 案件数（件）	占该年度受理案件百分比（%）	2021 年 案件数（件）	占该年度受理案件百分比（%）	2022 年 案件数（件）	占该年度受理案件百分比（%）
受理	3184	/	3304	/	4428	/	4284	/
提出再审检察建议	156	4.90	209	6.33	210	4.74	261	6.09
提请抗诉	366	11.49	382	11.56	429	9.69	257	6.00
提出抗诉	208	6.53	210	6.36	252	5.69	202	4.72
终结审查	238	7.47	321	9.72	378	8.54	338	7.89
不支持监督申请	1704	53.52	2206	66.77	2832	63.96	3121	72.85

二、建设工程合同纠纷民事检察监督特点

不同于一般民商事纠纷，建设工程合同纠纷不仅涉及合同双方当事人具体利益，也关系到公共安全与人民群众的生命财产安全，与之相对应，检察机关对于建设工程合同纠纷的民事检察监督工作也有着鲜明的特点：

一是建设工程合同纠纷息诉服判率低，检察机关受理此类民事检察监督案件比重较高。建设工程施工量大，投入人力财力物力多，建设工期长，合同标的额高，法律、行政法规、部门规章等规范性文件涉及建设工程的规范多且杂，各学说观点往往存在诸多冲突矛盾，同案不同判的现象时有发生，造成此类纠纷裁判结果难以符合预期，当事人对判决结果的接受度不高，裁判息诉服判率低。从司法实践情况来看，建设工程合同纠纷在法院受理的一审合同纠纷案件中占比并不高，但申请检察院进行监督的数量较高。这是因为建设工程合同纠纷当事人通常会穷尽所有救济手段，以维护自身合法权利，从而出现大量案件向检察机关申请监督的情况，以寻求检察机关对其权利进行救济。

二是建设工程领域涉及公共利益，受国家严格管制，检察机关办理此类民事检察监督案件需衡量多方利益。建设工程具有显著的公共性，建设工程的立项、建筑市场的准入主体、建设工程施工合同的订立与履行、建设工程的竣工验收等环节都受到国家严格管制，具有计划性、程序性特色。检察机关在办理建设工程合同纠纷民事检察监督案件时，除适用《民法典》等民商事法律外，还需要适用《城乡规划法》《招标投标法》《建筑法》《消防法》等其他部门法的规定，以及住房和城乡建设部、国家发改委等多个行政部门发布的规范性文件。检察机关不仅要平衡好案件中各方当事人的利益，还需要考虑如何依法保护农民工等弱势群体、保障建设工程质量安全、维护建筑行业发展秩序、守护人民群众的人身财产安全等多重价值取向。

三是建设工程合同纠纷案件疑难复杂、技术性强，检察机关需加强培养能胜任工作要求的民事检察人员。在建设工程合同纠纷中，法律、建筑、造价等学科知识相互交织，不仅涉及工程质量、工程量与造价、工期、材料与技术应用、环境保护、竣工验收、保险等知识储备，也会与商

品房买卖合同纠纷、民间借贷纠纷、劳动争议纠纷、执行异议之诉纠纷等相互交织，处理难度较大。建设工程合同中包含大量的技术性规范，有时需借助专业机构的司法鉴定作为认定手段。民事检察人员要以办理此类民事检察监督案件为契机，着力提升民事检察专业化水平，努力钻研相关业务知识，着力弥补知识盲区和能力短板，提升案件办理质效。必要时，也可适当借助专家学者等外脑外力，充分发挥智慧在提升民事检察工作品质中的作用，进一步推动民事检察工作高质量发展。

三、建设工程合同纠纷典型案件归纳

综观建设工程合同纠纷民事检察监督案件，存在一些普遍性的问题，对这些问题进行深刻分析、透彻研究，将有助于提升民事检察人员办理此类案件的履职能力和业务水平。本书第四部分共梳理了与建设工程司法实践密切相关、出现频次较高、具有代表性与典型性的九个问题，并通过汇总相关法律法规、立法解释、司法解释，梳理国内主要学术观点与理论，进行域外法比较研究，有针对性地评述案件争议焦点，以指引民事检察实践，提高民事检察案件办理质效。

一是关于建设工程施工合同效力问题。建设工程施工合同效力问题是办理每个建设工程合同纠纷民事检察监督案件都会涉及的基础性、前提性法律问题，对建设工程施工合同效力的认定将影响各方权利义务的确定、法律责任的承担。建设工程施工合同法律关系同时受到多部法律、行政法规和部门规章的调整，虽然《民法典》合同编建设工程合同一章并未明示此类合同无效的特别事由，但根据《建筑法》《招标投标法》等法律法规，此类合同的特别无效事由可以分为三类：第一，违反有关建筑市场主体准入制度的强制性规定，未取得资质、超越资质或借用资质签订合同的；第二，违反建设工程招标投标制度强制性规定，必须招标的建设工程未招标或中标无效后签订合同的；第三，违反工程分包管理制度强制性规定，承包人因转包或违法分包建设工程与他人签订建设工程施工合同的。前述无效事由的规定主要是从两个法益保护的维度出发：第一，保障建设工程质量和施工安全；第二，维护建筑市场公平竞争秩序。若建设工程施工合同被认定为无效，则应按照《民法典》第793条确定法律责任的承担主体、

承担方式等。

二是关于突破建设工程施工合同相对性问题。在建筑市场，转包和违法分包的现象大量存在，不规范的市场秩序使得拖欠工程款问题尤为突出，有的工程几经转包，实际施工人依照合同约定已经没有利润，只能依靠偷工减料、克扣农民工工资维系企业生存，既干扰了建筑市场正常的交易秩序，为建设工程质量安全埋下了隐患，也严重损害了农民工等建筑工人的权益，不利于维护社会和谐稳定。我国法律在建设工程领域赋予两个主体突破合同相对性的权利：第一，发包人就工程质量问题突破合同相对性的权利；第二，实际施工人就工程款突破合同相对性的权利，以保障建设工程质量安全，维护人民群众的生命权、健康权和财产权，保护广大农民工权益，实现实质意义上的社会公平。

三是关于建设工程领域表见代理问题。表见代理制度作为对无权代理行为效力的补正，是一种特殊的法律制度。在我国，建设工程领域违法转包、分包、借用资质现象频发，而且该行业内普遍采用项目经理制，转包人、分包人、实际施工人或项目经理擅自以总承包人名义对外签订材料买卖合同而与出卖人产生纠纷，在司法实践中较为常见，因此表见代理引发的法律纠纷属于建设工程合同纠纷中的高发案件。司法实务中认定表见代理的构成要件往往范围过宽，表见代理规则存在被滥用的现象，对表见代理概念及构成要件认知上的不同也导致了大量案件"同案不同判"。转包人、分包人、实际施工人或项目经理与相对人之间的民事法律行为，是否应由建筑施工企业这一法人主体来承担责任，应以案涉合同签订时的具体情况作为判断的标准，看行为人是否在权限范围内执行职务或者是否构成表见代理，如果行为人既非执行职务，亦不构成表见代理，则建设工程施工企业不应对此承担责任。

四是关于建设工程领域诉讼时效起算点问题。诉讼时效是指权利人在法定期间内不行使权利，义务人有权提出拒绝履行的抗辩的法律制度。诉讼时效期间自权利人知道或者应当知道权利受到损害以及义务人之日起计算。在建设工程纠纷案件中，应注意约定完工日、竣工日、验收合格日、付款日等的区别，以及期限届满时的不同法律后果。当事人明确约定债务履行期限的，履行期限届满债务未清偿或未完全清偿的，债权人方能知道或应当知道其合法权利受到损害，此时开始计算诉讼时效期间。

五是关于建设工程中不可抗力问题。不可抗力制度是基于公平原则在当事人之间进行风险分配的制度，不可抗力作为法定免责事由，可适用于违约责任与侵权责任。在一些建设工程合同纠纷案件中，案涉合同会因政府部门的土地收储行为而无法顺利履行，此时需要对此类行为是否属于不可抗力作出认定，进而确定合同双方法律责任的分配。政府部门的土地收储行为包括征收、收购、优先购买或收回土地等情形，需要与土地使用权人进行协商，并支付一定的土地价款或征地和拆迁补偿费用。政府部门的土地收储行为虽不是当事人的主观过错，但并非不能预见的客观情况，不属于不可抗力。同时，对政府收储土地这一行政行为所致的损害后果也并非不能克服，即土地使用权人可以要求以对收储的土地进行补偿的方式获得自身的权利救济，故从公平的角度讲，简单以不可抗力免除行政相对人在民事合同项下的违约责任，未必对民事合同项下的相对人公平，故应严格界定不可抗力的构成。

六是关于建设工程合同结算依据问题。司法实践中，存在发包人与承包人就同一建设工程先后或同时签订多份建设工程施工合同的情形，有的是为了规避强制招投标或在招投标中恶意排挤其他竞标人，发包人和承包人串通签订多份建设工程施工合同，有的是在承包人和发包人签订中标合同后，因钢筋等材料价格非正常涨跌、政府调整调控政策等因素，协商变更原建设工程施工合同。在发生纠纷时，双方往往就适用哪一份合同发生争议。根据相关法律司法解释的规定，对于违反法律强制性规定，损害公平、公开、公正招投标市场秩序或损害社会公共利益的民事行为，法律给予否定性评价，招标人和中标人另行签订的建设工程施工合同约定的工程范围、建设工期、工程质量、工程价款等实质性内容，与中标合同不一致，应当按照中标合同确定当事人的权利义务。当事人就同一建设工程签订的数份建设工程施工合同均无效，但建设工程质量合格的，当事人有权请求参照实际履行的合同关于工程价款的约定折价补偿。对于实际履行合同的确定，可以通过施工过程中发包人、承包人、监理人等的往来函件、签证单、会议纪要、工程款支付节点、施工范围等因素综合判断。

七是关于被挂靠人出借资质的责任问题。相当一部分不具备法定资质的企业或者个人,被建筑行业的利润所吸引,通过各种方法借用有资质的建筑施工企业名义对外承揽工程,形成我国建筑市场上较为常见的、由发包人与名义承包人签订建设工程施工合同但由实际施工人进行实际施工建设的现象,实践中通常将此类借用资质承揽工程的行为称为挂靠。在建设工程施工纠纷中,如何准确认定建设工程领域被挂靠人因出借资质而与挂靠人承担的责任,需要考虑几方面因素:第一,被挂靠人和挂靠人向发包人承担的连带责任,除当事人另有约定外,应当严格限制在建设工程质量不合格等因出借资质造成的损失。第二,连带责任的适用范围应当由当事人合同约定或者法律明确规定,不应随意扩大,既没有法律规定,当事人也没有约定的,不能判决被挂靠人承担连带责任。第三,分包人向挂靠人多支付工程款的,与出借资质没有因果关系,对分包人提出的返还超付工程款的请求,在当事人没有约定的前提下,不能判决被挂靠人承担连带责任。

八是关于挂靠情形下实际施工人权利救济问题。挂靠行为违反我国对建筑施工企业资质的严格规制,扰乱了建筑市场秩序,为建设工程质量和施工安全带来隐患,法律明确禁止建筑施工企业无资质、超越资质等级或者以任何形式借用其他建筑施工企业的名义承揽工程,因此,发包人与承包人之间签订的建设工程施工合同、实际施工人与承包人之间的挂靠合同关系等因违反上述禁止性规定而无效。没有资质的实际施工人借用有资质的建筑施工企业名义与发包人签订建设工程施工合同,在发包人知道或者应当知道系借用资质的实际施工人进行施工的情况下,发包人与借用资质的实际施工人之间形成事实上的建设工程施工合同关系,在建设工程经验收合格的情况下,借用资质的实际施工人有权请求发包人参照合同关于工程价款的约定折价补偿。就实际施工人是否可以向承包人主张建设工程价款,一般可以区分不同情况,分别予以处理:第一,承包人与实际施工人约定,由承包人与实际施工人进行结算的,虽然该约定因违反出借资质的禁止性规定而无效,但实际施工人可以参照该约定向承包人主张建设工程价款。第二,承包人与实际施工人并未约定双方之间直接结算的,若承包人已收取了发包人给付的建设工程价款,则实际施工人可以要求承包人给付相应价款。至于承包人是否有权扣除相应管理费,则需根据承包人是否实际参与项目管理具体确定。第三,承包人与实际施工人并未约定双方之间直接结算的，承包人亦未收到发包人给付的建设工程价款的，实际施工人原则上不应向承包人主张建设工程价款。此时，若发包人在签订建设工程施工合同时知道或应当知道实际施工人挂靠的，则实际施工人可以事实建设工程施工合同为由向发包人主张建设工程价款；若发包人并不知晓的，则实际施工人无权以建设工程施工合同为由向发包人主张权利，也无权以挂靠合同为由向承包人主张权利，实际施工人将面临着两难的尴尬局面。

九是关于发包人擅自使用未验收合格的工程承包人质量责任承担问题。对于发包人擅自使用未验收合格的建设工程时，相应的责任如何确定，涉及非正常履行状态下工程质量责任风险的转移及处理。为了保证建设工程质量，我国法律法规对工程竣工验收程序等有严格的规定，无论是新建、扩建、改建项目还是技术改造项目一律要经过工程验收合格后，方可交付使用，未经验收的不得交付使用。发包人擅自或强行使用的，即可视为发包人对建设工程质量的认可，或者虽然工程质量不合格其自愿承担该后果，建设工程存在质量问题的，由发包人自行承担责任。但发包人承担的质量责任也应作严格限制，不应作扩大解释，发包人仅应对使用部分而非全部工程承担质量责任，对于未使用部分出现质量问题，仍应由承包人承担责任。但如果在合理使用寿命内，建设工程的地基基础工程和主体结构质量出现问题，无论建设工程是否经过验收、发包人是否擅自使用，承包人仍然要承担责任，这是承包人依照法律规定必须履行的工程质量保证义务，是法律的强制性规定。

（撰写人：李佳倩）

001 串通投标导致建设工程施工合同无效的处理
某集团公司与某管理所建设工程施工合同纠纷抗诉案[*]

案情简介

一、基本事实

杭州市某开发建设集团有限公司（以下简称某集团公司）由杭州市委、市政府组建并授权经营国有资产。2008年，某集团公司与杭州市某管理所（以下简称某管理所）签订《街区夜景照明工程委托建设协议》，委托某管理所代建该夜景照明工程，代建事项包括工程招标、监理、施工管理等，工程建设造价按中标价计付，某管理所按照总造价4%收取建设管理费。同年8月，案涉工程公开招标，冯某得知后伙同陶某龙围标，最终以浙江某建设工程有限公司（以下简称某工程公司）名义中标。8月18日，某工程公司与某管理所签订施工合同，工程造价按照中标价确定为7951037元。后该工程由冯、陶二人施工，并于2009年7月14日经竣工验收合格，工程质量为经整改后合格。同年10月，某工程公司提交竣工决算书，决算总价为12202162元，经监理单位核定后为11082335元。至2009年7月23日，某管理所共向某工程公司支付工程款共计6059230元，某工程公司扣除挂靠费后余款均转入了冯、陶二人指定的账户。2012年8月17日，某工程公司向某集团公司和某管理所出具承诺书，承诺为妥善解决涉案工程有关问题，不再收取工程剩余尾款。

2013年，杭州市审计局在对政府投资项目进行审计时发现案涉工程造价虚高，经委托审计，浙江某工程咨询有限公司（以下简称耀信公司）出具工程造价咨询报告书，审定工程造价为3322123元（经协商利润按25%

---

[*] 本案承办人：浙江省杭州市人民检察院陈莺。

计取）。同年，拱墅区人民检察院经立案侦查发现，某管理所负责该工程的工作人员何某在工程监管过程中存在滥用职权行为，导致案涉工程中标价虚高，并因此造成公共财产损失 2737107 元。2014 年 6 月，拱墅区人民检察院对何某滥用职权案提起公诉。后因何某交通事故死亡，拱墅区人民法院裁定终止审理。

二、诉讼过程

在上述刑事案件审理期间，某管理所向拱墅区人民法院提起本案民事诉讼，要求某工程公司返还多支付的工程款 2737107 元并支付相应的利息损失。

在审理过程中，某管理所未提及何某案在审情况，也未提供冯某、陶某龙围标的相关证据，致法院对围标事实未予认定。同时，经双方同意，法院委托浙江韦宁工程审价咨询有限公司（以下简称韦宁公司）对工程价款进行鉴定，韦宁公司按照合同约定的价格出具鉴定意见，认定案涉工程造价为 5010849 元（不含工程主材 LED 瓦面灯价格）。双方对该鉴定意见均无异议。

拱墅区人民法院一审认为：某管理所提供的证据不足以证明双方签订的施工合同无效。因此，该院依据韦宁公司鉴定意见以及双方关于 LED 瓦面灯价格的约定，确认工程总造价为 7603747 元（鉴定价 5010849 元+LED 瓦面灯合同价 2592898 元）。并以某管理所支付的 6059230 元未超过这一金额为由，判决驳回了某管理所要求返还多付款项的诉讼请求。宣判后，双方均未上诉，该一审判决生效。

三、检察监督

何某家属以上述民事判决为据不停上访，认为民事判决已经认定案涉工程没有损失，检察机关起诉何某滥用职权致公共利益损失没有事实依据。

鉴于该案民事判决与刑事判决存在冲突，为厘清分歧、有效化解矛盾，杭州市人民检察院调阅刑事案件和民事案件卷宗进行全面审查。发现该案因证据不全导致三个关键事实未被认定：一是冯某、陶某龙围标；二是合同约定价虚高;三是实际交付的灯具与约定不符。受事实认定影响,原审法院对本案有两个焦点问题,即案涉施工合同效力和工程价款计付作出了错误判断,且该判决直接导致巨额国有资产损失无法追回。为还原事实真相,保护国有资产权益,杭州市人民检察院经检委会讨论决定,以案涉施工合同无效且工程价款应按实计付为由,依职权对该案民事判决提出抗诉。理由如下:

1.关于合同效力。本案影响合同效力的关键事实是:案涉工程招投标过程中是否存在串通投标事实。根据《招标投标法实施条例》第39条第2款规定,有下列情形之一的,属于投标人相互串通投标:(1)投标人之间协商投标报价等投标文件的实质性内容;(2)投标人之间约定中标人;(3)投标人之间约定部分投标人放弃投标或者中标。本案中,经查阅何某案卷宗材料发现,除原审中某管理所已提供的部分讯问笔录及自书材料外,该案中还存在多份与串通投标事实相关的重要证据,包括冯某制作的"桥西工程财务明细",冯某、陶某龙其他多份笔录及说明等。这些证据结合各投标单位的实际投标报价能够共同证明,案涉工程的实际投标人为冯某、陶某龙,在招投标过程中,二人通过贿赂其他投标人、与其他投标人约定投标报价及中标人,并最终按约中标取得案涉工程,这些行为已构成"相互串通投标"。因这些新的证据能够证明原审对串通投标事实未予认定有误。同时,根据《招标投标法》第53条和《最高人民法院关于审理建设工程施工合同纠纷案件适用法律问题的解释》第1条第3项规定,本案因实际投标人存在串通投标行为,故中标无效,据此签订的施工合同也无效,原审法院认定该合同有效,不符合法律规定。

2.关于工程价款。原审法院是按照施工合同约定的单价确定工程价款,但是本案有新的证据表明,合同约定的单价不能作为本案计价依据。一是合同约定的价格因施工合同无效而不具有约束力,且现有证据表明价格合意是某管理所受欺诈形成的,又明显偏离市场正常水平,在合同无效的情况下也不宜作为计价依据。根据最高人民法院对《关于审理建设工程施工合同纠纷案件适用法律问题的解释》的说明,该解释第2条规定合同无效后可参照合同约定支付工程价款,是基于合同约定体现了当事人的真实意思。本案中,上述串通投标的证据能够证实,工程投标价因投标人之间相互串通被整体抬高,因评标采用的是最低投标价法,即由符合招标文件的最低价中标,导致经评定的中标价并非公平竞争形成的最低价。对此,某管理所的负责人在签订合同时并不知情。故案涉价格合意实际上是在某管理所因受欺诈而对价格的真实性陷入错误认识的情况下达成的,该价格合意并非当事人真实意思体现,不能作为确定工程价款的参照。而且,经审计核实,案涉合同部分单价远高于市场正常水平,据此确定合同无效后的折价补偿款显失公平。二是按合同单价计算工程款,将使实际中标人冯某、陶某龙的违法利益受到保护,并使国家利益受损。本案实际中标人冯某、陶某龙通过贿赂其他投标人这一手段串通投标,且中标金额高达7950137元,该行为不仅违法,且已涉嫌犯罪。按照"任何人不得从自己的违法行为中获利"这一基本法则,对于案涉工程的折价补偿应以工程实际成本开支为依据。原审法院采信某工程公司的主张,对工程价款按合同约定计价,实际上将冯某、陶某龙通过串通抬价而欲实现的违法利益也保护在内。因案涉工程系国有资金投资,将违法利益也计入应付工程款,其结果是使国有资金负担了不应负担的部分,致国家利益受损,应予纠正。

杭州市中级人民法院受理后,指令拱墅区人民法院再审。拱墅区人民法院再审采纳了检察机关抗诉意见,确认施工合同无效,改判某工程公司返还多支付的工程款2737107元,并承担从2009年7月23日起的利息损失。某工程公司不服提出上诉,杭州市中级人民法院于2020年3月31日作出(2019)浙01民再84号民事判决书,驳回上诉,维持原判。

案件要旨

建设工程招投标过程中,投标人存在串通投标事实的,中标行为无效,中标人与发包人签订的建设工程施工合同亦无效。因投标人串通投标致使中标价格虚高的,该合同约定的价格不应作为对中标人实际施工行为折价补偿的依据。

法律规定索引

·《民法典》规定及沿革·

📙《民法典》

第一百五十三条第一款 违反法律、行政法规的强制性规定的民事法律行为无效。但是,该强制性规定不导致该民事法律行为无效的除外。

📙新旧对比

根据《合同法》第52条第5项规定,"违反法律、行政法规的强制性规定"的民事法律行为无效。《民法典》第153条第1款延续了《合同法》的该项规定,同时增加了但书"该强制性规定不导致民事法律行为无效的除外",实际上承继了理论和实践普遍接受的效力性强制性规定与管理性强制性规定的区分。

📙法条精义

《民法典》第153条第1款规定的是违反强制性规定的民事法律行为无效。[①]

强制性规定类型很多,根据司法解释和学理的通说观点,依据强制性规定是否对私法行为的法律效力有影响,强制性规定可以区分为管理性规定和效力性规定。如果法律行为所违反的强制性规定是管理性规定,则不会导致法律行为无效。从学术理论的角度分析,效力性规定是指对于违反强制性规定的私法上的行为,在效力后果上以私法上的方式予以一定制裁的强制性规定,行为人所预期的私法上的法律效果因此会受到一定的消极影响,或者无效,或者效力待定等。管理性规定是指对于违法行为,行为人所预期的私法上的效果不会受到私法上的制裁的强制性规定。违反管理性规范不会导致民事法律行为无效,但并不排除行为人可能受刑事上或者

[①] 关于违反强制性规定的民事法律行为的效力,我国台湾地区有关规定,法律行为违反强制或禁止之规定者无效。但其规定并不以之为无效者,不在此限。该规定与我国民法典规定基本一致。史尚宽教授认为,强制规定和禁止规定属于强行法的两种,分别是指法律命令为和不为一定行为的规定。

行政上的制裁后果。① 这就要求区分效力性强制性规定和管理性强制性规定及其法律后果，通过减少法律、行政法规对法律行为效力的限制，扩大民事主体意思自治的范围。

·司法解释·

1.《最高人民法院关于当前形势下审理民商事合同纠纷案件若干问题的指导意见》

16.人民法院应当综合法律法规的意旨，权衡相互冲突的权益，诸如权益的种类、交易安全以及其所规制的对象等，综合认定强制性规定的类型。如果强制性规范规制的是合同行为本身即只要该合同行为发生即绝对地损害国家利益或者社会公共利益的，人民法院应当认定合同无效。如果强制性规定规制的是当事人的"市场准入"资格而非某种类型的合同行为，或者规制的是某种合同的履行行为而非某类合同行为，人民法院对于此类合同效力的认定，应当慎重把握，必要时应当征求相关立法部门的意见或者请示上级人民法院。

2.《全国法院民商事审判工作会议纪要》(2019年)②

30.合同法施行后，针对一些人民法院动辄以违反法律、行政法规的强制性规定为由认定合同无效，不当扩大无效合同范围的情形，合同法司法解释（二）第14条将《合同法》第52条第5项规定的"强制性规定"明确限于"效力性强制性规定"。此后，《最高人民法院关于当前形势下审理民商事合同纠纷案件若干问题的指导意见》进一步提出了"管理性强制性规定"的概念，指出违反管理性强制性规定的，人民法院应当根据具体情形认定合同效力。随着这一概念的提出，审判实践中又出现了另一种倾向，有的人民法院认为凡是行政管理性质的强制性规定都属于"管理性强制性规定"，不影响合同效力。这种望文生义的认定方法，应予纠正。

人民法院在审理合同纠纷案件时，要依据《民法总则》第153条第1

---

① 耿林：《强制规范与合同效力》，中国民主法制出版社2009年版，第85页。
② 虽然民法总则、合同法及相应司法解释均已废止，但民法典延续了民法总则关于强制性规定的规定，故最高人民法院上述会议纪要仍可以继续适用。

款和合同法司法解释（二）第14条的规定慎重判断"强制性规定"的性质，特别是要在考量强制性规定所保护的法益类型、违法行为的法律后果以及交易安全保护等因素的基础上认定其性质，并在裁判文书中充分说明理由。下列强制性规定，应当认定为"效力性强制性规定"：强制性规定涉及金融安全、市场秩序、国家宏观政策等公序良俗的；交易标的禁止买卖的，如禁止人体器官、毒品、枪支等买卖；违反特许经营规定的，如场外配资合同；交易方式严重违法的，如违反招投标等竞争性缔约方式订立的合同；交易场所违法的，如在批准的交易场所之外进行期货交易。关于经营范围、交易时间、交易数量等行政管理性质的强制性规定，一般应当认定为"管理性强制性规定"。

3.《最高人民法院关于审理建设工程施工合同纠纷案件适用法律问题的解释（一）》

第一条 建设工程施工合同具有下列情形之一的，应当依据民法典第一百五十三条第一款的规定，认定无效：（一）承包人未取得建筑业企业资质或者超越资质等级的；（二）没有资质的实际施工人借用有资质的建筑施工企业名义的；（三）建设工程必须进行招标而未招标或者中标无效的。

承包人因转包、违法分包建设工程与他人签订的建设工程施工合同，应当依据民法典第一百五十三条第一款及第七百九十一条第二款、第三款的规定，认定无效。

第二条 招标人和中标人另行签订的建设工程施工合同约定的工程范围、建设工期、工程质量、工程价款等实质性内容，与中标合同不一致，一方当事人请求按照中标合同确定权利义务的，人民法院应予支持。

招标人和中标人在中标合同之外就明显高于市场价格购买承建房产、无偿建设住房配套设施、让利、向建设单位捐赠财物等另行签订合同，变相降低工程价款，一方当事人以该合同背离中标合同实质性内容为由请求确认无效的，人民法院应予支持。

第三条 当事人以发包人未取得建设工程规划许可证等规划审批手续为由，请求确认建设工程施工合同无效的，人民法院应予支持，但发包人在起诉前取得建设工程规划许可证等规划审批手续的除外。

发包人能够办理审批手续而未办理，并以未办理审批手续为由请求确认建设工程施工合同无效的，人民法院不予支持。

第四条 承包人超越资质等级许可的业务范围签订建设工程施工合同，在建设工程竣工前取得相应资质等级，当事人请求按照无效合同处理的，人民法院不予支持。

第五条 具有劳务作业法定资质的承包人与总承包人、分包人签订的劳务分包合同，当事人请求确认无效的，人民法院依法不予支持。

第六条 建设工程施工合同无效，一方当事人请求对方赔偿损失的，应当就对方过错、损失大小、过错与损失之间的因果关系承担举证责任。

损失大小无法确定，一方当事人请求参照合同约定的质量标准、建设工期、工程价款支付时间等内容确定损失大小的，人民法院可以结合双方过错程度、过错与损失之间的因果关系等因素作出裁判。

第二十四条 当事人就同一建设工程订立的数份建设工程施工合同均无效，但建设工程质量合格，一方当事人请求参照实际履行的合同关于工程价款的约定折价补偿承包人的，人民法院应予支持。

实际履行的合同难以确定，当事人请求参照最后签订的合同关于工程价款的约定折价补偿承包人的，人民法院应予支持。

域外立法通览

一、德国

《德国民法典》第134条规定，法律行为违反法律禁令时无效，但法律另有规定的除外。该规定明确指出了违反强制性规定除例外情况下有效、一般无效的法律后果。[1] 此处的法律指一切法律规定，无须区分是哪一种部门法。

二、日本

《日本民法典》第90条规定，以违反公共秩序或善良风俗为目的的法

---

[1] ［德］迪特尔·梅迪库斯：《德国民法总论》，邵建东译，法律出版社2000年版，第483页。

律行为无效;第91条规定,法律行为的当事人,表示了与法令中无关公共秩序的规定相异的意思,则从其意思。由此可见,日本民法典对无效法律行为的规定与德国相关的法律规定存在明显的不同,其规定违反公共秩序和善良风俗将导致行为无效,并在第91条对当事人意思表示的效力作了明显区分,以是否违反法令中的公共秩序为标准进而评价法律行为的效力。

三、法国

《法国民法典》第6条规定,个人不得以特别约定违反有关公共秩序和善良风俗的法律;第1133条规定,如原因为法律所禁止,或原因违反善良风俗或公共秩序时,此种原因为不法的原因。第6条规定可以理解为当事人之间订立的合同不得违法,如果涉及有违公序良俗的因素应为无效,而第1133条可以看出法律禁止和违反公序良俗是两种并行或者融合的不法原因。法国传统上根据合同无效的不同效果,将合同无效分为不成立、绝对无效和相对无效。通说认为绝对无效合同自始不成立;因违反法律有关保护双方当事人及第三人利益的规定的合同属于相对无效,相对无效合同成立但不生效。[①]

四、英国

英美法系学界一般运用违法和违反公共政策的概念来讨论合同无效问题。英国区分这两种合同无效的情况,违法无效是指违反制定法或者普通法(判例法)的规定而导致合同无效,即使不违法,只违反公共政策也会导致无效。如果违反的是制定法上没有明确规定合同无效的情况,还会涉及法官对制定法的解释;如果违反的是公共政策,则法官就应该适时运用自由裁量权作出法律判决。美国则倾向于将两者统一到公共政策的范围内,都属于因为违反公序良俗而无效的情形。[②] 严格地说,违反公共政策而非违法才是法院拒绝强制执行合同的真正理由。[③]

[①] 尹田:《法国现代合同法——契约自由与社会公正的冲突与平衡》,法律出版社2009年版,第231—241页。

[②] 耿林:《强制规范与合同效力》,中国民主法制出版社2009年版,第30—35页。

[③] 王军:《美国合同法》,对外经济贸易大学出版社2004年版,第129页。

实务指引

法律行为无效是指法律行为当然、自始、确定不发生效力，具体而言：（1）当然无效，指无效的法律行为无须任何人主张，当然不发生效力，任何人皆得主张其为无效，亦得对任何人主张之。无效无待当事人在诉讼上主张，法院应依职权确定其为无效，是为无效的决定性；（2）自始无效，指于法律行为成立时，即自始不发生当事人所意欲发生的效力；（3）确定无效，指无效的法律行为在其成立时，即不发生效力，且以后无再发生效力的可能性，亦不因情势变更而恢复效力，纵经当事人追认，亦不能径使其发生效力。[①] 具体到建设工程领域而言，根据相关法律规定，法定无效的情形包括应当招标而未招标、中标无效、转包、违法分包、支解发包，以及不具有相应资质等级而挂靠、未取得建设工程规划许可审批手续等签订的建设工程施工合同。同时，建设工程施工合同被确认无效后，建设工程价款如何结算、工程质量问题如何解决等，不但关乎发包人及承包人、实际施工人的切身利益，而且关乎农民工的工资，以及广大购房者的基本住房安全，需要在司法实践中予以妥善解决。

一、建设工程施工合同无效的主要情形

依据《民法典》第143条规定，民事法律行为成立后，还需要满足主体具有行为能力、意思表示真实，不违反法律、行政法规的强制性规定和不违背公序良俗等一般生效要件。同时，该法第502条亦明确规定，依法成立的合同，自成立时生效，但是法律另有规定或者当事人另有约定的除外。因建设工程中的施工安全和工程质量关乎社会公共利益，故建设工程施工合同受到民法典、建筑法、招标投标法等法律规制，同时也受到建设行政主管部门规章等规范性文件的严格监管。违反保障建设工程质量及施工安全的强制性规定，或者冲击建筑市场公平竞争秩序的民事法律行为，将被依法否认其效力，具体而言，根据最新法律及司法解释的规定，建设工程施工合同无效的情形主要有：

---

① 王泽鉴：《民法总则》，北京大学出版社2018年版，第459页。

（一）未取得资质、超越资质或借用资质签订合同的

根据住房和城乡建设部颁布的《建筑业企业资质管理规定》《建筑业企业资质标准》等规定，建筑施工企业应当参照其行业从业标准，按照其拥有的资产、主要人员、已完成的工程业绩和技术装备等条件申请建筑业企业资质，经审查合格，取得建筑业企业资质证书以后，方可在资质许可的范围内从事建筑施工活动，且建筑业企业资质实行分级审批制度，严格建筑施工市场的准入条件，以保证建筑工程质量。任何建筑施工企业在未取得相应等级的资质，或者资质等级证书过期未延续，或者未能保持资产、主要人员、技术装备等方面满足相应资质标准要求条件的，以及无资质的实际施工人借用有资质企业名义，与发包人签订的建设工程施工合同，均为无效合同，以体现法律、行政法规对建筑业企业资质的严格管理。

同时，若发包人未取得建设工程规划许可证等规划审批手续，根据相关法律规定，发包人签订的建设工程施工合同亦为无效合同。

（二）必须招标的建设工程未招标或中标无效后签订合同的

根据《招标投标法》第3条的规定，在我国境内进行的大型基础设施、公用事业等关系社会公共利益、公共安全的项目，全部或部分使用国有资金投资或国家融资的项目，以及使用国际组织或外国政府贷款、援助资金的项目，属于必须招标的工程范围。因此，若发包人未履行招标手续，而直接与承包人签订建设工程施工合同的，该合同无效。

关于中标无效的情形，根据招投标相关法律法规的规定，主要包括发包人与投标人在投标前就实质性内容进行磋商的、串通投标的、以行贿等非法手段投标的、发包人提前泄露标底等。由于中标是发包人与承包人签订建设工程施工合同的前提条件，只有符合法律规定的中标，才能形成合法的建设工程施工合同，而无效的中标必然导致建设工程施工合同无效。

实践中还有一种情形，即发包人与承包人签订建设工程施工合同后，背离该中标合同的实质性内容而另行签订协议（通常谓之"黑合同"），该"黑合同"同样因破坏建筑市场公平竞争秩序而无效。该实质性内容主要包括建设工程的施工范围、工期、质量标准、价款等足以影响其他投标人投标的考量因素。

（三）承包人因转包或违法分包建设工程与他人签订建设工程施工合同的

转包是指承包人将其承建的工程全部交由第三人施工，或者将工程支解后，各自分包给不同第三人施工，《建筑工程施工发包与承包违法行为认定查处管理办法》对此进行了明确规定。承包人将其承建的工程转包，不仅是对合同信赖关系和稳定性的严重破坏，违反诚信的帝王原则，而且承包人在转包时往往已收取了相应利润，故其后续一般不会再对工程施工进行有效管理，严重危害工程质量及施工安全，由此，法律明确规定，承包人与接受转包的第三人所签订的转包合同无效，但并不会由此导致发包人与承包人签订的建设工程施工合同无效。

分包是将建设工程施工合同项下的权利义务部分转让的行为。根据相关法律规定，在承包人自行完成建筑工程主体结构施工的情况下，经发包人许可，承包人可以将承包的部分工程分包给具有相应资质的第三人，由第三人来辅助完成整个建筑工程的施工，这是合法分包，除此之外的分包行为均为违法分包，主要包括主体结构分包、分包给不具备资质的施工单位或个人。就违法分包而言，承包人与接受分包的主体签订的建设工程施工合同无效，但并不会由此导致发包人与承包人签订的建设工程施工合同无效。当然，若发包人将本应必须招标的建设工程支解后发包，以规避招投标的法定程序的，发包人与各承包人签订的建设工程施工合同应为无效合同。

二、建设工程施工合同无效后，工程款如何结算

《民法典》第793条规定："建设工程施工合同无效，但是建设工程经验收合格的，可以参照合同关于工程价款的约定折价补偿承包人。"第157条规定："民事法律行为无效、被撤销或者确定不发生效力后，行为人因该行为取得的财产，应当予以返还；不能返还或者没有必要返还的，应当折价补偿……"与一般的合同相比，建设工程施工合同具有特殊性，承包人在施工过程中的投入已被物化为建设工程的一部分，客观上已经无法实际返还，只能折价补偿。也就是说，在建设工程施工合同无效的情况下，发包人已经无法适用恢复原状的返还原则，只能以折价补偿的方式平衡双方

的利益。

最高人民法院《关于审理建设工程施工合同纠纷案件适用法律问题的解释（一）》（法释〔2004〕14号）第2条规定："建设工程施工合格无效，但建设工程经竣工验收合格，承包人请求参照合同约定支付工程价款的，应予支持。"民法典的上述规定与该司法解释的规定基本一致，只不过民法典的表述更为精确，避免了司法解释"无效合同作有效处理"所带来的争议，但承包人或实际施工人所能获得最终的结算数额基本不变，仍是根据或参照"合同关于工程价款的约定"最终计算，当然，这一切都有一个至为关键的前提——建设工程经验收合格，若最终没有被验收合格，甚至是在修复后仍不合格，则承包人或实际施工人无权请求折价补偿。

三、合同无效，承包人能否向实际施工人主张按照合同约定支付管理费

根据最高人民法院民事审判第一庭2021年第21次专业法官会议纪要，转包合同、违法分包合同及借用资质合同均违反法律的强制性规定，属于无效合同。前述合同关于实际施工人向承包人或者出借资质的企业支付管理费的约定，应为无效。实践中，有的承包人、出借资质的企业会派出财务人员等个别工作人员从发包人处收取工程款，并向实际施工人支付工程款，但不实际参与工程施工，既不投入资金，也不承担风险。实际施工人自行组织施工，自负盈亏，自担风险。承包人、出借资质的企业只收取一定比例的管理费。该管理费实质上并非承包人、出借资质的企业对建设工程施工进行管理的对价，而是一种通过转包、违法分包和出借资质违法套取利益的行为。此类管理费属于违法收益，不受司法保护。因此，合同无效，承包人或者出借资质的建筑企业请求实际施工人按照合同约定支付管理费的，不予支持。

（案例撰写人：李宝乾）

专家点评

本案是一起典型的"刑民交叉"案件，通过检察机关抗诉启动再审程序后，才在民事诉讼中引入了刑事程序中获得的证据。但是，民事诉讼贯

彻辩论主义，原则上，民事诉讼中法官调查的事实范围受当事人主张的事实范围约束。因此需要考虑在民事诉讼中引入刑事程序中相关证据的途径。检察机关抗诉是一种途径，但能否建立更为常态化的机制值得深思。

虽然合同的无效是自始、确定、当然无效，但是在民事诉讼中仍然需要当事人的主张或者其事实基础引起法官对合同效力的合理怀疑，也需要当事人能够提供证据证明足以否定合同效力的事实。因此，民事诉讼中认定的案件事实必然存在一定的局限性。民事判决既判力的相对性原则可以在一定程度上弥补民事诉讼的这一局限。但本案涉及国有资产、公共利益损失，是否需要在既有的民事诉讼之外补充其他程序机制，也值得考虑。

《民法典》第793条第1款规定，建设工程施工合同无效后"可以参照合同关于工程价款的约定折价补偿承包人"，此处的"参照适用"不适用于本案这种通过串通投标致使合同约定的工程价款明显高于市场正常水平的情况，在解释上应予限缩。

（点评人：冯珏，中国社会科学院大学教授、
中国社会科学院法学研究所编审）

002 实际施工人的认定与合同相对性的突破

甲建设公司与乙房地产公司建设工程施工合同纠纷抗诉案[*]

———— **案情简介** ————

一、基本事实

2009年4月15日,甲建设公司与乙房地产公司订立建筑工程施工合同一份,约定乙房地产公司将华庭小区3#住宅楼工程交由甲建设公司施工,合同中标价包含劳保基金102万元。乙房地产公司向银川市建筑行业管理处缴纳工程劳动保险费70万元。2011年8月16日,双方又订立建筑工程施工合同一份,约定乙房地产公司将华庭小区20#商住楼工程交由甲建设公司施工,合同中标价包含劳保基金83万元。乙房地产公司未向银川市建筑行业管理处缴纳华庭小区20#商住楼劳动保险费。两项工程的劳动保险费合计185万元,乙房地产公司向银川市建筑行业管理处缴纳70万元,剩余115万元未按规定及时、足额缴纳。

此后,案涉工程由丙建筑公司挂靠甲建设公司施工完成,甲建设公司收取丙建筑公司工程管理费20万元;乙房地产公司与丙建筑公司已就案涉工程进行结算并已支付全部工程款,并经乙房地产公司竣工验收。

二、诉讼过程

2017年10月13日,甲建设公司诉至银川市兴庆区人民法院,要求乙房地产公司支付劳动保险费及逾期利息205万元。该院经审理后认为,乙房地产公司将案涉工程交由甲建设公司施工,双方之间存在建设工程施工合同法律关系。根据2011年《宁夏回族自治区建筑工程劳动保险管理办

---

[*] 本案承办人:宁夏回族自治区人民检察院马秀宁(已退休);宁夏回族自治区银川市人民检察院陈学文。

法》规定，建筑工程劳动保险费是指列入建筑安装工程造价中为建筑企业从业人员缴纳的基本养老保险、基本医疗保险、工伤保险、失业保险和生育保险费的统称，由建设单位缴纳至建设主管部门，建设主管部门再按照一定的标准拨付给施工单位。案涉工程3%的劳动保险费合计185万元，乙房地产公司已向银川市建筑行业管理处缴纳70万元，剩余115万元未按规定及时、足额缴纳。按照现行政策规定劳动保险费已无法补缴，对历年缓缴、欠缴的劳动保险费由建设单位和施工企业协商解决。甲建设公司完成案涉工程施工并通过竣工验收，其无法从建设主管部门领取劳动保险费，对甲建设公司提起诉讼要求乙房地产公司支付剩余劳动保险费的主张予以支持，判决乙房地产公司向甲建设公司支付劳动保险费及逾期利息134万元。

乙房地产公司不服一审判决，提起上诉。银川市中级人民法院审理后二审判决：驳回上诉，维持原判。乙房地产公司不服生效判决，向宁夏回族自治区高级人民法院申请再审，该院经审理后裁定驳回再审申请。

三、检察监督

乙房地产公司向检察机关申请监督，检察机关经审查后查明：案涉工程由丙建筑公司挂靠甲建设公司施工完成，甲建设公司收取丙建筑公司工程管理费20万元；乙房地产公司与丙建筑公司已就案涉工程进行结算并已支付全部工程款。据此，检察机关向宁夏回族自治区高级人民法院提起抗诉，检察机关认为：

1. 生效判决认定案涉工程由甲建设公司实际施工缺乏证据证明。首先，乙房地产公司二审中提供的介绍信、管理费收取凭证，证明甲建设公司收取3#楼工程管理费20万元。甲建设公司主张案涉工程由其负责施工完成，但对为何向丙建筑公司收取挂靠管理费不能作出合理说明，也未提交相关证据。其次，乙房地产公司提供的分包合同、工程款支付凭证以及工程结算单，可以印证丙建筑公司对案涉工程实际施工并结算的事实，并提供证据证明案涉工程并非由甲建设公司施工。

2. 生效判决判令乙房地产公司将案涉工程剩余的建筑工程劳动保险费全部支付给甲建设公司明显不当。建设工程劳动保险费作为建设工程规费，系工程造价的组成部分，应当作为工程款组成部分支付给施工单位。丙建筑公司作为实际施工人完成了施工建设任务，承担了施工过程中用工风险，应当享有领取劳动保险费的权利。

2019年6月19日，宁夏回族自治区高级人民法院作出再审裁定书。该院认为，乙房地产公司提供的证据证明丙建筑公司曾分包施工了案涉工程，本案应查明案涉工程具体由谁实际施工；根据查明的案件事实依法判断甲建设公司的诉讼请求是否成立。原审判决认定的基本事实不清，裁定撤销一、二审判决，发回银川市兴庆区人民法院重审。在银川市兴庆区人民法院重审过程中，甲建设公司申请撤诉，该院裁定准许。

案件要旨

在建设工程施工合同纠纷中，因工程转包、分包等原因致使实际施工人身份认定产生争议的，应结合建设工程施工合同、挂靠管理费缴纳凭据、施工资料、施工现场管理等事实综合判断。建设工程竣工后，实际施工人有权主张劳动保险费。

法律规定索引

·《民法典》规定及沿革·

《民法典》

第四百六十五条第二款 依法成立的合同，仅对当事人具有法律约束力，但是法律另有规定的除外。

第七百九十一条 发包人可以与总承包人订立建设工程合同，也可以分别与勘察人、设计人、施工人订立勘察、设计、施工承包合同。发包人不得将应当由一个承包人完成的建设工程支解成若干部分发包给数个承包人。

总承包人或者勘察、设计、施工承包人经发包人同意，可以将自己承包的部分工作交由第三人完成。第三人就其完成的工作成果与总承包人或者勘察、设计、施工承包人向发包人承担连带责任。承包人不得将其承包的全部建设工程转包给第三人或者将其承包的全部建设工程支解以后以分包的名义分别转包给第三人。

禁止承包人将工程分包给不具备相应资质条件的单位。禁止分包单位将其承包的工程再分包。建设工程主体结构的施工必须由承包人自行完成。

第八百零一条 因施工人的原因致使建设工程质量不符合约定的，发包人有权请求施工人在合理期限内无偿修理或者返工、改建。经过修理或者返工、改建后，造成逾期交付的，施工人应当承担违约责任。

■ 新旧对比

《合同法》第 8 条规定："依法成立的合同，对当事人具有法律约束力。当事人应当按照约定履行自己的义务，不得擅自变更或者解除合同。依法成立的合同，受法律保护。"《民法典》第 465 条在《合同法》第 8 条规定的基础上，进一步明确了除了法律另有规定外，合同仅对当事人具有约束力。

《合同法》第 272 条规定："发包人可以与总承包人订立建设工程合同，也可以分别与勘察人、设计人、施工人订立勘察、设计、施工承包合同。发包人不得将应当由一个承包人完成的建设工程肢解成若干部分发包给几个承包人。总承包人或者勘察、设计、施工承包人经发包人同意，可以将自己承包的部分工作交由第三人完成。第三人就其完成的工作成果与总承包人或者勘察、设计、施工承包人向发包人承担连带责任。承包人不得将其承包的全部建设工程转包给第三人或者将其承包的全部建设工程肢解以后以分包的名义分别转包给第三人。禁止承包人将工程分包给不具备相应资质条件的单位。禁止分包单位将其承包的工程再分包。建设工程主体结构的施工必须由承包人自行完成。"第 281 条规定："因施工人的原因致使建筑工程质量不符合约定的，发包人有权要求施工人在合理期限内无偿修理或者返工、改建后，造成逾期交付的，施工人应当承担违约责任。"

《民法典》第 791 条、第 801 条源自《合同法》第 272 条、第 281 条的规定，其中第 791 条在文字措辞方面略有改进，一是将"肢解"改为"支解"；二是将"几个"改为"数个"。就"肢解"和"支解"而言，虽然两个词在某些时候可以通用,但是在建设工程领域中,其本意是将建设工程分割成几个部分发包给多个承包人,因此在建设工程领域使用"支解"比"肢解"更为恰当典雅。合同法中"几个"的文字表述比较口语化,改为"数个"更符合书面语的特征,体现了民法典作为基本法律的严肃性。

▎法条精义

依法成立的合同,仅对当事人具有法律约束力,这就是合同相对性原则。合同相对性原则是指合同项下的权利只能由当事人享有、义务只能由当事人承担,合同仅对当事人具有法律约束力,对合同当事人之外的第三人不具有法律约束力。法律作出这一规定的主要理由在于:一方面,合同是当事人之间的约定,只有作出意思表示的当事人才能受该意思表示的约束。另一方面,为了保护第三人及社会秩序的稳定,未经第三人同意,当事人不得为他人设定合同义务。即使是当事人为第三人设定权利,使第三人可以享有某种利益,也应经由法律的明确规定。合同相对性主要表现为合同主体的相对性、合同内容的相对性及合同违约责任的相对性。

当然,现实生活复杂多样,当事人之间订立的合同,不可避免地与第三人产生各式各样的联系,而合同相对性原则在保护第三人利益方面的局限性暴露得越来越明显,因此,在确立合同相对性原则的前提下,也有必要针对个别情形作出例外规定,允许在这些特定情形下突破合同相对性原则,使合同可以对第三人产生法律约束力,比如,《民法典》第522条第2款规定的真正第三人利益合同,第535条、第536条、第537条规定的债权人代位权制度,第538条、第539条规定的债权人撤销权制度,第725条规定的买卖不破租赁制度等。

·司法解释·

《最高人民法院关于审理建设工程施工合同纠纷案件适用法律问题的解释(一)》

第四十三条 实际施工人以转包人、违法分包人为被告起诉的,人民法院应当依法受理。

实际施工人以发包人为被告主张权利的,人民法院应当追加转包人或者违法分包人为本案第三人，在查明发包人欠付转包人或者违法分包人建设工程价款的数额后，判决发包人在欠付建设工程价款范围内对实际施工人承担责任。

第四十四条 实际施工人依据民法典第五百三十五条规定，以转包人或违法分包人怠于向发包人行使到期债权或者与该债权有关的从权利，影响其到期债权实现，提起代位权诉讼的，人民法院应予支持。

域外立法通览

一、大陆法系关于突破合同相对性的规定

在大陆法系中，合同是债发生的原因之一，是最典型的债的形式，在涉及合同相对性问题时，主要援引债的相对权性质及其理论。古罗马法创建了债的相对性原则，认为合同以外的第三人不能享有任何合同上的权利。债则被界定为"是依国法使他人为一定给付的法锁"。[1] 由此可见，债是特定人与特定人之间的关系，彼此不能分割。在古罗马时期，债产生的原因往往不是因为财产关系的变动，而是基于某种犯罪。在父权体系下，"因家子侵犯家外人的犯罪，家父可以将家子交给被害人而摆脱自己的责任"[2]。可见，债的关系最初是被视为一种具有人身惩罚属性的人身关系，这种债的关系实质是锁住人身自由的法链，不可转让、不能替代。随着从原始向文明社会的过渡，其人身惩罚属性逐渐丧失，但罗马法所创立的债对债权人和债务人产生约束力的理论，被大陆法系各国所承继，并在合同法领域中进一步延伸，对近现代大陆法系的合同立法产生重大影响。

大陆法系国家民法典中最早明确规定合同相对性原则的是法国民法典，该法第1119条规定，任何人在原则上，只能为自己接受约束并以自己的名义订立契约；第1134条规定，依法成立的契约，对于缔结该契约

---

[1] ［英］阿蒂亚：《合同法概况》（中译本），程正康等译，法律出版社1982年版，第2页。

[2] 吴文嫔：《第三人利益合同原理与制度论》，法律出版社2009年版，第6页。

的人，有相当于法律的效力；第 1165 条规定，契约仅在当事人之间发生效力。根据法国学理的解释，合同相对性原则是指合同既不能对第三人造成损害，也不会给第三人带来利益，即不会使第三人成为债权人或债务人，亦即第三人不会被强制履行合同义务，也无权要求合同当事人履行义务。① 法国民法典在多个领域明确赋予了第三人突破合同相对性的权利。这些领域包括：其一，《法国民法典》第 1121 条规定在为第三人利益合同中，当第三人声明有接受合同利益条款约束的意思表示时，合同当事人不能对第三人利益给予取消。其二，《法国民法典》第 1166 条和第 1167 条规定当债务人实施欺诈侵害债权人权利的行为时，债权人享有撤销权，但某些专属于债务人的权利不在撤销权的行使范围内。其三，《法国民法典》第 1753 条在房屋租赁合同中，赋予了房屋所有人（出租人）直接向次承租人索要租金的诉权，但次承租人仅在当时应付的次承租人租金限度内承担支付义务。其四，在建设工程合同中，《法国民法典》第 1798 条赋予了建筑工人和分包人直接起诉发包人要求支付价金的权利，但针对建筑工人的请求，发包人仅在尚欠承包人的工程款范围内承担责任。在建设工程领域，还通过判例的方式赋予了发包人直接越过承包人起诉无合同关系的建材供应商的权利。② 其五，在复代理中，《法国民法典》第 1994 条第 2 款赋予委托人直接向复代理人请求的权利。③ 其六，在产品质量领域，通过判例的方式赋予消费者就产品质量或生产者隐瞒产品瑕疵导致消费者损害时，可突破合同相对性直接向生产者起诉主张违约责任的权利。④

德国等国的规定与法国规定基本相同。《德国民法典》第 241 条规定，债权人因债的关系得向债务人请求给付。《意大利民法典》第 1321 条，契

---

① 尹田：《法国现代合同法》，法律出版社 1995 年版，第 248 页。
② 李世刚：《直接诉权立法的法国经验与启示》，载《北京理工大学学报（社会科学版）》2014 年第 1 期。
③ 参见《法国民法典》第 1121 条、第 1166 条、第 1167 条、第 1753 条、第 1798 条、第 1994 条。《法国民法典》，罗结珍译，北京大学出版社 2010 年版，第 303 页、第 312 页、第 413 页、第 420 页、第 474 页。
④ 韩世远：《合同法总论》，法律出版社 2011 年版，第 13 页。

约是双方当事人关于他们之间财产法律关系的设立、变更或消灭的合意。德国法律对合同相对性原则的规定较为严格，但部分领域法典给予了第三人突破合同相对性的权利：其一，《德国民法典》第328条第1款规定了为第三人利益合同中，第三人拥有直接请求合同当事人给付的权利。[①] 其二，消费者为购买企业经营者的商品或服务而向贷款人借款，《德国民法典》第358条和第359条将消费者与企业经营者之间的买卖合同、消费者（借款人）与贷款人之间的借款合同关系定义为相关联的合同，并在"相关联的合同"中，赋予消费者撤回"与被撤回的合同相关联的合同"和"在相关联的合同情形下抗辩的权利"。[②] 一方面，当消费者通过合法有效的手段撤回了其与企业经营者之间建立买卖合同的意思表示，则消费者具有突破合同相对性撤回其与贷款人建立借款合同的意思表示的权利；另一方面，当企业经营者拒绝向消费者给付应当提供的商品或服务时，消费者享有了一个特殊的抗辩：拒绝向贷款人偿还借款，我国台湾地区学者称此为"穿透抗辩"。

二、英美法系关于突破合同相对性的规定

在英美法系中，合同通常被解释为协议或允诺。合同一般是指两个以上当事人间具有法律约束力的协议，或由一个以上当事人所为一组具有法律约束力之允诺。由于英美法系中没有债或债的体系等范畴，所以其对应的概念是"合同的相对性"，基本内涵是："合同项下的权利义务只能赋予给当事人或加在当事人身上，合同只能对合同当事人产生拘束力，而非合同当事人不能诉请强制执行合同"[③]。

英国法对合同相对性的突破主要通过代理、信托、债权转让等方式实现，至于其他方面是否能够突破合同相对性，英国法律界长期未有定论。[④] 1999年，英国国会通过了《1999年合同（第三人）权利法案》，赋予了第三人要求强制履行合同条款的权利，后在2003年形成Nisshin

---

[①] 《德国民法典》（第四版），陈卫佐译，法律出版社2015年版，第124页。
[②] 《德国民法典》（第四版），陈卫佐译，法律出版社2015年版，第135页。
[③] 王利明：《论合同的相对性》，载《中国法学》1996年第4期。
[④] 沈达明：《英美合同法引论》，对外经济贸易大学出版社1993年版，第206—213页。

Shipping Co., Ltd. v Cleaves & Co., Ltd. 的判例。

相比于英国,美国对于合同相对性的突破更显灵活。1932年《第一次合同法重述》确认为第三人利益合同中有三类"第三人"享有突破合同相对性的权利:贷方受益人、受赠方受益人和附带受益人。[①] 1979年美国颁布了《第二次合同法重述》,其第302条把受赠方受益人、贷方受益人称为有意受益人,有意受益人可以通过直接起诉的方式要求诺言人履行自己的诺言。[②] 经过两次合同法重述,美国确立了第三人突破合同相对性的制度,更好地维护了为第三人利益合同中第三人的合法权益。

建设工程领域,美国专门制定了特殊的突破合同相对性的措施。美国建设工程一般有四类当事人:定作人、承包人、保证人、建筑工人及材料供应商,其中,定作人基本等同于我国法律中发包人的概念。为确保承包人能够向建筑工人及材料供应商清偿因工程而产生的债务,发包人会与承包人、保证人三方签订保证合同,要求承包人向保证人支付保证款项并确定清偿事宜。在该保证合同中,如果承包人不履行清偿义务,按照合同相对性原则,不是合同当事人的建筑工人及材料供应商便没有权利要求保证人承担保证责任,但大多数美国法院承认建筑工人及材料供应商为"受益人",允许建筑工人及材料供应商突破合同相对性,有权利要求保证人清偿承包人的债务。[③]

实务指引

合同相对性原则在整个合同制度中具有重要的基础地位,民法典合同编将合同相对性原则在第一章"一般规定"中予以明确,确立了合同相对性原则在合同编中的基础地位,并在相关制度中得到具体体现。合同的相对性原则在商品经济中发挥了促进交易、扩大市场等积极的作用。但随着经济活动日益复杂、社会关系日益增多,合同的形式和内容也多样化发展,乃至不拘泥于合同的两方,使得合同权利的实现需要第三方的介入,

---

① 王军:《美国合同法》(修订版),对外经济贸易大学出版社2011年版,第305页。
② 王军:《美国合同法》(修订版),对外经济贸易大学出版社2011年版,第306页。
③ 沈达明:《英美合同法引论》,对外经济贸易大学出版社1993年版,第191页。

或者合同义务的履行需要他人得以实现，合同的相对性不断被突破。在建设工程合同纠纷中，我国法律赋予两个主体突破合同相对性的权利：一是发包人向实际施工人主张工程质量责任的权利；二是实际施工人就工程款突破合同相对性的权利。这两类权利都与实际施工人密不可分，因此如何准确划定实际施工人的范围对于正确办理案件至关重要。

一、如何界定实际施工人

《最高人民法院关于审理建设工程施工合同纠纷案件适用法律问题的解释》（法释〔2004〕14号，以下简称《原建设工程司法解释》）颁布之前，我国相关法律法规并没有实际施工人的概念，只有合同法中有施工人概念。施工人是建设工程施工合同中约定的施工主体，包含承包人、专业分包人以及劳务分包人。上述司法解释提出了实际施工人概念，与施工人相对应，但并未对实际施工人进行明确定义，最高人民法院民事审判第一庭在编著的《最高人民法院建设工程施工合同司法解释的理解与适用》中认为，实际施工人是指无效合同的承包人，如转包人、违法分包的承包人、没有资质借用有资质的承包人。根据司法实践，在以下三种情形下存在实际施工人：

（一）转包

转包是指承包人承包工程后，将工程整体转承包他人，或将全部工程支解后分别转包给数个主体，承包人自己不履行合同约定的义务和责任的情形。依据《建筑法》第28条、《建筑工程施工发包与承包违法行为认定查处管理办法》第7条的规定，非法转包存在两种情形：一是整体转包；二是支解转包。整体转包包括直接整体转包和视同整体转包。直接整体转包如其字面含义，指的是承包人直接将全部工程整体转包他人施工；视同整体转包是《建筑工程施工发包与承包违法行为认定查处管理办法》第8条作出的兜底规定，通过人员、财务往来、材料及机械设备的来源可以细分为不同类型。支解转包是指将工程分拆成几个不同的部分，分别转包给不同的主体，承包人自己不施工。

（二）违法分包

在建设工程领域，建筑施工企业从事建筑施工活动的资格就是建筑资质。住房和城乡建设部发布的《建筑业企业资质标准》，将建筑业企业资质分为施工总承包、专业承包和施工劳务三个序列，其中施工总承包序列设有12个类别，一般分为4个等级（特级、一级、二级、三级）；专业承包序列设有36个类别，一般分为3个等级（一级、二级、三级）；施工劳务序列不分类别和等级。在上述资质等级范围内，具有专业技术的专业工程和劳务是可以分包至有资质的企业进行施工的，此谓之合法分包。违法分包是相对合法分包而言的，是指承包单位承包工程后违反法律法规规定，把单位工程或分部分项工程分包给其他单位或个人施工的行为。《建筑工程施工发包与承包违法行为认定查处管理办法》第12条的规定，违法分包主要包括：(1)承包单位将其承包的工程分包给个人的；(2)施工总承包单位或专业承包单位将工程分包给不具备相应资质单位的；(3)施工总承包单位将施工总承包合同范围内工程主体结构的施工分包给其他单位的，钢结构工程除外；(4)专业分包单位将其承包的专业工程中非劳务作业部分再分包的；(5)专业作业承包人将其承包的劳务再分包的；(6)专业作业承包人除计取劳务作业费用外，还计取主要建筑材料款和大中型施工机械设备、主要周转材料费用的。

（三）挂靠

挂靠是指没有相应资质等级的单位或个人以其他有资质的施工单位的名义承揽工程的行为。建设工程领域导致挂靠的主要原因有：一是自然人或企业没有资质；二是自然人或企业资质等级较低。因此，从实质上来说，挂靠就是借用资质。根据《建筑工程施工发包与承包违法行为认定查处管理办法》第8条、第10条的规定，挂靠主要包括：(1)没有资质的单位或个人借用其他施工单位的资质承揽工程的；(2)有资质的施工单位相互借用资质承揽工程的，包括资质等级低的借用资质等级高的，资质等级高的借用资质等级低的，相同资质等级相互借用的；(3)本办法第8条第1款第3—9项规定的情形，有证据证明属于挂靠的。

实际施工人就是在上述违法情形中实际完成施工义务的单位或者个人，即由实际施工人最终投入资金、人工、材料、机械设备进行实际施工，主要包括以下几个特征：(1)实际施工人是实际履行承包人义务的人，包括对整个建设工程进行施工的人，还有对部分建设工程进行施工的人；

（2）实际施工人与发包人一般没有直接的书面合同关系，如果二者存在书面合同，则属于施工人与发包人的关系；（3）实际施工人同与其签订转包合同、违法分包合同或者合作合同的建筑施工企业之间不存在劳动关系或者劳务关系。司法实践中，对于合法专业分包、劳务分包中的承包人，一般不认定为实际施工人。

二、合同相对性在我国建设工程领域的突破

为解决房地产行业爆发式发展中的工程质量、拖欠农民工工资等问题，在建设工程领域，我国法律赋予了两个主体突破合同相对性的权利：一是发包人就工程质量问题突破合同相对性的权利；二是实际施工人就工程款突破合同相对性的权利。

（一）发包人就工程质量突破合同相对性的权利

"安全责任重于泰山"，建筑工程的质量不仅影响着人们的财产权，而且直接关系到人民的生命权、健康权，工程质量必须摆在建设工程施工合同法律体系保护的首位。1997年《建筑法》赋予发包人就工程质量突破合同相对性的权利，第55条规定，建筑工程实行总承包的，工程质量由工程总承包单位负责，总承包单位将建筑工程分包给其他单位的，应当对分包工程的质量与分包单位承担连带责任。分包单位应当接受总承包单位的质量管理；第58条再次明确，建筑施工企业对工程的施工质量负责。第66条还规定，挂靠中资质的出借方和借用方应当就承揽的工程不符合规定的质量标准造成的损失承担连带赔偿责任。这样，从实体上赋予了发包人就工程质量突破合同相对性的权利，有权要求总包单位和分包单位、挂靠单位和被挂靠单位就工程质量承担连带责任。

之后，多部法律法规、司法解释对发包人就工程质量突破合同相对性的权利作了细化或强调。例如，1999年《合同法》第272条、第281条，1999年《招标投标法》第48条第3款，2000年《建设工程质量管理条例》第27条，《原建设工程司法解释》（法释〔2004〕14号）第25条，2015年《最高人民法院关于适用〈中华人民共和国民事诉讼法〉的解释》第54条，《最高人民法院关于审理建设工程施工合同纠纷案件适用法律问题的解释（二）》（法释〔2018〕20号，以下简称《原建设工程司法解释二》）第4条，

《民法典》第791条、第801条。

(二)实际施工人就工程款突破合同相对性的权利

建筑业是资金密集型行业,其发展需要大量的资金作为后盾。改革开放后,为促进房地产的发展,解决房地产开发资金不足的问题,我国内地学习、复制了香港的商品房预售制度。在商品房预售制度下,若发包人因资金短缺或挪用资金而拖欠工程款,将会导致上游主体无力支付下游主体的工程款项,最终致使付出了劳动和汗水的建筑工人的利益得不到有效保障。为保护"建筑工人"的利益,党中央和国务院高度关注"拖欠农民工工资"问题的解决。一方面,域外法已经存在保护"建筑工人"突破合同相对性的体系;另一方面,大范围的"拖欠农民工工资",不仅是经济问题、法律问题,更是社会问题、政治问题。在这样的背景下,为保护农民工的合法利益,《原建设工程司法解释》(法释〔2004〕14号)第26条明确赋予了实际施工人突破合同相对性的权利,从此,实际施工人不仅可以向转包人、违法分包人主张权利,还可以在欠付工程款的范围内向发包人主张权利。该规定为建设工程领域实际施工人对合同相对性的突破开创了先河。《原建设工程司法解释二》(法释〔2018〕20号)的第24条进一步明确,实际施工人突破合同相对性向发包人主张权利时,转包人或者违法分包人应当作为第三人加入诉讼。根据上述规定,实际施工人直接向发包人主张工程款,需具备以下条件:第一,实际施工人对转包人或者违法分包人享有债权;第二,发包人欠付转包人或者违法分包人建设工程价款;第三,实际施工人只能在发包人欠付转包人或者违法分包人建设工程价款的范围内主张权利。如果发包人已将工程款全额支付给转包人或违法分包人,因转包人或者实际施工人的原因,实际施工人未实际获得工程款,则实际施工人只能依照合同相对性向转包人或违法分包人主张权利。《原建设工程司法解释二》(法释〔2018〕20号)第25条还强调了实际施工人可以在转包人或者违法分包人有损其债权的行为时(怠于行使权利),提起代位权诉讼。

现行有效的《最高人民法院关于审理建设工程施工合同纠纷案件适用法律问题的解释(一)》(法释〔2020〕25号,以下简称《建设工程司法解释一》)第43条规定:"实际施工人以转包人、违法分包人为被告起诉的,人民法院应当依法受理。实际施工人以发包人为被告主张权利的,人民法院应当追加转包人或者违法分包人为本案第三人,在查明发包人欠付转包人或者违法分包人建设工程价款的数额后,判决发包人在欠付建设工程价款范围内对实际施工人承担责任。"在诉讼过程中,若实际施工人仅以发包人为被告主张权利的,则一般应追加转包人或违法分包人为第三人,以便人民法院查清各方当事人之间欠付工程款的情况,准确界定发包人的责任范围。

需要注意的是,根据最高人民法院民事审判第一庭2021年第20次专业法官会议纪要,可以依据前述规定突破合同相对性原则请求发包人在欠付工程款范围内承担责任的实际施工人不包括借用资质及多层转包和违法分包关系中的实际施工人。原因在于,本条解释为保护农民工等建筑工人的利益,突破合同相对性原则,允许实际施工人请求发包人在欠付工程款范围内承担责任。对该条解释的适用应当从严把握。最高人民法院民事审判第一庭2021年第21次专业法官会议纪要又进一步明确,为防止不同生效判决判令发包人就同一债务分别向承包人和实际施工人清偿的情形,在承包人已经起诉发包人支付工程款的情况下,实际施工人可以在一审辩论终结前申请作为第三人参加诉讼,其另诉请求发包人在欠付工程款范围内承担责任的,不应受理。实际施工人作为第三人参加诉讼后,如果请求发包人在欠付工程款范围内承担责任,应当将承包人的诉讼请求和实际施工人的诉讼请求合并审理。

(案例撰写人:李宝乾 李佳倩)

专家点评

在案涉合同无效的情况下,由实际施工人与发包人结算工程价款,合同中约定的施工人无权要求发包人按照合同约定支付工程价款。实际施工人与发包人结算工程价款,性质上属于合同无效后的折价补偿,按照《民法典》第793条第1款规定,可以参照合同关于工程价款的约定。在案涉合同有效的情况下,发包人与实际施工人结算工程价款,除非合同中有相关约定,或者法院判令发包人在欠付工程款的范围内向实际施工人承担责任，否则对合同相对方不构成债的清偿。

案涉合同约定的建筑工程劳动保险费，系工程造价的组成部分，应当作为工程款组成部分支付给施工单位或实际施工人。在无法补缴的情况下，应当作为施工单位或实际施工人受到的损失而获得赔偿。

结合相关规定及司法实践，认定实际施工人身份的主要事实应当是合同履行过程中发生的事实，诸如实际投入资金、购买材料、安排劳动力施工、挂靠管理费缴纳凭据、施工资料、施工现场管理、项目结算等。

（点评人：冯珏，中国社会科学院大学教授、中国社会科学院法学研究所编审）

003 建设工程领域表见代理的认定
甲公司等买卖合同纠纷抗诉案[*]

案情简介

一、基本事实

2012年1月20日,甲公司与某交通枢纽集团签订公交站场工程施工合同,约定由甲公司承建某公交站场工程,该合同加盖甲公司印章以及公交站场项目经理部的印章。此后,甲公司与乙公司签订公交站工程施工合同,约定甲公司将某公交站场工程转包给乙公司,所有用于工程实体和施工所需的设备、材料、构件等均由乙公司自行采购或组织,该合同加盖有双方公章及法定代表人签字。随后,乙公司与丙公司签订劳务分包合同,约定按甲公司中标价下浮1%的方式将工程转包给丙公司,项目施工过程中所需的人员、材料、机械及其他物品,均由丙公司自行负责组织;丙公司法定代表人为周某。2012年2月6日,甲公司发出《关于组建站场工程项目经理部的通知》,决定组建公交站场工程项目经理部,聘陈某任项目经理,李某勋、何某斌为安全员。

此后,周某以甲公司的名义与丁公司签订工矿产品购销合同,约定由丁公司供应钢材,将货送至车站工地,供方代办运输,费用由需方承担。合同"需方"落款处未加盖甲公司公章,由周某签字。随后,丁公司陆续向公交站场项目部供应钢材,钢材送至甲公司成立的项目部工地,该工地处有公示牌等显示为甲公司。商品发货单收货人处由周某芳或周某珍、秦某永、郭某胜、张某芹、何某斌签字,前述人员除何某斌外均系丙公司的员工或聘用人员。在有何某斌签字的发货单上,郭某胜或张某芹或周某珍

---
[*] 本案承办人:重庆市人民检察院朱刚;重庆市人民检察院第五分院贺唯。

等人均同时签字，何某斌并非单独签字。2012年5月31日，丁公司与周某、张某芹进行结算，周某在甲公司代表人处签字，张某芹签名并备注"数量金额已核无误"。此后，张某芹与丁公司多次进行结算。2015年1月13日，张某芹签字确认截至2014年12月31日尚欠丁公司钢材款3573431.91元，加价款169680.04元。

另有案外人与甲公司、周某买卖合同纠纷一案的（2015）渝高法民终字第×××号民事判决书，该判决书载明周某曾作为甲公司委托代理人签订2012年1月20日的公交站场工程施工合同。

二、诉讼过程

2016年1月21日，丁公司向重庆市大渡口区人民法院起诉，请求判令甲公司、周某二被告支付所欠货款3948953.31元及资金占用损失。在该院审理过程中，丁公司提交了（2015）渝高法民终字第×××号民事判决书，该判决书载明周某曾作为甲公司委托代理人签订2012年1月20日的公交站场工程施工合同。该院认为：涉案项目部系甲公司设立，周某曾就案涉项目代表甲公司签订施工合同，丁公司有理由相信周某有权代表甲公司采购钢材。且从实际供货的情况来看，丁公司将钢材送至甲公司成立的项目部工地，该工地的公示牌等亦显示为甲公司，大部分货物都是由该项目部组成人员何某斌签收。甲公司虽辩称何某斌系抽样检查才签收，但根据签收的情况来看，丁公司举示的54份送货单中，何某斌签字收货的达34份，不符合抽样检查的常理。据此，一审法院认定甲公司与丁公司之间已经实际成立买卖合同关系，遂判决甲公司支付丁公司钢材款3743111.95元。

甲公司不服，上诉至重庆市第五中级人民法院。二审认为：甲公司曾委托周某签订公交站场工程施工合同，周某就公交站场项目代表甲公司签订施工合同，涉案项目部由甲公司设立，该工地的公示牌显示为甲公司施工，丁公司将钢材送至甲公司成立的项目部工地，大部分货物都是由该项目部组成人员何某斌签收。综合前述事实，丁公司有理由相信周某有权代表甲公司采购钢材，甲公司应就本案钢材货款承担民事责任。丁公司供货之后，与丁公司结算的人员都是发货单上的收货人。甲公司基于周某的表见代理行为承担民事责任，不妨碍周某、丙公司、乙公司及甲公司相互间根据其真实交易关系确定各自民事权利和义务。遂判决驳回上诉，维持原判。

三、检察监督

甲公司不服生效判决，向检察机关申请监督。检察机关审查认为，二审判决认定周某与丁公司签订工矿产品购销合同的行为构成表见代理，甲公司应当承担支付货款的民事责任，属适用法律有误。理由是：

1.周某签订工矿产品购销合同的行为不具备有代理权的客观表象。（1）原审判决认定周某有权代表甲公司的证据是丁公司在本案诉讼中提交的另案判决，该判决中认定周某曾经代理甲公司签订过其他合同，但丁公司取得该证据的时间是丁公司与周某签订工矿产品购销合同4年之后，并不能证明丁公司签订本案合同时对交易对象和周某身份的真实认知，相反证明了丁公司在签订本案合同时没有理由相信周某对甲公司具有代理权。以多年后知晓的另案事实去推论多年前签订本案合同时的主观认知，违背基本证明逻辑。（2）发货单上收货人处周某芳、周某珍、秦某永、郭某胜、张某芹等人的签字，以及结算单上周某等人的签字，根据丙公司提供的员工工资表、周某的身份证明、周某与丙公司的陈述及检察机关调查的情况，前述人员均系丙公司的员工或聘用人员，与甲公司不存在任何关系的客观表象，其签字行为既不能代表甲公司，也不能对甲公司构成表见代理。对于何某斌在部分发货单上的签字行为：第一，根据甲公司提交的《关于组建公交站场工程项目经理部的通知》，以及周某和丙公司的陈述，何某斌系现场安全员，其签字行为是履行工程材料质量抽检职责，甲公司作为工程的合法承包方，需对业主单位承担合同义务和质量监管责任，其安全员的抽检签字行为是合情合理的；第二，涉案所有发货单上均有丙公司前述员工签字，即由丙公司员工签字是本案签收货物的一贯做法，即使在有何某斌签字的发货单上，郭某胜或张某芹或周某珍等人均同时签字，而非何某斌单独签字，因此，货物签收系丙公司员工的行为，何某斌的签字属质量抽检的解释和理解，是符合正常认知和本案一贯事实的；第三，不应以抽检数量认定何某斌签字行为的性质，且部分发货单上并无何某斌签字，而是丙公司员工单独签字，不应视为代表甲公司的行为。（3）涉案购销合同并无甲公司公章，周某也无授权委托书，更非甲公司的法定代表人或者项目经理，不符合成立表见代理的形式要素；丁公司也未能举证证明甲公司知道周某与丁公司的交易、其曾向甲公司主张货款、甲公司曾向其支付部分货款，涉案单据、文件、人员身份等均不能证明丁公司与甲公司存在直接关联和往来。（4）两审判决已查明，甲公司承包公交站场工程后，将工程转包给乙公司，乙公司随后以劳务分包方式将工程转包给丙公司，并约定项目施工过程中所需的人员、材料、机械及其他物品，均由丙公司自行负责组织。涉案工程事实上均由丙公司施工完成，已付货款亦由丙公司支付，诉讼中丙公司及其法定代表人周某也始终承认与丁公司签订并履行工矿产品购销合同不代表甲公司，而是丙公司自身的行为。因此，根据本案法律关系、乙公司与丙公司的合同约定及履行情况、丙公司及周某的意思表示等客观事实，理应认定丙公司是涉案工矿产品购销合同的当事人，周某的行为对甲公司并不构成表见代理。

2. 丁公司不具备"主观上善意且无过失地相信"要件。丁公司作为主张构成表见代理的合同相对人，不仅应当证明自身相信，而且应当证明其"有理由"相信，即善意且无过失地相信。丁公司在周某并无甲公司授权的情况下与其签订合同，未对周某及收货人员的身份进行核实，诉前也从未与甲公司发生直接关系，其行为存在过失，并非善意。

据此，重庆市人民检察院向重庆市高级人民法院提出抗诉。2018年12月28日，重庆市高级人民法院作出（2018）渝民再70号民事判决，全面采纳检察机关抗诉意见，判决撤销原一、二审判决。

案件要旨

建设施工合同纠纷领域，分包人或项目经理擅自以总承包人名义对外签订材料买卖合同而与出卖人产生纠纷，在司法实践中较为普遍，总承包人是否需要承担责任，应以诉争的合同签订时的具体情况作为判断的标准。表见代理制度作为对无权代理行为效力的补正，属于一种特殊的法律制度，应严格把握适用条件，相对人并非善意且无过失地相信行为人有代理权的，代理行为对被代理人不具有约束力。

法律规定索引

·《民法典》规定及沿革·

📖《民法典》

第一百七十二条 行为人没有代理权、超越代理权或者代理权终止后，仍然实施代理行为，相对人有理由相信行为人有代理权的，代理行为有效。

📖 新旧对比

本条基本延续了《合同法》第49条规定，该条规定："行为人没有代理权、超越代理权或者代理权终止后以被代理人名义订立合同，相对人有理由相信行为人有代理权的，该代理行为有效。"民法典本着将表见代理制度回归总则编，使该制度能够适用于全部民事法律行为的基本思路，在总则编明确规定了表见代理制度。与《合同法》第49条的规定相比，其法理基础与具体的适用准则并未发生变化。

📖 法条精义

表见代理的制度目的是保护善意相对人，使相对人在行为人无权代理的情形下，仍有权请求被代理人承担代理行为的后果，从而使善意相对人不承担行为人破产或履行不能的风险，实现意思自治和交易安全这两种价值之间的合理权衡。根据民法典上述规定，表见代理的构成要件一般包括：（1）无权代理。这是构成表见代理的前提，包括行为人自始无代理权、享有代理权但超越代理权限，以及在代理权终止后继续作出代理行为等三种情形。（2）具有代理权外观。代理权外观是指行为人之无权代理行为在客观上形成具有代理权的客观表象。例如，被代理人曾以书面、口头或者行为方式，直接或间接向相对人表示行为人为其代理人，但被代理人实际上并未向行为人授权；行为人持有被代理人有代理权证明意义的印鉴，包括业务介绍信、合同专用章、盖有公章的空白合同书等；行为人依被代理人以往的业务代理惯例进行活动；被代理人对行为人有授权，但因授权不明，行为人超越了权限；代理权终止后，行为人仍持有授权书，被代理人未收回授权书或宣布其无效等，这些形式形成了行为人具有代理权的外观。① (3) 相对人善意且无过失。要求相对人不知道行为人没有代理权，且对于该"不知道"没有任何主观上的过失。(4) 行为人以被代理人名义与相对人实施了民事法律行为。表见代理的法律后果很简单，虽然行为人的行为实质上为无权代理，但产生有权代理的法律效力，相对人有权主张该民事法律行为对被代理人有约束力。

·司法解释·

1.《最高人民法院关于当前形势下审理民商事合同纠纷案件若干问题的指导意见》

12. 当前在国家重大项目和承包租赁行业等受到全球性金融危机冲击和国内宏观经济形势变化影响比较明显的行业领域，由于合同当事人采用转包、分包、转租方式，出现了大量以单位部门、项目经理乃至个人名义签订或实际履行合同的情形，并因合同主体和效力认定问题引发表见代理纠纷案件。对此，人民法院应当正确适用合同法第四十九条关于表见代理制度的规定，严格认定表见代理行为。

13. 合同法第四十九条规定的表见代理制度不仅要求代理人的无权代理行为在客观上形成具有代理权的表象，而且要求相对人在主观上善意且无过失地相信行为人有代理权。合同相对人主张构成表见代理的，应当承担举证责任，不仅应当举证证明代理行为存在诸如合同书、公章、印鉴等有权代理的客观表象形式要素，而且应当证明其善意且无过失地相信行为人具有代理权。

14. 人民法院在判断合同相对人主观上是否属于善意且无过失时，应当结合合同缔结与履行过程中的各种因素综合判断合同相对人是否尽到合理注意义务，此外还要考虑合同的缔结时间、以谁的名义签字、是否盖有相关印章及印章真伪、标的物的交付方式与地点、购买的材料、租赁的器材、所借款项的用途、建筑单位是否知道项目经理的行为、是否参与合同履行等各种因素，作出综合分析判断。

---

① 韩松:《民商法理论与审判实务研讨会观点综述》，载《法律适用》2003年第1期。

2.《最高人民法院关于适用〈中华人民共和国民法典〉总则编若干问题的解释》

第二十八条 同时符合下列条件的，人民法院可以认定为民法典第一百七十二条规定的相对人有理由相信行为人有代理权：

（一）存在代理权的外观；

（二）相对人不知道行为人行为时没有代理权，且无过失。

因是否构成表见代理发生争议的，相对人应当就无权代理符合前款第一项规定的条件承担举证责任；被代理人应当就相对人不符合前款第二项规定的条件承担举证责任。

最高人民法院认为，在表见代理中，相对人不仅主观上不能有重大过失，而且应无一般过失，否则容易因滥用表见代理制度损害被代理人的利益。对此情形的认定，需要结合代理行为存在诸如合同书、公章、印鉴等有权代理的客观表象形式要素，以及合同的缔结时间、以谁的名义签字、是否盖有相关印章及印章真伪、标的物的交付方式与地点等因素综合判断。至于举证责任的分配问题，是为了贯彻善意推定的原则，因为"按照社会生活经验，'不知道'是难以举证证明的，故法庭不要求相对人就自己属于善意举证，而依'善意推定'的法理进行判断"。[①]

域外立法通览

一、大陆法系

德国民法典是世界上最早规定表见代理制度的法典，日本紧随其后，借鉴德国民法典第二次草案，将表见代理制度纳入日本民法典。自此，大陆法系地区纷纷接受了这一制度。表见代理这一制度在英美法系也同样存在，英美法系地区规定的"不可否认的代理"，类似于大陆法系中表见代理的相关规定。

《德国民法典》第170条规定："意定代理权系以对第三人的表示授予

[①] 郭锋、陈龙业、蒋家棣、刘婷：《〈关于适用民法典总则编若干问题的解释〉的理解与适用》，载《人民司法》2022年第10期。

的,意定代理权对该第三人保持有效,直至意定代理权授予人将意定代理权的消灭通知该第三人之时。"第171条规定:"(1)某人以对第三人的特别通知或以公告发出授予他人以意定代理权的通知的,该他人因该通知而于前一情形下对特定第三人,于后一情形下对任何第三人,有代理的权能。(2)代理权存续到该通知被以发出通知的同样方式撤回之时。"第172条规定:"(1)意定代理权授予人已将授权书交付给代理人,且代理人向第三人提示该授权书的,与意定代理权授予人所发出的授予代理权的特别通知相同。(2)代理权存续到授权书被返还给意定代理权授予人或被宣告为无效之时。"[1] 由此可以看出,德国民法典制定时的社会经济关系还相对简单,表见代理的类型样态还未得到充分展现,因此,德国民法典虽然分3条进行了规定,但基本上属于代理权继续存在的情形,对于超越代理权或者自始无代理权的情形并未涉及。

《日本民法典》分别在第109条、第110条、第112条对表见代理制度予以了规定。其中,第109条规定,对第三人表示以代理权授予他人之旨者,就该他人与相对人之间于代理权范围内所为之行为,负其责任。第110条规定,代理人逾越权限而行为时,若第三人有信其为有权代理人之正当理由者,准用前条之规定。第112条规定,代理权之消灭,不得以之对抗善意之第三人。但第三人因过失不知其事实者,不在此限。从上述条文可以看出,日本民法典关于表见代理制度的规定是比较全面的,其规定的三种类型与我国民法典中的规定比较相似。

二、英美法系

在英美法系国家,并没有表见代理这一规定或者概念,但"不容否认代理"制度却与表见代理制度相似,该制度在维护交易安全、保护善意第三人的利益方面与大陆法中的表见代理制度有同样功能。也就是说,在英美法上认为,一个人的言行向相对人表示已授权给某人,而实际上他未授权,这就构成了外表授权。从维护交易安全、公平及善意第三人的利益出发,法律承认外表授权是产生代理权的法律事实,其效力使表见代理人获

---

[1] 《德国民法典》(第5版),陈卫佐译,法律出版社2020年版,第61—62页。

得代理权。[①]

实务指引

代理制度的产生，使民事主体摆脱了从事民事活动的时空限制，克服了其精力或者能力上的不足，有利于活跃市场交易，增进社会财富。但代理制度限制了个人意思绝对自由，客观上更加注重代理行为本身的社会意义及目的，将行为与效果予以分离，对民事交易的安全形成一定的威胁，出现了行为人没有获得本人的授权却以本人名义实际从事着交易活动的情况。在我国，建筑工程领域普遍采用项目经理制，而且该行业内违法转包、分包、借用资质情形普遍，所以表见代理风险也很普遍，但司法实务中认定表见代理的构成要件往往范围过宽，表见代理规则存在被滥用的现象，同时，对表见代理概念及构成要件认知上的不同直接导致了大量案件"同案不同判"，严重影响了司法权威，因此，有必要进行梳理，以统一裁判尺度，维护法律的权威。

一、建设工程项目经理的职责及其与建筑施工企业的法律关系

在我国建筑市场上，项目部一般指的是，建设工程施工企业为完成某一个具体的工程项目而设置的内部临时机构。原建设部《建筑施工企业项目经理资质管理办法》第2条规定："本办法所称建筑施工企业项目经理（以下简称项目经理），是指受企业法定代表人委托对工程项目施工过程全面负责的项目管理者，是建筑施工企业法定代表人在工程项目上的代表人"；第7条规定："项目经理在承担工程项目施工管理过程中，履行下列职责：（一）贯彻执行国家和工程所在地政府的有关法律、法规和政策，执行企业的各项管理制度；（二）严格财经制度，加强财经管理，正确处理国家、企业与个人的利益关系；（三）执行项目承包合同中由项目经理负责履行的各项条款；（四）对工程项目施工进行有效控制，执行有关技术规范和标准，积极推广应用新技术，确保工程质量和工期，实现安全、文明生

---

① 魏振瀛：《民法》，北京大学出版社2000年版，第187页。

产，努力提高经济效益"；第8条规定："项目经理在承担工程项目施工的管理过程中，应当按照建筑施工企业与建设单位签订的工程承包合同，与本企业法定代表人签订项目承包合同，并在企业法定代表人授权范围内，行使以下管理权力：（一）组织项目管理班子；（二）以企业法定代表人的代表身份处理与所承担的工程项目有关的外部关系，受委托签署有关合同；（三）指挥工程项目建设的生产经营活动，调配并管理进入工程项目的人力、资金、物资、机械设备等生产要素；（四）选择施工作业队伍；（五）进行合理的经济分配；（六）企业法定代表人授予的其他管理权力。"

从相对人的角度来说，项目部可以视为承包人的内设机构，除非以分公司的名义进行了工商登记，否则，项目部本身并非适格的民事诉讼主体。与项目部有关的纠纷，应以承包人名义进行。作为内设机构的项目部，本身并无独立的权利能力和行为能力，其主要是通过项目部的工作人员进行民事活动。从上述规定可以看出，在制度规范层面上，作为项目部负责人的项目经理在工程项目施工中处于中心地位，对工程项目施工负有全面管理的责任。因此，项目部与法人的关系本质上应是项目部工作人员，尤其是项目经理与法人之间的关系。

二、被代理人的可归责性是否应作为表见代理构成要件

所谓被代理人（本人）的可归责性，是指被代理人应对行为人表见代理行为承担责任的基础性根据，即被代理人在主观上具有可非难性或者过失，未达到一般人实施这一行为时所应有的注意程度。表见代理的法律效果是让被代理人在违背自己真实意思的情况下承担行为人无权代理行为的后果。对被代理人而言，这个后果非常严苛。为了避免表见代理制度对正常交易秩序的过度破坏，有必要提高表见代理构成要件的达成难度，在适用时严格认定，防止制度被滥用，均衡保护相对人的信赖利益与被代理人的合法权利。《民法典》第172条规定："行为人没有代理权、超越代理权或者代理权终止后，仍然实施代理行为，相对人有理由相信行为人有代理权的，代理行为有效。"该规定并未直接对被代理人的过错或可归责性进行明确规定，但理论界和司法实务对此有不同的理解。有观点认为，当代理权表象无可争议地存在，而善意第三人又确实地相信该表象并有所作为

时，为何一定要本人承担相应法律行为的后果，而不能通过让表见代理人承担责任的方式进行救济？这一方面关涉表见代理制度整体法律效果设计的目的——使善意第三人得其所欲，另一方面也表明使本人承担责任还须具备其他更为强大的理由。本人的可归责性就是其承担责任的直接的、正面的理由。①

笔者认为，上述观点具有合理性。《最高人民法院关于当前形势下审理民商事合同纠纷案件若干问题的指导意见》第14条提及的"建筑单位是否知道项目经理的行为、是否参与合同履行等"表明，最高人民法院将被代理人具有可归责性作为判断表见代理是否成立的要素。司法实务中亦有类似观点，如《江苏省高级人民法院关于适用〈中华人民共和国合同法〉若干问题的讨论纪要（一）》明确规定"认定构成表见代理的，应当以被代理人的行为与权利外观的形成具有一定的牵连性即被代理人具有一定的过错为前提，以'相对人有理由相信行为人有代理权'即相对人善意无过失为条件"，提出了被代理人过错的存在是认定构成表见代理的前提。司法实践中，被代理人存在以下情形可以考虑认定其具有可归责性：（1）出具与真实权利不符的授权委托书，包括授权范围不明、出具权限空白授权书等情形。（2）撤销授权后，未及时收回书面授权委托书。（3）曾向相对人表示行为人为其代理人，但事实上并未对行为人授权。（4）赋予行为人特定的职务或身份，公司董事、经理以及监事等其他有权代表公司的代表人在其职责及法律规定的范围内享有法定的对公司的代理权，当这些人表面上拥有该职责而实际上并不具有相应的职位时，或者他的职位原本不存在问题，只是公司内部对其法定代理权予以剥夺或限缩，又未经过特定方式公示时，该职位就成为公司代理权的表象。②（5）将公章、营业执照原件、盖章空白合同书或银行账户等出借给他人。（6）在网络电子交易中，非主动透露个人用户名和密码。

---

① 吴国喆：《表见代理中本人可归责性的认定及其行为样态》，载《法学杂志》2009年第4期。

② 吴国喆：《表见代理中本人可归责性的认定及其行为样态》，载《法学杂志》2009年第4期。

实际上，表见代理的实质是代理权外观产生的无权代理风险究竟如何分配的问题，因此重点考虑的是风险现实化前谁更可能控制此风险，以及在风险现实化后谁更应承担风险，包括谁开启了风险、谁提升了风险、谁更有能力控制风险的发生和提升、谁更有能力转嫁风险、谁根据此风险而获益等，这就涉及对责任承担者和相对人的控制权利外观风险的成本（包括信息的获知成本等）、救济成本和获益等因素的具体比较，而这只有在具体案例类型中才有可能实现。①

三、建筑施工企业是否应对项目经理及其他工作人员的民事法律行为承担法律责任

《民法典》第170条规定："执行法人或者非法人组织工作任务的人员，就其职权范围内的事项，以法人或者非法人组织的名义实施的民事法律行为，对法人或者非法人组织发生效力。"第172条规定："行为人没有代理权、超越代理权或者代理权终止后，仍然实施代理行为，相对人有理由相信行为人有代理权的，代理行为有效。"从上述规定可以看出，作为项目经理或其工作人员与相对人所从事的民事法律行为，是否应由建筑施工企业这一法人主体来承担责任，主要看行为人是否在执行职务或者是否构成表见代理，如果行为人既非执行职务，亦不构成表见代理，则建筑施工企业不应对此承担责任。下面就实践中经常出现的几种情况分别阐述：

1. 行为人在职权范围内，以建筑施工企业名义实施的职务行为，应由建筑施工企业承担责任。民法典已对此进行了明确规定，实践中难点在于如何理解"职务行为"。笔者认为，判断某行为是否在"执行职务"，需要综合考量各种与执行工作任务有关的行为来认定，凡是与建筑施工企业交付给员工的事务具有通常联系的、合理联系的行为，均可认定为"执行工作任务"的行为。比如行为人的行为发生在工作场所和工作时间范围之内、行为人在工作场所利用建筑施工企业的工作机会且外观上表现为执行工作任务、行为的利益归属于建筑施工企业、当前行为符合单位以往的类似交易习惯等。实践中经常出现的项目经理以项目部名义或者建筑施工企业名义对外

---

① 朱虎：《表见代理中的被代理人可归责性》，载《法学研究》2017年第2期。

采购建筑材料，并将该建筑材料用于在建项目，即典型的职务行为，由此导致拖欠材料款的，相对人可以直接要求建筑施工企业偿还欠款。

需要特别注意的是，若项目经理实际并非建筑施工企业的员工，与建筑施工企业并无劳动合同关系，而是挂靠建筑施工企业投标施工，此时，项目经理以项目部或者建筑施工企业名义采购建筑材料，建筑施工企业是否需要承担责任呢？笔者认为，除非相对人明知存在挂靠情形，否则，从对外关系的角度来说，项目经理具有从事职务行为的外观表象，且从事的是职权范围内的行为，从保护善意相对人的角度出发，应由建筑施工企业承担相应责任。对此，《最高人民法院关于适用〈中华人民共和国民事诉讼法〉的解释》第54条规定："以挂靠形式从事民事活动，当事人请求由挂靠人和被挂靠人依法承担民事责任的，该挂靠人和被挂靠人为共同诉讼人。"

2.项目经理以建筑施工企业名义对外借款的。依据前述原建设部的规定及行业惯例，项目部以及项目部经理的职权范围并不包括对外借款，项目部系公司内设临时机构，其对工程进行直接管理，通常不具有对外融资能力和权限。此时，若相对人凭借加盖项目部印章或由项目经理签字的借条要求建筑施工企业承担偿还借款责任，则需要结合建筑施工企业是否出具了相应授权、出借款项是否用于项目、建筑施工企业是否偿还借款本金或利息等情形综合判断客观上是否足以形成具有代理权的表象，且相对人善意且无过失相信行为人有代理权，即需要判断是否成立表见代理，具体判断标准在前文已详细介绍，在此不再赘述。因此，仅凭项目部印章或项目经理签字，尚不足以直接推定建筑施工企业应承担还款责任，需要结合案件具体情况综合分析判断。

3.项目经理私刻建筑施工企业印章或伪造建筑施工企业授权书的。笔者认为，要求相对人具备鉴定印章真伪的能力实属强人所难，相对人只要形式审查即可。在项目经理身份真实的情况下，除非有明显的瑕疵，相对人对于加盖建筑施工企业印章的书面合同或者授权书，一般有理由相信这是建筑施工企业的真实意思表示，此时，是否一概由建筑施工企业承担责任呢？笔者认为，仍不能一概如此推定，前述被代理人的可归责性有助于该问题的解答。实际上，在相对人和建筑施工企业均无明显过错的情况下，要求建筑施工企业承担责任是否公平值得探讨。《最高人民法院关于当前形势下审理民商事合同纠纷案件若干问题的指导意见》第 14 条提到以"建筑单位是否知道项目经理的行为、是否参与合同履行等"作为判断表见代理是否成立的要素是很合理的。在建筑施工企业并不知情、未参与合同履行、未实际受益的情况下，真正值得谴责的是实施私刻或伪造行为的项目经理，其行为亦已涉嫌合同诈骗罪以及印章类犯罪，似应由直接行为人项目经理承担责任更为妥当。当然，司法实践中对此争议较大。

（案例撰写人：李宝乾　李佳倩）

专家点评

表见代理始于 1896 年的德国民法典，是民商法上保护信赖利益、维护交易安全的一项重要制度。建设工程领域对建筑施工企业资质的严格要求，使得挂靠、转包、违法分包等在国内建筑市场业已成为普遍存在之现象。由于法律对表见代理的构成要件缺乏可适用的细致规定，在实际施工人对外商事活动中，尤其是涉及建设工程借款、融资、租赁、买卖合同中的表见代理认定问题，成为民商事司法实务中的难点。无论是单一要件说还是双重要件说，都立足于权利义务的合理分配与利益的衡平。但无论采取哪一种学说，判断表见代理成立的时间点是诉争协议签订时这一特定时间点，协议签订后的行为具有参考借鉴意义，但不能作为判断成立表见代理的主要依据。同时，被代理人的可归责性作为表见代理构成要件之一，能够将代理权外观与被代理人合理地关联起来，在被代理人利益与相对人利益之间找到一个平衡点，使得二者利益都能够兼顾，尽可能达到一种利益动态平衡的效果，实现利益衡平基础上的公平与正义。

（点评人：王莉，最高人民检察院第六检察厅副厅长）

004 如何准确认定诉讼时效期间的起算
甲公司与乙公司建设工程施工合同纠纷抗诉案[*]

案情简介

一、基本事实

2012年3月21日,甲公司与乙公司签订承包合同,合同约定:乙公司将某度假酒店的太阳能热水系统安装工程发包给甲公司安装;工程总价款为129万元;2012年10月15日前竣工;太阳能热水系统安装完毕后,经三亚市住建局竣工验收合格后,乙公司在7个工作日内累计支付工程总价款的95%,留5%作为工程质保金,保修期两年满后,7日内无息付清质保金。合同签订后,甲公司即组织施工队进场施工,涉案工程2012年10月23日竣工,2013年9月17日通过三亚市住建局的验收合格。甲公司自2012年3月27日至2012年9月28日共收到乙公司支付的工程款6笔,共计91.3万元,尚余尾款37.7万元未支付。

二、诉讼过程

2015年4月17日,甲公司向三亚市城郊人民法院起诉,认为其与乙公司签订承包合同后,依约全部履行合同义务,且工程已经通过验收,但乙公司未足额支付工程款,请求判令乙公司向其支付合同欠款37.7万元及利息。一审庭审中,乙公司称甲公司的主张已过诉讼时效期间。对此,一审法院认为,本案中,承包合同约定在三亚市住建局竣工验收合格后,乙公司在7个工作日内累计支付工程总价款的95%,即剩余工程款312500元及利息应从2013年9月27日起开始计算诉讼时效,两年的诉讼时效期间截至2015年9月27日。甲公司于2015年4月17日起诉

---

[*] 本案承办人:海南省人民检察院吴冬燕;海南省三亚市人民检察院王兴安。

未超过两年诉讼时效期间。乙公司认为本案诉讼时效应从约定的完工日期2012年10月15日起开始计算诉讼时间，没有事实和法律依据，对乙公司已超过诉讼时效的抗辩，该院不予采纳，据此，该院判决乙公司支付相应工程款及利息。

乙公司不服，提起上诉。二审法院认为，甲公司自称涉案工程的实际竣工日为2012年10月23日，则支付工程款的时间至迟为2012年10月31日，甲公司于2015年4月17日提起诉讼，已超过了法律规定的两年诉讼时效期间，其诉讼请求应予驳回。一审判决认定部分事实不清，适用法律错误，应予改判。遂判令撤销一审判决、驳回甲公司的诉讼请求。

三、检察监督

甲公司不服二审判决，向检察机关申请监督。海南省人民检察院经审查后认为，二审判决以甲公司的起诉已超过诉讼时效为由，判决驳回甲公司的诉讼请求，属于适用法律错误，理由如下：本案中，甲公司与乙公司签订的承包合同约定工程2012年10月15日前竣工，合同第9条约定最后一笔工程款支付时间为太阳能热水系统安装完毕，经三亚市住建局竣工验收合格后，乙公司在7个工作日内累计支付工程总价款的95%，剩余5%作为工程质保金。涉案工程已于2013年9月17日通过三亚市住建局竣工验收，质量合格。根据合同约定，乙公司应支付95%工程款的时间为2013年9月17日之日起7个工作日内，甲公司起诉请求乙公司支付该笔工程款亦应以该时间作为两年诉讼时效期间的起算点，因此，甲公司于2015年4月17日提起诉讼并未超过两年的诉讼时效期间。二审判决以涉案工程实际竣工日期为2012年10月23日，乙公司应支付工程款的时间为2012年10月31日，遂以2012年10月31日作为诉讼时效起算点，系混淆了工程竣工日和验收合格日，明显缺乏合同依据和法律依据。据此，海南省人民检察院向海南省高级人民法院提出抗诉。

海南省高级人民法院再审审理后认为，二审判决认定甲公司的起诉已超过诉讼时效明显不当。根据查明事实，甲公司在涉案太阳能工程于2013年9月17日通过三亚市住建局和财政局联合验收后，没有收到乙公司应支付的工程尾款，自此知道或应当知道其自身权利受到损害。因此，甲公司的诉讼时效最早应从 2013 年 9 月 17 日起算。甲公司于 2015 年 4 月 17 日提起诉讼，未超过法律规定的两年诉讼时效期间。二审判决以涉案太阳能工程竣工的 2012 年 10 月 23 日作为诉讼时效起算点，混淆了工程竣工日和验收合格日，也忽略了涉案工程经过两次验收且工程款项包含太阳能补贴款的特殊情况，既与本案事实不符，也与合同约定相悖，因此，二审判决认定甲公司起诉超过诉讼时效错误，应当予以纠正，故海南省高级人民法院判令撤销二审判决、维持一审判决。

案件要旨

诉讼时效期间自权利人知道或者应当知道权利受到损害以及义务人之日起计算。当事人明确约定债务履行期限的，履行期限届满债务未清偿或未完全清偿的，债权人方能知道或应当知道其合法权利受到损害，此时开始计算诉讼时效期间。在建设工程纠纷案件中，应注意约定完工日、竣工日、验收合格日、付款日等的区别，以及期限届满时的不同法律后果。

法律规定索引

·《民法典》规定及沿革·

▋《民法典》

第一百八十八条　向人民法院请求保护民事权利的诉讼时效期间为三年。法律另有规定的，依照其规定。

诉讼时效期间自权利人知道或者应当知道权利受到损害以及义务人之日起计算。法律另有规定的，依照其规定。但是，自权利受到损害之日起超过二十年的，人民法院不予保护，有特殊情况的，人民法院可以根据权利人的申请决定延长。

▋新旧对比

《民法通则》第 135 条规定："向人民法院请求保护民事权利的诉讼时效期间为二年，法律另有规定的除外。"第 136 条规定："下列的诉讼时效期间为一年：（一）身体受到伤害要求赔偿的；（二）出售质量不合格的商品未声明的;(三)延付或者拒付租金的;(四)寄存财物被丢失或者损毁的。"第137条规定:"诉讼时效期间从知道或者应当知道权利被侵害时起计算。但是,从权利被侵害之日起超过二十年的,人民法院不予保护。有特殊情况的,人民法院可以延长诉讼时效期间。"

▍法条精义

《民法典》第188条是关于诉讼时效期间、诉讼时效期间起算,以及诉讼时效期间延长的规定。

诉讼时效是指权利人在法定期间内不行使权利,义务人有权提出拒绝履行的抗辩的法律制度。设立诉讼时效的目的在于促进法律关系安定,及时结束权利义务关系的不稳定状态,稳定法律秩序,降低交易成本。诉讼时效期间分为一般诉讼时效期间、特别诉讼时效期间及最长诉讼时效期间。《民法典》规定的一般诉讼时效期间为3年。同时,《民法典》规定"法律另有规定的,依照其规定",即特别诉讼时效期间的规定,如《民法典》第594条规定:"因国际货物买卖合同和技术进出口合同争议提起诉讼或申请仲裁的时效期间为四年";《保险法》第26条规定:"人寿保险的被保险人或者受益人向保险人请求给付保险金的诉讼时效期间为五年,自其知道或应当知道保险事故发生之日起计算。"另外,民法典规定的最长诉讼时效期间为20年,且不适用诉讼时效中止、中断的规定。

依据《民法典》第188条第2款的规定,一般诉讼时效期间的起算时点是权利人知道或者应当知道权利受到损害以及义务人之日。据此,诉讼时效期间的计算标准采纳了权利人知悉的主观标准,这里的"知道"包含两项内容:一是权利人知道或应当知道权利受到侵害,这是请求权产生的前提条件,比如债务已届清偿期却未履行、所有人对物的占有被剥夺、身体健康遭受损害;二是权利人知道或应当知道具体的义务人,不知道侵害人是谁,也无法行使请求权,只有明确了具体的义务人,权利人才可以基于权利被侵害这一事实针对特定的人提起诉讼或申请仲裁。

·司法解释·

《最高人民法院关于审理民事案件适用诉讼时效制度若干问题的规定》

第二条 当事人未提出诉讼时效抗辩，人民法院不应对诉讼时效问题进行释明。

第四条 未约定履行期限的合同，依照民法典第五百一十条、第五百一十一条的规定，可以确定履行期限的，诉讼时效期间从履行期限届满之日起计算；不能确定履行期限的，诉讼时效期间从债权人要求债务人履行义务的宽限期届满之日起计算，但债务人在债权人第一次向其主张权利之时明确表示不履行义务的，诉讼时效期间从债务人明确表示不履行义务之日起计算。

第五条 享有撤销权的当事人一方请求撤销合同的，应适用民法典关于除斥期间的规定。对方当事人对撤销合同请求权提出诉讼时效抗辩的，人民法院不予支持。

合同被撤销，返还财产、赔偿损失请求权的诉讼时效期间从合同被撤销之日起计算。

第十九条 诉讼时效期间届满，当事人一方向对方当事人作出同意履行义务的意思表示或自愿履行义务后，又以诉讼时效期间届满为由进行抗辩的，人民法院不予支持。

当事人双方就原债务达成新的协议，债权人主张义务人放弃诉讼时效抗辩权的，人民法院应予支持。

超过诉讼时效期间，贷款人向借款人发出催收到期贷款通知单，债务人在通知单上签字或者盖章，能够认定借款人同意履行诉讼时效期间已经届满的义务的，对于贷款人关于借款人放弃诉讼时效抗辩权的主张，人民法院应予支持。

域外立法通览

民事法学理论中，"时效"一词的基本含义是相同的，一般指一定的事实状态经过一定的期间而发生一定法律效果。具体说来，时效又划分为两种：一是因占有他人财产的事实状态经过法定期间而取得对该财产的权利者,称为取得时效;二是因不行使权利的事实状态经过法定期间而丧失权利者,称为消灭时效。我国民法领域的诉讼时效制度即为消灭时效,一般认为该法律制度起源于古罗马法。具体地说,罗马法上的消灭时效,发端于裁判官法,"债之请求权,由裁判官或市场场长(aedilis)特别规定者,其消灭时效之期间,最长为一年",此乃消灭时效在罗马法之肇始。[①] 至戴育图帝时代,消灭时效制度基本形成。戴育图帝时期,对于消灭时效,曾设一总括规定,即将一切诉讼限定其出诉期限……即对于市民法上之永久诉讼,亦限定30年(有特殊情形可延至40年)内为之,故自戴育图帝以后,永久诉讼之名虽存,但事实上却无所谓永久诉讼之实[②],后为优士丁尼所沿用,收入《民法大全》,延于近世。因此,在古罗马法时代,消灭时效制度已经基本形成。

《法国民法典》第2219条规定:"时效谓依法律特定的条件,经过一定的期间,而取得财产的所有权或免除义务的方法。"由此可见,法国民法典将取得时效与消灭时效一并进行了规定。对于消灭时效,该法第2262条规定:"一切物权或债权的诉权,均经三十年的时效而消灭,援用此时效者无须提出权利证书,他人不得对其提出恶意抗辩";第2223条规定:"审判员不得自动援用时效的方法";第2224条规定:"无论诉讼进行至何种程度,即使在国王法院(上诉法院),均得主张时效;但依情况对于不为时效抗辩的人应认其为抛弃时效时,不在此限。"根据上述规定,时效期间届满后,当事人仍然可以向法院提出诉讼,也就是有起诉的权利,权利人丧失的应当是胜诉权,这与我国诉讼时效制度的规定基本类似。

德国民法典之《立法理由书》第一卷第29项阐述了德国民法消灭时效的功能,"请求权消灭时效之原因与宗旨,乃使人勿去纠缠于陈年旧账之请求权。不过有些事实可能已年代久远,一方亦已长期缄口不提;而另一方却以此类事实黯然失色,对方欲举出于己有利之免责事由并获致成功,纵然并非全然不能亦属难矣。就常规而言,此类要求或自身不成立,或已具结完案。消灭时效之要旨,并非在于侵夺权利人之权利,而是在于给予

[①] 陈朝璧:《罗马法原理》,法律出版社2006年版,第106页。
[②] 郑玉波:《民法总则》,中国政法大学出版社2003年版,第542页。

义务人一保护手段，使其毋需详察事物即得对抗不成立之请求权。消灭时效乃达到目的之手段，而非目的本身。于具体情形，若消灭时效于实体公正有损，即若权利人因消灭时效届满失却其本无瑕疵之请求权，此亦属关系人须向公共利益付出之代价。盖若权利人非于请求权之行使置若罔闻，消灭时效本无发生之由，故权利人于请求权内容之利益，实属微不足道，其因此付出之代价，亦难谓严酷也"。[①] 由此可见，德国民法领域规定消灭时效的目的与我国民法领域规定目的一致。至于具体规定，德国债法现代化法规定，普通消灭时效期间规定为 3 年（第 195 条），以请求权产生当年的年终，以及债权人知道或者在不具有重大过失的情况下应当知道产生请求权的事由及债务人时起算（第 199 条第 1 项）。根据上述规定，权利人对请求权事由的认知，是普通消灭时效起算的必要条件，体现了消灭时效期间上的主观主义立法例，我国民法典此次立法明显参考了上述德国债法现代化法的相关规定。

《日本民法典》第 167 条规定："债权，因十年间不行使而消灭。债权或所有权以外的财产权，因二十年间不行使而消灭。"由此看出，日本民法中的消灭时效是指"根据权利不行使之事实状态认为其权利消灭"，也就是说，日本民法对消灭时效的立法采取的是实体权消灭主义。当消灭时效期间届满，债权人的实体权利即归于消灭，债务人得免除其义务。同时，《日本民法典》第 145 条规定"除非当事人援用时效，法院不得根据时效进行裁判"，这与我国法律的规定基本一致。

实务指引

诉讼时效制度是民法保护权利人享有之请求权及对该种请求权的行使进行必要限制之间的一种平衡，其实质是民法从稳定社会财产与交易关系的角度对权利人权利作出的国家强制干涉。此项制度的目的，一方面，通过法律对权利人行使请求权形成压力，促进权利人及时行使请求

[①] ［德］迪特尔·梅迪库斯：《德国民法总论》，邵建东译，法律出版社 2000 年版，第 91—92 页。

权,避免权利人睡眠于权利之上;另一方面,通过赋予义务人以拒绝履行对应义务的抗辩权,从而使长期的既存交易状态得以维持,避免在诉讼中因历时已久而造成的举证困难或成本过高。民法典将司法实践中普遍认同的部分裁判规则以法典的形式确立下来,但理论和实践中仍有部分问题存在争议,现将民法典关于诉讼时效制度的新变化及部分争议问题梳理如下:

一、民法典关于诉讼时效制度的新变化

民法典总则编对诉讼时效制度进行了详细规定,这些规定与《民法通则》相比,至少有以下几点新变化值得注意:

(一)民法典将普通诉讼时效期间统一调整为 3 年

《民法通则》第 135 条规定:"向人民法院请求保护民事权利的诉讼时效期间为二年,法律另有规定的除外。"第 136 条规定:"下列的诉讼时效期间为一年:(一)身体受到伤害要求赔偿的;(二)出售质量不合格的商品未声明的;(三)延付或者拒付租金的;(四)寄存财物被丢失或者损毁的。"《民法通则》第 135 条将普通诉讼时效期间规定为 2 年。然而,这一诉讼时效期间因过短而不利于保护权利人,仅仅因为 2 年的时效期间经过,债务人即可拒绝履行债务,这与社会的一般道德观念有所抵触。因此,《民法通则》第 135 条确立的 2 年普通诉讼时效期间一直饱受学界批评[1],客观上滋生了投机分子赖账的行为[2]。延长普通诉讼时效期间已成为共识,因此,民法典没有沿用民法通则的规定,而是接受了学界的多数意见,将普通诉讼时效期间规定为 3 年。

(二)新增几种特定情形下诉讼时效期间的起算

《民法典》第 189 条规定:"当事人约定同一债务分期履行的,诉讼时效期间自最后一期履行期限届满之日起计算。"2008 年最高人民法院颁布的《关于审理民事案件适用诉讼时效制度若干问题的规定》第 5 条规定:

---

[1] 王利明:《民法总则研究》,中国人民大学出版社 2012 年版,第 739 页。
[2] 刘俊:《诉讼时效制度的二元价值:兼评我国诉讼时效制度的缺失》,载《河北法学》2007 年第 10 期。

"当事人约定同一债务分期履行的，诉讼时效期间从最后一期履行期限届满之日起计算。"民法典在编撰过程中吸收了最高人民法院的上述规定，第189条在理解过程中最重要的是"同一债务"的判断问题，当事人在同一份合同中约定就单一的整体性债务分期履行的，为分期履行合同之债，因此即使约定的每一期债务具有一定的独立性，但其权利义务关系终究是基于同一份合同而设定的，义务的内容作为一个整体构成了相对人的权利内容，权利人基于该合同所享有的权利也为一个整体，其主张合同权利是对这一个整体进行主张。[①]

《民法典》第190条规定："无民事行为能力人或者限制民事行为能力人对其法定代理人的请求权的诉讼时效期间，自该法定代理终止之日起计算。"本条是关于民事行为能力欠缺者基于法定代理所生请求权之诉讼时效期间起算的特别规定，民法通则对此并无规定，而是在制定民法总则的时候增加的规定，民法典继续沿用。法律之所以如此规定，也很好理解，无民事行为能力人或者限制民事行为能力人的请求权由其法定代理人代为行使，当请求权的行使对象为该法定代理人时，法定代理人难以为被代理人的利益向自己主张权利，故规定诉讼时效期间自该法定代理终止之日起计算。至于法定代理关系何时终止，根据《民法典》第175条的规定，法定代理终止的原因包括被代理人取得或者恢复完全民事行为能力、代理人丧失民事行为能力、代理人或者被代理人死亡，以及法律规定的其他情形，当这些情形发生时，视为法定代理关系终止，被代理人具有完全民事行为能力或者重新确定法定代理人的，此时其向原法定代理人主张权利的诉讼时效期间开始计算。

《民法典》第191条规定："未成年人遭受性侵害的损害赔偿请求权的诉讼时效期间，自受害人年满十八周岁之日起计算。"本条是关于未成年人遭受性侵害的损害赔偿请求权的诉讼时效起算时间点的规定。在未成年人遭受性侵害的案件中，受害人本身为无民事行为能力人或限制民事行为能力人，通常不能独立寻求法律保护。在监护人疏于或基于社会传统观念

---

① 冯恺：《诉讼时效制度研究》，山东人民出版社2007年版，第150页。

而不履行监护职责，抑或监护人本身就是加害人的情况下，受害人受侵害的权利往往得不到法律的保护。在未成年人年满18周岁取得完全民事行为能力并可以寻求法律帮助之时，却极有可能因超过诉讼时效期间而得不到法院的支持，因此，为了加强对未成年人的保护，让受性侵害的未成年人在其成年之后能够顺利得到法律的保护，民法典规定了该种损害赔偿请求权的诉讼时效期间的特别起算点，即受害人年满18周岁之日，从而在一定程度上克服了主观标准说的弊端。

（三）将诉讼时效期间中止后继续计算的规定，修改为继续计算并补足6个月

《民法典》第194条第2款规定："自中止时效的原因消除之日起满六个月，诉讼时效期间届满。"《民法通则》第139条规定："在诉讼时效期间的最后六个月内，因不可抗力或者其他障碍不能行使请求权的，诉讼时效中止。从中止时效的原因消除之日起，诉讼时效期间继续计算。"对此可以看出，《民法典》第194条第2款修改了《民法通则》第139条关于诉讼时效中止的法律效果的规定，明确了自中止时效的原因消除之日起满6个月，诉讼时效期间届满。因此，中止时效的原因自消除之日起，诉讼时效剩余期间不满6个月的，补足到6个月，目的在于保障权利人的权利行使，避免出现中止事由消除后继续计算的剩余诉讼时效期间比较短，致使权利人不能够充分地主张或行使其权利。

（四）明确了诉讼时效中断后应从"中断、有关程序终结时起"重新计算

《民法典》第195条规定："有下列情形之一的，诉讼时效中断，从中断、有关程序终结时起，诉讼时效期间重新计算……"《民法通则》第140条规定："诉讼时效因提起诉讼、当事人一方提出要求或者同意履行义务而中断。从中断时起，诉讼时效期间重新计算。"对于引起诉讼时效中断的事由，比如提起诉讼、申请仲裁，权利人在启动程序后，在诉讼程序或仲裁程序进行过程中，权利人实际上持续在主张权利，该诉讼或仲裁的过程应当作为诉讼时效中断的过程，这也符合普通人的朴素观念，因此，民法典修改了民法通则的相关规定，明确从有关程序终结之日起，诉讼时效期间重新计算，更为科学准确。

（五）增加了不适用诉讼时效的请求权类型

《民法典》第 196 条规定："下列请求权不适用诉讼时效的规定：（一）请求停止侵害、排除妨碍、消除危险；（二）不动产物权和登记的动产物权的权利人请求返还财产；（三）请求支付抚养费、赡养费或者扶养费；（四）依法不适用诉讼时效的其他请求权。"最高人民法院 2008 年颁布、2020 年 12 月修订的《关于审理民事案件适用诉讼时效制度若干问题的规定》第 1 条规定："当事人可以对债权请求权提出诉讼时效抗辩，但对下列债权请求权提出诉讼时效抗辩的，人民法院不予支持：（一）支付存款本金及利息请求权；（二）兑付国债、金融债券以及向不特定对象发行的企业债券本息请求权；（三）基于投资关系产生的缴付出资请求权；（四）其他依法不适用诉讼时效规定的债权请求权。"民事权利根据权利内容的不同，可以分为支配权、请求权、抗辩权和形成权，通说认为请求权适用诉讼时效期间，这里的请求权应为民事实体法上的请求权，即法律规定的权利人可以要求义务人为一定行为或不为一定行为的权利。关于不适用于诉讼时效的请求权的范围，理论和实务中一直存在较大争议，民法通则对此未进行规定，《最高人民法院关于审理民事案件适用诉讼时效制度若干问题的规定》规定部分债权请求权不适用于诉讼时效，而民法典本条规定再次增加了部分不适用于诉讼时效的请求权类型。

（六）增加了诉讼时效法定性的规定

《民法典》第 197 条规定："诉讼时效的期间、计算方法以及中止、中断的事由由法律规定，当事人约定无效。当事人对诉讼时效利益的预先放弃无效。"2008 年《最高人民法院关于审理民事案件适用诉讼时效制度若干问题的规定》第 2 条规定："当事人违反法律规定，约定延长或者缩短诉讼时效期间、预先放弃诉讼时效利益的，人民法院不予认可。"民法通则并未规定诉讼时效法定原则，民法典参考了《最高人民法院关于审理民事案件适用诉讼时效制度若干问题的规定》第 2 条的规定，增加了诉讼时效法定原则，且用语更为精确。根据该条规定，诉讼时效法定原则包括：一是诉讼时效期间依法确定，当事人的约定与法律规定不一致的，当事人约定无效；二是诉讼时效的计算方法依法确定，当事人的约定与法律规定相冲突的，当事人约定无效；三是诉讼时效中止、中断的事由依法确定，当事人约定违反法律规定的，当事人约定无效；四是当事人预先放弃诉讼时效利益的约定无效。

二、不得主动适用诉讼时效规定与对诉讼时效抗辩的消极释明

《民法典》第193条规定："人民法院不得主动适用诉讼时效的规定。"这是关于诉讼时效被动适用的规定，我国民法通则并未对此进行规定。法律之所以如此规定，原因在于：诉讼时效制度为民法中的一项基本制度，属于私法领域，故其在适用过程中应遵循意思自治原则，人民法院不得主动适用诉讼时效的规定，在审理民事案件时，是否审查当事人的权利已过诉讼时效，依赖于当事人的请求，即具有被动性，不得主动审查，即使权利人的权利已过诉讼时效，并不表示其不具有权利实现的可能性，皆因诉讼时效期间届满，义务人享有诉讼时效抗辩权，可以据此主张拒绝履行诉讼时效期间已届满的债务，当然，义务人也可以放弃行使该项权利，这属于义务人意思自治的范畴，也是当事人民事诉讼处分原则的体现，故人民法院不得主动适用诉讼时效的规定。

2020年12月修改的《最高人民法院关于审理民事案件适用诉讼时效制度若干问题的规定》第2条规定："当事人未提出诉讼时效抗辩，人民法院不应对诉讼时效问题进行释明。"所谓释明，是指人民法院在审理案件过程中，通过向当事人进行必要的解释说明、发问，使民事诉讼过程中含糊不清的事项变得清楚明确，促进法官和当事人的交流、推进诉讼的进程，从而有利于当事人权利的实现。释明权制度最初是为了克服法国1806年民事诉讼法自由主义倾向而由德国等大陆法系国家陆续设立的，目的在于防止过分强调当事人的作用而忽略了法官指挥诉讼的作用，避免因当事人诉讼能力不均而影响诉讼效率甚至可能带来实质的不公平。释明权可以分为消极释明和积极释明，前者是对当事人已提出但不够明确充分的问题进行释明，后者是对当事人未提及的问题进行释明，根据《民法典》第193条及该司法解释的规定，在当事人未提出诉讼时效抗辩的情况下，人民法院不应进行积极释明。对于消极释明，理论和实务中争议较大。笔者认为，在当事人提出诸如"原告长时间没有主张，其已经丧失权利"类似主张时，应视为其已提出"诉讼时效抗辩"，只不过因为其没有诉讼经验而不能明确诉讼时效的具体称谓或含义，此时，人民法院可以进行消极释明，向其告知诉讼时效的相关规定，在人民法院行使释明权后，当事人仍未提出诉讼时效抗辩的，人民法院应依照《民法典》第193条的规定进行裁判。

（案例撰写人：李宝乾）

专家点评

所谓诉讼时效，是指民事权利受到侵害的权利人在法定的时效期间内不行使权利，当时效期间届满时，债务人获得诉讼时效抗辩权。因此，诉讼时效应当从权利人知道或者应当知道民事权利受到侵害时起算。本案中，承包合同明确约定是工程经相关部门竣工验收后乙公司向甲公司支付95%的工程款，即乙公司的约定付款义务期间始于案涉工程竣工验收后。在此之前，甲公司依合同无权要求乙公司向其支付工程款，自然也就不存在民事权利受到乙公司侵害的可能，故本案诉讼时效应从建设工程竣工验收后起算。本案的规范意义在于很好地解释了诉讼时效起算时点的法理逻辑，即明知或者应当知道权利受到侵害时起算。不唯如此，本案对于市场主体如何有效缔结建设工程施工合同、科学约定付款时点也具有显著的参考价值。

（点评人：吴飞飞，西南政法大学副教授、硕士生导师）

005 建设工程施工过程中不可抗力的认定

甲制造公司与乙投资公司建设工程施工合同纠纷抗诉案[*]

案情简介

一、基本事实

2010年4月11日,甲制造公司和乙投资公司签订建设工程施工合同,约定由甲制造公司承建乙投资公司位于长春经济技术开发区某大街新建厂房的钢构制作安装和彩板、门窗制作安装,合同价款为366万元,合同工期总日历天数70天。

合同签订后,乙投资公司于2010年4月14日向甲制造公司支付了35万元预付款。甲制造公司在接收预付款后,组织了钢构板的购买、制作及彩板的购买和剪裁。2010年5月中旬,甲制造公司得知因政府对本案合同涉及的土地计划收储而不能办理开工许可证,导致双方签订的建设工程施工合同不能继续履行,但乙投资公司事先没有书面通知甲制造公司不能开工。2010年7月7日,长春市国土资源局经开分局出具证明:"乙投资公司位于经济开发区某大街21号,2010年1月开始,该公司所在地已列入长春经济开发区土地收储计划,从接到收储通知后停止办理一切手续。"

二、诉讼过程

2011年8月10日,甲制造公司起诉至吉林省长春市中级人民法院,请求判令:乙投资公司给付工程款300万元及利息20万元,给付违约金40万元,支付保管费20万元。

一审法院经审理后认定,乙投资公司已按合同约定履行预付款义务,但乙投资公司并未在甲制造公司开工前告知不能开工,甲制造公司是在完

---

[*] 本案承办人:最高人民检察院第六检察厅王莉;吉林省人民检察院吕佳航。

成钢购制作及彩板剪裁准备安装时才知晓乙投资公司未能将开工许可证办理完成的事实，应当认定甲制造公司依照合同约定完成采购制作并无过错，乙投资公司应当支付相应钢构工程价款及彩板价款。但同时对乙投资公司而言，合同不能履行非其主观故意，故违约责任不能归责于乙投资公司，对甲制造公司主张违约金、利息的主张不予支持。据此，法院判决乙投资公司给付甲制造公司工程款300万元。乙投资公司不服一审判决，依法提起上诉。二审法院经审理后判决驳回上诉，维持原判。

乙投资公司不服二审判决，向吉林省高级人民法院申请再审。该院认为，因合同涉及的土地被政府收储而使该合同无法继续履行，故根据《合同法》第94条第1项关于"因不可抗力致使不能实现合同目的，当事人可以解除合同"的规定，双方签订的建设工程施工合同应予解除。同时，鉴于双方在履行合同过程中均有过错，应各承担50%的责任，故再审判决撤销原一审、二审判决，并依法改判。

三、检察监督

甲制造公司不服上述再审判决，向检察机关申请监督。

最高人民检察院经审查后认为，原再审判决认定合同涉及的土地被政府收储而使该合同无法继续履行属不可抗力，适用法律确有错误。《合同法》第117条第2款规定："本法所称不可抗力，是指不能预见、不能避免并不能克服的客观情况。"依据该条款的规定，不可抗力有三个构成要素，即不能预见、不能避免、不能克服。判断一个事件是不是不可抗力，上述三个要素缺一不可。政府的行政行为是否构成不可抗力，我国法律尚无明确规定，应结合具体案件具体分析。本案双方当事人签订建设工程施工合同不能继续履行，原因是合同所涉土地被政府收储。虽然政府收储土地这一行政行为不能避免，但该行为并非不可预见或不能克服，再审判决适用法律错误，故依法向最高人民法院提起抗诉。最高人民法院经审理后采纳该项抗诉意见并依法改判乙投资公司给付工程款及相应违约金。

案件要旨

政府部门的土地收储行为包括征收、收购、优先购买或收回土地等情形，其需要与土地使用权人进行协商，并支付一定的土地价款或征地和拆迁补偿费用。政府部门的土地收储行为虽不是当事人的主观过错，但并非不能预见的客观情况，不属于不可抗力。同时，对政府收储土地这一行政行为所致的损害后果也并非不能克服，即土地使用权人可以要求以对收储的土地进行补偿的方式获得自身的权利救济，故从公平的角度讲，土地使用权人亦不能主张不可抗力免除违约责任。

法律规定索引

·《民法典》规定及沿革·

《民法典》

第一百八十条　因不可抗力不能履行民事义务的，不承担民事责任。法律另有规定的，依照其规定。

不可抗力是不能预见、不能避免且不能克服的客观情况。

第五百九十条　当事人一方因不可抗力不能履行合同的，根据不可抗力的影响，部分或者全部免除责任，但是法律另有规定的除外。因不可抗力不能履行合同的，应当及时通知对方，以减轻可能给对方造成的损失，并应当在合理期限内提供证明。

当事人迟延履行后发生不可抗力的，不免除其违约责任。

新旧对比

1.《民法通则》第 107 条规定："因不可抗力不能履行合同或者造成他人损害的，不承担民事责任，法律另有规定的除外。"第 153 条规定："本法所称的'不可抗力'，是指不能预见、不能避免并不能克服的客观情况。"

2.《合同法》第 117 条规定："因不可抗力不能履行合同的，根据不可抗力的影响，部分或者全部免除责任，但法律另有规定的除外。当事人迟延履行后发生不可抗力的，不能免除责任。"本法所称不可抗力，是指不能预见、不能避免并不能克服的客观情况。

3.《侵权责任法》第 29 条规定：因不可抗力造成他人损害的，不承担责任。法律另有规定的，依照其规定。

法条精义

《民法典》第 180 条、第 590 条主要是关于不可抗力的定义及法律后果的规定。

这里的"不能预见"是指,根据事件发生时的科学技术水平,一般人通常对该种事件的发生没有预知的能力。"不能避免并不能克服"是指当事人已经尽到最大努力,并采取了一切可以采取的措施,仍然不能避免该事件的发生或者克服该事件所造成的损害结果,说明该事件的发生及导致的损害后果具有必然性。不可抗力主要包括两大类:一是自然灾害,比如地震、台风、洪水、海啸、瘟疫等;二是异常的社会事件,比如战争、罢工、骚乱等。对于政府行为是否构成不可抗力,目前争议较大。

不可抗力作为违约责任的免责事由,包含两个方面的含义:一是不可抗力仅是其造成合同履行障碍范围内对应的违约责任之免责事由,即根据不可抗力的影响范围或程度,相应地免除当事人部分或全部的违约责任;二是当事人迟延履行后,才发生不可抗力的,不发生免除违约责任的效力。尽管不可抗力造成不能履行给付义务,但当事人的通知等附随义务并不因此免除,基于诚信原则而生的通知义务,要求当事人应当在发生不可抗力时及时通知对方,怠于履行通知义务,给对方造成损失的,应承担违反附随义务的违约责任。

域外立法通览

最初的不可抗力概念,可追溯到《汉谟拉比法典》中,该法典规定,牲畜因雷击、瘟疫而死或为狮子所噬食,租用人或牧人免负责任[1],但该法典中并未明确提出"不可抗力"这一用语,只是其列举的几种情形与不可抗力免责情形较为类似。不可抗力作为一种概括性规则,一般认为起源于罗马法。[2] 罗马法上不可抗力的上位概念是"事变",其是指非基于债务人的故意或过失而发生的债务不履行的结果,如自然灾害、交通阻断、战争、

---

[1] 王卫国:《不可抗力概念的立法与学说考察》,载《改革时代的法学探索》2003年第 1 期。

[2] 王利明:《违约责任论》,中国政法大学出版社 2003 年版,第 366 页。

法令改废等，也包括与行为人无关的第三人的行为所造成的损害。事变又分为轻微事变与不可抗力，前者是指情节比较轻微的事件，如邻人擅开羊圈，导致羊只逃亡；后者是指行为人通常不能预见或虽能预见也无法抗拒的外部事实。[1] 从该定义中可以看出罗马法将不可抗力分为了两类：一类是无法预见的事件，从罗马法的原始文献中，这类例子主要包括无过失发生的死亡、通常不受监视的奴隶的逃亡、强盗的攻击、海盗的袭击、敌人（外族）的入侵、皇帝的裁定等；另一类是虽能预见但无法抗拒的事件，如海难、毁灭性的暴风雨、火灾、激流的冲击、野兽的袭击等。[2] 由此可以看出，罗马法中虽未明确规定不可抗力的含义，但已将其作为一种免责事由。

《法国民法典》第1147条规定："凡债务人不能证明其履行债务系由于不应归其个人负责的外来原因时，即使在其个人方面并无恶意，债务人对于其不履行或迟延履行债务，如有必要，应支付损害赔偿。"第1148条规定："如债务人因不可抗力或不测事变（意外事件），不能履行其承担的给付或作为之债务，或者违约进行其禁止之事项，不引起损害赔偿责任。"对于第1147条外来原因的范围，我国学者看法不一，但基本都认为不可抗力属于该条规定的范围。法国理论上认为，不可抗力的构成要件为：不可预见性、不可抵御性、外在性[3]，实质上与我国法律对于不可抗力的定义基本一致。

德国法律中，直接体现不可抗力的是《德国民法典》第206条的规定："在时效期间的最后6个月内权利人因不可抗力无法实施权利的，则该请求权时效中止。"除此之外，没有关于不可抗力的规定，可见德国法没有专门规定不可抗力制度，该制度功能由给付不能制度吸收。之所以能由给付不能制度承担，这与德国债法体系存在内在关联，因为其债务不履行制度中就存在给付不能的类型，在不可归责于当事人的给付不能中，物质不能、法律不能和事实不能等就相应承担了不可抗力制度的功能。

英美法上，并不存在大陆法系制度意义上的"不可抗力"概念。"force

---

[1] 周枏：《罗马法原论》（下），商务印书馆1994年版，第700页。
[2] 丁玫：《罗马法契约责任》，中国政法大学出版社1998年版，第340—341页。
[3] 沈四宝、王军、焦津洪：《国际商法》，对外经济贸易大学出版社2002年版，第292页。

majeure"（不可抗力）一词一般是在 events of force majeure（不可抗力事件）或 force majeure clause（不可抗力条款）中被使用。英美法上，如果当事人在契约中约定了不可抗力条款，并且发生了该条款约定范围内的不可抗力事件，就依当事人约定的方式处理。如果当事人没有在契约中约定不可抗力条款，但发生了妨碍契约履行的意外情事，就只能考虑是否能适用契约落空制度。如果尚不构成契约落空，未履行义务一方则不得免责。通常，被规定于不可抗力条款中的不可抗力事件，其中只有一部分有可能成为引发契约落空的事件。在英美法中，不可抗力事件在绝大多数情况下，是一个由缔约当事人自定义的概念。不过，在当事人只约定了一般性不可抗力条款，而没有具体列举不可抗力事件的情况下，不可抗力事件的一般概念还是有可能被援引。但如果不具体列举不可抗力事件，法院有可能认为当事人约定的一般性不可抗力条款因过于空泛而无效。[①]

实务指引

一、关于政府行为是否可以构成不可抗力

在不可抗力的适用范围中，最具争议性的当属行政行为。赞成一方观点认为，作为不可抗力的行政行为，是指当事人在订立合同以后，由于政府颁布新政策、法律或者行政措施而导致合同不能履行。例如订立合同以后，由于政府颁布禁运的法律，使合同不能履行。反对一方观点认为，第一，行政行为出现的次数太过频繁，如果把行政行为列为不可抗力，容易导致对不可抗力制度的滥用，从而严重影响经济秩序，腐蚀契约精神。第二，很多行政行为可以预见，例如政府机关在制定规范性文件时，一般会通过新闻媒体征求意见，或者在实施之前提前公布和进行宣传，当事人应有时间通过各种途径获知并据此调整自己的行为。第三，部分行政行为可以克服，如错误的法令可以通过提请原行政立法机关重新审议而修改或撤销，错误的处罚决定可以通过行政复议程序或行政诉讼程序予以解决。

---

① 孙美兰：《英美契约受挫制度研究》，载《民商法论丛》（第30卷），法律出版社2004年版。

笔者认为，对此不能一概而论，应当具体问题具体分析。根据行政相对人是否特定，可以将行政行为分为抽象行政行为和具体行政行为。抽象行政行为是指行政主体针对不特定行政相对人所为的行政行为，包括行政立法行为等；具体行政行为是指行政主体针对特定行政相对人所为的行政行为，包括行政处罚、行政征收等。对于抽象行政行为，一般可以认定符合不能预见、不能避免并不能克服的标准，若由此导致合同无法履行的，则可构成不可抗力。这是因为：第一，抽象行政行为等的制定颁布是不能预见的，一般人鲜有途径预先获知。当然，对于已经公布征求意见稿等的情形，应视为一般人均可以知晓，在此后签订履行合同的，则不符合不能预见的标准。第二，抽象行政行为不能避免且不能克服。按照我国目前的立法体制，在行政法规、规章等规范性文件颁布之后，在某一区域或全国范围内具有普遍的强制约束力，一般人均得遵守，不能抗拒，不能克服；即使认为有错误，有权进行监督审查的主体为各级国家权力机关或政府，一般人无权启动修改或撤销程序，故难以避免。

对于具体行政行为，如果是因为行政相对人自身过错导致被行政处罚或者行政申请未获准许的，则行政主体作出的该类具体行政行为合法合理，系因行政相对人自身原因导致民事合同无法履行，此时应由行政相对人自己承担相应责任；若行政主体的具体行政行为违法，则可以通过行政复议、行政诉讼等程序予以纠正并得到救济，不符合"不能克服"的标准，故此时不可抗力亦无适用之境地。对于行政征收类具体行政行为，则应从"三个不能"的具体标准详细分析，鉴于在行政征收情形下，行政主体一般会给予行政相对人依法补偿，简单以不可抗力免除行政相对人在民事合同项下的违约责任，未必对民事合同项下的相对人公平，故应严格界定不可抗力的构成。

二、不可抗力与合同解除的关系

《民法典》第563条规定，因不可抗力致使不能实现合同目的的，当事人有权解除合同。也就是说，合同履行过程中发生不可抗力的，其对于合同履行产生怎样的影响，这要看不可抗力本身的程度、影响的范围、合同履行所依赖的条件等各种因素，并非所有的不可抗力均会导致合同完全无法履行，若只是导致部分不能履行或者迟延履行，则并非履行不能，此时不能仅仅以不可抗力为由主张解除合同。因此，在发生不可抗力时，最为核心的是必须达到"致使不能实现合同目的"的程度方能解除合同。如果合同目的仍然能够实现，则一般不产生法定解除权。因此，判断法定解除权是否产生的重心，并非对方当事人的可归责性，而是合同目的是否不能实现。

当然，对于因不可抗力致使不能实现合同目的的，民法典没有采取合同自动终止的方式，而是采取了产生法定解除权的方式，这有利于当事人之间的互通情况和互相配合，并积极采取救济措施，尽量减少各方的损失。同时，发生此种情况下，双方当事人都有权解除合同。

何谓合同目的？合同目的要根据合同性质判断，主给付义务在判断中发挥了很重要的作用。学理上认为其包括客观目的和主观目的，客观目的即典型交易目的，即给付所欲实现的法律效果，合同的主给付义务一般就体现了合同目的，具体而言是合同标的在种类、数量、质量方面的要求及表现；而主观目的即当事人签订合同的动机。虽然当事人签订合同的动机在大多数情况下与合同目的不一定一致，但大多数合同动机可能转化成合同目的，如果当事人明确地将其签订合同的动机告知了对方当事人，并且作为成交的基础，或者说作为合同的条件，也可以甚至应当将此类动机视为合同目的。

三、不可抗力与情势变更的联系与区别

《民法典》第533条规定："合同成立后，合同的基础条件发生了当事人在订立合同时无法预见的、不属于商业风险的重大变化，继续履行合同对于当事人一方明显不公平的，受不利影响的当事人可以与对方重新协商；在合同期限内协商不成的，当事人可以请求人民法院或者仲裁机构变更或者解除合同。人民法院或者仲裁机构应当结合案件的实际情况，根据公平原则变更或者解除合同。"从不可预见性、非当事人原因所致、解除合同的后果等可以看出，情势变更与不可抗力有相似之处，但从法律的规定及相关学理研究来说，二者存在明显的区别：

第一，制度功能上，不可抗力属于法定免责事由，可适用于违约责任与侵权责任。在社会生活中，一方当事人因违约或者侵权损害对方利益的，应当承担相应民事责任，但如果是由于不可抗力造成的，该当事人将

免予承担民事责任。情势变更原则属于合同履行的原则，其功能在于指导合同的履行。根据该原则，在合同履行的过程中若发生了情势变更情形，当事人按原约定继续履行将显失公平，有悖于诚实信用原则和公平原则，故应当允许当事人变更合同或解除合同。

第二，从是否可以解除合同的角度来说，不可抗力的效力本质上体现在免除责任问题上。不可抗力的免责，以不可抗力与不能履行之间的因果关系为前提，根据不可抗力的影响来免除相应的民事责任，且在不可抗力导致合同目的不能实现的情况下，当事人享有法定解除权。情势变更的后果，则是重新协商变更合同，或者通过诉讼或者仲裁变更或者解除合同。

第三，从法律后果的承担主体来说，不可抗力是法定免责事由，因不可抗力不履行合同，双方当事人均不承担任何责任，而情势变更原则的目的在于恢复当事人之间的利益平衡，对情势变更的后果，合同双方当事人应当风险共担。

第四，从主张权利的方式来说，发生不可抗力后，当事人只要依法取得确切的证据，履行诸如通知、防止损失扩大等有关义务，即可免予承担违约责任或侵权责任。而发生情势变更的事由后，当事人可以先进行重新协商，协商不成方向法院或仲裁机关提出请求，只有在法院或仲裁机关作出变更或解除的裁判以后，才发生变更或解除的效果。

因此，不可抗力与情势变更是两个不同的制度。但在特定情形下，也可能发生不可抗力与情势变更"竞合"的情况，即不可抗力构成情势变更，此时，当事人完全可以根据自己的利益，选择主张不可抗力免责并在合同目的无法实现时解除合同；也可以按照情势变更原则主张协商、诉讼或者仲裁，以变更或者解除合同。甚至在依据情势变更解除合同的情况下，就相关赔偿通过不可抗力来寻求免责。当然，不可抗力发生后，并不必然导致情势变更，如未引起当事人利益严重失衡，就不能适用情势变更原则。引起情势变更的事由也并非仅限于不可抗力，如意外事件也可能引起情势变更。

四、当事人是否可以约定不可抗力的范围

由于不可抗力情况复杂，法律缺乏具体规定。当不可抗力影响合同的履行时，单纯根据法律关于不可抗力的规定进行处理，从适用范围到法律

后果都有不确定的因素，从而使当事人不得不承担未来事件对当事人的影响、法律后果等不确定的风险，因此有必要承认当事人约定不可抗力的效力。同时为了公平起见，避免当事人滥用不可抗力的免责权，在合同中约定限制不可抗力的范围也是有必要的，这也是意思自治原则的应有之义，甚至当事人可以通过约定将法定的不可抗力范围排除在免责事由之外，只要该约定没有违反民法的公平及诚实信用原则，没有违反法律的强制性规定，当事人的约定就是有效的，对当事人具有约束力。

（案例撰写人：李宝乾）

专家点评

本案中，涉案土地被政府收储导致施工方无法开工并履行合同义务，但土地收储不影响工程发包方履行其付款义务。从本案事实可知，涉案土地已于2010年1月列入土地收储计划，而案涉建设工程施工合同签订于2010年4月11日。发包方在应当已经知道收储事宜的情况下仍然签订案涉合同，不能主张土地收储系其不能预见的客观情况而不履行其付款义务，也不能主张"因不可抗力致使不能实现合同目的"而解除合同。不可抗力是合同订立后才发生的客观障碍事实。若相关障碍事实在订立合同之前就已经存在，则合同债务处于自始不能的状态，这种情形不属于不可抗力免责或解除合同条款的适用对象。

关于政府行为是否可以构成不可抗力，需要结合个案事实来判断。无论是自然灾害、社会异常事件还是国家（政府）行为，不仅本身存在强弱之分，而且对债务履行的影响也会因个案差异而强弱不同。"不能预见""不能避免""不能克服""客观情况"四要件仅是从不可抗力的特性上作出的限定，立法者无法给出具体的描述，是否构成不可抗力有赖于个案中的事实和价值判断。

（点评人：冯珏，中国社会科学院大学教授、中国社会科学院法学研究所编审）

006 多份合同情况下如何确定结算依据
甲公司与乙公司建设工程施工合同纠纷抗诉案[*]

案情简介

一、基本事实

2009年6月12日,甲公司与乙公司签订一份建设工程施工合同(以下简称6.12合同),双方约定甲公司承建乙公司的某项目1#楼工程,合同承包固定价格为1110元/m^2,建筑面积约34000m^2,总造价约3774万元,承包范围为施工图范围的土建、水电暖、消防及门窗安装;工程工期为2009年6月15日至2011年2月14日,共600天。工程款付款节点和数额为:10层结顶时付500万元;20层封顶时付300万元;30层封顶付300万元;填墙结束时,再付合同价款的15%;内外抹灰结束时,再付合同价款的15%;安装完成时,再付合同价款的15%;竣工验收一个月内办理工程决算,扣工程押金的5%,余款全部付清。工程押金以竣工验收日期为准,三年内按比例付清。该合同还约定了双方的权利义务、验收及质量标准、违约责任等条款。合同签订后,甲公司即进入工地施工,乙公司于2010年2月12日支付工程款500万元、2010年5月11日支付30万元、2010年10月8日支付10万元、2011年10月28日支付34.3175万元。

2010年8月17日,当地建设局以该项目1#楼工程"未办理施工许可证、擅自施工"为由,对乙公司罚款3万元,当地县建设工程招标投标办公室补办了该项目1#、2#楼(58311.61m^2、框剪、28层)、3#楼(23151.45m^2、框剪结构、地下二层、地上28层)建设工程中标内容及条件。甲公司与乙公司倒签一份建设工程施工合同(以下简称6.25合同),

---

[*] 本案承办人:最高人民检察院刘玉强;河南省人民检察院冯海宽。

合同载明的订立时间为：2009年6月25日，工程名称为：该项目1#、2#、3#楼，总面积：81463.56m²，总造价：105738900元，工程内容：商住楼，承包范围：施工图范围的土建、水电暖、消防及门窗安装（不包括电梯、内门、面砖、卫生洁具安装、水暖管仅进入户内、室内毛墙毛地），合同工期为2009年6月25日至2011年2月24日，共600天，工程款支付的方式和时间：每月按已完工程量进度支付80%。6.25合同还约定了双方的权利义务、验收及质量标准、违约责任等条款。6.25合同在当地县建设局进行了备案。

甲公司于2009年10月22日、2010年1月16日分别给乙公司出具承诺书，因公司资质不够承建合同签订的33层高层，对承建的该项目，承担因资质不够问题而产生的一切费用（包括图纸变更费用、少建房屋面积造成的损失）及城建罚款等一切经济损失及法律责任；保证按照施工图设计要求施工，保证加层工程质量达到国家质量备案验收标准，保证项目安全目标的实现，承担达不到要求的后果。

2009年11月12日，当地县发展和改革委员会批准乙公司在××大道北段××住宅楼××幢，建筑面积120000m²，投资1.32亿元。县规划局分别于2009年12月9日、2009年12月18日、2010年4月20日为乙公司补办了建设用地规划许可证、建设工程规划许可证、建设工程施工许可证。

2010年1月13日，甲公司向乙公司及监理公司出具工程款支付申请表载明称：我单位已完成了10层封顶工作，按施工合同规定，建设单位应在2010年1月13日前支付工程款500万元，现报上2#楼第一节点工程款支付申请表，请予以审查并开具工程款支付证书。在甲公司出具3#楼的两份付款申请表上，载明"我单位承担的某项目3#楼，现已完成合同规定付款节点：10—20层（20—30层）……已达到付款要求，经我单位核算，结合合同规定，请与拨款"。

2010年8月27日，甲公司、乙公司、丙公司就1#、2#、3#楼项目建设施工，签订三方合作协议书，约定该项目28层以上乙公司同意丙公司委托甲公司施工，甲公司为该项目实际施工人；28层以上工程的施工，乙公司按照与甲公司以前签订的施工合同进行工程结算并直接拨付给甲公司（所有税金由甲公司承担）；甲公司负责为该项目办理施工许可证（以规划许可证为准），工程决算按图纸实际面积进行决算。

2010年12月10日，县建设局以支解发包工程，对乙公司罚款58500元。2010年12月17日县建设局办理补2010-141060804962-1202号建筑工程施工许可证，准予乙公司1#、2#、3#楼（框剪28-31、32、33层）施工。2010年12月7日，县建设工程招标投标办公室办理了该项目1#、2#、3#楼加层的建设工程中标内容和条件，中标单位为丙公司。

甲公司以乙公司没有遵守合同约定，严重拖欠工程进度款，在施工完成28层封顶时，突然将甲公司施工管理人员赶出施工现场为由，于2011年1月20日提起本案诉讼。乙公司认为，甲公司在1#楼建至23层封顶时，驻工地代表、收料员等撤离工地现场，在与甲公司联系无果的情况下，乙公司给甲公司发函解除了合同，自行组织后续施工，并对甲公司提起反诉。三方合作协议签订后，丙公司未实际参与工程施工。甲公司未向法院提供1#楼23层以上工程由其施工并支付相关款项的有关证据。

二、诉讼过程

2011年1月20日，甲公司向河南省洛阳市中级人民法院提起民事诉讼，请求判令乙公司支付其工程款3800万元及利息。一审法院经审理后认为，甲公司与乙公司之间涉及某项目1#楼工程施工的6.12合同、6.25合同因违反法律的禁止性规定而无效，且系由甲公司、乙公司共同过错造成的。由于甲公司在施工至23层封顶时已撤离施工现场，其后的工程由乙公司组织进行，对甲公司实际完成的工程的价款，参照双方实际履行的6.12合同约定的价款予以确定，较为符合实际。据此，该院判令乙公司向甲公司支付工程款4965883.27元及相应利息。

甲公司、乙公司均不服一审判决，向河南省高级人民法院提出上诉。关于结算依据及工程价款的问题，该院经审理后认为，由于6.12合同和6.25合同均是无效的，根据《最高人民法院关于审理建设工程施工合同纠纷案件适用法律问题的解释》（法释〔2004〕14号）第2条规定，建设工程施工合同无效，但建设工程经竣工验收合格的，承包人请求参照合同约定支付工程价款的，应予支持。本案中双方前后共签订过两个建设工程施工合同，这两份合同除对工程质量约定一致以外，对工程价款、施工范围、付款方式、工程期限等合同实质性内容均作了重大变更。这些内容关系到与社会公共利益和公共安全最密切的问题即工程质量。所以对此类必须招投标的工程，国家规定行政主管部门对当事人所签的建设工程施工合同进行审查、备案，主要是对合同的工程价款、工程质量、工程期限等内容进行合法性审查，其备案行为并不仅是对当事人签订的合同进行保管和存放，而是体现了国家对当事人意思自治必要的干预和监督。故双方先后签订的这两份建设工程施工合同，虽然均因违背招投标法和建筑法被认定无效，但由于 6.25 合同经过了行政主管部门的审查并已备案，其签订时间在 6.12 合同之后，且系双方真实意思表示，该工程经验收系合格工程，故应参照 6.25 合同结算工程款，一审认定事实错误，依法应当予以纠正。据此，该院作出相应二审判决。

三、检察监督

乙公司不服二审判决，向检察机关申请监督，最高人民检察院经审查后认为，二审判决认定 6.25 合同是当事人真实的意思表示，系认定的基本事实缺乏证据证明：

1. 甲公司按照 6.12 合同约定的付款方式向乙公司主张付款。6.12 合同详细约定了 1# 楼工程款支付方式，即付款节点和数额为：10 层结顶时付 500 万元；20 层封顶时付 300 万元；30 层封顶付 300 万元。2010 年 1 月 13 日，甲公司向乙公司及监理公司出具工程款支付申请表载明称：我单位已完成了 10 层封顶工作，按施工合同规定，建设单位应在 2010 年 1 月 13 日前支付工程款 500 万元，现报上 2# 楼第一节点工程款支付申请表，请予以审查并开具工程款支付证书。在甲公司出具 3# 楼的两份付款申请表上，载明："我单位承担的某项目 3# 楼，现已完成合同规定付款节点：10—20 层（20—30 层）……已达到付款要求，经我单位核算，结合合同规定，请与拨款。"该付款数额及节点与 6.12 合同一致，与 6.25 合同每月按已完工工程量进度付 80% 的约定不同。

2. 实际施工人宋某伟依据 6.12 合同约定的结算标准向乙公司主张工程款。2011 年 12 月 6 日，从甲公司承包工程的宋某伟依据 1110 元 /m^2 的标准向乙公司主张工程款。根据宋某伟与甲公司的项目承包协议，其工程款的结算依据是甲公司与乙公司的施工合同。1110元/m²是6.12合同约定的工程款结算标准，可见甲公司自认履行的是6.12合同。

由此可见，双方实际履行的是6.12合同，该合同更符合当事人真实的意思表示，应当依据6.12合同结算工程款。二审判决未阐明理由即认定6.25合同是当事人真实的意思表示，系认定的基本事实缺乏证据证明。

因此，最高人民检察院依法提起抗诉，最高人民法院经审理后采纳该抗诉意见，认为应以6.12合同作为结算依据，并据此作出（2015）民抗字第62号再审判决，判令乙公司按照6.12合同的约定向甲公司给付工程款。

案件要旨

当事人就同一建设工程签订的数份建设工程施工合同均无效，但建设工程质量合格的，当事人有权请求参照实际履行的合同关于工程价款的约定折价补偿。对于实际履行合同的确定，可以通过施工过程中发包人、承包人、监理人等的往来函件、签证单、会议纪要、工程款支付节点、施工范围等因素综合判断。

法律规定索引

·《民法典》规定及沿革·

《民法典》

第七百九十三条　建设工程施工合同无效，但是建设工程经验收合格的，可以参照合同关于工程价款的约定折价补偿承包人。

建设工程施工合同无效，且建设工程经验收不合格的，按照以下情形处理：

（一）修复后的建设工程经验收合格的，发包人可以请求承包人承担修复费用；

（二）修复后的建设工程经验收不合格的，承包人无权请求参照合同关于工程价款的约定折价补偿。

发包人对因建设工程不合格造成的损失有过错的，应当承担相应的责任。

■ 新旧对比

合同法对此无规定，本条是此次民法典新增加条文，延续了《最高人民法院关于审理建设工程施工合同纠纷案件适用法律问题的解释》（法释〔2004〕14号）第2条和第3条的规定，但有两处较为明显的变化：一是将"建设工程经竣工验收合格"修改为"建设工程验收合格"，删除了"竣工"二字，主要解决实践中部分工程未完工即撤场后的结算问题；二是将"参照合同约定支付工程价款"修改为"参照合同关于工程价款的约定折价补偿"，更符合无效合同的处理原则。

■ 法条精义

在审判实践中，鉴于建设工程的特殊性，虽然合同无效，但施工人的劳动和建筑材料已经物化在建筑工程中，在建设工程合同无效但建设工程经竣工验收合格的情形下，承包人请求参照有效合同处理的，应当参照合同约定计算相应的折价补偿款，但承包人不应获得比合同有效时更多的利益。

根据本条规定，建设工程施工合同无效的法律后果是折价补偿和按照过错赔偿损失。"折价补偿"首先应确定无效合同已经履行，建造的工程具有使用价值，才存在补偿的问题，如果建造的工程因为不合格而不具有价值的，则只存在过错赔偿的问题。使用价值的判断标准首先是验收合格，只有验收合格才能交付使用，未经验收或验收不合格的，不得交付使用；而不交付使用，建造工程的价值就无法具体体现，因此也就无法折价补偿，据此，建造工程的质量是判断折价补偿的前提。

对于不合格的建设工程，因纠纷的发生，承包人往往不愿意承担相应的修复义务，发包人也不愿意由承包人再继续进行修复工作，此时，为了妥善解决双方之间的纠纷，应首先核实建设工程存在的质量缺陷是否可以通过修复来解决，一般可以通过委托专业鉴定机构对修复的内容及修复的费用进行鉴定或评估，然后根据各方的过错在各方当事人之间进行分担。

· 司法解释 ·

《最高人民法院关于审理建设工程施工合同纠纷案件适用法律问题的解释（一）》

第二条 招标人和投标人另行签订的建设工程施工合同约定的工程范围、建设工期、工程质量、工程价款等实质性内容，与中标合同不一致，一方当事人请求按照中标合同确定权利义务的，人民法院应予支持。

招标人和中标人在中标合同之外就明显高于市场价格购买承建房产、无偿建设住房配套设施、让利、向建设单位捐赠财物等另行签订合同、变相降低工程价款，一方当事人以该合同背离中标合同实质性内容为由请求确认无效的，人民法院应予支持。

第二十二条 当事人签订的建设工程施工合同与招标文件、投标文件、中标通知书载明的工程范围、建设工期、工程质量、工程价款不一致，一方当事人请求将招标文件、投标文件、中标通知书作为结算工程价款的依据的，人民法院应予支持。

第二十三条 发包人将依法不属于必须招标的建设工程进行招标后，与承包人另行订立的建设工程施工合同背离中标合同的实质性内容，当事人请求以中标合同作为结算建设工程价款依据的，人民法院应予支持，但发包人与承包人因客观情况发生了在招标投标时难以预见的变化而另行订立建设工程施工合同的除外。

第二十四条 当事人就同一建设工程订立的数份建设工程施工合同均无效，但建设工程质量合格，一方当事人请求参照实际履行的合同关于工程价款的约定折价补偿承包人的，人民法院应予支持。

实际履行的合同难以确定，当事人请求参照最后签订的合同关于工程价款的约定折价补偿承包人的，人民法院应予支持。

实务指引

一、中标合同之外另行签订实质性内容不同的"黑合同"如何结算

目前，我国建筑市场总体上发包人处于优势地位，承包人之间竞争非常激烈，部分发包人为了控制成本、提高利润，往往追求以最低的成本或者最短的工期实现最高的质量，即使必须采用招投标的方式签订建设工程施工合同，也会利用优势地位就同一建设工程签订两份甚至多份实质性内容不一致的合同，这样就产生了中标的"白合同"和实质性内容不同的"黑合同"，在适用哪一份合同的问题上，发包人与承包人往往产生争议。

《招标投标法》第46条规定："招标人和中标人应当自中标通知书发出之日起三十日内，按照招标文件和中标人的投标文件订立书面合同。招标人和中标人不得再行订立背离合同实质性内容的其他协议"；同时，《民法典》第790条亦规定："建设工程的招标投标活动，应当依照有关法律的规定公开、公平、公正进行"，但相关的法律法规并未对"实质性内容"进行明确解释。最高人民法院总结多年的司法实践发现，黑白合同最大的区别往往是对于建设工期、工程质量、工程范围、工程价款等方面约定不同，因此，《最高人民法院关于审理建设工程施工合同纠纷案件适用法律问题的解释（二）》（法释〔2018〕20号，以下简称《原建设工程司法解释二》）在第1条就对此进行了明确规定，《最高人民法院关于审理建设工程施工合同纠纷案件适用法律问题的解释（一）》（法释〔2020〕25号，以下简称《建设工程司法解释一》）第2条第1款沿用了上述规定，而且明确规定了黑、白合同实质性内容不同时的法律适用问题，即"招标人和投标人另行签订的建设工程施工合同约定的工程范围、建设工期、工程质量、工程价款等实质性内容，与中标合同不一致，一方当事人请求按照中标合同确定权利义务的，人民法院应予支持"。当然，在理解该条时应注意把握：

1. 中标合同应为有效合同。中标的白合同有效、黑合同无效，是适用中标合同的前提。若中标合同因某种事由无效，则不能适用本条以黑白合同实质性内容不同为由，将中标的白合同作为结算依据。若黑白合同均无效，则应当按照《建设工程司法解释一》（法释〔2020〕25号）第24条确定各方权利义务并作为结算依据。

2. 中标合同不必然为备案合同。《最高人民法院关于审理建设工程施工合同纠纷案件适用法律问题的解释》（法释〔2004〕14号）第21条规定："当事人就同一建设工程另行订立的建设工程施工合同与经过备案的中标合同实质性内容不一致的，应当以备案的中标合同作为结算工程价款的根据。"此处尚有"备案的中标合同"一说，但自2018年9月28日住房和城乡建设部公布《关于修改〈房屋建筑和市政基础设施工程招标投标管理办法〉的决定》以后，建设工程施工合同的行政备案制度正式取消，在此后建设工程招标投标活动中，发包人和承包人根据中标结果签订的中标合同不需要备案，故新颁布的司法解释对此进行了相应修改。

3. 中标合同包括一系列法律文件在内的合同书。根据2017年9月住房和城乡建设部与原国家工商行政管理总局发布的《建设工程施工合同（示范文本）》，建设工程施工合同示范文本由合同协议书、通用合同条款、专用合同条款三部分组成，合同协议书明确约定：合同文件包括合同协议书与下列文件：(1)中标通知书（如果有）；(2)投标函及其附录；(3)专用合同条款及其附件；(4)通用合同条款；(5)技术标准和要求；(6)图纸；(7)已标价工程量清单或预算书；(8)其他合同文件；因此，在合同订立及履行过程中形成的与合同有关的文件均构成合同双方约定内容。

4. 中标合同既包括必须招投标工程项下的合同，也包括非必须招投标项下签订的合同。《建设工程司法解释一》（法释〔2020〕25号）第23条规定："发包人将依法不属于必须招标的建设工程进行招标后，与承包人另行订立的建设工程施工合同背离中标合同的实质性内容，当事人请求以中标合同作为结算建设工程价款依据的，人民法院应予支持。"这与必须招投标工程项下黑白合同适用规则基本一致。当然，若客观情况发生了招投标时难以预见的变化而另行订立建设工程施工合同的，此时应适用情势变更制度规定的程序或方式对合同内容进行变更或调整，也就是说，在中标合同基础发生了重大变化的情况下，允许当事人对合同进行重新协商，即该条后半段规定的"但发包人与承包人因客观情况发生了在招标投标时难以预见的变化而另行订立建设工程施工合同的除外"，从而平衡当事人之间的权利义务关系。

二、中标合同与招投标文件、中标通知书实质性内容不同的如何结算

同一建设工程施工合同关系，发包人和承包人之间的合同文本可能包

含招投标文件、中标通知书、中标合同、另行签订履行的合同等，如何确定这些合同文本的效力，当事人产生争议时应以哪份合同为依据确定当事人之间的权利义务，争议较大。尤其是对于投标文件及中标通知书在当事人之间是否成立有效的合同关系、如何确定权利义务依据等，一直存有争议。

《招标投标法》第45条规定，"中标人确定后，招标人应当向中标人发出中标通知书，并同时将中标结果通知所有未中标的投标人""中标通知书对招标人和中标人具有法律效力""中标通知书发出后，招标人改变中标结果的，或者中标人放弃中标项目的，应当依法承担法律责任"；第46条规定，"招标人和中标人应当自中标通知书发出之日起三十日内，按照招标文件和中标人的投标文件订立书面合同"。发出中标通知书后合同何时成立生效，理论界和实务界争议较大，有观点认为，中标通知书发出后合同尚未成立，签订中标合同后合同才成立生效；有观点认为，中标通知书发出后合同成立但未生效，签订中标合同是生效要件；有观点认为，中标通知书发出后合同成立并生效，但成立的是预约合同；还有观点认为，中标通知书发出后合同成立并生效。笔者认为，根据民法典关于要约承诺及合同成立生效的相关规定，合同本质上是当事人的合意，是意思表示一致的产物，招投标程序中中标通知书为招标人作出的承诺，中标通知书一旦发出并到达投标人后，承诺即生效，该承诺生效时合同成立并生效，招标投标法关于30日内签订书面合同的规定，是从行政管理的角度，要求发包人和中标人对招标文件、投标文件进行梳理并书面确认，各方不能签订与招投标文件实质性内容不一致的书面合同，故书面合同是否签订不影响发包人和中标人之间成立合法有效的建设工程施工合同法律关系，如果当事人未按照招标投标法规定签订书面合同，其法律后果是行政处罚。

中标通知书发出并到达中标人后，双方之间成立建设工程施工合同法律关系，双方在此后签订的建设工程施工合同与招投标文件、中标通知书不一致，应以招投标文件、中标通知书作为确定权利义务的依据。《建设工程司法解释一》（法释〔2020〕25号）第22条明确规定："当事人签订的建设工程施工合同与招标文件、投标文件、中标通知书载明的工程范围、建设工期、工程质量、工程价款不一致，一方当事人请求将招标文件、投标文件、中标通知书作为结算工程价款的依据的，人民法院应予支持。"

三、数份合同均无效情形下如何确定结算依据

司法实践中，存在不少发包人与承包人就同一建设工程先后或同时签订多份建设工程施工合同的情形，有的是为了规避强制招投标或在招投标中恶意排挤其他竞标人，发包人和承包人串通签订多份建设工程施工合同，有的是在双方签订中标合同后，因钢筋等材料价格非正常涨跌、政府调整调控政策等因素的出现，迫使承包人和发包人协商变更原建设工程施工合同，平衡双方的利益。根据相关法律司法解释的规定，对于违反法律强制性规定，损害公平、公开、公正招投标市场秩序或损害社会公共利益的民事行为，法律给予否定性评价，当事人由此签订的建设工程施工合同无效。但承包人毕竟已经实施了建设行为，相应的人力、材料已经物化到整个建设工程中，在建设工程质量合格的前提下，如何依照民法典关于无效合同的处理规定"返还财产或折价补偿"，需要相应的裁判依据。

《民法典》第793条第1款规定："建设工程施工合同无效，但是建设工程经验收合格的，可以参照合同关于工程价款的约定折价补偿承包人。"但该条并未明确，存在多份无效合同的情况下，此处的"合同"到底应以哪一份合同为准。对此，司法实践中存在不同的观点：一是认为应以中标价为准；二是认为应以中标合同约定为准；三是认为应以实际履行合同约定为准；四是认为应以最后签订合同约定为准。为了统一司法尺度，最高人民法院在颁布实施的《原建设工程司法解释二》（法释〔2018〕20号）第11条对此进行了规定："当事人就同一建设工程订立的数份建设工程施工合同均无效，但建设工程质量合格，一方当事人请求参照实际履行的合同结算建设工程价款的，人民法院应予支持""实际履行的合同难以确定，当事人请求参照最后签订的合同结算建设工程价款的，人民法院应予支持"。《建设工程司法解释一》（法释〔2020〕25号）第24条基本沿用了该规定，只是文字上进行了修改，将"结算建设工程价款的"修改为"关于工程价款的约定折价补偿承包人的"，修改后与民法典立法本意保持一

致。笔者认为，上述司法解释虽然并不周全，但从统一裁判尺度的角度考虑，具有合理性。总结审查建设工程施工合同纠纷监督案件的经验，在司法实践中应注意把握以下几点：

第一，折价补偿的前提是建设工程施工合同无效而工程质量合格。关于建设工程施工合同无效的情形，本书其他章节已详细论述，此处不再赘述。关于建设工程质量合格的规定，笔者认为，根据《民法典》第157条的规定，民事法律行为无效的，行为人因该行为取得的财产应当予以返还，不能返还或者没有返还必要的，应当折价补偿，同时根据《民法典》第122条的规定，因他人没有法律根据，取得不当利益，受损失的人有权请求返还不当利益，因此，在建设工程施工合同无效的情况下，折价补偿的基础在于承包人基于建设行为而导致自身利益受损，发包人因此受益但没有法律依据，若承包人已建设的工程质量不合格，甚至修复后都不能使用，那么该工程便不具有使用价值，发包人并未基于承包人的建设行为有所获益，则不存在折价补偿的前提，因此，承包人已建造工程质量合格是折价补偿的前提。

第二，如何确定实际履行的合同。通常情况下，在签订数份建设工程施工合同的情况下，承包人和发包人对于实际履行的是哪一份合同是没有争议的。根据实际履行的合同，可以看出当事人所预期期待的利益及实际权利义务内容，故在建设工程施工合同无效的情况下，首先应以实际履行的合同作为结算的依据，这基本符合当事人的真实意思表示。但难点在于如何确定实际履行的合同。根据审查案件的司法经验，主要从施工过程中往来函件、签证单、会议纪要、工程款支付、施工范围等方面，来比对这些实际施工过程中的细节与哪一份合同更为接近。通常情况下，中标合同与"黑合同"相比，"黑合同"更接近于当事人的真实意思表示；从签订时间先后来说，签订日期在后的合同，往往更接近于当事人的真实意思表示，但不绝对，还应具体问题具体分析。

第三，数份合同无法确定签订日期先后，亦无法确定实际履行哪一份合同时，应如何处理。实践中还会出现数份合同没有落款日期，或者承包人、发包人持有的合同日期不同，无法确定各份合同签订日期的先后顺序，而且在施工过程中，双方就实际履行哪份合同存在反复，即部分履行符合一份合同、其他履行又符合另一份合同等，致使无法准确界定实际履行的到底为哪一份合同，此时，应当如何确定工程结算价款，实践中争议较大，司法实务中采纳较多的主要有两种做法：一种做法是根据数份合同分别核算工程价款，然后以数份合同的平均价作为折价补偿的依据；另一种做法是不以各份合同约定作为依据，而直接以市场价格信息作为折价补偿的依据。鉴于建设工程的复杂性，建设工程工程量及工程价款的计算亦错综复杂，发包人和承包人往往从自身利益最大化的角度出发，选择有利的折价补偿方式，往往均有一定合理性，但又不具有压倒性的说服力，导致发包人、承包人、裁判者存在各自不同的看法，对此，尚没有较为明确的统一方式，只能由裁判者根据个案情况，从利益平衡、已完工工程质量、各自过错程度等角度，发挥自由裁量权，作出相对公平合理的裁决结果。

第四，关于"参照合同关于工程价款的约定"的内涵和外延，目前司法适用标准尚不统一，造成了类案不同判的突出矛盾。例如，"支付时间"是否属于参照范围，（2020）最高法民终1192号判决认为，"折价补偿款项的支付时间，也应以合同约定的工程款支付时间为参照依据"；（2019）最高法民申1218号判决则认为，"双方间关于付款节点约定的条款，不属于可以参照适用的合同约定"。再如，对于"管理费"约定的理解，（2016）最高法民申1535号判决认为，管理费条款属于合同参照范围，收取管理费的一方可以主张；（2020）最高法民申7019号判决认为，不属于参照范围，收取管理费的一方不可以主张。（2020）最高法民终242号判决认为，合同无效，收取管理费的一方履行了管理义务，属于折价补偿的范围。由此可见，《民法典》第793条第1款规定的"参照合同关于工程价款的约定折价补偿"，其高度凝练、抽象的立法语言，赋予了法官较大空间的自由裁量权。①

（案例撰写人：李宝乾　李佳倩）

---

① 刘力、禄劲松、杨劭禹：《论无效建设工程施工合同的折价补偿——〈民法典〉第793条第1款评释》，载《法律适用》2022年第2期。

专家点评

　　签订黑白合同、多份合同是建设工程施工合同领域的多发现象。当多份合同之间就同一事项约定不一致时，究竟应当以哪份合同为准，由此而引发的裁判争议频发。本案所涉争议焦点为双方当事人先后签订的两份建设工程施工合同均为无效合同时，究竟以哪一份合同为最终认定依据。对此，本案提出应当以合同当事人真实意思表示的探寻为出发点，综合考察施工过程中往来函件、签证单、会议纪要、工程款支付、施工范围等因素，最终确定哪份合同为双方实际履行的合同。该种解释认定方式，充分体现了对合同当事人意思自治的尊重，将私法自治精神贯彻到合同解释逻辑之中，对后续类案审理裁判、检察监督均具有启示意义。

　　　　　　　　　　（点评人：邓纲，西南政法大学教授、博士生导师）

007 如何准确认定被挂靠人出借资质的责任

甲劳务公司与乙劳务公司、丙建筑公司、赵某某建设工程施工合同纠纷抗诉案[*]

案情简介

一、基本事实

2014年，丙建筑公司作为施工单位承建某综合楼工程。2014年7月20日，赵某某挂靠乙劳务公司，与丙建筑公司签订建筑工程施工劳务合同，约定丙建筑公司将该综合楼工程的劳务扩大部分分包给乙劳务公司，乙劳务公司负责土建、装饰、设备等一切机械费用及人员工资。合同还约定了工程价款、按工程进度拨款比例和违约责任等。赵某某代表乙劳务公司在合同上签名。后为向住建局备案，丙建筑公司又与甲劳务公司签订建筑工程施工劳务分包合同，交住建局备案。甲劳务公司、乙劳务公司均未投资及参与涉案工程的经营管理，涉案分包工程全部由赵某某组织施工、投资。截至2014年12月丙建筑公司与赵某某发生纠纷时，该工程尚未完工。从2015年起由丙建筑公司自行施工。合同履行期间，丙建筑公司分9笔合计向赵某某支付工程款1198800元，赵某某使用丙建筑公司材料500元，两项合计1199300元；丙建筑公司为赵某某代发工人工资1438901元；赵某某在施工期间在丙建筑公司租赁、购买施工材料核款237894元；上述款项合计2876095元。经鉴定，赵某某已完成工程部分核款仅为1941198.68元，两者之差为934896.32元。

二、诉讼过程

丙建筑公司以超额向赵某某支付工程款为由，向铁力市人民法院提起

---

[*] 本案承办人：黑龙江省人民检察院安亮怡；伊春市人民检察院陈明雷。

诉讼，请求：确认丙建筑公司与甲劳务公司、丙建筑公司与乙劳务公司签订的合同无效；甲劳务公司、乙劳务公司、赵某某共同返还丙建筑公司超付工程款1009254.56元。一审判决作出后，甲劳务公司、赵某某不服，向伊春市中级人民法院提起上诉。伊春市中级人民法院裁定撤销原判，发回重审。铁力市人民法院重新审理后，作出一审判决：丙建筑公司与甲劳务公司、与乙劳务公司签订的合同均无效；赵某某于判决生效后3日内给付丙建筑公司934896.32元。该一审判决生效后，丙建筑公司申请再审。铁力市人民法院再审认为，赵某某作为实际施工人，分别借用甲劳务公司资质、乙劳务公司资质，与丙建筑公司签订合同，上述两份合同均应认定为无效合同。丙建筑公司与实际施工人赵某某应根据已完工的工程量及支付工程款、材料款的实际情况进行结算，互找差价。甲劳务公司、乙劳务公司向赵某某出借资质，均应承担连带责任。判决：丙建筑公司与乙劳务公司、与甲劳务公司签订的合同均无效；赵某某于判决生效后3日内给付丙建筑公司934896.32元，甲劳务公司、乙劳务公司承担连带给付责任。甲劳务公司、赵某某不服，向伊春市中级人民法院提起上诉。伊春市中级人民法院驳回上诉，维持原判。

三、检察监督

甲劳务公司不服二审判决，向检察机关申请监督。检察机关审查后认为：本案各方当事人未就工程质量提出异议，而是对合同效力及工程款给付数额发生争议。赵某某借用甲劳务公司的资质，与丙建筑公司签订合同，并将合同签订时间提前，目的是向行政机关备案。丙建筑公司在诉讼中亦多次承认，其与甲劳务公司签订合同是为了备案，该合同没有实际履行，工程价款已全部拨付给赵某某。故甲劳务公司虽有出借企业资质的行为，但并不具备法律规定的承担连带责任的情形，各方当事人亦未就甲劳务公司承担连带责任的具体情形予以约定。依据连带责任的承担必须法定或者约定的原则，原审判决以甲劳务公司出借资质存在过错为由，判决其承担连带责任缺乏事实及法律依据。据此，黑龙江省人民检察院提起抗诉。黑龙江省高级人民法院经审理后，再审改判赵某某返还丙建筑公司934896.32元款项，甲劳务公司、乙劳务公司不承担连带给付责任。

案件要旨

在建设工程施工纠纷中，被挂靠人和挂靠人承担的连带责任，除当事人另外约定外，应当限于因出借资质造成的工程质量等损失向发包人承担。既没有法律规定，当事人也没有约定的，不能判决被挂靠人承担连带责任。因此，对分包人提出的返还超付工程款的请求，在当事人没有约定的前提下，不能判决被挂靠人承担连带责任。

法律规定索引

·《民法典》规定及沿革·

《民法典》

第一百七十八条　二人以上依法承担连带责任的，权利人有权请求部分或者全部连带责任人承担责任。

连带责任人的责任份额根据各自责任大小确定；难以确定责任大小的，平均承担责任。实际承担责任超过自己责任份额的连带责任人，有权向其他连带责任人追偿。

连带责任，由法律规定或者当事人约定。

新旧对比

《民法典》第178条沿用了原《民法总则》第178条的规定。

法条精义

《民法典》第178条是关于连带责任的规定。《民法通则》第130条对连带责任规定："二人以上共同侵权造成他人损害的，应当承担连带责任。"《侵权责任法》第13条规定："法律规定承担连带责任的，被侵权人有权请求部分或者全部连带责任人承担责任。"

2017年3月，第十二届全国人民代表大会第五次会议审议民法总则草案的过程中，有的代表提出，连带责任是两个或者两个以上的债务人共同向债权人承担民事责任，是一种较为严厉的责任方式，除当事人有约定外，宜由法律作出规定。经研究，最后在第130条增加一款作为第3款，规定"连带责任，由法律规定或者当事人约定"。① 由此统领和指导民法分则各部分相关问题的法律适用。民法典总则编沿用了这一规定。

连带责任较之单独责任，是对违反民事义务主体的一种加重责任。因此，对连带责任的适用必须有法律的明确规定或者当事人的约定。法定的连带责任，即法律明确规定各个债务人对某一债务承担连带责任，例如，《民法典》第167条规定的违法代理连带责任。意定的连带责任，即依照当事人之间的约定所产生的连带责任，如《民法典》第688条规定的连带保证责任。

·司法解释·

《最高人民法院关于审理建设工程施工合同纠纷案件适用法律问题的解释（一）》

第一条 建设工程施工合同具有下列情形之一的，应当依据民法典第一百五十三条第一款的规定，认定无效：

（一）承包人未取得建筑业企业资质或者超越资质等级的；

（二）没有资质的实际施工人借用有资质的建筑施工企业名义的；

（三）建设工程必须进行招标而未招标或者中标无效的。

承包人因转包、违法分包建设工程与他人签订的建设工程施工合同，应当依据民法典第一百五十三条第一款及第七百九十一条第二款、第三款的规定，认定无效。

第七条 缺乏资质的单位或者个人借用有资质的建筑施工企业名义签订建设工程施工合同，发包人请求出借方与借用方对建设工程质量不合格等因出借资质造成的损失承担连带赔偿责任的，人民法院应予支持。

实务指引

司法实践中，建设工程施工合同纠纷案件的基数较小，但是上诉、申

---

① 黄薇主编：《中华人民共和国民法典总则编释义》（上），法律出版社2020年版，第468页。

请再审的案件数量和占比较大，说明此类案件的法律适用标准并不统一。挂靠行为作为建设工程领域普遍存在的违法行为，具有其独特性。为回应社会公众对同案同判、类案同判的要求，准确认定建设工程领域被挂靠人因出借资质而与挂靠人承担的责任，现就相关问题梳理如下：

一、建设工程挂靠的内涵及具体情形

（一）建设工程挂靠的内涵

建设工程挂靠是指没有资质的实际施工人借用有资质的建筑施工企业名义承揽工程。[①] 该承揽工程行为包括参与投标、订立合同、办理施工手续、从事施工等活动。建设施工挂靠关系中涉及的当事人主要包括挂靠人和被挂靠人。挂靠人指借用资质的实际施工人；被挂靠人指拥有资质，直接签订建设工程合同的建筑施工企业。

值得注意的是，我国现行法律、司法解释均未使用"挂靠"这一概念。"挂靠"是建筑行业约定俗成的通行名词，并不是规范的法律术语，该概念的法律术语为"借用资质"。因此，在建筑行业领域中，行政机关、司法机关对"挂靠"与"借用资质"并不进行实质区分，二者含义相同。为行文方便，下文统称借用资质的单位或者个人为挂靠人，出借资质的单位为被挂靠人。

（二）建设工程挂靠的具体情形

2019年1月1日施行的住房和城乡建设部《建筑工程施工发包与承包违法行为认定查处管理办法》（建市规〔2019〕1号）第10条对建设工程挂靠的具体情形规定如下："存在下列情形之一的，属于挂靠：（一）没有资质的单位或个人借用其他施工单位的资质承揽工程的；（二）有资质的施工单位相互借用资质承揽工程的，包括资质等级低的借用资质等级高的，资质等级高的借用资质等级低的，相同资质等级相互借用的；（三）本办法第八条第一款第（三）至（九）项规定的情形，有证据证明属于挂靠的。"

[①] 陈旻：《建设工程案件审判实务与案例精析》，中国法制出版社2010年版，第18页。

非法转包中的"整体转包"与挂靠非常相似，但仔细分析，二者具有明显的区别：一是二者法律关系的形成时间不同。转包发生在承包人签订建设工程施工合同取得承包权之后，而挂靠一般是在承包人订立建设工程合同之前形成借用资质的意思表示，这是实践中区分转包与挂靠的关键要素之一。二是二者对合同效力的影响不同。转包行为不影响发包人与承包人之间建设工程施工合同的效力；而挂靠情形下，建设工程施工合同因违反法律禁止性规定而被认定为无效。三是二者在对外关系的表象不同。转包在对外关系上存在两个独立的法律关系，即发包人与转包人的关系，转包人与转承包人的关系，在转包情形下，实际施工人（转承包人）一般以自己名义进行施工；而在挂靠情形下，因实际施工人（挂靠人）一般借用承包人名义施工，在对外关系上通常表现为发包人与被挂靠人之间的关系。四是二者在能否突破合同相对性上不同。根据现行法律及司法解释的规定，在转包情形下，实际施工人可以突破合同相对性，向发包人主张工程价款权利；而实际施工人在挂靠情形下是否享有该权利，存在较大争议。

二、挂靠情形下被挂靠人的责任承担

（一）被挂靠人与挂靠人向发包人承担的法定连带责任，应当严格限制在因出借资质导致建设工程质量不合格等损失

《建筑法》第66条规定："建筑施工企业转让、出借资质证书或者以其他方式允许他人以本企业的名义承揽工程的，责令改正，没收违法所得，并处罚款，可以责令停业整顿，降低资质等级；情节严重的，吊销资质证书。对因该项承揽工程不符合规定的质量标准造成的损失，建筑施工企业与使用本企业名义的单位或者个人承担连带赔偿责任。"

《最高人民法院关于审理建设工程施工合同纠纷案件适用法律问题的解释（二）》（法释〔2018〕20号）第4条规定："缺乏资质的单位或者个人借用有资质的建筑施工企业名义签订建设工程施工合同，发包人请求出借方与借用方对建设工程质量不合格等因出借资质造成的损失承担连带赔偿责任的，人民法院应予支持。"

现行《最高人民法院关于审理建设工程施工合同纠纷案件适用法律问

题的解释（一）》（法释〔2020〕25号，以下简称《建设工程司法解释一》）第7条规定："缺乏资质的单位或者个人借用有资质的建筑施工企业名义签订建设工程施工合同，发包人请求出借方与借用方对建设工程质量不合格等因出借资质造成的损失承担连带赔偿责任的，人民法院应予支持。"

依据上述规定，发包人请求被挂靠人与挂靠人承担连带责任的情形，应当严格限制在以下两种情形：一是因工程质量不合格造成的损失，二是因借用资质造成的其他损失。具体而言：

1. 因工程质量不合格造成的损失。建筑工程质量事关社会公众生命财产安全。法律禁止被挂靠人出借资质，其立法目的是保障工程质量。对于因工程质量不合格造成的损失，被挂靠人与挂靠人一并承担连带责任，司法实践中已经达成统一认识。

2. 因借用资质造成的其他损失。对于其他损失，应严格限制在该损失必须是因借用资质的原因造成的，即损失的产生与借用资质存在因果关系。"只要损失是由出借资质造成，发包人就有权请求借用资质的单位或者个人与出借资质的建筑施工企业承担连带责任。"①

（二）被挂靠人承担的连带责任，除法律规定外，应当由当事人约定

《最高人民法院关于适用〈中华人民共和国民事诉讼法〉的解释》第54条规定："以挂靠形式从事民事活动，当事人请求由挂靠人和被挂靠人依法承担民事责任的，该挂靠人和被挂靠人为共同诉讼人。"该规定仅是明确被挂靠人、挂靠人的诉讼地位，并不涉及实体意义上的责任承担。此外，连带责任虽然能够加强对受损害人的保护，确保受损害人获得赔偿，但是连带责任制度在某种程度上变相鼓励原告将有赔偿能力的损害者列为被告，即使这些损害者无过错或者仅有微小的过错。《民法典》第178条第3款规定："连带责任，由法律规定或者当事人约定。"依据该规定，连带责任的适用范围应当由当事人合同约定或者法律明确规定，不应随意扩大。

---

① 最高人民法院民事审判第一庭编：《民事审判指导与参考》（2018年第4辑），人民法院出版社2018年版，第17页。

（三）分包人向挂靠人多支付的工程款与出借资质没有因果关系，被挂靠人不承担连带责任

本案中，分包人丙建筑公司未按照合同约定的进度向挂靠人赵某某支付工程款，且丙建筑公司向赵某某支付工程款时，从未告知被挂靠人甲劳务公司，而是与赵某某直接结算。丙建筑公司向赵某某多支付工程款的原因，系其自身的不当结算行为，并非甲劳务公司向赵某某出借资质。原审判决甲劳务公司就丙建筑公司多支付的工程款与赵某某承担连带责任，缺乏事实依据及法律依据。另外，"本质上，违法出借资质的责任属于行政责任，要有效地杜绝挂靠行为，应当由行政主管部门按照法律法规给予相应行政处罚，而不应依靠司法通过认定连带责任来实现"。[1]

（案例撰写人：安亮怡）

专家点评

本案的核心问题是连带责任的适用。民法典对于适用连带责任作出了明确限定，按照第178条第3款规定，连带责任不可以任意判定和自由裁量，而是必须有法律依据或者合同根据，这既是民法的基本原理，也是法教义学意义上的司法规则。司法者必须严格依照法律规定适用法律，不得任意突破。

建设工程合同纠纷当中往往涉及挂靠行为，基于对挂靠行为的负面评价，法院有可能倾向于对被挂靠人科以较重的连带责任，本案原审法院的裁判就是这样。本案中的被挂靠人虽有出借企业资质的行为，但并不具备法律规定的承担连带责任的情形，各方当事人亦未就被挂靠人承担连带责任的具体情形予以约定。依据连带责任的承担必须法定或者约定的规则，原审判决以被挂靠人出借资质存在过错为由，判决其承担连带责任即缺乏事实及法律依据。从法律适用的逻辑上讲，《建筑法》第66条及《建设工程司法解释一》（法释〔2020〕25号）第7条规定，缺乏资质的单位或者

---

[1] 谢佑、陈栎旭：《建设工程施工合同纠纷中挂靠人与被挂靠人对外债务承担的类型化分析》，载《法制博览》2021年第30期。

个人借用有资质的建筑施工企业名义签订建设工程施工合同，发包人请求出借方与借用方对建设工程质量不合格等因出借资质造成的损失承担连带赔偿责任的，人民法院应予支持。据此可以确定，被挂靠人对挂靠人承担连带责任不是无条件、无限制的，不能认为只要存在挂靠关系，被挂靠人就要与挂靠人承担连带责任；被挂靠人只在因出借资质造成建设工程质量或者其他损失的情况下，才与挂靠人承担连带责任。

（点评人：姚辉，中国人民大学法学院教授、博士生导师）

008 挂靠情形下实际施工人如何主张权利

古某建设施工合同纠纷抗诉案[*]

案情简介

一、基本事实

2005年8月，甲公司与乙公司签订3份建设施工承包协议，约定由乙公司负责筹集建设资金并承包广州市白云路某大厦项目工程，工程总承包价3500万元。乙公司将承包的工程转包给古某施工，古某未取得建筑施工企业资质，并作为乙公司的签约代表在上述协议上签名。而后，古某与乙公司、甲公司三方又签订了1份《续建工程补充协议》，约定工程款由古某收取，乙公司不得截留古某的资金。同年12月2日，古某以乙公司名义与甲公司签订《收尾工程补充协议》，将工程总价修改为3700万元，乙公司并未盖章确认。

涉案工程由古某自行出资并实际施工，合同内工程有约250万元未做，其他合同内工程均已完成。古某还主张增加完成了合同外的项目工程，评估价约为333.4万元。对于工程质量问题，鉴定机构出具鉴定报告，认定涉案工程有11个项目不符合规范要求、不合格。因该大厦烂尾，广州市人民内部矛盾调处办公室负责协调解决烂尾工程的续建。乙公司以前期工程承包商的名义向越秀区法院申请支付令，越秀区法院向乙公司账户拨付了执行款37758522元用于复建工程。该款除了支付给古某工程队，还支付给胡某某工程队500万元以及煤气施工队等，甲公司未足额付款，古某通过乙公司仅领取了工程款997万余元，由此引发纠纷。

[*] 本案承办人：广东省人民检察院刘洁辉。

二、诉讼过程

因甲公司未足额付款,古某向广州市越秀区人民法院提起诉讼,请求法院判决:(1)甲公司向古某支付合同内工程欠款2440万元、合同外工程欠款477万元、图纸设计费23万元、停工补偿费120万元及全部欠款的利息;(2)乙公司对合同内工程欠款2440万元承担连带清偿责任;(3)确认古某就涉讼工程价款对甲公司建设的某大厦商住楼取得的售楼款或拍卖款享有优先受偿权。

一审庭审中,古某、乙公司、甲公司确认合同内工程有250万元未做,其他合同内工程均已完成。古某还主张增加完成了合同外的项目工程,并向一审法院申请对合同外增加项目工程的造价进行评估。一审法院委托评估价为333.4万元。古某和乙公司对评估结果无异议,甲公司有异议。古某确认已通过乙公司领取了工程款997万余元。对于工程质量问题,甲公司向法院申请鉴定,鉴定机构出具鉴定报告,认定涉案工程有11个项目不符合规范要求、不合格。各方当事人对鉴定报告均无异议。

广州市越秀区人民法院经审理后认为:甲公司与乙公司签订的《续建工程补充协议》及《收尾工程补充协议》合法有效,对甲公司与乙公司有约束力。乙公司将承包的工程转包给古某施工,古某虽未取得建筑施工企业资质,但在上述协议中均作为乙公司的签约代表,并与乙公司及甲公司签订了《续建工程补充协议》,根据《最高人民法院关于审理建设工程施工合同纠纷案件适用法律问题的解释》(法释〔2004〕14号)的规定,该协议应属无效。但鉴于古某已实际施工,故双方可按合同约定进行结算。各方确认合同内约有250万元工程未做,乙公司共向古某支付工程款997万余元,故在总包干价3700万元中应扣除上述费用,古某现就该合同内工程的工程价款主张2440万元,予以准许。据此,该院判令甲公司、乙公司共同给付古某工程款2440万元及相应利息。

古某、甲公司不服,向广州市中级人民法院提起上诉。该院认为,关于涉案建设工程施工合同的主体问题,虽然建设工程合同系以乙公司名义签订,但乙公司并未在《收尾工程补充协议书》上盖章确认,而该协议书直接变更了签订在先的《续建工程补充协议》中约定的合同价款。乙公确认涉案工程系由古某挂靠其进行实际施工，而古某提交的 2008 年 11 月 24 日《后续工程款往来情况说明》，也证明涉案工程系由古某自行出资并实际施工，甲公司对此知情亦表示同意。一审判决认定古某为涉案工程的实际施工人并无不当，应予维持。但一审判决关于甲公司已付工程款的数额认定有误，根据二审查明的事实，应当予以改判。

三、检察监督

乙公司不服生效判决，向检察机关提出监督申请。广东省人民检察院于 2014 年 6 月 16 日以粤检民抗字（2014）91 号民事抗诉书向广东省高级人民法院提出抗诉。抗诉理由如下：(1) 古某和乙公司成立挂靠关系，甲公司是发包人，古某是实际施工人。古某可依据 12 月 2 日签订的《续建工程补充协议》的约定取得工程价款，该协议明确约定甲公司是付款主体，乙公司没有付款的合同义务，法律亦没有规定被挂靠人对发包人尚欠工程款负有付款义务。二审认定乙公司与甲公司承担共同清偿义务没有事实和法律依据。(2) 根据双方在检察监督期间提交的证据及检察机关调查取得的证据，证明以下事实：因该大厦烂尾，广州市人民内部矛盾调处办公室负责协调解决烂尾工程的续建。乙公司以前期工程承包商的名义向越秀区法院申请支付令，越秀区法院向乙公司账户拨付了执行款 37758522 元用于复建工程。该款除了支付给古某工程队，还支付给胡某某工程队 500 万元以及煤气施工队等，这些事实因双方当事人在一二审时不主张而未能查清。现双方均提交了新证据，足以推翻原生效判决。

广东省高级人民法院于 2014 年 7 月 22 日裁定指令广州市中级人民法院再审。广州市中院于 2015 年 12 月 31 日作出（2014）穗中法审监民抗再字第 42 号民事判决。

广州市中级人民法院再审认为，关于合同关系及其效力，应确认古某与乙公司成立的是挂靠关系，不是工程转包。古某借用乙公司资质与甲公司订立的涉案工程施工合同无效。关于被挂靠人乙公司的责任，被挂靠人是否应与债务人承担共同责任或连带责任，我国法律法规及司法解释并没有明确。因此，原审以合同关系认定被挂靠人乙公司对发包人甲公司欠挂靠人古某的债务承担共同清偿责任缺乏依据。

关于乙公司是否因截留专用账号款项而应承担民事责任的问题。乙公司主张以其名义为甲公司开设账号并由甲公司支配使用。甲公司和古某对此予以认可，故应确认以乙公司名义设立的专用账号是为该大厦续建工程所需而设立。从专用账号资金使用看，有证据证明消防工程、煤气工程、胡某某工程款等款项是从专用账号支出。专用账号大部分款项用于续建工程，但除上述款项外的其他支出没有充分证据证明，故对其余款项不认定为用于续建工程，乙公司对该部分款项应承担清偿责任。乙公司专用账号共收入 37758522 元，减去已支付的 2199 万余元，差额 1576 万元应由乙公司向古某清偿，扣减乙公司代甲公司支付的工人工资及税费后尚欠 14798518.19 元。综上，甲公司作为发包人对尚欠古某工程款应承担清偿责任。乙公司对其举证不足以证实专用账号中用于续建工程的部分工程款承担共同清偿责任。

综上，经广州中院审判委员会讨论决定，改判甲公司向古某支付工程款 21701477.42 元及利息，乙公司对上述债务中的 14798518.19 元及其利息承担共同清偿责任。

广东省人民检察院认为再审判决适用法律仍然错误，决定跟进监督，依职权于 2016 年 4 月 28 日再次向广东省高级人民法院提出抗诉，理由为再审法院在认定乙公司只有开立账号之名而无管理、使用资金之实的同时，却认定由乙公司承担提供支出凭证的责任，并据此判定由乙公司承担举证不能之后果，该判项没有事实和法律依据，实体处理显失公平，具体如下：

第一，没有证据显示乙公司对甲公司欠付工程款存有过错。其一，乙公司出借账号给甲公司续建工程使用不构成故意或过失。根据再审查明的事实，政府成立该大厦问题专责小组，协调房管部门和法院开设监控账号，监管售房收入及后续工程的收支，并决定以乙公司名义在银行开设专用账号。古某在再审中亦认可乙公司开立专用账号是政府协调和要求的结果。乙公司作为被挂靠人、开立账号供续建工程所用，均非乙公司故意或过失所致。其二，乙公司对专用账号内资金支出无使用、监管和支配权，其对账号内资金的支出凭证没有保管义务。2004 年至 2007 年间相关多份政府会议纪要均明确规定由广州市人民内部矛盾调处办公室监管售楼收入和后续工程的每笔开支，后续工程整体结算和支付方式由该办公室根据工程完成时间、验收和结算情况报该大厦问题专责小组商定。古某在一审时向法院提交的《甲公司后续工程款往来情况说明》，足以证明古某亦认可监管账户内 37758522 元的支配人和使用人是甲公司。从专用账号须有董某强的私人印鉴盖章确认看，所有支出均由甲公司支配和使用。乙公司对专用账号内资金没有监管权、决定权和使用权，也就不会有相关支出单据的保管义务。因此，承担提供支出凭证义务的，应当是资金支配人和使用人甲公司。其三，乙公司对发包人甲公司欠付古某工程款并无过错。专用账户内的 37758522 元系用于整个续建工程，虽然数额与本案涉案承包合同价 3700 万元相近，但古某工程队只是参与工程续建多个工程队之一，此款并非专用于涉案工程。乙公司对专用账号内的款项没有支配权，即没有将款项支付给古某的合同义务或法定义务。没有义务就没有责任，也就不应在诉讼中承担证明监管账号内款项去向的举证责任。

第二，没有证据显示乙公司有截留、挪用工程款从而构成不当得利之事实。《甲公司后续工程款往来情况说明》《工程明细表》等证据充分证明乙公司未截留、挪用监管账户内款项，不构成不当得利，依法不应承担清偿之责。

广东省高级人民法院经审理，于 2017 年 6 月 28 日作出（2016）粤民再 499 号民事判决书。该院认为，广州市中院再审认定乙公司与古某就涉案工程形成挂靠关系，基于挂靠关系，被挂靠人乙公司无须对发包人甲公司欠挂靠人古某的债务承担共同清偿责任。检察机关及各方当事人对此均无异议。乙公司在案涉专用账号的设立、使用中没有过错，也没有证据证明其截留款项或获得其他不当利益，乙公司没有证明所有款项去向的举证责任。广州市中院再审判决其对不能认定用于续建工程的款项内与甲公司共同承担清偿责任缺乏事实及法律依据。检察机关的抗诉理由成立，再审予以采纳。据此，广东省高级人民法院判决撤销了广州市中院（2014）穗中法审监民抗再字第 42 号民事判决中由乙公司承担清偿责任的判项。

广东省高级人民法院再审改判后，将本案所涉法律适用问题的解决思路写入了 2017 年 7 月 19 日出台的《广东省高级法院关于审理建设工程合同纠纷案件疑难问题的解答》，形成裁判规则："……2. 因发包人欠付工程款，挂靠人主张被挂靠人和发包人承担欠付工程款的连带责任的，不予支持，但挂靠人与被挂靠人之间的合同明确约定被挂靠人承担支付工程款义务的除外。挂靠人主张被挂靠人支付已收取但尚未转付工程款的，应予支持。3. 对于工程项目多次分包或转包的，实际施工人起诉合同相对方和发包人支付工程款的，为查明发包人欠付工程款的数额，应追加总承包人作为第三人。其余违法分包人、转包人如未参与实际施工，不影响案件事实查明的，可以不追加为案件诉讼主体。"

案件要旨

挂靠是指没有相应资质等级的单位或个人以其他有资质的施工单位的名义承揽工程的行为。因挂靠行为违反了法律行政法规的强制性规定，实际施工人与承包人签订的挂靠合同、承包人与发包人签订的建设工程施工合同均为无效合同。承包人与实际施工人未约定双方之间直接结算，承包人亦未收到发包人给付的建设工程价款的，实际施工人原则上不应向承包人主张建设工程价款。此时，若发包人在签订建设工程施工合同时知道或应当知道实际施工人挂靠的，则实际施工人可以事实建设工程施工合同为由向发包人主张建设工程价款。

法律规定索引

·《民法典》规定及沿革·

《民法典》

第一百四十六条　行为人与相对人以虚假的意思表示实施的民事法律行为无效。

以虚假的意思表示隐藏的民事法律行为的效力，依照有关法律规定处理。

第四百六十五条第二款　依法成立的合同，仅对当事人具有法律约束力，但是法律另有规定的除外。

📘 新旧对比

《民法典》第 146 条是在制定民法总则时新增加的规定，民法典延续了民法总则的规定。民法通则和合同法均没有这方面的规定。

《民法典》第 465 条第 2 款规定的沿革变化，已在其他章节有所介绍，在此不再赘述。

📘 法条精义

《民法典》第 146 条规定的是行为人与相对人通谋虚伪表示实施的民事法律行为的效力。通谋虚伪表示又称为虚假行为，是指表意人和相对人一致同意该民事法律行为不发生效力，亦即双方当事人一致同意仅造成订立某项民事法律行为的表面假象，而实际上并不想使有关民事法律行为产生法律约束力。从该规定本身就可以看出，通谋虚伪表示是双方行为，双方当事人的意思表示均不真实，而不是一方当事人的意思表示不真实，如果仅有一方当事人的意思表示不真实，而对方意思表示真实，则可能构成显失公平、重大误解等，但均不构成通谋虚伪表示。通谋虚伪表示的法律后果是该民事法律行为一律无效，对当事人没有约束力。[①]

通常情况下，当事人通谋虚伪表示的目的在于掩盖其所真正希望作出的民事法律行为，该真正希望作出的民事法律行为被称为隐藏行为。对于隐藏行为的效力，应当依据有关法律的规定处理。换句话说，通谋虚伪表示的虚构行为无效，但是隐藏行为体现了当事人的真实意思表示，如果隐藏行为符合民事法律行为的有效条件，那么应当有效；如果隐藏行为违反法律的禁止性规定或者缺少法定形式要件，则该隐藏行为为无效或可撤销的民事法律行为。

[①] 对此，我国台湾地区有关规定，表意人与相对人通谋而为意思表示者，其意思表示无效。但不得以其无效，对抗善意第三人。学者王泽鉴指出："因通谋虚伪表示无效而必受变动者而言，如虚伪买卖标的物的受让人，设定抵押权之人，但不包括该虚伪买卖标的物的承租人，因租赁契约的效力，本不受通谋虚伪表示的影响。"参见王泽鉴:《民法学说与判例研究》，北京大学出版社 2016 年版，第 361 页。

· 司法解释 ·

《最高人民法院关于审理建设工程施工合同纠纷案件适用法律问题的解释（一）》

第七条 缺乏资质的单位或者个人借用有资质的建筑施工企业名义签订建设工程施工合同，发包人请求出借方与借用方对建设工程质量不合格等因出借资质造成的损失承担连带赔偿责任的，人民法院应予支持。

第四十三条 实际施工人以转包人、违法分包人为被告起诉的，人民法院应当依法受理。

实际施工人以发包人为被告主张权利的，人民法院应当追加转包人或者违法分包人为本案第三人，在查明发包人欠付转包人或者违法分包人建设工程价款的数额后，判决发包人在欠付建设工程价款范围内对实际施工人承担责任。

第四十四条 实际施工人依据民法典第五百三十五条规定，以转包人或违法分包人怠于向发包人行使到期债权或者与该债权有关的从权利，影响其到期债权实现，提起代位权诉讼的，人民法院应予支持。

域外立法通览

一、德国

《德国民法典》第117条规定："须向他人作出的意思表示，系与相对人通谋而只是虚伪地做出的，无效。因虚伪行为，致另一法律行为隐藏的，适用关于该隐藏的法律行为的规定。"虚假的意思表示概念，是德国于《德国民法典》时期才引入的概念。古日耳曼法像其他早期法一样，没有虚假的意思表示或虚伪法律行为的概念，任何公开的法律行为，只要具备有效法律行为的外表或形式，纵被利用，也无可争议地有效。[①]

二、日本

《日本民法典》第94条规定："与相对人通谋而进行虚伪意思表示，其

---

① 龙卫球：《民法总论》（第2版），中国法制出版社2002年版，第487页。

意思表示无效。前项意思表示的无效,不得以之对抗善意第三人。"通谋虚伪表示在当事人之间无效异议不大,不得对抗第三人是出于保护信赖表示行为外形的第三人利益。但学者我妻荣认为:"在像德国民法那样,交易外形信赖者得到保护的制度特别是登记的公信力普遍采用的法制之下,已无此必要。但是,在像日本民法那样,没有采用这种制度的法制之下,具有极为重要的意义。"[1]

三、法国

《法国民法典》第1321条规定:"订有变更或废除契约的秘密文件的,仅于当事人之间有效,对于第三人不生效力。"法国法区分绝对的虚伪行为与相对的虚伪行为,前者是指被隐蔽的法律行为处于可看见的状态,公开的意思表示(法律行为)全面掩盖着另一个正在持续或保持的法律行为;后者指被隐蔽的法律行为处于看不见的状态的情形。但认为再绝对的虚伪行为,人们也能找到极其重要的法律行为意思因素,尤其是客观意思因素,即这一串通的表面现象,已构成具有重要法律与社会意义的客观事态。同时,法国法重视公开行为的积极意义与客观价值,并据此建立了两条规则:第一,在当事人之间,根据意思主义,仅承认当事人间所订立的秘密协议。第二,在当事人与第三人之间,则保护善意第三人。[2]

实务指引

随着房地产行业持续高速发展,我国建筑业市场也空前繁荣,相当一部分不具备法定资质的企业或者个人,被建筑行业的利润所吸引,通过各种方法借用有资质的建筑施工企业名义对外承揽工程,形成我国建筑市场上较为常见的、由发包人与名义承包人签订建设工程施工合同但由实际施工人进行实际施工建设的现象,实践中通常将此类借用资质承

---

[1] [日]《我妻荣民法讲义Ⅰ:新订民法总则》,于敏译,中国法制出版社2008年版,第273页。
[2] 龙卫球:《民法总论》(第2版),中国法制出版社2002年版,第489页。

揽工程的行为称为挂靠。挂靠行为违反我国对建筑施工企业资质的严格规制，扰乱了建筑市场秩序，为建筑工程质量和施工安全带来隐患，因此《建筑法》第26条规定明确禁止建筑施工企业无资质、超越资质等级或者以任何形式借用其他建筑施工企业的名义承揽工程，禁止建筑市场上的挂靠行为，因此，发包人与承包人之间签订的建设工程施工合同、实际施工人与承包人之间的挂靠合同关系等因违反上述禁止性规定而无效，但民法典合同编建设工程合同章及相关司法解释并未明确规定实际施工人与发包人之间是否存在建设工程施工合同法律关系、实际施工人是否有权向发包人主张权利，只能借助民法典总则及合同编通则的相关规定予以处理。具体分述如下：

一、挂靠情形下实际施工人是否有权请求发包人对其施工工程折价补偿

根据最高人民法院民事审判第一庭2021年第二十次专业法官会议纪要，没有资质的实际施工人借用有资质的建筑施工企业名义与发包人签订建设工程施工合同，在发包人知道或者应当知道系借用资质的实际施工人进行施工的情况下，发包人与借用资质的实际施工人之间形成事实上的建设工程施工合同关系。该建设工程施工合同因违反法律的强制性规定而无效。《民法典》第793条第1款规定："建设工程施工合同无效，但是建设工程经验收合格的，可以参照合同关于工程价款的约定折价补偿承包人。"因此，在借用资质的实际施工人与发包人之间形成事实上的建设工程施工合同关系且建设工程经验收合格的情况下，借用资质的实际施工人有权请求发包人参照合同关于工程价款的约定折价补偿。

虽然挂靠情形下的实际施工人无权依据《最高人民法院关于审理建设工程施工合同纠纷案件适用法律问题的解释（一）》（法释〔2020〕25号，以下简称《建设工程司法解释一》）第43条第2款向发包人主张在欠付建设工程价款范围内对实际施工人承担责任，但并不代表实际施工人一概不能向发包人主张权利。以实践中较为普遍的一种情形为例，实际施工人往往先与发包人沟通，双方基本达成合同意向甚至就合同主要条款达成一致的情况下，再由实际施工人寻找符合资质要求的承包人参与投标并与发包人签订建设工程施工合同，也就是说，发包人对于实际施工人借用承包人资质签订建设工程施工合同是知道且认可的，此时，实际施工人与发包人构成通谋虚伪表示，即实际施工人以承包人名义与发包人签订名义上的建设工程施工合同，而发包人真正愿意设立建设工程施工合同关系的对象为实际施工人，实际施工人也存在该真实意愿，故发包人与实际施工人存在事实上的建设工程施工合同关系。当然，该事实上的建设工程施工合同关系因违反了《建筑法》的禁止性规定及《建设工程司法解释一》（法释〔2020〕25号）第1条的规定而无效，但建设工程经竣工验收合格的情况下，实际施工人可以事实建设工程施工合同为由向发包人主张折价补偿。原因在于，实际施工人实际投入人力、物力、财力，并物化到整个建设工程之中，基于"谁得益谁补偿、谁付出谁受偿"的利益衡平法理，因发包人实际享有实际施工人的工作成果，故发包人应当向实际施工人进行补偿，即实际施工人有权以不当得利为由向发包人主张权利。

二、挂靠情形下实际施工人能否向承包人主张建设工程价款

就实际施工人是否可以向承包人主张建设工程价款，一般可以区分不同情况，分别予以处理：

第一，承包人与实际施工人约定，由承包人与实际施工人进行结算的，虽然该约定因违反出借资质的禁止性规定而无效，但实际施工人可以参照该约定向承包人主张建设工程价款。

第二，承包人与实际施工人并未约定双方之间直接结算的，若承包人已收取了发包人给付的建设工程价款，则实际施工人可以要求承包人给付相应价款。至于承包人是否有权扣除相应管理费，则需根据承包人是否实际参与项目管理具体确定。

第三，承包人与实际施工人并未约定双方之间直接结算，承包人亦未收到发包人给付的建设工程价款的，实际施工人原则上不应向承包人主张建设工程价款。此时，若发包人在签订建设工程施工合同时知道或应当知道实际施工人挂靠的，则实际施工人可以事实建设工程施工合同为由向发包人主张建设工程价款；若发包人并不知晓的，则实际施工人无权以建设

工程施工合同为由向发包人主张权利，也无权以挂靠合同为由向承包人主张权利，实际施工人将面临着两难的尴尬局面。

三、挂靠情形下的实际施工人与承包人对建设工程质量的连带责任

为保证建设工程质量和施工安全，法律对承包人资质作出严格规定，承包人应当具备施工资质，并在其资质等级许可的业务范围内承揽工程。目前，建筑市场出借资质情形普遍，在因出借资质导致发包人财产损失，尤其是建设工程质量不合格的情形下，如何确定名义承包人与实际施工人的责任承担方式，是司法实践中亟待解决的问题。为规范建设工程施工行为，体现法律的价值导向，根据《建设工程司法解释一》（法释〔2020〕25号）第7条明确规定，因承包人出借资质行为给发包人造成损失的，发包人有权请求承包人和实际施工人承担连带责任。具体而言：

第一，《建筑法》第66条规定："建筑施工企业转让、出借资质证书或者以其他方式允许他人以本企业的名义承揽工程的，责令改正，没收违法所得，并处罚款，可以责令停业整顿，降低资质等级；情节严重的，吊销资质证书。对因该项承揽工程不符合规定的质量标准造成的损失，建筑施工企业与使用本企业名义的单位或者个人承担连带赔偿责任。"上述规定是《建设工程司法解释一》（法释〔2020〕25号）第7条规定的法律渊源。

第二，在理解该条款时应注意，只有出借资质的挂靠行为与工程质量不合格等造成发包人损失之间存在因果关系，发包人才有权要求承包人与实际施工人承担连带赔偿责任。但对于工程质量损失而言，《建筑法》第66条已经明确规定了挂靠情形下的工程质量损失赔偿责任，故在诉讼过程中，首先由发包人就工程质量损失及挂靠行为的存在承担举证责任，在发包人完成初步证明责任后，由实际施工人或承包人就不存在挂靠以及工程质量合格等承担举证责任，实际施工人或承包人不能完成证明责任的，应承担相应的不利后果。

第三，若发包人在签订建设工程施工合同时明知存在挂靠情形的，则一般可以认为发包人对于承包人出借资质所造成的损失具有一定过错，应

当根据其过错程度适当减轻承包人及实际施工人的连带赔偿责任。

（案例撰写人：李宝乾）

专家点评

本案涉及两个值得讨论的问题：一是在挂靠情形下，实际施工人与发包人之间能否认定存在建设工程施工合同法律关系，进而实际施工人是否有权向发包人主张相应的合同权利。二是在挂靠情形下，发包人和被挂靠人是否须共同向实际施工人承担相应的民事责任。依照我国相关法律和司法解释的规定，在借用资质的实际施工人与发包人之间形成建设工程施工合同关系且建设工程经验收合格的情况下，借用资质的实际施工人有权请求发包人参照合同关于工程价款的约定折价补偿。本案中的实际施工人由于与发包人签订了相关协议，因此可依据所签订协议的约定向发包人主张工程价款，自不待言。但是，根据合同的相对性原理，被挂靠人并不因此也当然具有共同的付款义务，法律亦没有规定被挂靠人对发包人所欠付的工程款负有共同清偿义务。原审法院判决认定挂靠人与发包人向实际施工人承担共同清偿责任也就失去了事实和法律依据。

（点评人：姚辉，中国人民大学法学院教授、博士生导师）

009 发包人擅自使用未经竣工验收的建设工程的如何确定相应责任

甲公司与乙公司装饰装修合同纠纷抗诉案[*]

—— **案情简介** ——

一、基本事实

2012年5月10日,甲公司与乙公司签订某酒店装饰装修合同,合同约定:甲公司承建某酒店一至五层室内装饰装修,期限自2012年5月15日起至2012年8月15日止,工程固定总价款为743万元;该合同第8条约定,未经甲公司同意,乙公司擅自使用,该建筑则视为验收合格。2012年5月15日,甲公司组织工人进场施工,乙公司分四次共支付给甲公司工程款538万元。2012年9月26日,甲公司在未完成整个工程的情况下,停工撤离工地。2012年9月30日,该酒店开始试营业,2012年11月23日正式开业。甲公司撤离工地后,未和乙公司对其已完成的工程量进行验收确认,也未对已完成的工程进行结算;乙公司为了继续完成余下的工程,与各实际施工方协商同意后继续施工。

二、诉讼过程

2013年10月30日,甲公司向法院起诉,以其与乙公司签订装饰装修合同,如约完成工程后,乙公司拖欠工程款为由,请求法院判令乙公司给付拖欠甲公司的工程款205万元及相应利息。一审法院经审理后认为,甲公司撤离工地后,未和乙公司对其已完成的工程量进行验收确认,也未对已完成的工程进行结算,甲公司所施工的工程无法计算工程款,甲公司请

---

[*] 本案承办人:海南省人民检察院刘敏;海南省人民检察院第一分院郝敬贵。

求乙公司给付拖欠工程款及利息没有事实和法律依据，不予支持。遂判决：驳回甲公司的诉讼请求。

甲公司不服提起上诉，二审法院经审理后认为，乙公司于2012年9月30日使用了该酒店，应视为验收合格。双方约定该工程总价款为743万元，扣除乙公司已支付的538万元，乙公司应当支付剩余工程款205万元给甲公司，故二审法院改判乙公司支付工程款205万元及相应利息。

三、检察监督

乙公司不服二审判决，向检察机关申请监督，检察机关经审查后认为，根据涉案合同第8条第4款"未经乙方同意，甲方擅自使用，该建筑则视为验收合格"的约定，只能认定甲公司已施工的工程质量合格，而不能扩大推定为工程已全部完工。乙公司在甲公司离场后，明知道涉案酒店尚未竣工验收，即于2012年9月30日进行试营业，并于2012年11月23日正式开业。根据合同约定及法律规定，乙公司丧失了质量问题的抗辩权，不能再就酒店的质量问题主张权利，但质量之外的其他问题仍可主张相应权利。现乙公司有证据证明甲公司未依约完成整个项目，甲公司主张乙公司支付全部工程款的诉讼请求依法不应当得到支持。至于甲公司有权向乙公司主张的剩余工程款数额及利息，应根据甲公司的主张及双方提供的证据，查明甲公司已完成的工程量并将乙公司代甲公司支付的款项从总工程款中予以相应扣减后，依法判决。据此，海南省人民检察院向海南省高级人民法院提起抗诉。海南省高级人民法院经审理后采纳检察机关的抗诉意见，在查明未完工的工程价款基础上，改判乙公司向甲公司支付工程款1335540.16元及利息。

案件要旨

发包人擅自使用未经竣工验收的建设工程的，无权就地基基础工程和主体工程以外的质量问题向承包人主张权利，但发包人仍有权就工程量计算等与质量无关的问题提出抗辩。承包人未按建设工程施工合同约定完工的，无权要求按照建设工程施工合同约定结算全部工程价款。

法律规定索引

·《民法典》规定及沿革·

▎《民法典》

第七百九十九条　建设工程竣工后，发包人应当根据施工图纸及说明书、国家颁发的施工验收规范和质量检验标准及时进行验收。验收合格的，发包人应当按照约定支付价款，并接收该建设工程。

建设工程竣工经验收合格后，方可交付使用；未经验收或者验收不合格的，不得交付使用。

▎新旧对比

《合同法》第279条规定，"建设工程竣工后，发包人应当根据施工图纸及说明书、国家颁发的施工验收规范和质量检验标准及时进行验收。验收合格的，发包人应当按照约定支付价款，并接收该建设工程。建设工程竣工经验收合格后，方可交付使用；未经验收或者验收不合格的，不得交付使用。"《民法典》第799条沿用了《合同法》第279条的规定。

▎法条精义

根据《民法典》第788条的规定，对于建设工程施工合同来说，承包人的主要合同义务是组织建设施工并向发包人交付质量合格的建设工程，而发包人的义务主要是支付工程价款。承包人完工后，工程质量是否合格，需要由发包人组织监理人、承包人、设计单位等共同进行工程竣工验收。建设工程只有经过竣工验收合格后，才能交付发包人使用，未经验收合格的，不得交付使用，当然，此时承包人也无权请求发包人支付工程价款。本条第2款规定："建设工程竣工经验收合格后，方可交付使用；未经验收或者验收不合格的，不得交付使用"，此款规定源于《建筑法》第61条，后者规定："交付竣工验收的建筑工程，必须符合规定的建筑工程质量标准，有完整的工程技术经济资料和经签署的工程保修书，并具备国家规定的其他竣工条件。建筑工程竣工经验收合格后，方可交付使用；未经验收或者验收不合格的，不得交付使用。"

· 司法解释 ·

《最高人民法院关于审理建设工程施工合同纠纷案件适用法律问题的解释（一）》

第十四条　建设工程未经竣工验收，发包人擅自使用后，又以使用部分质量不符合约定为由主张权利的，人民法院不予支持；但是承包人应当在建设工程的合理使用寿命内对地基基础工程和主体结构质量承担民事责任。

第十五条　因建设工程质量发生争议的，发包人可以以总承包人、分包人和实际施工人为共同被告提起诉讼。

第十六条　发包人在承包人提起的建设工程施工合同纠纷案件中，以建设工程质量不符合合同约定或者法律规定为由，就承包人支付违约金或者赔偿修理、返工、改建的合理费用等损失提起反诉的，人民法院可以合并审理。

实务指引

对于发包人擅自使用未经竣工验收的建设工程出现质量瑕疵时，相应的责任如何确定，《最高人民法院关于审理建设工程施工合同纠纷案件适用法律问题的解释》（法释〔2004〕14号）第13条规定："建设工程未经竣工验收，发包人擅自使用后，又以使用部分质量不符合约定为由主张权利的，人民法院不予支持；但是承包人应当在建设工程的合理使用寿命内对地基基础工程和主体结构质量承担民事责任"，《最高人民法院关于审理建设工程施工合同纠纷案件适用法律问题的解释（一）》（法释〔2020〕25号）沿用了该条规定，发包人擅自使用未经验收建设工程的，对其使用部分出现的质量问题，应自行承担责任；若建设工程的地基基础工程和主体结构出现质量问题，则只要是在合理使用寿命内，则应由承包人承担民事责任。对于上述规定，应重点把握以下几点：

一、擅自使用中"擅自"的判断标准

在审查建设工程施工合同纠纷监督案件时，我们发现，司法实务中在

判断"擅自"使用时，主要有两种标准：一是发包人使用建设工程是否经过了承包人的同意，未经承包人同意的，则属于擅自使用；二是发包人使用建设工程是否经过了竣工验收合格，如果发包人使用的建设工程未经竣工验收合格，则属于擅自使用，而不考虑承包人是否同意或知情这一因素。笔者认为，若采第一种标准，那么在承包人知情并同意的情况下，发包人使用未经竣工验收的建设工程就不构成"擅自"使用，这明显是一种不当的限缩解释，也是有悖法理的。因为验收合格才能使用并非法定权利，而是一种法定义务，这种义务并不能因为承包人的同意而免除，否则容易激励发包人主动与承包人相互串通，在未经竣工验收合格的情况下使用建设工程，给公共安全造成巨大隐患。因此，笔者认为，此处的擅自使用主要针对的是未经竣工验收合格，对于未经竣工验收的建设工程，即使承包人同意发包人使用，发包人的使用行为仍属于擅自使用，而且这种行为的后果是自行对其使用部分的质量问题承担责任，实际产生一种质量责任风险转移的效果，从而强化对发包人的威慑作用，避免其在未经验收合格的情况下擅自使用，这也符合《民法典》第799条规定的立法精神。

二、如何理解使用行为

准确认定"擅自使用"行为，不仅需要判断何谓"擅自"，更需要明确"使用"的判断标准，这关乎到发包人的行为能否被认定为"使用"未经竣工验收的建设工程，进而判断发包人是否应对建设工程承担相应责任。对于使用行为的判断，司法实务中主要有两种做法：一是以建设工程是否被发包人实际控制或占有作为判断的标准，部分法院以内部规范文件的形式对此进行了明确；二是以是否按照发包人对建设工程的设计用途进行使用作为判断标准。笔者认为，从字面意思理解，使用是指使人或器物等为某种目的服务，必须有"用"的行为存在，单纯占有或实际控制该建设工程，并不符合使用的基本含义；当然，这里的使用并非仅仅是按照建设工程设计用途的使用，只要是通常意义的使用即可，比如厂房车间工程被发包人用来作为仓库或者员工宿舍，都可以视为使用行为。

三、发包人擅自使用后承担的是何种责任

根据司法解释的规定，对于未经竣工验收的建设工程，发包人擅自使

用后，又以使用部分质量不符合约定为由主张权利的，法院不予支持，因此，发包人擅自使用的行为，说明其认可了该建设工程的质量，认为质量符合竣工验收标准，发包人在擅自使用建设工程后不得再因质量问题主张权利，也就是说，自其使用之日起建设工程质量风险发生转移。其中，有两个方面需要明确：

（一）是否需要区分造成质量问题的原因

有观点认为，如果有证据能够证明建设工程存在的质量问题不属于发包人擅自使用所造成的，那么发包人仍有权向承包人主张权利。笔者认为，该观点虽具有一定合理性，但与上述司法解释的规定不符，该条司法解释仅明确了承包人应在建设工程合理使用寿命内对地基基础工程和主体结构质量承担责任，并未规定其他需由承包人承担质量风险责任的情形，而且强化对发包人的威慑作用，避免其在未经验收合格的情况下擅自使用，这也符合《民法典》第799条规定的立法精神，因此，只要发包人存在擅自使用行为，其便无权向承包人主张地基基础工程和主体结构质量之外的质量责任。

（二）承包人是否需要承担保修责任

《建筑法》第62条规定："建筑工程实行质量保修制度。"《建设工程质量管理条例》第39条规定："建设工程实行质量保修制度。建设工程承包单位在向建设单位提交工程竣工验收报告时，应当向建设单位出具质量保修书。质量保修书中应当明确建设工程的保修范围、保修期限和保修责任等"；第41条规定："建设工程在保修范围和保修期限内发生质量问题的，施工单位应当履行保修义务，并对造成的损失承担赔偿责任"。通常情况下，发包人和承包人也会在建设工程施工合同中明确约定保修期和保修责任，在发生未经竣工验收擅自使用的情形下，承包人是否仍需要按照建设工程施工合同约定及上述法律规定承担质量保修责任？笔者认为，既然司法解释已经明确了此种情形下承包人质量责任的范围仅为"在建设工程合理使用寿命内对地基基础工程和主体结构质量承担责任"，那么对于地基基础工程和主体结构以外的、发包人擅自使用出现质量问题的，应由发包人承担质量责任，发包人无权要求承包人履行保修责任，即发包人擅自使用的行为实际上免除了承包人的保修责任，承包人有权要求发包人退还相应质量保证金。

（三）发包人承担责任的范围仅为"擅自使用部分"

如果建设工程是可分的，那么发包人仅对其擅自使用部分承担质量风险责任，对于发包人未使用的部分，若出现质量问题，仍由承包人依据建设工程施工合同约定承担相应责任。如果建设工程是不可分的，比如只有一幢楼，发包人已使用其中部分楼层，那么应视为整幢楼的质量风险责任均已转移至发包人。

四、发包人擅自使用的，承包人在建设工程合理使用寿命内仍应对地基基础工程和主体结构质量承担民事责任

《建筑法》第60条规定："建筑物在合理使用寿命内，必须确保地基基础工程和主体结构的质量。"通常情况下，地基与基础一般包括：土方工程、基坑支护、地基处理、桩基础、地下防水、混凝土基础、砌体基础、型钢钢管混凝土基础、钢结构基础；主体结构包括：混凝土结构、砌体结构、钢结构、型钢钢管混凝土结构、轻钢结构、索膜结构、铝合金结构、木结构。对于具体个案中地基基础工程和主体结构的范围，法院一般是结合住房和城乡建设部发布的《建筑工程施工质量验收统一标准》的规定与日常生活经验法则来认定。建筑物的地基基础工程和主体结构工程是整个建设工程的最重要的基础和主体，如果一项建设工程的基础或者主体出现质量问题，即使其他部分质量再好也不可能保证整个建设工程的质量。因此，包括建筑法在内的多部法律法规均明确要求，建设工程在合理使用期限内不得出现危及使用安全的质量问题，否则将会对社会公众的生命和财产安全造成极大威胁，一旦出现质量问题，则承包人必须承担相应民事责任，这是法律的强制性规定。

（案例撰写人：李宝乾）

专家点评

如何依法准确理解和解释当事人之间的意思表示及合同条文，是合同案件审理当中的重要问题。本案当事人之间所签合同第8条第4款约定

"未经乙方同意，甲方擅自使用，该建筑则视为验收合格"，原二审法院据此认为鉴于乙公司擅自使用了该酒店，应视为验收合格，并进而按照验收合格等同于工程竣工的逻辑，判决乙公司应当支付剩余工程款。检察机关则认为对于该条约定，只能理解为合同所述"擅自使用"行为系认定甲公司已施工的工程质量合格，而不能扩大推定为工程已全部完工。鉴于乙公司在甲公司离场后，明知道涉案酒店尚未竣工验收即进行试营业并正式开业。根据合同约定及法律规定，检察机关认为乙公司的擅自使用行为所导致的后果，仅是使其丧失对于工程质量问题的抗辩权，亦即乙公司因此不能再就案涉工程的质量问题主张权利，但质量之外的其他问题仍可主张相应权利。在乙公司有证据证明甲公司未依约完成整个项目的情形下，甲公司主张乙公司支付全部工程款的诉讼请求依法不应当得到支持。至于甲公司有权向乙公司主张的剩余工程款数额及利息，则应根据甲公司的主张及双方提供的证据，在查明甲公司已完成的工程量并将乙公司代甲公司支付的款项从总工程款中予以相应扣减后，依法判决。可以说，检察机关对于案涉合同第8条第4项的解释更符合合同解释和法律适用的要求。

（点评人：姚辉，中国人民大学法学院教授、博士生导师）

第五部分
租赁合同纠纷

租赁合同纠纷类案综述

一、租赁合同纠纷民事检察监督情况

近年来，租赁合同纠纷案件数量和涉案标的额均大幅上升，新类型案件、新问题不断涌现，检察机关对于租赁合同纠纷的民事检察监督工作也面临着新的挑战。2019年至2022年，全国检察机关共受理租赁合同纠纷民事检察监督案件10929件，受理案件数量在每年合同纠纷案件中保持在前五位。2021年，全国各级检察机关受理租赁工程合同纠纷民事检察监督案件数跃升至3014件，较2020年上涨24.1%。2022年，全国各级检察机关受理租赁合同民事纠纷民事检察监督案件为2749件。近四年租赁合同纠纷民事检察监督具体情况如下：

全国各级检察机关租赁合同纠纷民事检察监督情况统计

类型	2019年 案件数（件）	占该年度受理案件百分比（%）	2020年 案件数（件）	占该年度受理案件百分比（%）	2021年 案件数（件）	占该年度受理案件百分比（%）	2022年 案件数（件）	占该年度受理案件百分比（%）
受理	2737	/	2429	/	3014	/	2749	/
提出再审检察建议	117	1.5	225	2.3	148	1.7	141	5.1
提请抗诉	297	3.7	215	3.2	200	3.1	150	5.4
提出抗诉	157	3.1	118	2.4	123	2.4	94	3.4
终结审查	182	2.7	212	2.1	292	2.7	205	7.4
不支持监督申请	1559	56.9	1817	74.8	2125	70.5	2162	78.6

二、租赁合同纠纷典型案件归纳

综观租赁合同纠纷民事检察监督案件，存在一些普遍性的问题，对这些问题进行深刻分析、透彻研究，将有助于提升民事检察人员办理此类案件的履职能力和业务水平。本书第五部分共梳理了与租赁合同司法实践密切相关、出现频次较高、具有代表性与典型性的一些问题，并通过汇总相关法律法规、立法解释、司法解释，梳理国内主要学术观点与理论，进行域外法比较研究，有针对性地评述案件争议焦点，以指引民事检察实践，提高民事检察案件办理质效。

一是未经出租人同意或追认的房屋转租合同效力问题。在前民法典时代，合同法及相关司法解释没有明确规定此类合同效力，《合同法》第51条又规定了"无处分权的人处分他人财产，经权利人追认或者无权处分权的人订立合同后取得处分权的，该合同有效"，加上实务界对处分行为和负担行为理论的接受度还不高，因此关于房屋无权转租合同的效力认定观点不一。但如今在规范层面，民法典删去了《合同法》第51条，民法典合同效力规则的导向是尽可能促成合同生效；在理论层面，处分行为和负担行为的区分得到了进一步认同，并在民法典和相关司法解释中有所体现；在实践层面，居住租赁中次承租人多为普通群众，无权转租合同有效有利于保护普通群众，遏制无权转租人的投机行为，促进住房租赁市场的稳定；在商事租赁中根据经济状况的变化转租租赁物是承租人收回投资、优化资产用益和提升生产经营效率的重要途径，商事租赁实践中的交易形式已为出租人的租金收益、租赁物保管，以及租赁物到期收回提供了相对充分的保障，无权转租合同有效一般不会对出租人、承租人、次承租人造成更不利的影响。因此，综合体系解释、学理依据和实践效果，在没有其他合同效力瑕疵的情况下，未经出租人同意或追认的房屋转租合同应认定有效。

二是违反强制性规定是否影响民事行为效力。法律规范分为强制性规范与任意性规范。任意性规范的目的是引导、规范民事主体的行为，并不具备强制性效力，民事法律行为与任意性规范不一致的，并不影响其效力。任意性规范体现的是法律对民事主体实施民事法律行为的一种指引，当事人可以选择使用，也可以选择不适用。与任意性规范相对的是强制性规范，后者体现的是法律基于对国家利益、社会公共利益的考量，对私人意思自治领域所施加的一种限制。民事主体在实施民事法律行为时，必须服从这种对行为自由的限制，否则会因对国家利益、社会公共利益等的侵害而被判定无效。

三是租赁合同领域重大误解、显示公平的认定问题。重大误解制度为所有民事主体提供保护，其成立标准在于是否对行为内容产生重大误解，主要体现了民法的自愿原则；显失公平制度则是为处于危困状态、缺乏判断能力等情形的行为人提供保护，主要体现了民法的公平、等价有偿原则。重大误解的构成条件包括三方面，即行为人由于自身的过错而存在错误认识，行为人因自身的错误认识作出了与其真实意愿相违背的意思表示，行为人因其意思表示遭受损失。是否允许撤销重大误解的民事法律行为，对于双方的利害得失均具有重大意义，在立法和司法实践中，应合理权衡，保护双方当事人权益、维护交易安全。民法典将乘人之危整合进来显失公平，其构成要件有两点：客观上当事人双方的权利义务不对等致使利益严重失衡；主观上一方利用对方处于危困状态、缺乏判断能力等情形。显示公平制度的构成要件体现了对弱者的保护功能。重大误解制度中要求造成的较大损失、显失公平制度中要求的权利义务显失公平，均属于一般概念性条款，法条中没有明确具体标准。在司法实践中，需要根据个案的实际情况予以考量，既要充分发挥制度优势，充分运用好对民事法律行为的保护、权利受损的救济功能，又要严格把握，正确区分情势变更与商业风险的界限，防止权利滥用。

四是租赁合同争议条款的解释问题。司法实务中合同解释是合同纠纷案件中经常遇到的裁判难题。租赁费用是租赁合同中的核心条款，因租赁费用解释引发的纠纷更是在租赁合同纠纷中占据相当数量。现代合同解释的司法适用中，法院的自由裁量权逐渐扩大，对当事人利益的影响更为直接。此外，合同解释规则抽象性和合同文本多义性之间的紧张关系使得合同解释规则在法律适用中难度较大、分歧较多。因此，检察机关在此类案件中的精准监督既有助于实现权力监督和权利救济相统一，也能保障民法典合同解释规则的统一正确适用。民法典确立了文义解释、整体解释、性质解释、目的解释、交易习惯解释和诚信解释等合同解释方法。在租赁合同纠纷中，当事人对约定不明的合同条款理解存在争议，且无法达成补充协议时，应当综合运用上述合同解释规则，选择与合同的全部条款尽可能协调一致，符合合同典型目的和当事人履行目的、交易习惯，且不违背诚实信用原则的合同条款含义。

五是租赁合同领域表见代理问题。表见代理的制度价值在于私法自治和交易安全发生利益冲突时，对交易安全予以保护，以实现司法自治和交易安全之间的合理衡平。表见代理制度作为对无权代理行为效力的补正，是一种特殊的法律制度。表见代理的构造极为复杂，因涉及交易三方主观认识和客观表象之辨别，无法通过现行立法的条文进行简单判断，尤其是在公章本身真伪不明的情况下，被代理人的可追责性必须在厘清基本事实和法律关系的基础上，结合双方提交的证据及商业交往中的常识经验进行综合判断。检察机关在办理此类案件时，应当对相关证据进行严格周密的审核，必要时进行调查核实，以防当事人利用表见代理制度谋求不正当利益。

六是"买卖不破租赁"规则的适用问题。"买卖不破租赁"通常表达为租赁权与所有权间的冲突化解规则，是指在租赁期间租赁物所有权的变动并不导致租赁关系的解除。该规则赋予租赁权以物权的效力，目的是强化对承租人的保护，从而稳定租赁关系。

实践中，租赁关系的安全稳定不仅与所有权变动有关，而且涉及物权范畴内的其他权利，包括用益物权和担保物权。"买卖不破租赁"规则能否适用于所有权以外的其他物权范畴，事关租赁关系的稳定性与市场交易的安全性。准确适用"买卖不破租赁"规则，要满足三个条件：其一，房屋租赁合同有效；其二，在租赁期间内发生所有权的变动；其三，承租人愿意履行原租赁合同。除了依据民法典等民商事法律外，还要结合《最高人民法院关于审理城镇房屋租赁合同纠纷案件具体应用法律若干问题的解释》《最高人民法院关于人民法院民事执行中拍卖、变卖财产的规定》等司法解释的规定。

七是出租人的瑕疵担保责任。房屋租赁合同关系中，出租人获得租金收益以让渡租赁物的使用权为代价，故出租人有提供符合约定的租赁物的法定义务，如提供符合约定用途的房屋，提供房屋配套的水、电等功能设备。出租人未依法履行义务导致承租人不能合理使用租赁物的，构成违约，应承担相应的违约责任。故关于出租人提供符合约定的租赁物的判断标准显得格外重要，统一对该标准的认识，有助于保证司法实践中法律的统一实施。出租人瑕疵担保责任一般分为两类：一类是物之瑕疵担保责任；另一类是权利瑕疵担保责任。物的瑕疵担保责任是指标的物转移交付时，出租人应担保其不具有导致丧失或减少其使用性能的瑕疵，且应担保标的物具有合同约定的品质。权利瑕疵担保责任是指出租人应担保标的物上不存在第三人可以向承租人主张的权利，以及担保标的物不存在合同未约定的权利负担或限制。

八是租赁合同与承揽合同的区别问题。随着社会经济的发展，租赁合同在经济生活中发挥越来越重要的作用，适用范围越来越广泛，新的租赁形式与日俱增。与此同时，随着社会化专业分工越来越细，更多的工作不再需要个人亲力亲为，而是通过承揽、雇佣等形式交由他人专门完成。这使得在租赁某些特殊物，特别是在租赁物上附加有提供劳务的情形下，往往因当事人双方约定不明确或对法律关系理解不准确，易将承揽合同与租赁合同相混淆，导致当事人的合法权益因不同法律关系的认定而遭受损害。租赁合同是出租人将租赁物交付承租人使用、收益，承租人支付租金的合同。承揽合同是指承揽人按照定作人的要求完成工作，交付工作成果，定作人给付报酬的合同。承揽合同的标的是某项工作成果，双方注重的是工作成果而不是工作过程。在承揽合同中，承揽人必须按照定作人的要求，以自己的设备、技术、劳力等独立完成工作任务并对工作成果的完成承担风险。承揽人在完成工作期间还应接受定作人必要的监督和检验，以保证承揽人完成的工作成果符合定作人的要求。厘清租赁合同与承揽合同的区别，应当结合当事人对工作方式、工作内容、人员管理、结算方式等的约定以及行业惯例进行综合判断。

九是租赁物被征收为国有时诚实信用原则的适用问题。诚实信用原则具有抽象性和概括性，其不仅是民法的"帝王条款"，也是当事人从事民事诉讼活动所应遵循的基本原则。在当前我国社会主义市场经济新形态日新月异、新类型经济社会关系层出不穷的背景之下，对是否违反诚信原则的精准认定，仍是民法典统一正确适用的重要课题。农村集体土地在租赁期间被征收国有并被依法出让，原出租方已不是土地所有权人，与该土地今后的利益已不具有直接的利害关系，其拒收剩余期间租金，又以承租人拖欠租金构成违约为由，起诉请求解除合同、恢复原状、补交租金，不仅不具备原告的主体资格，也有违诚实信用原则。检察机关在监督此类案件时，应当既基于已知事实的认定，也根据情理常识逻辑合理推断，将诚信原则融会贯通于具体案件事实的梳理、分析以及论证过程之中。

（撰写人：戴哲宇）

001 未经出租人同意或追认的房屋转租合同效力如何认定

丁某与青某租赁合同纠纷抗诉案[*]

案情简介

一、基本事实

2013 年 8 月，西藏自治区卫生健康委员会（以下简称西藏卫健委）机关后勤服务中心与高某之间达成租赁协议。2014 年 7 月，高某与丁某之间签订租房协议，将西藏卫健委培训楼一楼及院内现有设施物件、院内所有空地租给丁某，租赁期为 4 年。2014 年 11 月，丁某将案涉房屋对外转租给青某用于茶楼和餐厅经营。2014 年 12 月，青某向丁某出具一份欠条，载明青某尚欠丁某转让费、租金等费用 30 万元。2015 年 11 月，西藏卫健委下发通知，载明因高某失去联系，第三方不得再次擅自转让。2016 年 3 月，西藏卫健委机关后勤服务中心与丁某签订房屋租赁合同，约定将案涉房屋租给丁某。另查明，西藏卫健委机关后勤服务中心曾向青某发出房屋水电交费通知单，从青某处收取自 2016 年 1 月至 2016 年 3 月 20 日期间的水电费。

二、诉讼过程

2016 年 3 月，丁某向拉萨市城关区人民法院起诉，要求青某支付拖欠的租金。青某反诉称，丁某承诺待青某交清全部转让费后，同青某签订期限为 8 年的合同。2014 年 11 月支付了转让费 10 万元，随即着手装修，但因丁某没有合法的转让权，其并未按约与自己签订合同，致使自己遭受损失，请求法院判决口头转租协议无效，请求退还 10 万元转让费，请求赔偿

---

[*] 本案承办人：西藏自治区人民检察院王旭东；西藏自治区拉萨市人民检察院俄木日。

装修损失40万元。2016年5月4日，丁某以收集证据为由，申请本诉撤案。一审法院判决驳回反诉原告青某的全部诉讼请求。

青某不服向拉萨市中级人民法院提起上诉。二审法院认为，青某与丁某之间口头转租协议应为无效，丁某应当对青某收取的10万元转让费予以返还，并且赔偿部分装修费用。

丁某不服，向西藏自治区高级人民法院申请再审，西藏自治区高级人民法院裁定指令二审法院再审。再审法院维持二审判决。

三、检察监督

丁某不服，向检察机关申请监督。西藏自治区人民检察院向西藏自治区高级人民法院提出抗诉，认为本案中丁某与青某之间属于虽未经出租人同意转租且事后未得到追认的房屋转租合同，但依法应当认定该合同有效。

第一，《合同法》第224条第2款规定，"承租人未经出租人同意转租的，出租人可以解除合同"。该条文并未直接规定承租人与次承租人之间的合同为无效。且无效合同指的是合同违反了法律和行政法规的强制性规定或者损害国家、社会公共利益，因而不具有法律约束力和不发生履行效力的合同。《合同法》第52条规定："有下列情形之一的，合同无效：（一）一方以欺诈、胁迫的手段订立合同，损害国家利益；（二）恶意串通，损害国家、集体或者第三人利益；（三）以合法形式掩盖非法目的；（四）损害社会公共利益；（五）违反法律、行政法规的强制性规定。"丁某与青某之间的房屋转租合同，并不存在上述合同无效的情形。

第二，《合同法》第51条规定的所谓无处分权人，就是对归属于他人的财产没有权利进行处置的权利。《合同法》第212条规定，租赁合同是出租人将租赁物交付承租人使用、收益，承租人支付租金的合同。即出租人将房屋租赁给承租人后，承租人享有占有、使用、收益的权利，承租人对租赁物进行转租，只是占有、使用权发生了转移，对出租人的所有权并不产生影响，是对其通过租赁合同取得的占有、使用、收益权利的处分，是一种对自己权利的处分，是一种有权处分，并不属于无权处分。依据《最高人民法院关于审理城镇房屋租赁合同纠纷案件具体应用法律若干问题的解释》第16条第1款"出租人知道或者应当知道承租人转租，但在六个月内未提出异议，其以承租人未经同意为由请求解除合同或者认定转租合同无效的，人民法院不予支持"的规定，作为出租人的西藏卫健委收取青某向该委缴纳的2016年1月至2016年3月20日期间的水电费，西藏卫健委知道或者应当知道丁某的转租行为，但在6个月内未提出异议，即以收取水电费的方式默认该转租关系，故本案丁某与青某之间的口头转租协议合法有效。

第三，法律之所以规定转租需得到出租人同意或追认的根本目的是保护出租人的权益，因为转租造成多层次的对租赁物的占有关系，增加了出租人要求返还租赁物的困难或使出租物的毁损程度加重，所以出租人有权解除合同。本案中，次承租人以转租人无处分权为由请求法院认定其与转租人之间的合同无效有失常理，次承租人与转租人达成了转租房屋的意思表示，该意思表示是双方在平等协商的基础上达成的一致意见，体现意思自治原则，本案中，次承租人青某亦已经取得了房屋占有、使用的权利，而次承租人以承租人无处分权为由认为该合同无效的理由并不成立。

西藏自治区高级人民法院再审认为，检察机关有关案涉房屋转租协议有效的抗诉理由应予采纳。

案件要旨

现行法律未明确规定无权转租合同无效，结合合同效力规则的体系解释、无权转租行为的负担行为特征、转租关系中各方当事人的利益衡量，未经出租人同意转租且事后未得到出租人追认的房屋转租合同应认定有效。

法律规定索引

·《民法典》规定及沿革·

《民法典》

第七百一十六条　承租人经出租人同意，可以将租赁物转租给第三人。承租人转租的，承租人与出租人之间的租赁合同继续有效；第三人造成租赁物损失的，承租人应当赔偿损失。

承租人未经出租人同意转租的，出租人可以解除合同。

▎新旧对比

《合同法》第224条规定："承租人经出租人同意，可以将租赁物转租给第三人。承租人转租的，承租人与出租人之间的租赁合同继续有效，第三人对租赁物造成损失的，承租人应当赔偿损失。承租人未经出租人同意转租的，出租人可以解除合同。"

《民法典》第716条与《合同法》第224条内容基本相同，仅将"第三人对租赁物造成损失的"修改为"第三人造成租赁物损失的"。

▎法条精义

《民法典》第716条是关于承租人对租赁物转租的规定。

转租是指承租人将租赁物转让给第三人使用、收益，承租人与第三人形成新的租赁合同关系。[①] 承租人是否有对租赁物的转租的权利，各国规定不尽一致，大致有三种类型：一是自由主义立法模式，指除出租人与承租人之间存在不准转租的特别约定外，承租人可自由转租，无须征得出租人的同意。二是限制主义立法模式，即承租人转租须经出租人同意，非经同意不得转租。三是区别主义立法模式，即指针对转租的不同情形采取不同的立法态度，租赁物为动产时，采限制主义立法模式；租赁物为不动产时，则采自由主义立法模式。[②] 本条更偏向限制主义立法模式，区分了是否经出租人同意而转租的法律后果。

1.经出租人同意的转租。出租人的同意是出租人单方作出的、对承租人转租行为的许可，其效力遵循意思表示的一般规则。关于出租人的同意形式，既可以采取明示的方式，也可以采取默示的方式；既可以是事前同意，也可以是事后追认，还包括推定同意，即出租人知道或者应当知道承租人转租，但是在6个月内未提出异议的，视为出租人同意转租。此种模式下转租后的法律效果主要体现为出租人和承租人的合同继续有效，承租人仍然

[①] 黄薇主编：《中华人民共和国民法典释义》（中），法律出版社2020年版，第1352页。
[②] 朱巍：《论房屋转租——以〈关于审理城镇房屋租赁合同纠纷案件具体应用法律若干问题的解释〉为视角》，载《河北法学》2010年第5期。

负有向出租人支付租金、按约定返还租赁物等义务，如果次承租人造成租赁物损失，基于合同相对性，应由承租人向出租人承担赔偿损失等违约责任。关于承租人赔偿损失的范围，不仅包括因租赁物的物质损害而导致的价值贬损的损失，还包括出租人因租赁物受损后进行修缮期间的租金的损失，这部分租金损失包含了出租人基于租赁合同产生的可期待利益。[①]

2. 未经出租人同意的转租。承租人未经出租人同意转租的，出租人享有对租赁合同的法定解除权。在限制主义立法模式下，承租人擅自转租的行为是缺乏权源支撑的，为保护出租人对租赁物的控制力、对租赁物使用收益人的选择权利，法律赋予其解除权，从而可以终止和无权转租人的租赁合同关系，通过合同解除后的恢复原状请求权尽快取回租赁物。但值得注意的是，本条并未直接规定承租人和次承租人之间的无权转租合同效力。

域外立法通览

一、自由主义立法模式

《法国民法典》第 1717 条规定："承租人有转租或以租赁权让与于他人的权利，但租赁契约有禁止的约定者，不在此限。前项权利得为全部或一部禁止的约定。此等约定在任何情形下均有绝对拘束力。"[②]

此种立法模式的理由是租赁合同不以出租人对租赁物享有所有权为生效要件，不产生所有权转移的法律后果，承租人将其对租赁物的使用、收益权授予他人，并未损及出租人的所有权，却可使租赁物获得充分的利用。[③]

[①] 最高人民法院民法典贯彻实施工作领导小组主编：《中华人民共和国民法典合同编理解与适用》（三），人民法院出版社 2020 年版，第 1494—1495 页。

[②] 相关条文译文转引自《拿破仑法典》，李浩培、吴传颐、孙鸣岗译，商务印书馆 1979 年版。

[③] 朱巍：《论房屋转租——以〈关于审理城镇房屋租赁合同纠纷案件具体应用法律若干问题的解释〉为视角》，载《河北法学》2010 年第 5 期。

二、限制主义立法模式

(一) 德国[①]

《德国民法典》第540条规定:"非经出租人许可,承租人无权将租赁物交给第三人使用,尤其无权将租赁物转租。出租人拒绝许可的,只要重大原因不存在于该第三人自身,承租人就可以在遵守法定期间的情况下,特别地通知终止使用租赁关系。出租人交给第三人使用的,即使出租人已就交给第三人使用给予许可,承租人也必须对在使用时该第三人所犯的过错负责任。"

(二) 日本[②]

《日本民法典》第612条规定:"承租人非经出租人承诺,不能将承租权让与或将租赁物转租。承租人违反前项的规定,让第三人对租赁物使用或收益时,出租人可以解除契约。"

采限制主义立法模式的理由主要是承租人虽占有租赁物,但并不对其享有物权,其对租赁物为使用、收益的权利仍为债权。如承租人将租赁物转租他人,则次承租人之租赁权未有充分之权源支持,无从对抗出租人之所有权。[③] 但值得注意的是,德国法的限制主义立法模式在一定程度上考虑到转租对于承租人的利益,因此,《德国民法典》第540条第1款规定如果出租人没有任何理由拒绝承租人的转租行为,承租人对于租赁合同关系享有附期限的特别终止权。[④]

三、区别主义立法模式

《意大利民法典》第1594条规定:"除非有相反的约定,承租人有将承

[①] 相关条文译文转引自《德国民法典》(第5版),陈卫佐译注,法律出版社2020年版,第221页。

[②] 相关条文译文转引自《最新日本民法》,渠涛编译,法律出版社2006年版,第133页。

[③] 苏号朋:《转租的法律结构分析——兼评〈合同法〉第224条之不足》,载《浙江社会科学》2007年第2期。

[④] [德]迪特尔·梅迪库斯:《德国债法分论》,杜景林、卢谌译,法律出版社2007年版,第183页。

租物让渡他人的转租权,但是未经出租人的同意不得转卖契约。涉及动产物时,转租应当由出租人授权或者与惯例相符。"①

意大利民法采区别主义立法模式,主要的考量理由是动产流动性强,如允许自由转租,则出租人无从了解和控制租赁物,出租人承担的风险因此大大提高。不动产无法移动,出租人对次承租人使用不动产的情况进行监督比较便利,故以不动产为标的物的转租无须出租人的同意。②

实务指引

本案争议焦点为未经出租人同意或追认的房屋转租合同是否有效。此类问题在房屋租赁市场中频发,也产生了大量的纠纷进入司法诉讼,是民事检察应当重点关注的问题。对其进行精准监督的意义主要为:一是房屋无权转租合同效力的定性事关房屋租赁市场的稳定。房屋转租行为有利于提高房屋利用效率,实现资源的更优配置。无权转租合同有效还是无效的认定,需要在不同时间、不同类型的房屋租赁市场背景下平衡出租人、承租人、次承租人之间的利益,从而助力房屋租赁市场的有序发展。故对此类问题的监督符合民事检察服务保障社会经济大局的要求。二是房屋无权转租合同效力的定性事关民法典中的相关规则的理解与适用。此类合同效力问题在理论界和实务界引起了热烈讨论,主要源于对《合同法》第51条无权处分规则的理解存在差异。民法典删去了该规则,因此检察机关监督此类案件有助于消解民法典时代无权转租合同效力的认识分歧,保障民法典合同效力规则统一正确实施。

一、无权转租合同效力判断的要素

在民法典没有明确无权转租合同效力的情况下,可结合规范层面的体系解释、理论层面的法律行为分类、实践层面的利益平衡,综合判断无权转租合同的效力。

---

① 相关条文译文转引自《意大利民法典》,费安玲、丁玫译,中国政法大学出版社1997年版,第418页。
② 苏号朋:《转租的法律结构分析——兼评〈合同法〉第224条之不足》,载《浙江社会科学》2007年第2期。

（一）无权转租合同效力的体系解释

从民法典总则与合同编通则看，现行合同效力的类型包括生效、无效、效力待定、可撤销、尚未完全生效等。无效的类型主要有无民事行为能力人实施的民事法律行为、虚假意思表示、违反强行法或违背公序良俗的民事法律行为、恶意串通行为；效力待定的类型主要为无权代理；可撤销的类型主要为欺诈和第三人欺诈、胁迫和第三人胁迫、显示公平；尚未完全生效的类型主要为"未办理批准等手续影响合同生效的，不影响合同中履行报批等义务条款以及相关条款的效力"。总体来看，民法典对于合同效力是朝着尽可能促成合同行为生效的方向来进行改变和调整的。① 那么，在无权转租合同不构成上述合同效力瑕疵的情况下，应当认定合同有效。

从民法典租赁合同的其他规则看，第723条规定了"因第三人主张权利，致使承租人不能对租赁物使用、收益的，承租人可以请求减少租金或者不支付租金"。该条为出租人的权利瑕疵担保责任，当第三人主张所有物返还权或实现抵押权等权利导致承租人无法使用租赁物时，承租人享有减免租金的权利，其暗含的前提是租赁合同有效。同理，无权转租关系中，作为第三人的出租人即使主张对租赁物的权利，也不影响承租人和次承租人之间的合同效力。

（二）无权转租行为的理论解读

有实证研究发现，法院判决无权转租合同无效的主要理由是认为承租人擅自将占有、使用权转让他人，实际是非法处分他人财产所有权权能的行为，属于无权处分，故依据《合同法》第51条"无处分权的人处分他人财产，经权利人追认或者无处分权的人订立合同后取得处分权的，该合同有效"，认定无权转租合同无效。② 然而按照现有的学理主流观点，转租行为不属于处分行为，是负担行为，故无权转租行为不构成无权处分，承租人未经同意不影响其和次承租人之间负担行为的效力。

1. 无权转租行为不是无权处分行为。处分行为是指直接使某种权利发

---

① 王轶：《〈民法典〉合同编理解与适用的重点问题》，载《法律适用》2020年第19期。
② 章正璋：《无权处分审判实务之反思》，载《苏州大学学报（哲学社会科学版）》2019年第4期。

生、变更或消灭的法律行为，主要包括物权行为及准物权行为；负担行为是指以发生债权债务为内容的法律行为，主要包括合同行为。处分行为与负担行为各自分离，自有其成立生效要件。①租赁合同属于确立债权债务关系的合同，而不是以产生物权变动效果为目的的合同。出租人对租赁物是否享有所有权、处分权，不是租赁合同必须考虑的内容。租赁合同的内容是出租人将租赁物交由承租人占有、使用，承租人支付相应的租金。承租人将依照合同取得的对租赁物的占有、使用权转移给次承租人享有，并不构成对租赁物的处分。从转租行为本身看，本质是利用转移租赁物的占有而赚取物上使用价值，相较于转移占有的过程本身而言，更应注重对租赁物的收益结果，相比处分权能而言，将转租行为称为代行所有权人的收益权能似乎更为合理，故未经同意的转租行为似乎称为"无权收益"更妥。②

2.无权转租行为不影响转租合同效力。在明确转租行为是负担行为（合同行为）的基础上，无权转租行为的法律后果是承租人和次承租人的合同继续有效，并不影响出租人对租赁物的控制力，出租人可以解除他和承租人的合同并行使原物返还请求权。

有疑问的是，负担行为和处分行为的分类在我国法中是否有迹可循。最高人民法院在2009年制定《关于审理城镇房屋租赁合同纠纷案件具体应用法律若干问题的解释》时就表示过这样的担忧，认为转租合同效力认定的分歧根源在于是否承认德国法上处分行为与负担行为的划分，由于我国不承认德国法上处分行为与负担行为的划分，对于无权处分中的处分概念的理解也众说纷纭。因此，未经出租人同意的承租人的转租行为，不宜简单套用德国法上的规定，也不宜直接套用无权处分的规定。③

但实际上2007年施行的《物权法》第15条"当事人之间订立有关设立、变更、转让和消灭不动产物权的合同，除法律另有规定或者合同另有约定外，自合同成立时生效；未办理物权登记的，不影响合同效力"就确

---

① 王泽鉴：《民法概要》（第二版），北京大学出版社2009年版，第71—72页。
② 上海市闵行区人民法院课题组：《城镇房屋租赁纠纷利益冲突化解机制研究》，载《法律适用》2015年第9期。
③ 最高人民法院民事审判第一庭编著：《最高人民法院关于审理城镇房屋租赁合同纠纷案件司法解释的理解与适用》，人民法院出版社2009年版，第215页。

立了合同行为效力与物权变动效力相区分的模式。2009年最高人民法院出台的《关于适用〈中华人民共和国合同法〉若干问题的解释（二）》第15条"出卖人就同一标的物订立多重买卖合同，合同均不具有合同法第五十二条规定的无效情形，买受人因不能按照合同约定取得标的物所有权，请求追究出卖人违约责任的，人民法院应予支持"支持了区分原则。2013年最高人民法院出台的《关于审理买卖合同纠纷案件适用法律问题的解释》第3条"当事人一方以出卖人在缔约时对标的物没有所有权或者处分权为由主张合同无效的，人民法院不予支持"规定更是直接表明了处分行为与负担行为效力分离的态度。最高人民法院在对该条的解释中也承认，"尽管我国学界通说并未完全接受德国法上的物权行为独立性和无因性理论，但是已经接受了处分行为与负担行为的概念。在解释《合同法》第132条与第51条的关系时，应特别注意区分负担行为与处分行为"。[1]

从司法解释层面可以看出，最高人民法院并未直接认为无权转租合同无效，并逐渐认可负担行为与处分行为效力分离。事实上也有司法裁判体现了这种态度。（2018）最高法民申3426号民事裁定书认为：承租人未经出租人同意转租的法律后果应为出租人享有租赁合同的法定解除权，并不当然导致合同无效。

《民法典》第215条保留了《物权法》第15条规定，合同效力与物权变动相区分；第597条吸收了《最高人民法院关于审理买卖合同纠纷案件适用法律问题的解释》第3条，无处分权买卖合同有效，并且删除了《合同法》第51条关于处分行为影响负担行为的规定。因此，负担行为和处分行为的理论在我国法中具有理论解释力，将作为负担行为的无权转租行为认定无效，反而理论依据不足。

（三）无权转租行为的利益衡量

居住租赁和商事租赁中的当事人利益衡量应当有所不同。居住租赁侧重考量实际居住人的生活保障。2019年住房和城乡建设部、国家发展改革委、公安部、市场监管总局、银保监会、国家网信办发布的《关于整顿规

---

[1] 最高人民法院民事审判第二庭编著：《最高人民法院关于买卖合同司法解释理解与适用（条文·释义·理由·案例）》，人民法院出版社2012年版，第77—78页。

范住房租赁市场秩序的意见》指出，目前住房租赁市场秩序较为混乱，侵害租房群众合法权益的现象较为突出。无权转租合同认定有效比较有利于租房群众的保障。实践中，承租人多因转租差价利润进行无权转租，租房群众多为次承租人。如果无权转租合同被确认无效，对于次承租人而言，仅能向无权转租人主张信赖利益赔偿的，范围一般小于无权转租合同有效时的履行利益赔偿；对于无权转租人而言，承担信赖利益赔偿责任的成本小于转租利润，将进一步刺激其投机行为。但值得注意的是，如果无权转租的房屋是公租房的，由于公租房具有保障性质，此类无权转租合同违反了国家对于公租房的管理秩序及城市管理秩序，属于无效合同。

商事租赁以营利为主要目的，以效率为其基本的价值取向。商业实践中，根据经济状况的变化转租租赁物是承租人收回投资、优化资产用益和提升生产经营效率的重要途径。商事租赁承租人擅自转租往往不会对当事人的财产信任产生重大影响，租赁关系通常得以为继，故商事租赁更能够应对因擅自转租而造成的出租人与承租人之间、承租人与次承租人之间复杂关系所带来的风险。如果承租人以"包租—分租"方式开展营业活动，那么更有必要赋予承租人不经出租人同意而自行决定转租的权利。此外，商事租赁通常采取的"押一付三"等交易形式已经为出租人的租金收益、租赁物保管及租赁物到期收回提供了充分的担保，如果仍然坚持承租人转租效果完全取决于出租人同意与否，确有造成出租人与承租人权利义务失衡之嫌。[①]

二、本案中无权转租合同效力的认定

西藏自治区人民检察院的主要抗诉理由，较符合前述无权转租合同效力判断的体系解释和理论解读。一是把握合同生效的规则和理念。合同法并未直接规定承租人与次承租人之间的合同为无效，案涉合同又没有合同法规定的合同无效的情形。在没有法定合同效力瑕疵的情况下，案涉合同系丁某和青某间形成的真实意思表示，应认定为有效。二是区分无权转租和无权处分。租赁合同是出租人将租赁物交付承租人使用、收益，承租人支付租金的合同。出租人将房屋租赁给承租人后，承租人享有占有、使

---

① 聂圣、魏文基：《租赁合同的再法典化》，载《学术交流》2018年第5期。

用、收益的权利,承租人对租赁物进行转租,只是占有、使用权发生了转移,对出租人的所有权并不产生影响,并不属于无权处分。参照当时生效的《最高人民法院关于审理买卖合同纠纷案件适用法律问题的解释》第3条,行为人在没有处分权情形下,转让标的物所有权的买卖合同尚且有效,举重以明轻,转让标的物使用权的无权转租合同也应有效。

此外,可结合案涉转租合同的性质分析各方当事人利益,进一步证成合同有效的正当性。案涉转租合同的目的是用于餐饮经营,属于商事租赁。案涉房屋的转租有助于提升经济效益,且转租合同当事人作为商事交易主体,应当预见到案涉转租合同存在的风险,出租人西藏卫健委也可通过解除租赁合同取回案涉房屋使用权。并且,本案中请求确认合同无效的是次承租人青某,在已经享有房屋使用利益多年的情况下再主张合同无效没有正当理由。由于西藏卫健委解除了和丁某的租赁合同,收回了案涉房屋,青某可向丁某主张违约责任,其损失也有救济途径。

(案例撰写人:纪闻)

专家点评

在房屋租赁市场中,承租人因种种原因将承租房屋再行转租的事情时有发生,转租在某种意义上说也是对房屋资源进一步的优化配置。未经出租人事前同意或者事后追认的转租合同效力应当如何认定,在司法实务中产生了较大争议。对此,本案的启发意义在于,厘定了转租合同与无权处分的关系,在既往的司法审判中,很多法院是将未经出租人事前同意或者事后追认的转租合同认定为无权处分行为,这其实混淆了负担行为与处分行为的关系。本案明确了房屋转租合同是一种负担行为而非处分行为,并且即使未经出租人同意或者未经其事后追认,承租人也有相关权能,而非规范意义上的无权处分,故房屋转租合同在此种情况下仍旧为有效合同。该种合同效力认定思路,不仅体现了认定合同无效的司法克制立场,还有利于更加充分地保障承租人与第三人的合同权利,值得借鉴。

(点评人:吴飞飞,西南政法大学副教授、硕士生导师)

002 如何理解适用"违反法律、行政法规的强制性规则无效"及但书条款

李某某与杨某某抗诉案[*]

案情简介

一、基本事实

2006年2月28日,李某某租赁左云县云兴镇前八里村村民委员会、古城村村民委员会南西平砖厂沟坑地一块(东至公路段西院墙、南至秦家山高岭土场南院墙、西至秦家山东院墙、北至109国道),其中2亩左右荒地是平地,其余13亩是沟坑地,租赁期从2006年2月28日至2056年2月28日。后李某某对该地进行了平整,于2012年6月1日与杨某某签订了临时占地租赁合同,合同约定:该土地出租给杨某某用于车辆维修,租赁费为每年5万元,如合同需延续时杨某某必须提前交纳下一年租赁费,由杨某某修建其所需的临时建筑,并在合同终止时由杨某某自行处理其地上建筑及设备。后杨某某在该土地上建筑了房屋并使用该土地至今。其间,杨某某支付李某某2012年6月1日至2013年5月31日的租金5万元,2013年6月1日至2014年5月31日的租金4万元,尚欠1万元。截至李某某起诉之日即2017年2月28日,杨某某尚欠李某某租金共计14.75万元。2015年11月14日,杨某某因未经批准擅自建房被左云县国土资源局予以行政处罚,并缴纳罚款6483元。

二、诉讼过程

李某某向左云县人民法院提起诉讼,要求杨某某给付所欠租金并终止

---

[*] 本案承办人:山西省大同市人民检察院刘宝祥。

合同、返还租赁物，杨某某提出涉案两份合同应均为无效合同的辩解意见。2017年7月，左云县人民法院作出民事判决，判令李某某与杨某某签订的临时占地租赁合同于本判决生效之日起终止；杨某某自行拆除所建设施并将该土地返还李某某；杨某某给付李某某租金14.75万元。

杨某某不服，上诉至大同市中级人民法院。在二审法院审理过程中，杨某某未按开庭传票记载的时间、处所参加诉讼，属无正当理由拒不出庭，依据民事诉讼法有关规定，二审法院裁定杨某某的上诉按撤回上诉处理。

杨某某又向左云县人民法院申请再审。左云县人民法院认为，杨某某的再审申请不属于《民事诉讼法》第200条[①]规定的再审事由，裁定驳回杨某某的再审申请。

三、检察监督

杨某某向大同市人民检察院申请监督，该院经调查核实认定：李某某于2006年从左云县云兴镇前八里村村民委员会、古城村村民委员会租赁15亩土地。其中2亩为平地、13亩是沟坑地（原砖厂用地），其土地性质为农业用地，为村民集体所有。经李某某出资平整并使用该土地，用于农业生产。2012年6月1日，经杨某某与李某某协商，租赁其中部分土地用于车辆维修，签订了临时占地租赁合同，租赁期限可以延长，租赁费每年5万元，合同签订后，杨某某在该土地上建筑了厂房等维修车辆的配套设施，并用于车辆维修经营，将该土地用于非农业建设，改变了土地用途。

该院经审查认为：本案关键在于杨某某与李某某签订的临时占地租赁合同是否为合法有效合同。根据《土地管理法》第44条"建设占用土地，涉及农用地转为建设用地的，应当办理农用地转用审批手续"、第63条"农民集体所有土地的使用权不得出让、转让或者出租用于非农业建设；但是，符合土地总体利用规划并依法取得建设用地的企业，因破产、兼并等情形致使土地使用权已发生转移的除外"的规定。本案中，杨某某为大同市人，为该土地经济组织以外的个人，与李某某私自协商，将村民集体

[①] 《民事诉讼法》（2024年1月1日起施行）第211条。——编者注

所有的土地承包给杨某某用于非农业建设，不仅没有从事法律规定的生产经营项目，更没有经人民政府批准办理农用地转用手续，随意将该土地承包给他人从事非农业建设，擅自改变农业用地用途，此承包行为显然违反了法律强制性规定。根据《合同法》第 52 条第 5 项、《最高人民法院关于适用〈中华人民共和国合同法〉若干问题的解释（二）》第 14 条的规定，应当将本案中的临时占地租赁合同认定为无效合同。而人民法院将本案中的临时占地租赁合同认定为有效合同，并判决杨某某向李某某支付土地租赁费，显系违反法律强制性规定，属于适用法律错误。遂于 2018 年 10 月 24 日向大同市中级人民法院提出抗诉。大同市中级人民法院于 2019 年 2 月 26 日作出（2019）晋 02 民抗 2 号民事裁定，指令左云县人民法院再审。大同市左云县人民法院于 2019 年 9 月 25 日作出（2019）晋 0226 民再 1 号民事判决书，判决：杨某某与李某某签订的临时占地租赁合同无效；杨某某于判决生效后 10 日内将涉案土地上由其所建的建筑物自行拆除并将该土地返还李某某；杨某某于本判决生效后 10 日内给付李某某土地占有使用费 14.75 万元。

案件要旨

农民对集体所有土地的使用权是国家和法律赋予农民的权利，未经许可不得出让、转让或者出租用于非农业建设。

法律规定索引

·《民法典》规定及沿革·

《民法典》

第一百五十三条第一款　违反法律、行政法规的强制性规定的民事法律行为无效。但是，该强制性规定不导致该民事法律行为无效的除外。

新旧对比

《合同法》第 52 条第 5 项规定："违反法律、行政法规的强制性规定合同无效。"《民法典》第 153 条第 1 款与《合同法》第 52 条第 5 项相比，一方面继承了"违反法律、行政法规的强制性"的民事法律行为无效的规定，另一方面新增规定"但是，该强制性规定不导致该民事法律行为无效的除外"。

法条精义

《民法典》第153条是关于违反法律、行政法规的强制性规定以及违背公序良俗的民事法律行为的效力的规定。

民事法律行为虽然是彰显自治、保障权利实现的主要制度，但这种自由必须限定在不损害国家利益、社会公共利益的范围之内。民事主体的民事法律行为一旦超越法律和道德所容许的限度，构成对国家利益、社会公共利益的侵害，其效力就必须被否定。法律、行政法规的强制性规定，即是对民事主体意思自治施加的限制。

法律规范分为强制性规范与任意性规范。任意性规范的目的是引导、规范民事主体的行为，并不具备强制性效力，民事法律行为与任意性规范不一致的，并不影响其效力。任意性规范体现的是法律对主体实施民事法律行为的一种指引，当事人可以选择使用，也可以选择不适用。与任意性规范相对的是强制性规范，后者体现的是法律基于对国家利益、社会公共利益的考量，对私人意思自治领域所施加的一种限制。民事主体在实施民事法律行为时，必须服从这种对行为自由的限制，否则会因对国家利益、社会公共利益等的侵害而被判定无效。但是民事法律行为违反强制性规定无效有一种例外，即当该强制性规定本身并不导致民事法律行为无效时，民事法律行为并不无效。这里实际上涉及对具体强制性规定的性质判断问题。某些强制性规定尽管要求民事主体不得违反，但其并不导致民事法律行为无效，违反该法律规定的后果应由违法一方承担，对没有违法的当事人不应承受一方违法的后果。例如，一家经营水果的商店出售种子，农户购买了该种子，该商店违法经营种子，必须承担相应违法责任，但出于保护农户的目的，不宜认定该买卖行为无效。[①]

[①] 黄薇主编：《中华人民共和国民法典释义》（上），法律出版社2020年版，第303—305页。

·司法解释及沿革·

　　1999年10月1日合同法实施后，实践中对"违反法律、行政法规的强制性规定"适用存在偏差，存在不当扩大合同无效范围的现象。故2021年1月被废止的最高人民法院《关于适用〈中华人民共和国合同法〉若干问题的解释（一）》（以下简称《解释（一）》）、《关于适用〈中华人民共和国合同法〉若干问题的解释（二）》（以下简称《解释（二）》）对导致合同无效"强制性规定"作出解释。《解释（一）》第4条规定，合同法实施以后，人民法院确认合同无效，应当以全国人大及其常委会制定的法律和国务院制定的行政法规为依据，不得以地方性法规、行政规章为依据。《解释（二）》第14条规定，《合同法》第52条第5项规定的"强制性规定"指的是效力性强制性规定。2009年7月7日，最高人民法院又在《关于当前形势下审理民商事合同纠纷案件若干问题的指导意见》第15条中指出，正确理解、识别和适用合同法第五十二条第（五）项中的"违反法律、行政法规的强制性规定"，关系到民商事合同的效力维护以及市场交易的安全和稳定，人民法院应当注意根据《合同法解释（二）》第14条之规定，注意区分效力性强制规定和管理性强制规定。违反效力性强制规定的，人民法院应当认定合同无效；违反管理性强制规定的，人民法院应当根据具体情形认定合同效力。民法总则在制定过程中，一度采纳了有关"效力性强制性规定"概念，草案三审稿第155条规定"违反法律、行政法规的效力性强制规定或者违背善良风俗的民事法律行为无效"。但在审议过程中有意见认为，"效力性强制性规定"的概念比较模糊，建议换一种更加明确的方式，因此才有了《民法总则》第153条第1款的规定："违反法律、行政法规的强制性规定的民事法律行为无效，但是该强制性规定不导致该民事法律行为无效的除外。"从上述条文表述中可以看出，前一个"强制性规定"指的就是效力性强制性规定，后一个强制性规定是管理性强制性规定。民法典完全采纳了这一表述。①

---

　　① 最高人民法院民法典贯彻实施工作领导小组主编：《中华人民共和国民法典总则编理解与适用》（下），人民法院出版社2020年版，第755页。

域外立法通览

由于强制性规定背后所体现的是对国家利益、社会公共利益的维护，世界各国和地区的民事立法均将违反强制性规定的行为确定为无效。

《法国民法典》（2016年新债法）第1179条第1款规定，违反保护公共利益的规则时，绝对无效。

《德国民法典》第134条规定，法律不另有规定的，违反法定禁止的法律行为无效。

《瑞士债务法》第20条规定，合同内容不能、违法或者违背公序良俗的，无效。

《荷兰民法典》第3∶40条规定：（2）除从法律规定的目的中得出其他结论者以外，违反法律强制规定的法律行为无效。

加拿大《魁北克民法典》第1411条规定，合同原因为法律禁止或违反公共秩序的，合同无效。

2013年《匈牙利民法典》第6∶95条规定，违反法律或规避法律的合同无效。

实务指引

《民法典》第143条规定了民事法律行为的有效要件：行为人具有相应的民事行为能力；意思表示真实；不违反法律、行政法规的强制性规定，不违背公序良俗。本条是按照立法技术和逻辑，从反面规定违反法律、行政法规的民事法律行为的法律后果，法院和仲裁机构可以依据本条规定确认违反法律、行政法规的民事行为无效。但是，该强制性规定不导致该民事法律行为无效的除外。

民事法律规范可分为强制性规范和任意性规范，强制性规范又可分为强制性规范（应当如何）和禁止性规范（禁止如何）。《民法典》第153条是确定民事法律行为效力的裁判依据，在认定法律行为无效时并没有采用这一区分标准，而是要求司法人员在具体的案件中判断具体的"违反强制性规定"是否导致民事法律行为无效，改变了《解释（二）》第14条通过区分"效力性强制性规范"或"管理性强制性规范"的认定概况，避免了机械司法，也对司法人员在具体案件中充分理解民法典的立法价值，进一步分析、认定案情作出正确的裁判提出更高要求。

一、如何理解适用"强制性规定不导致该民事法律行为无效的除外"表述

在分析《民法典》第153条第1款时，不能无视第153条第2款。该款规定"违背公序良俗的民事法律行为无效"并无但书条款，可见，立法原意是违背公序良俗的民事法律行为必然无效，不允许任何案件出现例外。而对于"违反法律、行政法规强制性规定"的民事法律行为则不同，但书的存在并不能得出违反某一强制性规定的合同究竟是有效还是无效，可以说，该条款对司法人员作出了授权，让其在具体的案件中做进一步分析、判断，判断的依据取决于对具体强制性规定的解释，而具体强制性规定的规范目的则在其中起着主导作用。[①]

以《民法典》第61条规定举例，法人章程或者法人权力机构对法定代表人的代表权可以有限制。于法定代表人而言，这种限制作出后，就应当约束自己的行为，但如果法定代表人未约束自己的行为，与相对人发生了民事交易行为，就违背了强制性规定。那么，这种行为能否导致该法定代表人与相对人的交易行为无效呢？司法实践中采取的观点是，如果相对人是善意的，则强制性的规定便不能导致行为无效。至于法定代表人违规的问题，公司内部可以依据有关章程追责，但公司依旧要对外承担责任。《全国法院民商事审判工作会议纪要》（以下简称《九民纪要》）第17条就采纳了这一观点：为防止法定代表人随意代表公司为他人提供担保给公司造成损失，损害中小股东利益，《公司法》第16条对法定代表人的代表权进行了限制。根据该条规定，担保行为不是法定代表人所能单独决定的事项，而必须以公司股东（大）会、董事会等的决议作为授权的基础和来源。法定代表人未经授权擅自为他人提供担保的，构成越权代表，人民法院应当依据《合同法》第50条关于法定代表人越权代表的规定，区分订

[①] 蔡睿：《违法合同的效力评价与无效类型——〈民法总则〉第153条第1款释论》，载《苏州大学学报（法学版）》2019年第1期。

立合同时债权人是否善意分别认定合同效力：债权人善意，合同有效；反之，合同无效。①

二、如何判定强制性规定是否导致民事法律行为无效

从法的位阶来看，立法和司法解释存在一个不断收缩限制的趋势，即不断限缩可以影响合同效力"法"的范围，从没有对规范等级限制到严格限定规范等级位阶，以最小限度影响合同效力，鼓励交易。②在这一点上，《民法典》第153条与《合同法》第52条保持一致，严格限制了可以影响合同效力的"强制性规定"位阶，规定只有法律和行政法规才可以否定合同效力。但是，一些行政规章、地方性法规为管理行业、地区事务，也会作出一些限制性的规定，如果将这些规范排除在合同效力判定体系之外，极大地降低了行政规章、地方性法规的法律效力及法律权威，导致立法目的落空。因此在民法典实施以前，司法实践中出现了将部门规章、地方性法规与公共利益相结合，用损害公共利益来解释违反部门规章、地方性法规，进而通过《合同法》第52条第4项的公共利益限制条款来否定合同效力。比如最高人民法院在（2008）民提字第61号民事判决书中载明：在法律、行政法规没有规定，而相关行政主管部门制定的行政规章涉及社会公共利益保护的情形下，可以参照适用其规定，若违反其效力性禁止性规定，可以以违反《合同法》第52条第4项的规定，以损害社会公共利益为由确认合同无效。《九民纪要》第31条"违反规章一般情况下不影响合同效力，但该规章的内容涉及金融、市场秩序、国家宏观政策等公序良俗的，应当认定合同无效"的规定，③也参照上述观点。民法典时代，亦可沿用上述解释规则。

从法的规范目的来看，《民法典》第153条吸收了最高人民法院在《关

---

① 最高人民法院民事审判第二庭编著：《全国法院民商事审判工作会议纪要理解与适用》，人民法院出版社2019年版，第180页。

② 王利明：《合同无效制度》，载《人大法律评论》2012年卷第一辑，法律出版社2012年版，第68—69页。

③ 最高人民法院民事审判第二庭编著：《全国法院民商事审判工作会议纪要理解与适用》，人民法院出版社2019年版，第252页。

于当前形势下审理民商事合同纠纷案件若干问题的指导意见》第 16 条中的规定，授权法官衡量立法目的，综合考虑各种因素，进行取舍之后判定合同效力。第 16 条明确规范性质以规范意旨为判断标准，即"人民法院应当综合法律法规的意旨，权衡相互冲突的权益，综合认定强制性规定的类型。如果强制性规范规制的合同行为本身即只需要该合同行为发生即绝对地损害国家利益或者社会公共利益的，人民法院应当认定合同无效。如果强制性规定规制的是当事人的'市场准入'资格而非某种类型的合同行为，或者规制的是某种合同的履行行为而非某类合同行为，人民法院对于此类合同效力的认定，应当慎重把握，必要时应当征求相关立法部门的意见或者请示上级人民法院"。具体而言，若某项法律禁令未直接给出违反后果，在判断该规范对于合同有效性的影响时，需回答的问题是：违反禁令的合同，若为有效，是否导致规范意旨落空？如果答案是肯定的，合同应当认定无效；否则，应当认为有效。① 故在司法人员在审查案件时，应当考虑法律禁令欲通过行为的禁止达到何种目的，这是民法典时代的违法合同效力判定路径。

  需要指出的是，上述两个判定从违反"强制性规定"合同效力的角度，一方面赋予了法官充分的裁量权，允许法官在裁判过程中探索立法目的、衡量各种利益，以确定合同效力，改变了以"效力性强制性规定""管理性强制性规定"两分法造成的机械适用法律条款的惯性思维。但是另一方面也无可避免地会造成法官恣意裁判，出现同案不同判的情况，对这一类型案件的检察监督提出更高的要求。今后在司法实践中，还需不断地对相关案例进行总结，通过不断类型化的方式，对常见的违法合同效力进行归纳、固定，帮助司法人员找到更明确的思考、判断方向，减少裁判的任意性与盲目性，确保司法的稳定性和权威性。②

---

  ① 朱庆育：《〈合同法〉第 52 条第 5 项评注》，载《法学家》2016 年第 3 期。
  ② 叶雄彪：《违反"强制性规定"的合同效力问题研究》，载《法治社会》2020 年第 5 期。

三、未经依法批准的情况下将承包地用于非农建设的土地承包经营权流转合同效力的判定

农民集体所有土地使用权是国家和法律赋予农民的权利。现阶段，我国存在大量擅自将农村集体所有的土地使用权出让、转让或者出租用于非农业建设的情况。根据法律规定，这种行为是国家严格限制的行为。在司法实践中，擅自出租集体土地使用权行为也多被法院认定为无效。2019年颁布实施的土地承包法秉持保障农民在城市化进程中不失去土地，推动农村土地高效利用，促进现代农业发展目的，赋予农民有条件地流转承包地的权利，但是也对承包地用于非农建设进行了严格的限制。《土地承包法》第11条规定，农村土地承包经营应当遵守法律、法规，保护土地资源的合理开发和可持续利用。未经批准不得将承包地用于非农建设。改变承包地农业用途的行为，受到法律严格限制，需办理相关法定手续。《土地管理法》第44条、第62条规定，农村村民住宅用地，涉及占用农用地转为建设用地的，应当办理农用地转用审批手续。可见法律并未完全禁止将承包地用于非农建设，而是要求必须经过依法批准。未办理审批手续，擅自将承包地用于非农建设，将产生公法上的后果，构成犯罪的，还需承担刑事责任。在司法实践中也兼具了认定合同无效和认定合同有效的判决。因此在办理此类案件中，应注意区分土地承包经营权流转和非法改变承包地农业用途两种行为。前者为民事行为，合同内容、法律效力等均属于民事领域；后者属于事实行为，由行政法、刑法等公法调整，行为效力与后果由公法进行评价。故不能因后者而否定前者的效力。①

综上，司法人员在办理类似案件时，应当结合法律规定，重点审查流转土地后是否具有农业经营能力，能否有效利用土地，是否违反土地用途管制，是否会严重损害土地或者严重破坏土地生态环境，能否避免损害农民权益等事项发生。② 本案中，当事人私自协商，在合同中明确约

---

① 黄薇主编：《中华人民共和国农村土地承包法释义》，法律出版社2019年版，第194页。

② 高圣平、龚德家、吴昭军：《农村承包地"三权分置"背景下相关纠纷的法律适用》，载《人民司法》2019年第31期。

定改变农业用地用途,将农民集体所有的土地流转给他人用于非农业建设,没有经人民政府批准办理农用地转用手续,且没有从事法律规定生产经营项目,此承包行为显然违反法律强制性规定,所签订的租赁协议应为无效。

(案例撰写人:陈炜彤)

专家点评

　　法律行为违反法律、行政法规强制性规定的,属无效行为,其中的强制性规定限缩为效力性强制性规定,这是理论界和实务界业已取得的共识。但是对于何为效力性强制性规定,认定标准并不清晰明朗。本案的规范意义在于以小见大,通过"未经依法批准的情况下将承包地用于非农建设的土地承包经营权流转合同效力的判定"这一裁判争点,阐明何为效力性强制性规定。即未经批准的土地经营权流转合同未必一定无效,而本案中导致合同无效的根本原因是案涉合同未经批准将农业用地用于非农建设。换言之,单纯的批准程序并非效力性强制性规范,而是由于国家关于农业土地用途管制的相关规定包含着对社会公共利益、国家农业安全、粮食安全等多重考量,才使其成为效力性强制性规定。

(点评人:邓纲,西南政法大学教授、博士生导师)

003 如何准确理解民法中的重大误解、显失公平

甲房地产开发有限公司与乙商业有限公司租赁合同纠纷抗诉案[*]

案情简介

一、基本事实

2010年2月1日，宝鸡市甲房地产开发有限公司（出租方，甲方）（以下简称甲公司）与宝鸡市乙商业有限公司（承租方，乙方）（以下简称乙公司）签订租赁合同，约定：由乙公司租用甲公司的商业用房开设大型超市，租赁期为20年，期满后，再自动顺延20年。关于租金及其支付方式，在合同第9.2.1条约定："乙方租用甲方的商业用房的年租金每年预付一次，先付后租。年租金前二年为固定租金，每年为人民币700万元整（以12个月计）。从第三年起为抽成租金，标准按乙方不含增值税之营业额的2.5%结付，其中不含'大厅'内乙方转租部分的营业额。但如果有肯德基进入，其营业额（不含营业税）将列入计算范围。"合同第9.2.3条约定："抽成租金的预结支付：待前两个完整年（每12个月为一个完整年）后每年的1月15日前安排一次预付、结算工作，以上一年营业额结算之租金为依据结付上年租金、预付当年租金，以此类推。"合同约定发生争议协商解决；协商不成任何一方有权向宝鸡市法院起诉。在解决争议期间，除有争议的事项外，双方应继续全面履行合同。双方洽谈合同阶段乙公司曾向甲公司推介，超市全国连锁店平均单店营业额在3亿元以上。合同签订后，双方按约履行。

2014年1月，乙公司给甲公司提交营业额报表，按合同抽成租金约定

---

[*] 本案承办人：陕西省人民检察院贾晓芳；陕西省宝鸡市人民检察院姚亚婷。

将预付 2014 年的租金 3987946.28 元。甲公司回函要求变更合同关于租金的条款，乙公司置之未理，甲公司诉至法院，认为本案合同存在重大误解、显失公平，请求将合同第 9.2.1 条款中约定的从第三年起为抽成房租的条款变更为，租金从第三年开始，在前两年固定租金的基础上逐年递增 5%。

二、诉讼过程

宝鸡市金台区人民法院一审认为，甲公司对租赁合同第 9.2.1 条"其中不含大厅内乙方转租部分的营业额"及乙公司推介超市全国连锁店平均单店营业额在 3 亿元以上的表述存在重大误解，从第三年起按抽成比例计付租金显失公平。遂判决将租赁合同第 9.2.1 条中"从第三年起为抽成租金，标准按乙公司不含增值税之营业额的 2.5% 结付"，变更为"从第三年起按年 700 万元支付租金；其余条款不变"。双方均不服，上诉至宝鸡市中级人民法院。该院二审认为，一审法院关于本案构成重大误解、显失公平的认定正确，关于甲公司主张从第三年起在前两年固定年租金的基础上逐年递增 5% 的问题，应按照公平原则，参照同一地段市场租金价位及双方当事人前两年租金数额，确定从第三年起固定基本租金为 700 万元较为妥当。二审判决，撤销一审判决，变更租赁合同第 9.2.1 条中"从第三年起为抽成租金，标准按乙公司不含增值税之营业额的 2.5% 结付"为：从第三年起固定基本年租金为人民币 700 万元。乙公司申请再审，陕西省高级人民法院裁定驳回其再审申请。

三、检察监督

乙公司主张涉案合同不存在重大误解、显失公平，双方应按约履行。遂于 2016 年 4 月向陕西省宝鸡市人民检察院申请监督。该院予以受理审查。

围绕本案是否构成重大误解、显失公平的焦点问题，检察机关调阅审查原审审判卷宗材料，听取双方当事人意见，查阅相关案例，组织专家研究论证，认为本案不符合重大误解、显失公平的法定情形，终审判决适用法律错误。

宝鸡市人民检察院就本案向陕西省人民检察院提请抗诉。陕西省人民检察院审查认为，双方关于租金的结算方式约定清晰、明确，应为双方的真实意思表示。甲公司作为专业从事房地产开发经营的企业,有较好的市场判断和风险预警能力,且涉案租赁合同已经正常履行三年,不符合合同订立时处于劣势或缺乏经验的情形。甲公司应当知晓抽成租金随营业额变化,可能高于或低于固定租金。其基于"大润发超市在全国年平均营业额为3亿元左右"的信息,判断案涉超市的年营业额不少于3亿元,应属对双方合作项目未来的预判,并非对已存在事实发生错误认识。故本案不构成重大误解、显失公平,终审判决适用法律确有错误。2017年10月24日陕西省人民检察院向陕西省高级人民法院依法提出抗诉。

2019年1月24日,陕西省高级人民法院经组织专家论证及审判委员会讨论作出再审判决,认为原审判决认定本案存在重大误解、显失公平适用法律错误,判决撤销一、二审判决,驳回甲公司的诉讼请求。

案件要旨

合同履行过程中,一方当事人仅因合同继续履行所得收益与其期待不符,以重大误解、显失公平为由请求人民法院变更、撤销合同条款的,应依据法律规定综合主客观方面进行审查,不能仅以合同履行后双方收益差额较大作出认定。检察机关应准确把握重大误解、显失公平的构成要件,正确适用法律规定,维护交易稳定,营造良好营商环境。

法律规定索引

·《民法典》规定及沿革·

《民法典》

第一百四十七条　基于重大误解实施的民事法律行为,行为人有权请求人民法院或者仲裁机构予以撤销。

第一百五十一条　一方利用对方处于危困状态、缺乏判断能力等情形,致使民事法律行为成立时显失公平的,受损害方有权请求人民法院或者仲裁机构予以撤销。

🔲 新旧对比

《民法通则》第 59 条规定:"下列民事行为,一方有权请求人民法院或者仲裁机关予以变更或者撤销:(一)行为人对行为内容有重大误解的;(二)显失公平的。被撤销的民事行为从行为开始起无效。"

《合同法》第 54 条规定:"下列合同,当事人一方有权请求人民法院或者仲裁机构变更或者撤销:(一)因重大误解订立的;(二)在订立合同时显失公平的。一方以欺诈、胁迫的手段或者乘人之危,使对方在违背真实意思的情况下订立的合同,受损害方有权请求人民法院或者仲裁机构变更或者撤销。当事人请求变更的,人民法院或者仲裁机构不得撤销。"

相对于民法典的规定,民法通则和合同法仅用一个法条同时规定重大误解、显失公平行为可撤销,且《民法典》第 151 条将乘人之危与显失公平的规定予以整合。

🔲 法条精义

《民法典》第 147 条、第 151 条分别是关于基于重大误解实施的民事法律行为效力、乘人之危情形下实施的显失公平的民事法律行为效力的规定。

重大误解是指行为人因对行为内容、行为性质等产生错误认识,而作出的与其真实意愿相违背,并造成重大损失的行为。重大误解的构成条件包括三方面:一是行为人由于自身的过错而存在错误认识,是过失的而非故意的;二是行为人因自身的错误认识作出了与其真实意愿相违背的意思表示;三是行为人因其意思表示遭受损失。人民法院或者仲裁机构可应行为人的申请,对基于重大误解实施的民事法律行为予以撤销。应当注意的是,行为人的误解必须是要对行为的主要内容或性质发生重大误解,如果只对行为的非主要内容发生误解,不影响行为本身,就不应认定为重大误解,也不能应行为人申请根据该条款予以撤销。

显失公平是指一方当事人利用自己的优势地位或者对方处于不利情况,致使双方的权利与义务明显有失公平。根据《民法典》第 151 条的规定,可撤销的显失公平需要满足两个要件:一是主观上有利用对方处于危困状态、缺乏判断能力的故意;二是客观上要导致双方的权利义务达到显失公平的状态。

民法典没有像民法通则和合同法那样，将乘人之危和显失公平分别规定，而是将其整合。判断是否构成显失公平，应看一方当事人是否利用了对方处于危困状态、缺乏判断能力等情形。如果仅是结果有失公平，但一方当事人没有利用对方处于不利地位的状态，均为双方当事人真实的意思表示，则不应认定为可撤销的显失公平的民事法律行为。同样地，判断是否乘人之危，要看其结果是否显失公平。如果一方利用了其优势地位，但结果没有显失公平，则不属于乘人之危。在市场交易中，交易双方存在差距是常态，不能因此就一律认定为显失公平。此举的目的有利于保护市场交易，促进经济的发展，同时也防止这一制度的滥用。[①]

·司法解释·

《最高人民法院关于适用〈中华人民共和国民法典〉总则编若干问题的解释》

第十九条[②]　行为人对行为的性质、对方当事人或者标的物的品种、质量、规格、价格、数量等产生错误认识，按照通常理解如果不发生该错误认识行为人就不会作出相应意思表示的，人民法院可以认定为民法典第一百四十七条规定的重大误解。

行为人能够证明自己实施民事法律行为时存在重大误解，并请求撤销该民事法律行为的，人民法院依法予以支持；但是，根据交易习惯等认定行为人无权请求撤销的除外。

第二十条[③]　行为人以其意思表示存在第三人转达错误为由请求撤销民事法律行为的，适用本解释第十九条的规定。

[①] 冯小光主编：《中华人民共和国民法典学习读本》，中国检察出版社2020年版，第138页。

[②] 上述第19条第1款与《最高人民法院关于贯彻执行〈中华人民共和国民法通则〉若干问题的意见（试行）》第71条内容相似，但明确增加"标的物价格"为错误认识对象，删除"并造成较大损失的"的规定；第2款增加"交易习惯"为考量因素。

[③] 第20条新增第三人传达错误之情形。

域外立法通览

一、重大误解

（一）德国

《德国民法典》第 119 条至第 122 条规定了意思表示错误制度，与重大误解制度具有相似的内容和作用。

第 119 条规定了"因错误而可撤销"：（1）在作出意思表示时，就意思表示的内容发生错误或根本无意作出包含这一内容的意思表示的人，必须认为表意人在知道事情的状况或合理地评价情况时就不会做出该意思表示，则可以撤销该意思表示。（2）关于交易上认为重要的人的资格或物的特性的错误，也视为关于意思表示的内容的错误。

第 120 条规定了"因传达而可撤销"：为传达而使用的人或机构不实传达的意思表示，可以按照与根据第一百一十九条撤销错误的作出的意思表示相同的要件撤销之。[①]

第 119 条规定的是表示错误、内容错误，第 120 条规定的是传达错误。第 121 条、第 122 条还分别规定了撤销期间、撤销人的损害赔偿义务，在法典层面对该制度进行了比较全面系统的规定。由此，德国民法典的意思表示错误制度采取了"二元论"，即动机错误和意思表示错误。

当行为人的意思表达与知晓真实情况后的意思不同时，产生意思表达上的错误，包括表示错误、内容错误以及传达错误。当行为人作出了某种意思表示，但是无意作出包含该内容的意思表示，即表示错误；当行为人的表示内容与其真实意思不同时，即内容错误；当行为人表示的内容没有表示出其表达的内容，即传达错误。[②]

（二）法国

《法国民法典》第三编第二章第一节规定了意思表示的错误制度。

第 1109 条规定："如同意是因错误所致，受胁迫或者受欺诈而为，不为有效的同意。"

[①] 陈卫佐译注：《德国民法典》（第 5 版），法律出版社 2020 年版。
[②] 韩世远：《重大误解解释论纲》，载《中外法学》2017 年第 3 期。

第 1110 条规定:"错误,仅在其涉及作为契约之标的物的实质本身时,始构成契约无效的原因。错误仅仅涉及当事人意欲与之订立契约的个人时,不构成无效原因;但是,如果出于对该个人的考虑是当事人与其订立契约的主要原因,不在此限。"[①]

二、显失公平

（一）德国

《德国民法典》第 138 条规定了暴利行为为违背善良风俗的具体类型,与我国《民法典》修改后的显失公平制度具有相似的功能和表现,均规定了在他人处于危困状态时获取明显不当的利益的法律行为。德国民法典规定暴利行为无效,我国民法典规定显失公平的法律行为可撤销。

第 138 条规定了"违背善良风俗的法律行为;暴利":

（1）违背善良风俗的法律行为无效。

（2）某人据以在利用他人处于急迫情势、无经验、欠缺判断力或意志显著薄弱的情况下,使之就某项给付向该人自己或向第三人许诺或给予与该项给付明显地不相当的财产利益的法律行为,尤其无效。

（二）法国

《法国民法典》第 1118 条规定,因"显失公平,致使一方当事人遭受损失"之事实,如同本编第五章第七节所规定,仅对某些契约或者仅对某些人,始构成取消契约的原因。

法国民法典对显失公平行为的认定严格、细致,在某些具体的交易中,将其量化为客观数字。《法国民法典》第 1674 条规定,不动产买卖中,出卖人的损失超过不动产价款的 7/12 时,构成显失公平;第 887 条规定,共同继承人在分割遗产继承时,所得数额超过总额的 1/4 时,构成显失公平。

（三）美国

作为英美法系的代表,美国的显失公平在衡平法及相关判例的基础上创立。在法律规定上,允许法院直接判断合同或者某项条款是否明显有悖公正。

[①]《法国民法典》,罗结珍译,北京大学出版社 2010 年版。

《美国统一商法典》第 2-302 条第 1 款规定，如果法院发现，作为一个法律问题，一个合同或者合同中的任何条款在合同订立时显失公平，那么法院可以拒绝强制执行该合同，或者可以仅仅强制执行除去了显失公平之条款的其余合同条款，或者可以为了避免显失公平之结果的发生而限制显失公平条款的适用范围。

实务指引

本案同时涉及重大误解、显失公平两项重大制度，平时我们也乐于将两者放在一起比较，然而两者在内涵、适用等方面均不同。重大误解制度为所有民事主体提供保护，其成立标准在于是否对行为内容产生重大误解，主要体现了民法的自愿原则；显失公平制度则是为处于危困状态、缺乏判断能力等情形的行为人提供保护，主要体现了民法的公平、等价有偿原则。重大误解制度下，撤销权的除斥期间为 90 日，显失公平制度下的除斥期间为 1 年。

一、重大误解制度的价值、认定标准

重大误解制度事关民事法律关系中双方当事人的利益平衡，始终存在着价值冲突。在重大误解制度中，一方当事人以重大误解为由请求撤销，使其因自身过错发生重大误解而造成的损失得以弥补。然而，另一方当事人却因此遭受损失，导致原有的民事法律关系中的利益无法实现。因此，是否允许撤销重大误解的民事法律行为，对于双方的利害得失均具有重大影响，在立法和司法实践中都应合理权衡，保护双方当事人权益、维护交易安全。

（一）重大误解的认定标准

重大误解的构成条件包括三个方面，即行为人由于自身的过错而存在错误认识，行为人因自身的错误认识作出了与其真实意愿相违背的意思表示，行为人因其意思表示遭受损失。

1.行为人由于自身的过错而存在错误认识。行为人自身存在过错，且是由于自己的过失行为造成的，此种过失应是一般过失，系不谨慎、不注意造成的。如果是重大过失，由于行为人自己极其不负责任造成的，则不应构成重大误解。

行为人自己的故意行为不构成重大误解。如果行为人在作出意思表示时明知实际情况，或者明知自己已对行为内容发生了误解，但是仍然实施该行为的，则不构成重大误解。此种情形表明，行为人作出的意思表示真实，愿意接受该民事法律行为的效果，没有因自己的过错而发生重大误解。

过错不一定只是单方的，也可能存在共同过错。如果双方当事人对于行为内容均存在错误认识，则双方均可能构成重大误解，享有撤销权。如买卖戒指过程中，买卖双方均将18K金戒指错认为24K金戒指予以交易，双方对戒指买卖行为均存在错误认识。

行为人产生的误解是由其自身原因所造成的，不是由于他人的过错造成的。如果相对人故意虚构事实使行为人陷入错误认识的，则属欺诈。

2.行为人因自身的错误认识作出了与其真实意愿相违背的意思表示。行为人要作出意思表示，才能判断其存在错误认识。行为人作出的意思表示必须是因为重大误解造成的，即行为人违背其真实意愿的意思表示与其错误认识之间具有因果关系。如果在其错误认识和意思表示之间发生了阻断事由，即使存在错误认识，并作出了与其真实意愿相违背的意思表示，也不构成重大误解。例如，行为人欲购买的戒指为18K金，但其想购买24K金戒指用于送妻子礼物，并误认为该戒指为24K金。购买过程中，其妻对该戒指非常喜爱，强烈要求其购买该戒指。此种情形下，虽然行为人存在错误认识，也最终购买了戒指，但是其购买戒指是由于妻子强烈要求造成的，并不是因为错误认识，因此不应构成重大误解。

3.行为人因其意思表示遭受损失。《最高人民法院关于贯彻执行〈中华人民共和国民法通则〉若干问题的意见（试行）》第71条规定了造成较大损失是造成重大误解的前提，《民法典》第147条、《最高人民法院关于适用〈中华人民共和国民法典〉总则编若干问题的解释》第19条与民法通则、合同法对此都没有规定。有的学者基于保护行为人行为自由、行为自愿的角度，认为如果已经造成了较大损失，那么很可能合同已经履行完毕，撤销该合同已经没有必要，由此认为遭受损失不应是重大误解的构成要件。然经综合考量，行为人遭受损失仍是重大误解的重要构成要件。

重大误解会给行为人造成损失，法律从保护其利益的角度出发，允许其请求撤销民事法律行为。但是，法律的目的不仅是保护一方当事人权益，而要保护行为各方当事人的合法权益，如果行为人的误解没有造成较大损失，仅造成轻微损失甚至没有造成损失，仍然允许行为人行使撤销权，则不利于维护交易安全，损害了行为相对人的权益。相对人在行为履行过程中并没有过错，在没有造成较大损失的前提下仍予以撤销，对其显然是不公平的。

但是，如果民事法律行为仅处于达成合意阶段，尚未履行，没有造成较大实际损失也应构成重大误解，可以行使撤销权。等到行为履行完毕造成损失以后，再行使撤销权，则造成资源浪费，不是立法的本意。

（二）动机错误不能构成重大误解

德国民法典采取"二元论"，区分错误的类型，根据意思表示的不同阶段划分不同错误的类型，当发生动机错误时不构成重大误解，不可撤销民事法律行为。动机错误是发生在意思表示形成阶段的错误，即意思表示缘由的错误，表意人在其意思形成过程中，对其决定为某特定内容意思表示具有重要性的事实，认识不正确。如当事人认为购买钻戒可以向女友成功求婚，但是女友拒绝其求婚。求婚是其行为的动机，但是求婚成功本身是错误的，此时即为动机错误，不影响钻戒买卖合同的效力，不能以重大误解为由请求撤销购买钻戒的民事法律行为，否则将会严重影响到交易的安全。但是，如果当事人将其动机以条件的形式在合同中予以约定，其动机可能成为该民事法律行为的前提条件，动机错误则有可能影响到合同的效力，此种情形应作为例外单独予以考量。

二、显失公平制度的价值内涵

在民法通则、合同法中，乘人之危、显失公平是分别规定的，民法典中予以整合，是因为二者在主客观上均有类似要求。显失公平制度的构成要件存在"单一要件说"和"双重要件说"两种观点。"单一要件说"指显失公平的构成要件只要达到客观上当事人双方的权利义务不对等，致使利益严重失衡即可；"双重要件说"还要求达到主观上一方利用对方处于危困状态、缺乏判断能力等情形。包括我国《民法典》在内的大多数国家采取了"双重要件说"，可见对于该制度已经形成较为统一的认识。

显失公平制度的两个要件均体现了其价值追求。主观上有利用对方处于危困状态、缺乏判断能力的故意，体现了对弱者的保护功能。处于危困状态，是指当事人因暂时处于困境而对民事法律行为的给付有迫切需求，如因疾病陷入困难亟须将财产变现支付治疗费用。缺乏判断能力，是指缺少基于理性考虑而实施法律行为或对法律行为的后果予以评估的能力。广义上，语言理解、信息获取、生活经验等因素都可以纳入判断能力的范畴。为了避免在民事法律行为中遭受不利的当事人随意适用显失公平制度，防止该制度的滥用，需要在案件中结合当事人的专业知识、判断能力、自控能力等因素综合考量。①

客观上要导致双方的权利义务达到显失公平的状态，体现显失公平要求在民事法律行为成立时给付与被给付处于显著不均衡的状态。民事法律行为成立后的权利义务状态发生显著不均衡的变化，则不属于显失公平的范畴，属于情势变更或商业风险。

总之，显失公平制度是民法典中的一般概念性条款，法条中未明确具体标准，在适用中既要发挥制度优势，充分运用显失公平制度的救济功能，又要严格把握，防止权利滥用。

三、重大误解、显失公平制度在本案中的运用

重大误解制度中要求造成的较大损失、显失公平制度中要求的权利义务显失公平，均没有明确、具体标准，需要根据个案的实际情况予以考量。

本案中，严格区分重大误解与商业风险，依法维护正常交易秩序。重大误解、显失公平制度的设立初衷就是为了平衡意思自治与交易秩序、个人利益与信赖利益的冲突。民法典重大误解制度基本延续了民法通则、合同法的规定，仅删除了当事人申请变更的权利，没有提出具体标准。法律规定的开放性、商业活动的复杂性，导致司法实践中对重大误解与商业风险的认识容易混淆。检察机关应当严格区分重大误解与商业风险两种情形，依法精准解析重大误解的构成要件。双方洽谈阶段对于未来盈利状况的判断，并非对已存在的事实发生错误认识，由于误判导致合同履行所获收益与期待不符，应属商业风险的范畴，不能认定为重大误解。

结合主客观方面，审慎认定显失公平。关于显失公平的认定，主观上

---

① 李潇洋：《论民法典中的显失公平制度》，载《山东社会科学》2021 年第 5 期。

要求一方利用了对方处于劣势或者缺乏判断能力的不利情形，客观上造成双方权利义务的极不对等、经济利益的严重失衡，且时间节点应为"法律行为成立时"。商事主体一般具有较好的市场判断及风险规避能力。当双方均为商事主体时，判断"一方处于劣势或者缺乏判断能力"的情形应当更为谨慎。对于是否符合显失公平的主客观要件，应当根据公平原则与诚实信用原则，结合双方合同地位、签约磋商情况、合同履行情况等因素综合认定，不能仅以合同履行双方所得收益不对等的结果来倒推认定。

践行平等保护理念，对外来投资企业和本地企业给予平等保护。检察机关对于国企民企、内资外资、大中小微企业应当平等对待，确保各种所有制企业的合法权益能够得到及时充分保障。外来投资者经政府招商引资与当地企业达成合作意向并投入大量前期运营资金，项目实施中遭遇纠纷造成合法权益受损，投资信心必将遭受打击。检察机关应当发挥监督职能，更好地保护民营企业、外来投资企业合法权益，营造更加良好的法治化营商环境。

（案例撰写人：赵飞）

专家点评

法律制度尤其是民事经济法律制度制定的根本目的是促进民事主体有预期地参加市场经济正常经营活动，是市场经济竞争与发展过程中的制度保障。在经济发展过程中，有的市场主体能够在竞争中胜出、勇往直前，而有的市场主体则在市场经济竞争浪潮中败下阵来直至销声匿迹，这是市场经济发展的必然规律，也是市场竞争的必然过程和结果。在这个大浪淘沙、去粗取精的市场竞争过程中，民商事主体必然需要民法典的支持与保护。民法典对于基于重大误解作出的民事行为有明确的行为效果规定，同样的规定，对于显失公平也是类似的。法律在保护民商事主体基本权利维护法律价值的同时，也应追求有效促进市场经济发展，营造公平竞争的市场环境，民商事主体必然也应当接受并承担在市场竞争中出现的合理商业风险。在实务中，正确认识和区别民法典的价值取向和市场经济发展中的商业风险，会更加有利于民法典的实施，也有利于市场经济主体在公平竞争环境中规范发展。

（点评人：孙晋，武汉大学教授、博士生导师）

004 如何适用合同解释规则确定租赁合同争议条款的含义

某建材公司与某水泥公司租赁合同纠纷抗诉案[*]

—— **案情简介** ——

一、基本事实

2007年1月18日，某水泥公司（甲方）与黄某某（乙方）在C省签订了水泥厂租赁经营合同。合同载明："一、租赁期限，五年（2007年2月1日至2012年1月30日）。二、租赁费用：双方在现有生产能力不变的情况下，第一年租赁费410万元，待甲乙双方新建年产9.3万吨热料立窑竣工，正式投产时，每年增加租赁费150万元。新建立窑生产线，由甲方筹资200万元，其他由乙方投资。时间必须在2007年12月25日前投产使用，否则视为违约。租赁期满后，新建立窑生产线及所有投资无条件归甲方所有。三、付款方式：乙方在交接时首付租赁费100万元，6月25日前付租赁费310万元。2007年12月25日前缴纳2008年租赁费550万元；2008年12月25日前缴纳2009年租赁费550万元；2009年12月25日前缴纳2010年租赁费550万元；2010年12月25日前缴纳2011年租赁费550万元；2011年12月25日前缴纳2012年租赁费550万元……五、其他特约条款：本合同一经达成，双方必须做到诚实、守信，合同任意一方未经对方同意，随意违约或无理取闹，以致给未违约方造成损失，违约方按合同标的一年的数额（550万元）赔偿未违约方。"合同订立后，双方因租赁费的确定等问题产生履行纠纷。

---

[*] 本案承办人：最高人民检察院第六检察厅滕艳军；陕西省人民检察院刘杰。

二、诉讼过程

2010 年 9 月，某水泥公司起诉某建材公司（黄某某为法定代表人）至 B 市中级人民法院，请求判令某建材公司向其支付 2010 年度租赁费 550 万元等。B 市中级人民法院于 2010 年 9 月指定 A 县人民法院审理本案。A 县人民法院于 2011 年 11 月作出判决，认定租赁费为 410 万元。

某水泥公司、某建材公司均不服一审判决，向 B 市中级人民法院提起上诉。B 市中级人民法院判决驳回上诉，维持原判。

某水泥公司不服二审判决，向 C 省高级人民法院申请再审。C 省高级人民法院于 2013 年 9 月作出民事裁定，指令 B 市中级人民法院再审本案。B 市中级人民法院于 2014 年 4 月作出再审判决，认定年租赁费为 410 万元。

某水泥公司、某建材公司均不服再审判决，向 C 省高级人民法院申请再审。C 省高级人民法院于 2015 年 5 月作出判决，认定租赁费为 550 万元。

三、检察监督

某建材公司不服 C 省高级人民法院终审判决，向检察机关申请监督。最高人民检察院于 2016 年 7 月作出民事抗诉书，向最高人民法院提出抗诉，认为终审判决将涉案租赁经营合同第 3 条理解为"如果新建立窑建成，自第 2 年起租赁费应为 700 万元，在新建立窑未建成的情况下，第 2 年的租赁费应明确为 550 万元"，缺乏证据证明。《合同法》第 61 条规定："合同生效后，当事人就质量、价款或者报酬、履行地点等内容没有约定或者约定不明确的，可以协议补充；不能达成补充协议的，按照合同有关条款或者交易习惯确定。"现对涉案租赁经营合同的相关条款分析如下：第一，涉案租赁经营合同第 2 条关于租赁费用明确约定，在现有生产能力不变的情况下，第一年租赁费 410 万元，待双方新建年产 9.3 万吨热料立窑竣工，正式投产时，每年增加租赁费 150 万元。虽然第 2 条与第 3 条在增加的租赁费数额方面略有出入（560 万元与 550 万元），但双方因增加生产能力而增加租赁费用的意思表示是明确的。终审判决认为在增加生产能力的情况下，相应租赁费应增加为 700 万元（550 万元 + 150 万元），与涉案租赁经营合同第 2 条的内容相悖。第二，涉案租赁经营合同第 3 条约定 2008 年增加租赁费的付款时间为 2007 年 12 月 25 日，这与合同第 2 条约定的热料立窑建成的时间相一致。在热料立窑未建成，生产能力没有任何变化的情况下，自2008年起每年增加150万元的租赁费用，有违正常的商业交易习惯。第三，涉案租赁经营合同第2条是关于租赁费用的约定，第3条是关于租赁费付款方式的约定。从逻辑关系来看，采用何种付款方式受应缴租赁费用的影响，终审判决以关于付款方式的约定内容推翻双方关于租赁费用的约定内容，证据并不充分。第四，终审判决认为双方签订的租赁合同第5条明确一年的租赁费为550万元。经查，第5条原文为"违约方按合同标的一年的数额（550万元）赔偿未违约方"，并未明确指出一年的租赁费为550万元，而且双方签订的租赁合同中并没有说明该合同标的一年的数额包含哪些内容，故并不能就此理解为合同标的一年的数额550万元等同于一年的租赁费为550万元。综上，在生产能力不变的情况下，涉案租赁经营合同约定的租赁费应理解为每年410万元。

最高人民法院于2017年10月作出再审判决，认定本案的租赁费应为410万元，检察机关对此案的抗诉意见应予采纳。

案件要旨

在租赁合同纠纷中，当事人对约定不明的合同条款理解存在争议，且无法达成补充协议时，应综合运用整体解释、交易习惯解释、合同性质解释等合同解释规则，确定争议条款的含义。

法律规定索引

·《民法典》规定及沿革·

《民法典》

第五百一十条 合同生效后，当事人就质量、价款或者报酬、履行地点等内容没有约定或者约定不明确的，可以协议补充；不能达成补充协议的，按照合同相关条款或者交易习惯确定。

新旧对比

《合同法》第61条规定："合同约定不明的补救合同生效后，当事人就质量、价款或者报酬、履行地点等内容没有约定或者约定不明确的，可以协议补充；不能达成补充协议的，按照合同有关条款或者交易习惯确定。"

《民法典》第510条与《合同法》第61条内容基本相同，仅将"合同约定不明的补救合同生效后"修改为"合同生效后"，"按照合同有关条款"修改为"按照合同相关条款"。

■ 法条精义

《民法典》第510条是关于合同内容约定不明时补充确定的规定，其适用的前提是合同已成立并生效。一般情况下，当事人达成合意，不违反法律、行政法规的强制性规定，不违背公序良俗，合同便成立并生效。合同中质量、价款或者报酬、履行地点等条款的缺失不影响合同成立并生效，这些条款可在合同履行阶段进行补充确定。

第510条确立了两种合同补充确定的方式。一是当事人协议补充。在当事人就合同有关内容没有约定或者约定不明确时，由当事人通过协商的方式达成补充协议。该方式直接体现了当事人的意思自治。二是按照合同有关条款或者交易习惯确定。司法实践中常见的情况是当事人无法达成补充协议，为保障生效合同继续顺利履行，此时法律允许司法机关基于合同有关条款或交易习惯确定合同内容。合同条款之间在表达上往往存在一定的关联，在合同欠缺有关内容或者对有关内容约定不明确时，可以结合相关条款探寻当事人真实的意图，进而补充所欠缺的内容或者将不明确的内容予以明确。交易习惯在一定范围内被普遍接受和采用，或者在特定当事人之间经常使用。在合同欠缺有关内容或者对有关内容约定不明确时，也可以用交易习惯来对合同内容进行补充。[①]

---

① 黄薇主编：《中华人民共和国民法典释义》（中），法律出版社2020年版，第976页。

域外立法通览

一、大陆法系

（一）德国[①]

《德国民法典》第133条规定："在解释意思表示时，必须探究真意，而不得拘泥于词句的字面意义。"第157条规定："合同必须以诚实信用所要求的方式，同时照顾交易习惯，予以解释。"第242条规定："债务人有义务以诚实信用所要求的方式，同时照顾交易习惯，履行给付。"

在德国司法实践中，法官解释合同时会在运用交易习惯和诚实信用原则的基础上，特别考量当事人在合同中所追求的目的，从而把握个案中的情况。[②] 我国《民法典》在合同解释上不仅规定了交易习惯解释和诚信解释，还规定了目的解释等方法。

（二）法国[③]

《法国民法典》第1156条规定："解释契约时，应寻求缔约当事人的共同意思，而不拘泥于文字。"第1157条规定："如一个条款可能作两种解释时，宁舍弃使该条款不能产生任何效果的解释，而采取使之可能产生某些效果的解释。"第1158条规定："文字可能作两种解释时，应采取最适合于契约目的的解释。"第1159条规定："有歧义的文字依契约订立地的习惯解释之。"第1160条规定："习惯上的条款，虽未载明于契约，解释时应用以补充之。"第1161条规定："契约的全部条款得相互解释之，以确定每一条款从整个行为所获得的意义。"第1162条规定："契约有疑义时，应作不利于债权人而有利于债务人的解释。"第1163条规定："契约所用文字不问如何广泛，契约之标的应仅限于可推知当事人有意订定的事项。"第1164条规定："如契约中记载一种情形以说明债之标的时，不得以此认为当事人意在限制该项债务的范围，该项债务应包括而未列举的各种情形仍应

[①] 相关条文译文引自《德国民法典》（第5版），陈卫佐译注，法律出版社2020年版。
[②] ［德］汉斯·布洛克斯、沃尔夫·迪特里希·瓦尔克：《德国民法总论》（第33版），张艳译，杨大可校，中国人民大学出版社2014年版，第101—102页。
[③] 相关条文译文引自《拿破仑法典》，李浩培、吴传颐、孙鸣岗译，商务印书馆1979年版。

包括在内。"

法国民法典的合同解释规则以探求当事人真意为基础（第1156条），规定了有利于合同生效解释（第1157条）、目的解释（第1158条、第1163条、第1164条，后两个条文也表明合同文义过于笼统或过于狭窄时参照目的解释）、习惯解释（第1159条、第1160条）、整体解释（第1161条）、有利于债务人解释（第1162条）。

在具体适用中，19世纪的法国法官可能会尽力寻找当事人的真实意图，但在现代法国司法实践中，适用这些合同解释规则主要建立在对当事人可能存在的"真实意愿"的推定上。[1] 法国民法典最早诞生，但合同解释的导向也从主观主义偏向客观主义，这也是我国合同解释原则应采客观主义为主，主观主义为辅的比较法经验之一。[2]

二、英美法系

《美国合同法第二次重述》第202条规定："（1）应根据所有的情况解释当事人的文字或其他行为，同时，如果能查明双方缔约的主要目的，则应充分考虑其主要缔约目的。（2）书面文书应以一个整体来解释，并且作为同一交易的组成部分的所有书面文书应放在一起进行解释。（3）除非有不同的意图表示，（a）如果合同语言存在通用的主流含义，则依主流含义解释。（b）对技术或专业术语的解释应在技术领域的范围内赋予它们在交易使用中的技术含义。（4）如果合同中涉及一方当事人重复履行义务，并且该当事人明知该履行行为的性质，同时另一方当事人有机会提出反对意见，那么，如果另一方当事人接受或没有反对地默认履行行为，则这些情况在合同解释时应给予充分地考虑。（5）对双方当事人对允诺或合同的意思表示的解释应合理地符合彼此的真实意图、任何相关的履行过程、交易过程或行业惯例。"第204条规定："如果双方当事人经磋商足以缔结一个合同，但是还没有就对双方权利义务的确立至关重要的条款达成一致，则

---

[1] 尹田：《法国现代合同法——契约自由与社会公正的冲突与平衡》，法律出版社2009年版，第304—305页。

[2] 崔建远：《合同解释论——规范、学说与案例的交互思考》，中国人民大学出版社2020年版，第158页。

在此特殊的情况下，法院可以将这一合理的条款补充到合同中去。"

在美国，重述是一种介于法典法与判例法之间的法律文件，可被法院直接援引作出判决，通常被视为美国"法律的渊源之一"。《美国合同法第二次重述》列举了多种解释方法，如目的解释、整体解释、当事人惯例和行业惯例解释等。在具体的适用中，第一步对合同进行解释，当法院判定了合同文本没有对特定事项作出约定之后，第二步通过推断来补充一个条款填补漏洞。对于合同漏洞填补，首先考虑当事人的真实预期；如果难以确定，看一方当事人是否应当合理地知道对方的预期；如果还是不能确定，法院将结合正义原则推定当事人的预期。[1]

美国法上的合同解释和我国以大陆法系为主要理论渊源的合同解释既有差别也有共同之处。以美国为代表的英美合同解释规则以语境主义为主要特征，即法院广泛地采纳除合同文本之外的合同目的、交易过程、履约过程、行业惯例等外部证据来解释合同。其纳入合同解释的因素更多、解释上更为灵活，但也存在增加当事人诉讼成本、对第三人不公平、破坏法律的稳定性等局限。[2] 经济全球化推动了民商事法律规则，尤其是合同规则的"趋同化"，因此目的解释、整体解释、习惯解释等在我国《民法典》中也可体现。

实务指引

检察机关在贯彻实施民法典中肩负着双重责任：既要在办案中以民法典为依据，通过精准监督实现对民事审判、执行权的监督与当事人权利救济的有机统一，又要通过法律监督职能保障民法典规范的统一正确实施。

司法实务中，合同解释是合同纠纷案件中经常遇到的裁判难题之一。租赁费用是租赁合同中的核心条款，因租赁费用解释引发的纠纷更是在租赁合同纠纷中占据相当数量。现代合同解释的司法适用中，法院的自

---

[1] [美] E. 艾伦·范斯沃斯：《美国合同法》，葛云松、丁春艳译，中国政法大学出版社2003年版，第498—502页。

[2] 卢志强：《英美法合同解释制度的历史变迁及发展革新》，载《深圳大学学报（人文社会科学版）》2020年第5期。

由裁量权逐渐扩大,对当事人利益的影响更为直接。此外,合同解释规则抽象性和合同文本多义性之间的紧张关系使得合同解释规则在法律适用中难度较大,分歧较多。因此,检察机关在此类案件中的精准监督有助于实现权力监督和权利救济相统一,也能保障民法典合同解释规则的统一正确适用。

本案争议焦点为,当合同中对租赁费用条款约定不明时,如何确定争议条款的含义。最高人民检察院抗诉书中运用原《合同法》第 61 条(《民法典》第 510 条)中规定的整体解释、交易习惯解释方法确定了案涉合同的租赁费用。

一、合同补充解释的学理体系定位

《民法典》第 510 条前半段的协议补充属于合同当事人的行为,后半段在学理上被认为是合同补充解释的规范基础。合同补充解释是指对合同的客观规范内容加以解释,以填补合同的漏洞,因此也常被称为合同漏洞填补。合同补充解释所探求的当事人真意,不是事实上的经验的意思,而是"假设的当事人意思",即双方当事人在通常交易上合理所意欲或接受的意思,其以当事人于合同上所作的价值判断及利益衡量为出发点,以期实现合同上的平均正义。[1]

合同补充解释(合同漏洞填补)在学理上的争议点为其是否属于合同解释。肯定的代表性观点认为,合同解释旨在确定当事人双方的共同意思,判断合同有无漏洞及如何填补需要通过解释方可确定,仍需探求并确定当事人的意思,即使后者是推定的当事人的意思。因此,补充合同漏洞属于合同解释。[2] 否定的代表性观点认为,应当将合同漏洞填补和合同解释区分,合同解释应当是以意思表示为对象而展开的,但合同漏洞填补所填补的"事实上的合意"并不存在,漏洞填补属于"法律续造",因而不能将其当作合同解释的一种,"合同补充解释"这一概念也不应被承认。[3]

---

[1] 王泽鉴:《债法原理》(第二版),北京大学出版社 2009 年版,第 224 页。
[2] 崔建远:《论合同漏洞及其补充》,载《中外法学》2018 年第 6 期。
[3] [德]耶尔格·诺伊尔:《合同解释、合同补充与合同修正》,时军燕译,载《法律方法》2019 年第 4 期。

合同补充解释的学理体系定位是否对该条的具体司法适用造成实质性差别,尚未有定论。合同补充解释与狭义的合同解释也处于同一连续的解释过程之中,彼此的界线也未必是泾渭分明的。在适用合同补充解释时,应重点关注的是补充解释的方法,从而保证解释的结果不至于偏离当事人意图和合法性评价。[1]

二、合同补充解释的方法

(一)《民法典》第510条的整体解释和交易习惯解释方法

《民法典》第510条规定了整体解释和交易习惯解释。整体解释,也被称为体系解释,其原理是:一是需要补充确定的条款和已明确的条款都是合同的一部分,应当平等对待;二是要求当事人把所有的合同内容都毫无遗漏地落实到书面上是非常困难的,当合同的某方面内容没有规定或规定不明确时,需要整体地把握合同内容,或者进而联系该种合同的法律制度,按照有关合同条款或法律规定的内容、精神来理解合同。[2]

民法典并未界定何为交易习惯。结合已废止的《关于适用〈中华人民共和国合同法〉若干问题的解释(二)》第7条与学理上的观点,交易习惯的界定标准可分为形式标准和实质标准。形式标准为合法性和不违背公序良俗;实质标准为合理性和可预见性。其中合理性主要是指经济上的合理性,即能否促进当事人经济利益增长,至少是促进一方当事人经济利益的增长,并且另一方的损失小于增长的范围,或者能促进行业或领域整体经济利益的增长。可预见性是指交易习惯为理性的当事人所知道或应当知道。[3]

交易习惯的司法适用有两种模式:一是由当事人主张,从法理上看,提出交易习惯的当事人应承担举证责任。二是由法院自行援引,《民法典》第510条表明司法机关可以依职权运用交易习惯补充解释合同。

(二)《民法典》第142条规定的其他解释方法

学理上认为,对于合同补充解释,除了整体解释和交易习惯解释,目

---

[1] 刘勇:《合同补充解释的理论构造及立法选择》,载《浙江社会科学》2017年第3期。
[2] 崔建远:《合同解释的三原则》,载《国家检察官学院学报》2019年第3期。
[3] 陈彦晶:《商事习惯之司法功能》,载《清华法学》2018年第1期。

的解释和诚信解释也可运用。① 合同行为是当事人实现一定社会经济目的的手段，合同目的是当事人间从事合同行为所欲实现的基本意图，目的解释可以使合同补充解释更符合当事人的意图。诚信解释强调当事人之间的利益与社会利益之间的平衡，也有助于保障合同补充解释的正当性。前述的比较研究中也可发现，美国法、德国法、法国法在补充合同解释中也着重运用了目的解释；德国法同样在补充合同解释中引入诚信解释，美国法"结合正义原则推定当事人的预期"，强调通过双方当事人的利益平衡来补充解释，可被我国法中同样含有利益平衡理念的诚信解释所包含。

目的解释和诚信解释规定在《民法典》第142条第1款中，即"有相对人的意思表示的解释，应当按照所使用的词句，结合相关条款、行为的性质和目的、习惯以及诚信原则，确定意思表示的含义"。此外，《民法典》第142条第1款和《合同法》第125条第1款相比，增加了"行为性质"的解释。有观点认为，性质解释与目的解释是两种完全不同的解释方式。性质解释重点强调根据合同的性质（即类型）对争议条款进行解释，旨在使争议条款确实符合合同的基本性质，合同性质解释往往比按照合同目的解释更具有客观性。② 合同性质解释和目的解释的功能都是用于确定争议条款的含义，因此在合同补充解释中，关注合同性质也有助于确定合同当事人的意图，并且合同性质的客观性也能够提升合同补充解释的妥当性。

三、合同解释规则在本案中的适用

首先，检察机关运用整体解释规则从正面论证租赁费为410万元：一是案涉合同第2条明确约定"在现有生产能力不变的情况下，第一年租赁费为410万元，待甲乙双方新建年产9.3万吨热料立窑竣工，正式投产时，每年增加租赁费150万元"，案件认定的事实为未建成立窑，故增加租赁费条款所附的条件未成就，租赁费应为410万元。二是合同第3条约定"2007年12月25日前缴纳2008年度租赁费550万元"，与第2条"正式

---

① 韩世远：《合同法总论》（第四版），法律出版社2018年版，第879页。
② 田野：《〈民法典〉中合同解释规则的修正及其司法适用》，载《中州学刊》2020年第9期。

投产时,每年增加租赁费 150 万元……时间必须在 2007 年 12 月 25 日前投产使用"日期完全衔接,表明 550 万元租赁费用的产生是建立在立窑正式投产后。虽然,合同第 2 条和第 3 条的数额略有误差(560 万元和 550 万元),但合同第 3 条自 2008 年至 2012 年租赁费均增至 550 万元,回应了合同第 2 条中"每年增加租赁费 150 万元"的约定。因此,通过对合同第 2 条和第 3 条的整体解释,可以确定双方因增加生产能力才增加租赁费用的意思表示是明确的,故租赁费用应为 410 万元。

其次,检察机关运用交易习惯解释规则从反面论证在生产能力没有任何变化的情况下增加租赁费用,不符合商业交易习惯。案涉合同第 3 条约定 2008 年增加租赁费的付款时间为 2007 年 12 月 25 日,与合同第 2 条约定的立窑建成的时间相一致。在立窑未建成,生产能力没有任何变化的情况下,自 2008 年起每年增加 150 万元的租赁费用,有违正常的商业交易习惯。

同时,检察机关也指出原审判决在租赁合同解释上的问题,即孤立地拘泥于案涉合同第 3 条和第 5 条的字面含义。原审判决认为:"如果第三条中包含了新建立窑的 150 万元,那么应当是 560 万元,而合同第三条却约定是 550 万元……在合同订立内容不明确的情况下,合理的理解应为:第三条的约定是明确的,如果新建立窑建成,自第 2 年起租赁费应为 700 万元,在新建立窑未建成的情况下,第 2 年的租赁费应明确为 550 万元;合同第五条约定明确违约方按合同标的一年的数额(550 万元)赔偿未违约方,若双方调解无效,可以申请仲裁或向法院起诉,该条款明确一年的租赁费为 550 万元。"

该解释思路忽略了合同是有机联系的统一整体。其一,案涉合同第 2 条是关于租赁费用的约定,第 3 条是关于租赁费付款方式的约定。从逻辑关系来看,采用何种付款方式受应缴租赁费用的影响,原审判决以关于付款方式的约定内容推翻双方关于租赁费用的约定内容,理据并不充分。其二,合同第 5 条原文为"违约方按合同标的一年的数额(550 万元)赔偿未违约方",合同中并没有说明该合同标的一年的数额包含哪些内容,并不能直接认为一年的租赁费就是 550 万元。

合同解释裁判难题本就是在争议条款中确定与合同的全部条款尽可能

协调一致的含义。假如在条款之间存在抵触、矛盾，就必须通过解释消除此类抵触、矛盾。这就不可避免地要漠视或删除某个或某些条款。[①] 检察机关正确运用整体解释和交易习惯解释方法，确定了因增加生产能力而增加租赁费用的意思表示是明确的，解决了合同第 2 条与第 3 条在字面含义上出现的租赁费数额分歧（560 万元与 550 万元），最终认定案涉租赁费用为 410 万元，纠正了原审判决单纯的文义解释思路。

此外，本案运用《民法典》第 142 条第 1 款的"合同性质的解释"也有助于确定租赁费用。案涉租赁合同与一般意义上的租赁合同有一定区别，案涉合同中某水泥公司提供场所，且和某建材公司合资投产立窑生产线，某水泥公司收取的租赁费与某建材公司的经营、生产活动相关，因此本案当事人订立的合同名称为"租赁经营合同"。法律上的"租赁经营合同"概念可追溯至 1988 年国务院颁布的《全民所有制小型工业企业租赁经营暂行条例》。该条例第 3 条规定："租赁经营，是指在不改变企业的全民所有制性质的条件下，实行所有权与经营权的分离，国家授权单位为出租方将企业有期限地交给承租方经营，承租方向出租方交付租金并依照合同规定对企业实行自主经营的方式。"合同法出台前，租赁经营合同是租赁合同的类型之一，也称企业租赁合同，是指在不改变企业性质的条件下将所有权分离，使有权主体将企业租与他人使用收益，他方交付租金的合同。这是我国为适应改革开放和社会主义市场经济需要而产生的一种特殊租赁形式。[②] 普通租赁合同的内容主要是出租人将租赁物交付承租人使用、收益，承租人支付租金，而依据《全民所有制小型工业企业租赁经营暂行条例》第 8 条、第 24 条规定，租赁经营合同的内容还包括"租赁期内经营总目标及年度经营目标""承租方享有经营自主权"等特殊内容。

案涉"租赁经营合同"虽然不是《全民所有制小型工业企业租赁经营暂行条例》中的"租赁经营合同"，但同样也具有租赁经营合同的特点，即有双方合作经营的目标、承租方有一定的自主经营权等。例如案涉合同也约定了"双方新建年产 9.3 万吨热料立窑竣工""甲方租赁给乙方后，乙

---

① 崔建远：《合同解释的三原则》，载《国家检察官学院学报》2019 年第 3 期。
② 邓自力：《论租赁经营的诉讼主体资格》，载《现代法学》1994 年第 6 期。

方享有独立的人事和自主经营权,甲方无权干涉乙方的人事安排和生产经营活动"。结合此种租赁合同的性质也可解释,案涉租赁费与生产经营活动相关,租赁费的增长是以生产经营能力的增长为条件的,当立窑未建成、生产能力未增加时,租赁费用应为410万元。因此,合同性质解释也有助于确定案涉租赁费用。

(案例撰写人:纪闻)

专家点评

本案系因租赁经营合同的履行引发的纠纷,值得关注的是合同内容的解释等疑难问题。本案争议焦点在于合同约定的租赁费标准如何确定。对于租赁费标准的判断需要回归合同条款的具体约定,在合同文义存在模糊与歧义之处,应借助合理的合同解释规则探寻双方当事人的合意。本案中,虽然案涉租赁经营合同第2条、第3条在增加的租赁费数额方面略有出入,但双方因增加生产能力而增加租赁费用的意思表示是明确的,再结合增加租赁费用付款时间与热料立窑建成时间的一致性、租赁费用与租赁费付款方式的内在逻辑关联,可以推知在生产能力不变的情况下,双方对于涉案租赁经营合同约定的租赁费为每年410万元。

检察机关在抗诉中紧扣本案纠纷的实质,从整体解释、交易习惯解释等合同解释方法入手,确定争议租赁费用条款的含义,理由充分,逻辑融贯,对类似案件处理具有一定的借鉴意义。

(点评人:高圣平,中国人民大学法学院教授、博士生导师)

005 如何准确区分伪造公章与表见代理行为
北京甲公司租赁合同纠纷抗诉案[*]

案情简介

一、基本事实

2011年7月28日,夏某等人以大连乙公司的名义(乙方)与北京甲公司(甲方)签订一份租赁合同,该合同约定,大连乙公司租用北京甲公司的建筑设备物资,合同尾部出租单位处有北京甲公司盖章、代理人赵某签字,租用单位处有大连乙公司盖章、代理人夏某等人签字,大连乙公司使用印章为该公司某某号公章。合同签订后,北京甲公司如约履行,因大连乙公司未返还租赁物并支付租金,北京甲公司将其诉至法院。诉讼中,大连乙公司对夏某身份及合同均不认可,认为合同系夏某持伪造公章的个人行为,与大连乙公司无关,并提交庄河市公安局出具的公章回收证明,证明某某号公章已于2009年9月2日回收并作废,夏某所持公章为其个人伪造。法院在诉讼中赴庄河市公安局调查取证,公安局出具公章并销毁存根,法院拍照后作为原审认定事实的证据使用,但上述证据并未出示并经双方当事人质证。后经检察机关调查核实,在销毁凭证出具的日期后,大连乙公司仍存在申请开立银行账户时使用某某号公章的行为,且有生效裁判可以证明夏某身份为大连乙公司职员。

二、诉讼过程

2013年4月7日,北京甲公司以租赁合同纠纷为由向北京市昌平区人民法院起诉称,北京甲公司和大连乙公司签订租赁合同,约定大连乙公司

---

[*] 本案承办人:北京市人民检察院白晶;北京市人民检察院第一分院庞涛。

租用北京甲公司设备进行施工，现大连乙公司拖欠租赁费、维修费并占用租赁物，请求法院判令大连乙公司支付上述损失共计240余万元。

一审法院认为，大连乙公司提交的证据能够证实某某号公章已于2009年9月2日作废，合同为夏某伪造公章签署，北京甲公司应当向夏某主张权利，判决驳回北京甲公司的诉讼请求。

北京甲公司不服，上诉至北京市第一中级人民法院，该院二审期间，双方均对尾号为某某号的公章是否被依法收回并销毁的事实申请法院调查取证。二审法院至庄河市公安局及其指定印章刻制单位大连丙公司取证，该公司向二审法院出示公章回收销毁证明存根，证实某某号公章已经于2009年9月2日收回并销毁。二审法院对存根拍照复印并制作工作记录入卷，但未组织质证。二审法院判决驳回上诉，维持原判。

三、检察监督

北京甲公司向检察机关申请监督，并申请就夏某身份和某某号公章的使用情况进行调查核实。检察机关依职权调取了大连乙公司在租赁物使用地银行的开户资料，资料显示，大连乙公司于2011年7月在中国农业银行股份有限公司大洼县支行（以下简称大洼县支行）申请开立银行账户，在该公司提交的《开立单位银行结算账户申请书》《企业法人营业执照》上加盖的公章均为某某号公章，在开户资料中同时附有大连乙公司法定代表人邢某的身份证、组织机构代码证及税务登记证的复印件等材料。此外，辽宁省海城市人民法院民事判决认定，夏某于2011年3月30日代表大连乙公司与鞍山市丁公司签订的买卖合同合法有效，在该案中夏某所使用公章亦为某某号公章。上述证据可以证明，在销毁凭证出具的日期后，大连乙公司仍存在继续使用某某号公章的行为。另，关于夏某的身份问题，在2007年大连乙公司的分公司与北京甲公司租赁合同纠纷中，夏某曾作为大连乙公司的分公司的代理人参加诉讼，且在已经生效的大连经济技术开发区人民法院的民事判决书中，夏某是大连乙公司委托诉讼代理人，职业是大连乙公司职员。

检察机关经审查后认为，现有证据可以证明夏某具有代表大连乙公司的权利外观，北京甲公司有理由相信与其订立合同的主体为大连乙公司，原审法院认定事实的主要证据未经质证、认定的基本事实缺乏证据证明且适用法律确有错误，符合《民事诉讼法》第200条第2项、第4项、第6项①的规定，提出抗诉。具体理由为：

第一，终审法院对调取的证据未组织双方质证，案件基本事实并未查清。大连乙公司是否在2009年9月后继续持有并实际使用某某号公章是本案关键。法院将从大连丙公司调取的销毁存根照片复印件未经质证直接作为认定事实的证据，不但程序违法，且该证据的证明内容也有限，不能排除此后大连乙公司仍继续实际使用的可能性。根据检察机关调查核实情况，可以证明大连乙公司在存根记载的销毁时间后仍继续实际使用某某号公章。

第二，夏某具有对外代表大连乙公司的权利外观，且足以令北京甲公司相信其有代理权。2007年、2011年夏某分别以大连乙公司及其分公司诉讼代理人身份参加诉讼，且大连乙公司曾认可夏某为该公司员工，故北京甲公司有理由相信夏某与大连乙公司之间存在代理关系，夏某构成表见代理，大连乙公司应当承担责任。

第三，大连乙公司公章管理不善，对表见代理的形成存在过失。公司公章对外能够代表公司的意思，公司应当严格管理，否则应当承担法律后果。依据公安部《公章管理办法》第11条、第15条的规定，企业需要更换公章的，应当公告声明公章作废，并办理备案和准刻手续。但大连乙公司并未按照上述程序公告声明某某号公章已经作废，存在销毁后仍继续使用的事实，且在诉讼中大连乙公司亦承认曾频繁更换公章，导致夏某得以利用制度漏洞对外以其名义与北京甲公司签订合同，大连乙公司应承担法律后果。

据此，北京市人民检察院依法提出抗诉，北京市高级人民法院经审理后作出再审判决，认为现有证据可以证明2009年之后大连乙公司仍在继续使用某某号公章，夏某持公章签约并实际履行，大连乙公司应承担责任。改判大连乙公司支付租金、违约金并赔偿相关损失共计240余万元。

---

① 《民事诉讼法》(2024年1月1日起施行)第211条第2项、第4项、第6项。
——编者注

案件要旨

建筑工程领域中，代理人伪造公章对外签订合同的情况屡见不鲜，在代理人无力承担违约责任时，被代理人是否被追责对相对人利益影响巨大，是否构成表见代理成为案件争议之焦点，处理不当会危害交易安全、撼动市场经济的诚信根基。检察机关办理此类案件，要围绕公章真伪、被代理人公章管理是否严格、代理人身份、相对人是否善意等关键环节全面审查，必要时行使调查核实权，对法院在法律适用和证据审查环节中的失当行为提出监督意见。

法律规定索引

·《民法典》规定及沿革·

■《民法典》

第一百七十二条　行为人没有代理权、超越代理权或者代理权终止后，仍然实施代理行为，相对人有理由相信行为人有代理权的，代理行为有效。

■ 新旧对比

《合同法》第 49 条规定："行为人没有代理权、超越代理权或者代理权终止后以被代理人名义订立合同，相对人有理由相信行为人有代理权的，该代理行为有效。"

《民法总则》第 172 条规定："行为人没有代理权、超越代理权或者代理权终止后，仍然实施代理行为，相对人有理由相信行为人有代理权的，代理行为有效。"

表见代理是代理制度的重要内容，民法通则对此并没有规定，《合同法》第 49 条弥补了这一漏洞，民法总则在此基础上对表见代理作了规定，使得表见代理制度不仅能够适用于合同法领域，而且能够直接适用于其他可以通过代理实施民事法律行为的领域，科学有效地扩张了表见代理制度的适用范围，民法典总则编对此予以沿用。[1]

法条精义

《民法典》第172条是关于表见代理的规定，目的是保护善意相对人的合法权益，使个人权利的静态安全与社会交易的动态安全得到合理的协调，从而维护安全的市场交易秩序。

根据第172条规定，构成表见代理需要满足以下条件：一是行为人没有获得被代理人的授权就以被代理人的名义与相对人实施民事法律行为。这种无权代理包括没有代理权、超越代理权或者代理权终止三种情形，指的是为代理行为时无代理权或者对于所实施的代理行为无代理权。二是须在代理行为外观上存在使相对人相信行为人具有代理权的理由，具体包括两个方面的内容：（1）存在外表授权，即存在有代理权授予的外观，代理行为外在表现上有相对人相信行为人有代理权的事实。（2）相对人对行为人有代理权形成了合理信赖。三是相对人在主观上必须是善意、无过失的。其要求是，相对人不知道行为人没有代理权，且对其"不知道"没有主观上的过失。[2]

表见代理的法律后果，即产生与有权代理相同的法律效力。这种效力的最典型表现，就是表见代理人代理实施的民事法律行为的后果，直接由被代理人承担。但是在被代理人承担了表见代理后果后，被代理人对于因

---

[1] 我国台湾地区所谓"民法"第107条规定："代理权之限制及撤回，不得以之对抗善意第三人。但第三人因过失而不知其事实者，不在此限。"第169条规定："由自己之行为表示以代理权授予他人或知他人表示为其代理人而不为反对者，对于第三人负授权人之责任。但第三人明知其无代理权或可得而知者，不在此限。"从上述条文可以看出，我国台湾地区表见代理制度类型主要为：（1）相对人信赖本人所授予的代理权继续存在的表见代理。（2）相对人信赖本人授予代理权的表见代理。参见王泽鉴：《债法原理》（第2版），北京大学出版社2013年版，第298页。值得注意的是，王泽鉴教授认为，"为使代理人之限制或撤回，不得对抗善意第三人，尚须有使相对人正当信赖代理权继续存在的一定表征（权利外观）。关于第107条所谓善意，应解释为系相对人有正当理由信赖代理权的继续存在"。参见王泽鉴：《债法原理》（第2版），北京大学出版社2013年版，第302页。从适用对象来讲，我国台湾地区要求代理权之限制或撤回与相对人对代理权继续存在信任，我国《民法典》对于代理权继续存在的表象概括规定为代理权消灭，其范围远远大于限制、撤回，范围相比我国台湾地区"民法"成立表见代理更广泛。

[2] 最高人民法院民法典贯彻实施工作领导小组主编：《中华人民共和国民法典总则编理解与适用》（下），人民法院出版社2020年版，第863—864页。

此遭受的损失，有权向表见代理人主张损害赔偿责任。[1]

·司法解释·

1.《最高人民法院关于当前形势下审理民商事合同纠纷案件若干问题的指导意见》

13.[2] 合同法第四十九条规定的表见代理制度不仅要求代理人的无权代理行为在客观上形成具有代理权的表象，而且要求相对人在主观上善意且无过失地相信行为人有代理权。合同相对人主张构成表见代理的，应当承担举证责任，不仅应当举证证明代理行为存在诸如合同书、公章、印鉴等有权代理的客观表象形式要素，而且应当证明其善意且无过失地相信行为人具有代理权。

2.《最高人民法院关于适用〈中华人民共和国民法典〉总则编若干问题的解释》

第28条[3] 同时符合下列条件的，人民法院可以认定为民法典第

---

[1] 最高人民法院民法典贯彻实施工作领导小组主编：《中华人民共和国民法典总则编理解与适用》（下），人民法院出版社2020年版，第864页。

[2] 该条明确了表见代理的认定标准。构成表见代理行为不仅要求代理人的无权代理行为在客观上形成具有代理权的表象，而且要求相对人在主观上有理由相信行为人有代理权。"有理由相信"是指合同相对人善意且无过失地相信行为人有代理权，即相对人在不知道行为人无代理权方面不存在疏忽或懈怠，并为此承担举证责任。在判断合同相对人主观上是否属于善意且无过失时，应当结合合同缔结与履行过程中的各种因素综合判断合同相对人是否尽到了合理注意义务，此外还要考虑合同的缔结时间、以谁的名义签字、是否盖有相关印章及印章真伪、标的物的交付方式与地点、购买的材料、租赁的器材、所借款项的用途、建筑单位是否知道项目经理的行为、是否参与合同履行等各种因素，作出综合分析判断。

[3] 该条第1款以《最高人民法院关于当前形势下审理民商事合同纠纷案件若干问题的指导意见》第13条规定为基础，结合理论研究成果和司法实务经验，明确了认定"相对人有理由相信行为人有代理权"的两个条件：一是存在代理权的外观；二是相对人不知道行为人行为时没有代理权，且无过失。对上述两种情形的认定需要结合代理行为存在诸如合同书、公章、印鉴等有权代理的客观表象形式要素，以及合同的缔结时间、以谁的名义签字、是否盖有相关印章及印章真伪、标的物的交付方式与地点等因素综合判断。此外，该条第2款还明确了相对人对行为人实施民事法律行为时存在代理权的外观承担举证责任，被代理人就相对人不构成善意承担举证责任。这一规则既吸收了司法实务中的经验做法和学术界的研究成果，也与《最高人民法院关于适用〈中华人民共和国民法典〉物权编的解释（一）》有关善意取得规定的基本思路一致。

一百七十二条规定的相对人有理由相信行为人有代理权：

（一）存在代理权的外观；

（二）相对人不知道行为人行为时没有代理权，且无过失。

因是否构成表见代理发生争议的，相对人应当就无权代理符合前款第一项规定的条件承担举证责任；被代理人应当就相对人不符合前款第二项规定的条件承担举证责任。

域外立法通览

一、大陆法系

（一）德国

表见代理一词最早见诸于1900年德国民法，由法理争论归纳而来。《德国民法典》关于表见代理的规定主要体现在第170条至第172条中。第170条规定："（意定代理权的有效期）意定代理权系以对第三人的表示授予的，意定代理权对该第三人保持有效，直至意定代理权授予人将意定代理权的消灭通知该第三人之时。"第171条规定："（在通知的情形下的有效期）（1）某人以对第三人的特别通知或以公告发出授予他人以代理权的通知的，该他人因该通知而于前一情形下对特定第三人，于后一情形下对任何第三人，有代理的权能。（2）代理权存续到该通知被以发出通知的同样方式撤回之时。"第172条规定："（授权书）（1）意定代理权授予人已将授权书交付给代理人，且代理人向第三人提示该授权书的，与意定代理权授予人所发出的授予代理权的特别通知相同。（2）代理权存续到授权书被返还给意定代理权授予人或被宣告为无效之时。"[①]

除上述情形之外，为了填补法律漏洞，联邦最高法院的判例及学术界的学说还发展了容忍代理与狭义表见代理，主要针对被代理人事前虽无积极授予代理权的行为，但是其行为导致第三人相信代理权存在的情形，即也是属于造成"授权"外观的情形。一般而言，能够适用《德国民法典》第170条至第172条进行处理的情况下，就无须适用法院根据一般权利外

---

① 《德国民法典》（第五版），陈卫佐译，法律出版社2020年版，第61—62页。

观责任原则创立的容忍代理和表见代理,即容忍代理和狭义的表见代理只充当辅助作用。

(二)法国

法国法上的表见代理,不同于德国等其他国家的相关制度,确立了独立于民事责任体系的表见代理理论,在构成上不以被代理人的"可归责性"(或"过错")为要件,由此强化了善意第三人保护。为规制代理权表象问题,《法国民法典》设置了一些表见代理规则。《法国民法典》第2005条规定:"仅仅向受委托人(代理人)通知解除委托,对不知道此项解除事由而仍然与(原)受委托人(代理人)进行业务往来的第三人,不具有对抗效力,但委托人对受委托人(代理人)有求偿权。"《法国民法典》第2008条规定:"受委托人(代理人)在不知道委托人死亡或其他终止委托之原因的情况下处理的事务,仍然有效。"《法国民法典》第2009条规定:"以上所指情形,由受委托人(代理人)缔结的义务,对善意第三人,应当履行之。"[1] 上述条文是对撤销委托和终止委托的表见代理规则的规定。

对于没有代理权、超越代理权的表见代理问题,法国民法典也没有作出规定。为了弥补法国民法典的上述遗漏,早期法国法官主要通过民事责任制度以保护善意第三人。20世纪中期,以规制公司管理人的越权行为为契机,法国最高法院通过判例确立了表见代理理论,这就是著名的1962年"加拿大国家银行案"。在"加拿大国家银行案"之后,法国法院很快将表见代理理论拓展适用于无权代理等众多领域。较之民事责任的保护方式,表见代理理论对善意第三人的保护,不以被代理人具有过错(甚至"可归责性")为要件,因此更加迅捷、更加有效,具有重要的意义。

(三)日本

日本表见代理主要规定在《日本民法典》第109条、第110条和第112条,其具体规定为:第109条(有授予代理权表示时的表见代理)对第三人表示已授予他人代理权的人,就该他人在其代理权的范围内同第三人之间所为的行为,负其责任。但第三人明知或者因过失而不知该他人没

---

[1] 《法国民法典》,罗结珍译,北京大学出版社2010年版,第471页。

有被授予代理权时，不在此限。第110条（权限外行为的表见代理）"尽管代理人所为属其权限外行为，但第三人有正当理由相信其有权限时，准用前条正文的规定。第112条（代理权消灭后的表见代理）代理权的消灭不能对抗善意的第三人，但第三人因过失而不知其事实时，不在此限。①

从立法层面上看，日本民法典的规定虽然不能直接看到本人对外观授权的可归责性，但从日本判例通说和法理基础解释来看都隐含了本人对表见代理权利外观的形成具有可归责事由。

二、英美法系

早期的英美法系判例认为，被代理人的意思表示或代理人与被代理人之间的合意是代理权产生的基础。后来英美法系的态度发生了一些转变，即从主观上理解被代理人的意思表示或代理人与被代理人之间的合意，转向从客观上理解被代理人的意思表示或代理人与被代理人之间的合意。

在这样的背景之下衍生出了与大陆法系表见代理制度功能相近的"不容否认代理"制度，又称"禁止反言的代理"。不容否认代理指这样一种代理关系：如果一方当事人的言论或行为表明或者使得善意第三人理解为，与第三人缔结法律关系的另一方当事人是自己的代理人，那么对于信赖这一代理关系的第三人来说，假定的被代理人不得否认其与假定代理人之间的代理关系，即使客观上不存在代理权的授予事实。② 不容否认代理制度旨在保护善意第三人免受不测损害，确保交易安全。

关于不容否认代理的构成要件，斯莱德法官在莱玛公司一案中作了精练概括："表面代理权只不过是不容否认的一种形式而已，被称为不容否认代理。构成不容否认代理必须同时具备以下三个要素：（1）被代理人的声明；（2）第三人对声明的信赖；（3）第三人基于这种依赖而改变了自己的法律地位。"③

不容否认代理的成立是基于"表面授权"的存在。对被代理人与代理人

---

① 渠涛编译：《最新日本民法》，法律出版社2006年版，第28—29页。
② F.M.B.Reynolds, Bostead on agency, fifteenth edition, Sweet &Maxwell, London, 1985, p.90.
③ Rama Corp v. Proved Tin and General Investments Ltd（1952）2 QB 147 at 149-50.

之间的合意的理解从主观角度转向客观,使得在某些情形下,即便双方当事人之间并不真正存在创设代理关系的合意,但是法律认为他们之间存在代理关系,并把他们的行为视同创设代理关系的意思表示,以保护基于信赖一项声明而改变了处境的第三人的利益及其利益背后所隐射的交易安全。

实务指引

一、精准研判涉及伪造公章类表见代理制度,依法保护市场主体的交易安全

表见代理是为保护相对人信赖而设计的,但这种信赖保护既与狭义无权代理的信赖保护有所区别,也与法律行为制度中涉及的信赖保护不一样。在无权代理中,无论是表见代理还是狭义无权代理,其法律效果均侧重保护相对人,其法理基础既在于维护交易安全,也在于保护相对人的信赖利益。然而对信赖利益的保护,表见代理是体现在由本人承担有权代理的效果,狭义无权代理则要求由"代理人"对相对人承担相关责任。[1]

表见代理的制度价值在于私法自治和交易安全发生利益冲突时,对交易安全予以保护,以实现私法自治和交易安全之间的合理衡平。[2] 以表见代理制度为典型的表见理论是依法律的特别规定而发生的权利变动,它在私法体系中属于合意主义权利变动原则的一种例外。[3] 表见代理的构造极为复杂,因涉及交易三方主观认识和客观表象之辨别,无法通过现行立法的条文进行简单判断,尤其是在公章本身真伪不明的情况下,被代理人的可追责性必须在厘清基本事实和法律关系的基础上,结合双方提交的证据及商业交往中的常识经验进行综合判断。检察机关在办理此类案件时,应当对相关证据进行严格周密的审核,必要时进行调查核实,以防当事人利用表见代理制度谋求不正当利益。

---

[1] 张驰:《表见代理体系构造探究》,载《政治与法律》2018 年第 12 期。
[2] 周清林:《伪造印章下的表见代理构造》,载《法商研究》2020 年第 2 期。
[3] 朱广新:《信赖保护原则及其在民法中的构造》,中国人民大学出版社 2013 年版。

（一）被代理人的可归责性是否应作为表见代理构成要件

代理人是否具有表征代理权存在的外观、相对人对相关权利外观的信赖是否合理是构成表见代理的两个基本要件，对被代理人是否有可归责性这一要件理论界和司法实务争议较大。全国人大法工委对此认为，表见代理的构成无须考虑被代理人的因素。[①] 学说主要分为肯定说和否定说。肯定说认为，表见代理的成立需要考虑被代理人的可归责性。[②] 持否定说的学者认为，表见代理的成立无须考虑被代理人的可归责性。[③] 笔者认为，无论是否将被代理人的可归责性作为表见代理的独立构成要件，表见代理构成中应相应考虑被代理人的可归责性因素。在最高人民法院和各地方高院出台的相关文件中，虽没有将被代理人的可归责性作为表见代理的构成要件，却考虑了被代理人的一些因素。如《最高人民法院关于当前形势下审理民商事合同纠纷案件若干问题的指导意见》第14条提及的"建筑单位是否知道项目经理的行为、是否参与合同履行等"表明，体现了被代理人因素。又如，2005年《江苏省高级人民法院关于适用〈中华人民共和国合同法〉若干问题的讨论纪要（一）》在第四部分第14条规定表见代理"应当以被代理人的行为与外观的形成具有一定的牵连性即被代理人具有一定的过错为前提"，混合了诱因归责和过错归责。2012年《上海市高级人民法院商事合同案件适用表见代理要件指引（试行）》第6条"关于权利外观的主要考量因素"中列举了关于被代理人的一些因素。在审判实践中，既有案例多依据现有规范展开论证，较少明确将被代理人因素作为表见代理的

[①] 胡康生主编：《〈中华人民共和国合同法〉释义》，法律出版社2013年版，第97页。

[②] 尹田：《我国新合同法中的表见代表制度评析》，载《现代法学》2000年第5期；吴国喆：《表见代理中本人可归责性的认定及其行为样态》，载《法学杂志》2009年第4期；叶金强：《表见代理构成中的本人归责性要件方法论角度的再思考》，载《法律科学》2010年第5期；王浩：《表见代理中的本人可归责性问题研究》，载《华东政法大学学报》2014年第3期；朱虎：《表见代理中的被代理人可归责性》，载《法学研究》2017年第2期。

[③] 章戈：《表见代理及其适用》，载《法学研究》1987年第6期；史浩明：《论表见代理》，载《法律科学》1995年第1期；罗瑶：《法国表见代理构成要件研究——兼评我国〈合同法〉第49条》，载《比较法研究》2011年第4期。

独立要件[1],但有大量判例在认定相对人有理由相信时考虑到了被代理人因素。如最高人民法院在山东宝华耐磨钢有限公司、方大特钢科技股份有限公司买卖合同纠纷案二审判决中认为,在判断方大特钢公司是否有理由相信马某某有代理权这一问题时,应从马某某是否具有表征代理权存在的外观、方大特钢公司对相关权利外观的信赖是否合理、山东宝华公司作为被代理人对该权利外观的存在是否具有可归责性及其程度这三个方面进行综合考量。

(二)公章在表见代理认定中的作用

公章是机关、团体、企业、事业等单位确认其对外从事民事活动效力的法定凭证。司法实践中,公章争议问题由来已久,对盖章行为的法律效力认定的问题,也多存在裁判思路不统一的问题。一种观点认为,应当着重考察盖章之人有无代表权或者代理权来认定合同效力,有代表权或者代理权的人即便加盖的是假公章,也应认定其构成有权代表和有权代理。另一种观点则认为,合同书上加盖公章的意义在于,该意思表示系公章显示的名义人所为。假公章意味着该意思表示并非公司真实的意思表示,依法应当认定合同无效。反之,只要加盖的是真公章,即便盖章之人没有代表权或者代理权,也应由公章显示的名义人承担民事责任。

2019年《全国法院民商事审判工作会议纪要》第41条对"盖章行为的法律效力"问题采取了第一种观点,确定了"看人不看章"的裁判

---

[1] 部分判决明确将被代理人的可归责性作为表见代理的构成要件:(1)山东宝华耐磨钢有限公司、方大特钢科技股份有限公司买卖合同纠纷案(最高人民法院(2018)最高法民终122号民事判决书);(2)江西宏安房地产开发有限责任公司、南昌县兆丰小额贷款股份有限公司企业借贷纠纷再审案,(2017)最高法民再209号民事裁定。

思路。[1]

在涉公章争议表见代理案件中，公章的因素和人的因素常常交织在一起，对此最高人民法院观点认为，"盖章不是构成表见代理的充分条件，要区分不同情况结合相关证据，才能判断是否构成表见代理"[2]，有学者观点也认为，"行为人单纯持有公章、合同书、被代理人营业执照、被代理人不动产物权证书等，不构成有代理权外观。按照社会生活一般观念及使用公章、合同书、营业执照等的交易习惯或常规做法，持有他人公章、合同书、营业执照、权属证书等，不足以表明持有人已被授予代理权（可能仅为办理某种手续之用或者仅是代为保管）。持有公章等物，须与足以构成授予代理权外观的另一事实（如授权委托书、总经理等特定职务）相结合，方足以表明代理权外观"。笔者认为，判断是否构成表见代理，应以行为当时的情境为基础，持有公章并使用，并不能成为构成表见代理的充分条件。

司法实务中，代理权表象的形成往往源于伪造印章与其他权利外观交织在一起，需要区分不同情形作出判断。一方面，当相对人对行为人伪造印章不知情时，相对人对其他外观的判断完全不受伪造印章影响。如果行为人行为基于代理权发生，即使加盖的是伪造印章亦为有权代理。如最高人民法院在"隋洪喜与柳河县宏宇建筑有限公司等民间借贷纠纷案"[3]中认

---

[1] 《全国法院民商事审判工作会议纪要》第41条规定："司法实践中，有些公司有意刻制两套甚至多套公章，有的法定代表人或者代理人甚至私刻公章，订立合同时恶意加盖非备案的公章或假公章，发生纠纷后法人以加盖的是假公章为由否定合同效力的情形并不鲜见。人民法院在审理案件时，应当主要审查签约人于盖章时有无代表权或者代理权，从而根据代表或者代理的相关规则来确定合同的效力。法定代表人或者其授权之人在合同上加盖法人公章的行为，表明其是以法人名义签订合同，除《公司法》第16条等法律对其职权有特别规定的情形外，应当由法人承担相应的法律后果。法人以法定代表人事后已无代表权、加盖的是假章、所盖之章与备案公章不一致等为由否定合同效力的，人民法院不予支持。代理人以被代理人名义签订合同，要取得合法授权。代理人取得合法授权后，以被代理人名义签订的合同，应当由被代理人承担责任。被代理人以代理人事后已无代理权、加盖的是假章、所盖之章与备案公章不一致等为由否定合同效力的，人民法院不予支持。"

[2] 最高人民法院研究室编著:《最高人民法院关于合同法司法解释（二）理解与适用》，人民法院出版社2009年版，第103—105页。

[3] 参见最高人民法院（2016）民申字第2499号民事裁定书。

为，虽然挂靠人私刻公章签订合同，但结合其他代理权外观事实，因仍存在足以使第三人相信的理由，故构成表见代理。另一方面，若相对人不能从其他外观判断授权，即使对伪造印章不知情，也不构成表见代理。最高人民法院在"兴业银行广州分行与深圳市机场股份有限公司借款合同纠纷案"[1]中认为，由于行为人本无代理权且无让相对人有理由相信其有代理权的外观，在伪造印章下只能构成狭义无权代理。

构成表见代理应以被代理人与代理权表象的形成存在因果关系为前提。之所以善意相对人能够依循真实公章向被代理人主张权利，是因为真实印章具备了权利外观，与被代理人之间存在可推定的因果关系。在公章被伪造或盗用时，可能会影响到对被代理人可归责性的判断。曾有学者结合行为人的身份情况梳理了最高人民法院的相关判决，并发现法定代表人、经理、职务人员伪造公章的，在绝大部分情况下并未影响表见代理的成立；非职务人员伪造印章时，则否定了表见代理的成立。司法实践中，面对大量此类案件，至少在最高人民法院层面，已经形成了较为一致的裁判思路，基本上是将公章被伪造的事实与行为人的身份相结合，并以行为人的身份为基础来进行判断，若是与公司有关联的人员伪造公章并使用，应属于被代理人（公章名义人）风险责任范围的事项，若系由无关人员伪造公章并使用，此时公章名义人不具有可归责性，不应当承担责任。可见，印章被伪造的事实是否构成对被代理人可归责性的影响，关键还在于实施伪造并使用的行为人的身份是否与公章名义主体具有法律上的关联。[2]

（三）表见代理在本案中的适用

本案中，大连乙公司主张涉诉公章为夏某私刻，并提交了公安机关出具的存根以证明真实公章已经被销毁，涉诉公章真伪不明，不能认定夏某当然不具备权利外观，需要对其他权利外观作进一步判断以认定是否构成表见代理。大连乙公司对权利外观的形成存在可追责的过错，即便公章为

---

[1] 参见最高人民法院（2008）民二终字第124号民事判决书。
[2] 上海市虹口区人民法院课题组：《"人章分离"情形下争议公章效力认定的裁判思路》，https://www.sohu.com/a/468847336_121123741。

夏某伪造，也构成表见代理。首先，大连乙公司在合同履行地银行开户资料中使用了涉诉公章，其对银行开户资料中与原件核对无误的大连乙公司法定代表人身份证、组织机构代码证及税务登记证等材料的获取方式未提供合理解释。其次，夏某曾经代表大连乙公司某分公司与北京甲公司签订过类似合同，且在某分公司发生纠纷时作为委托代理人参加诉讼。虽然无证据证明夏某在签订涉诉合同时为大连乙公司员工，但并不能排除其与大连乙公司具有关联关系，且该关联关系会对北京甲公司作出商业判断形成影响。最后，大连乙公司在诉讼中承认，在经营过程中公章更换频繁且管理混乱，未按照行政管理规定及时对作废公章予以公告。综合上述因素，在2009年之后，大连乙公司仍在使用某某号公章，夏某等人持该公章与北京甲公司签订的租赁合同对大连乙公司具有效力，可以认定大连乙公司对夏某代理权行为外观的事实形成具有一定过错，大连乙公司与公章之间存在可推定的因果关系，与北京甲公司损失之间具有关联，本案符合表见代理的构成要件，法院裁判结果确有不当。

在本案办理过程中也存在不同意见，有观点认为现有证据无法完全排除夏某使用的公章为其伪造，夏某私刻公章的行为可能已经涉嫌刑事犯罪，公安机关出具的销毁存根证明力较高，法院采信并据此作出判决并无不当。对此笔者认为，表见代理领域刑民交叉类案件较为常见，因两大法系对同一行为的评价的法律价值取向不同，承担责任的法律基础也存在差异，不能因行为人刑事责任的承担而当然免除公司的民事责任。即使夏某私刻公章的行为可能涉嫌刑事犯罪，但大连乙公司因对造成代理权授权外观存在过错，为保护善意相对人和交易安全，在符合表见代理构成要件时其应当承担相应的民事责任。

检察机关抗诉后，再审判决全面采纳检察机关抗诉意见，对抗诉书中提到的原审法院质证环节的程序性错误亦予以纠正，本案取得了良好的监督效果。

二、更新监督理念，将调查核实权作为检察监督办案的重要抓手

《民事诉讼法》第221条规定，人民检察院因履行法律监督职责提出检察建议或者抗诉需要，可以向当事人或者案外人调查核实有关情况。该规

定是检察机关调查核实权的行权依据。但调查核实权的性质、行权原则、方式、取得证据的效力等，由于立法未予详细规定，一直是困扰司法实务的难题，需要通过实践探索出一条有益路径。本案系检察机关依法行使调查核实权进行抗诉并获改判的典型案例，为检察机关行使调查核实权实现精准监督提供了一条有益的探索路径。受以往被动监督、书面审查观念的影响，调查核实权在检察实践中运用并不充分。要破除桎梏，树立"法律赋权必须为"之理念，既要发挥调查核实权公权监督之功效，又要防止其泛化侵犯当事人私权利，要将调查核实权作为推动监督工作的重要抓手，在办案实践中摸索其运行规律。

（一）检察机关启动调查核实权应当具有正当理由

检察机关行使调查核实权，既非替代当事人承担举证责任，亦非代理审判机关查明案件事实，行使的目的是落实检察机关对民事诉讼活动的监督，是公权力与公权力之间的制衡。在实践中既不能因为法律赋权边界不清晰，而将调查核实权束之高阁，也不能将权力泛化，过度干涉私权纠纷。除涉及国家利益与社会公共利益之外，一般应当依当事人申请启动较为适宜。本案中，虽然2009年9月之后大连乙公司是否仍在继续使用某某号公章的相关证据是决定案件最终走向的关键，检察机关通过审查原审诉讼卷宗无法作出还原客观事实的准确判断，但出于对民事诉讼规则的尊重，并不会主动行使调查核实权。北京甲公司在申请监督的同时向检察机关提出调查核实申请，检察机关据此启动调查核实权。

检察机关启动调查核实权不仅要基于当事人的申请，而且需要申请具有正当理由方可启动。北京甲公司申请检察机关调查核实的理由是，在原审诉讼中曾经向法院申请调取2009年9月后大连乙公司仍在使用某某号公章的证据，但法院并未回应。《民事诉讼法》第211条第1款第5项的规定，对审理案件需要的主要证据，当事人因客观原因不能自行收集，书面申请法院调查收集，人民法院未调查收集的，属于检察机关抗诉的法定事由。北京甲公司申请调取的证据属于认定本案基本事实的关键性证据，法院在原审诉讼中未依法全面调取确有不当，当事人的申请符合检察机关行使调查核实权的权力属性和目的。

（二）检察机关调查核实取得的证据需经再审法院质证

检察机关行使调查核实权取得的证据，一方面是检察机关启动抗诉程序的依据，另一方面是再审法院重新认定案件事实的依据。再审程序中，检察机关调查核实取得的证据在证明力上并不具有天然优势，检察机关亦不能替代法院直接使用上述证据认定案件事实，而是应当将上述证据随案卷一同移送法院，由法院在庭审环节中出示并组织双方当事人进行质证，经过质证后由法院决定是否具有证明力，以及是否可以作为认定案件基本事实的依据。

本案中，检察机关调取了大连乙公司在大洼县支行申请开立银行账户时提交的《开立单位银行结算账户申请书》《企业法人营业执照》等证据，可以证明在2009年9月之后大连乙公司仍在继续使用某某号公章，检察机关据此提出抗诉并将上述证据随卷一并移送法院。法院审理期间，由再审法院出示上述证据，并组织双方当事人质证，检察机关仅对移送证据取得过程的合法性及证据本身的真实性负责，并不直接参与质证。通过双方当事人质证，再审法院对上述证据的真实性、合法性和关联性予以审查并最终作出事实认定，并未因检察机关的介入而破坏当事人之间诉讼权利的平等性，符合民事诉讼的基本规律。

（案例撰写人：戴哲宇）

专家点评

中国传统文化对公章的信任，是民法表见代表理论问题在公章滥用或者在伪造公章方面的一种具体表现。当下，公章仍然是民事主体在表达自己独立意识行为和态度的最直接证明。规范使用和合理表达公章所传达的民事主体意思具有至关重要的作用。

从真正的行为实效来考察，法定代表人本人的真实签名或许更能代表一个法律组织的真实意思表达，但是由于几千年传统文化的影响，让绝大多数中国人相信在自己的现实生活中，依赖组织、相信组织比相信个人、依赖个人更加可靠，也更加经济。

本案中，从理论上看，符合表见代表构成要件，就可以得出代理人实施的法律行为能够归属被代理人的结论，即便公章已经被公告撤销，只要能够证明在交易过程前，公章仍然被用于实际交易交往过程中，而有能力运用公章的人，也在民事主体交易过程中具有合理的形式权利外观信赖。这样交易相对人就处于更易于得到相应法律保障地位，从而更加合理地保护交易相对人的合理利益。

（点评人：孙晋，武汉大学教授、博士生导师）

006 如何准确理解"买卖不破租赁"规则
甲公司与乙银行房屋租赁纠纷检察监督案[*]

案情简介

一、基本事实

1999年11月11日,某交警队与丙酒店签订合同协议书将已建成的培训中心大楼承包给丙酒店,丙酒店可以在合同期限内使用"某交警队培训中心"的牌子,将其租赁的场地对外进行承包、联营及租赁。2000年4月6日,丙酒店以某交警队培训中心的名义将其租赁的大楼西侧一楼大厅及六楼西侧13间房屋转租给乙银行。合同签订后,乙银行向丙酒店预付全部房租550万元,并在一楼设立办公机构进行经营。

因丙酒店在经营期间一直未向某交警队交付租金。某交警队诉至法院,陕西省高级人民法院终审判决某交警队与丙酒店签订的合同协议书继续履行,丙酒店支付拖欠某交警队的房屋租金517万元及利息、电费37万余元。2005年,某交警队向西安市中级人民法院申请执行上述判决,法院在执行中查封了丙酒店1—15层总面积15097.7平方米的10年经营收益权,并进行了评估、拍卖。2006年6月2日,甲公司通过竞拍方式以435万元价款取得了丙酒店1—15层总面积15097.7平方米的十年经营收益权,其中乙银行所租赁的大楼西侧一楼大厅及六楼西侧13间房屋均包括在内。陕西金花拍卖有限责任公司拍卖标的成交确认书买受人须知第3条规定:"丙酒店拍卖前所发生的债权债务买受人概不负责,买受人必须遵守原合同的权利和义务。"买受人甲公司在该成交确认书上签字盖章。乙银行于2013年1月28日搬离案涉房屋。

---

[*] 本案承办人:陕西省人民检察院刘杰;陕西省西安市人民检察院曲海霞。

二、诉讼过程

甲公司分别于 2008 年、2012 年诉至法院，请求判令乙银行支付其 2006 年 3 月至 2007 年 12 月、2008 年 1 月至 2013 年 2 月的房租、水电费及逾期利息。

西安市雁塔区人民法院一审、西安市中级人民法院二审认为，乙银行与某交警队培训中心签订的租赁合同合法有效。合同履行过程中，甲公司通过竞拍方式取得乙银行原承租房屋的经营收益权，乙银行应向甲公司支付占用房屋期间的占用费。乙银行以前所支付的租金应向原出租人主张。甲公司向某交警队缴纳的水电费中也包括乙银行的相关费用，应视为甲公司与乙银行变更了租赁合同的相应内容，乙银行应按照实际发生的费用向甲公司缴纳相应水电费。判决：乙银行向甲公司腾交承租房屋，分别支付甲公司房屋占用费 791666 元和 2520832 元及水电空调费 63337 元和 107018.53 元。

三、检察监督

乙银行不服，向检察机关申请监督。检察机关抗诉认为，租赁物所有权及用益物权发生变动不影响租赁合同效力。乙银行已经向原出租人支付了全部租金，甲公司作为新的用益物权人，要求乙银行再次支付房屋占用费无法律依据。陕西省高级人民法院再审采纳抗诉意见，驳回甲公司要求乙银行支付房屋占用费的诉讼请求。

案件要旨

租赁权是物权化的债权，在租赁关系存续期间，承租人对租赁物的占有使用可以对抗第三人。租赁合同有效期内，租赁物发生物权变动的，设定在该租赁物上的原租赁合同对受让人仍然有效，承租人对原出租人的抗辩可以向受让人主张。

法律规定索引

·《民法典》规定及沿革·

■《民法典》

第七百二十五条 租赁物在承租人按照租赁合同占有期限内发生所有权变动的，不影响租赁合同的效力。

■ 新旧对比

《合同法》第 229 条规定："租赁物在租赁期间发生所有权变动的，不影响租赁合同的效力。"该条系对"买卖不破租赁"原则的肯定和承认。《民法典》第 725 条吸收自《合同法》第 229 条，内容上无变化，仅在表述上略有调整，将"在租赁期间"修改为"在承租人按照租赁合同占有期限内"。修改的核心在于以承租人占有使用租赁物的时间点作为租赁合同对外公示起点，更便于司法实践中准确判断租赁时间起算点。

《民法典》第 725 条将该规则的适用客体表述为"租赁物"，从文义表述上看，包括动产及不动产。但对于"租赁物"是否包括动产，我国学界存在有不同的看法，有学者认为，应当将此处的"租赁物"作限缩解释，仅限于不动产。学者此种观点与我国法律规定存在一定矛盾冲突。《海商法》第 138 条规定，已经租出的船舶的所有权转让的，定期租船合同约定的当事人的权利和义务不受影响。

■ 法条精义

《民法典》第 725 条是对"买卖不破租赁"这一传统民法原则的肯定。[1] 自德国民法典确定"买卖不破租赁"原则后，各国和各地区立法都不同程度地承认"买卖不破租赁"，将其作为处理租赁关系的基本规则，核心在于租赁物物权的变动不影响租赁合同的效力。即在承租人依据租赁合同占有租赁物期限内，承租人对租赁物的占有使用可以对抗第三人。[2] 出

---

[1] 我国台湾地区的相关规定则不区分动产和不动产，均适用该规则，出租人于租货物交付后，即使所有权让与第三人，其租赁契约对于受让人仍继续存在。

[2] 王利明：《论"买卖不破租赁"》，载《中州学刊》2013 年第 9 期。

租人将出租物的所有权转让与受让人的，承租人与原出租人之间的出租合同对受让人发生法律效力，受让人受原出租合同的约束，享有原出租人的权利，履行原出租人的义务。承租人不必与受让人签订新的租赁合同，承租人对原出租人的抗辩可以向受让人主张。适用《民法典》第725条的规定，应包括以下三个方面：

一是租赁物所有权发生变动。即租赁物所有权基于原所有权人的某种行为转移于承租人以外的第三人。"买卖不破租赁"是该原则的通常表达，"买卖"代指租赁物所有权发生变动的原因行为。实际上，所有权发生变动的原因行为不限于买卖。除买卖外，还包括其他引起租赁物所有权变动法律效果的行为，例如互易、赠与、遗赠、继承及将租赁物作为合伙投资等。

二是租赁物所有权变动发生的时间应当在租赁期限内，只有在租赁期限内发生的所有权变动，才与原租赁关系产生冲突，该规则才有适用的空间和可能。相较于合同法，民法典对租赁期限进行了更为明确的规定，确定为按照租赁合同占有期限内。早于租赁期限发生租赁物所有权变动的，承租人与原出租人签订的合同可能有效，但无法约束租赁物受让人。租赁关系结束后，承租人对租赁物不再享有权利，与租赁物不再发生法律上的联系，租赁物所有权变动的对承租人当然地不产生任何法律上的影响。

三是不影响租赁合同的效力。租赁物所有权在租赁期间发生变动的，原租赁合同不必然终止，该合同对该租赁物的出租人和承租人依然有效。租赁物新所有权人取代原出租人在原租赁合同中的地位，概括承受租赁合同的权利义务，成为新的出租人，其与承租人之间不必签订新的租赁合同，依据该条的规定直接建立租赁合同关系。如果新的租赁物所有人违反租赁合同，承租人可以依据法律规定或合同约定主张继续履行、赔偿损失等违约责任。

·司法解释·

1.《最高人民法院关于审理城镇房屋租赁合同纠纷案件具体应用法律若干问题的解释》

第十四条 租赁房屋在承租人按照租赁合同占有期限内发生所有权变动，承租人请求房屋受让人继续履行原租赁合同的，人民法院应予支持。

但租赁房屋具有下列情形或者当事人另有约定的除外：

（一）房屋在出租前已设立抵押权，因抵押权人实现抵押权发生所有权变动的；

（二）房屋在出租前已被人民法院依法查封的。

2.《最高人民法院关于人民法院民事执行中拍卖、变卖财产的规定》

第二十八条第二款　拍卖财产上原有的租赁权及其他用益物权，不因拍卖而消灭，但该权利继续存在于拍卖财产上，对在先的担保物权或者其他优先受偿权的实现有影响的，人民法院应当依法将其除去后进行拍卖。

租赁物在承租人按照租赁合同占有期限内发生所有权变动不影响租赁合同效力，这一规定普遍得到学者、立法机关、司法机关的认可，但在司法适用中需要注意以下几个问题：

一是承租人对租赁物所有权变动应享有知情权。承租人的利益多着眼于租赁物的使用收益，租赁物为谁所有对租赁物的用益维持义务并无明显影响。原《合同法》第229条及《民法典》第725条并未规定租赁物发生变动时要以承租人同意为要件符合租赁合同目的。[①] 租赁物所有权变动不以承租人同意为要件，原出租人退出承租关系，新所有权人加入承租关系，成为新出租人。但基于保护承租人利益的考量，租赁物所有权变动，原出租人或新出租人应当及时通知承租人，使得承租人及时了解租赁物权利变动情况，及时向新出租人履行给付租金义务。在承租人未获通知的情况下，承租人向原出租人给付租金的，不构成对新出租人的违约。新出租人不得依据"买卖不破租赁"原则主张要求承租人向新出租人再次支付租金。[②]

二是关于预收租金的处理。预收租金情形在租赁合同中较为常见。普遍认为，依据原《合同法》第82条及《民法典》第548条规定，就承租人而言，得以预先支付原出租人租金之行为对抗新出租人的租金请求权。对

[①] 黄凤龙：《"买卖不破租赁"与承租人保护以对〈合同法〉第229条的理解为中心》，载《中外法学》2013年第3期。

[②] 吴才毓：《"买卖不破租赁"中的权利建构——基于〈合同法〉第229条的重新解释》，载《云南大学学报（法学版）》2014年第3期。

于新出租人而言，行使救济的对象依合同相对性原理应向出让人主张，其请求权基础在于物权变动合同之效力。新出租人对于租赁物所有权变动后的租金，有权要求原出租人返还。

三是关于租赁合同解除权的行使。租赁法律关系中，各方当事人对租赁物的依赖远大于对对方当事人的依赖。出租人的变化不影响租赁合同的效力，不影响各方当事人实现订立租赁合同的利益。法律并未禁止出租人在租赁期间转让租赁物，因此在不符合解除条件的前提下，合同当事人应当自觉履行合同义务，无论是承租人还是新出租人，均不得擅自要求解除合同。

域外立法通览

一般认为，"买卖不破租赁"是近代法发展的产物，源自德国法。德国制定民法典时接受了社会关于强化承租人保护的观点，采纳并形成"买卖不破租赁"规则。《德国民法典》第566条第1款规定，出租的住房在交给承租人后，被出租人让与给第三人的，取得人即代替出租人，加入在出租人的所有权存续期间由使用租赁关系产生的权利义务。第571条规定，出租的土地在交付于承租人后，由出租人让与给第三人时，受让人替代出租人，取得其所有期间因租赁关系所产生的权利和义务。

"买卖不破租赁"规则普遍为各国所承认，但规定不尽相同：

一是适用客体的不同。以意大利为代表，只有对不动产租赁或经过登记的动产租赁才适用该项原则。意大利民法典规定，如果在租赁物转让前已有明确的租赁契约，则租赁契约得对抗第三买受人。在买受人善意取得占有的情况下，前款规定不适用于不在公共登记处登记的动产。

以德国、法国等为代表，仅就不动产租赁规定适用该规则。如上述德国民法典之规定。法国民法典规定，如出租人出卖租赁物时，买受人不得辞退经公证作成或有确定日期的租赁契约的房屋或土地承租人。日本民法典也规定，不动产的租赁契约进行登记时，而后对于其不动产取得物权者也生效。

二是公示方法各不相同。德国不以登记为要件，但要求承租人对租赁物进行占有，法国民法将该规则仅适用于经公证及定期不动产租赁。日本要求完成租赁登记，瑞士要求承租人做预告登记。各国规定的公示方式的强弱程度不同。我国民法典对公示方式并未做登记要求限制。

实务指引

我国学术界关于"买卖不破租赁"规则的争论主要集中于该规则法律后果阐述部分。关于规定的"不影响租赁合同的效力"，究竟指的是不影响出卖人与承租人租赁合同的效力，还是契约地位的概括转移？对此，存在"原租赁合同当事人约束说""对抗模式说""有权占有维持说""并存债务承担说""法定契约承受说""折中说"等诸多学说。

其中主张"有权占有维持说"的学者，试图从法体系内部视角去解释"买卖不破租赁"制度存在的正当性，即承租人根据租赁关系而占有租赁物系基于债权而产生的有权占有，在租赁合同有效存续期间依据债的相对性可以对抗出租人的租赁物返还请求权，在租赁期间所有权发生变动的，根据"买卖不破租赁"规则的适用，承租人在先依据债之关系取得之占有可以对抗新所有权人依据物权关系所享有的所有物返还请求权，而租赁合同仍然在出租人与承租人之间继续有效。"有权占有维持说"的规范基础是物债二分的财产权体系及公示二分。"有权占有维持说"将法视为一个有机统一的整体，从法体系的内部视角审视"买卖不破租赁"规则的正当性及法律效果，重视租赁关系中承租人占有的不可忽视的公示效力，认为租赁合同在出租人与承租人之间，而非租赁合同法定转移至承租人与新所有人之间。

主张"法定契约承受说"的学者认为租赁物的权利发生变动后，买受人和承租人将成为新的合同当事人，原出租人的权利义务将概括移转给买受人。在"买卖不破租赁"情形中，当事人权利义务的概括移转由法律直接规定，其所采取的是法定的概括移转，不需要经过作为合同另外一方当事人承租人的同意就产生移转效果。依据这一观点，所谓"不影响租赁合同的效力"，是指原租赁合同仍然有效，对承租人来说，其既不需要终止原租赁关系，也无须订立新的租赁合同而成为新的租赁合同的承租人。根据"法定契约承受说"的理论，"买卖不破租赁"规则的适用已经突破了债的相对性原则，而使租赁权产生了对抗第三人的效力。实际法律后果应当是在承租人和租赁物的新所有人之间形成租赁合同关系。目前普遍认为"法定契约承受说"已经为我国司法实践所接纳。[①]

法无明文规定的，应当采用科学的法律解释方法合理解释法律规定，填补法律漏洞。司法人员审查案件的逻辑过程是查清案件事实→寻找可适用的法律规定→逻辑推论，最终得出具体案件的处理结果。由于法律规定的不周延性，在寻找可适用的法律规定的过程中有可能发现没有合适、确定的法律规定适用于本案。在此情况下，法官、检察官应该寻找最契合案件的法律规定，通过科学的法解释方法，积极探求法律规定的内容意义、适用范围、构成要件、法律效果等，准确适用法律，填补法律漏洞。本案涉及的是租赁物租赁期间内发生用益物权变化，承租人权利与用益物权受让人权利的保护冲突。综观合同法及相关的司法解释，没有具体的法律条文可以完全符合本案情况用来处理该纠纷。然而我们发现，当时有效的《合同法》第229条规定了租赁物租赁期间发生所有权变化的，租赁合同效力如何认定。该条规定与本案的唯一差别在于，法律规定的是租赁物所有权变动，本案事实是租赁物用益物权变动，其他内容完全一致，如租赁合同合法有效、租赁物已经交付承租人占有、物权变动发生于租赁期间。为公平公正解决案件纠纷，应当通过法律解释方法，探求该条款适用于本案的可能性。

租赁物在租赁期间发生用益物权变动不影响租赁合同效力。首先，依据当然解释方法，用益物权变动对租赁合同效力的影响与所有权变动对租赁合同效力的影响相一致。物权是权利人依法对特定的物享有直接支配和排他的权利，包括所有权、用益物权和担保物权。所有权是所有权人对自己的不动产或动产依法享有的占有、使用、收益和处分的权利，而用益物权是用益权人对他人所有的不动产或动产依法享有的占有、使用、收益的

---

① 周江洪：《买卖不破租赁规则的法律效果——以契约地位承受模式为前提》，载《法学研究》2014年第5期。

权利。用益物权人对物所享有的权利范围要明显小于所有权人。《合同法》第 229 条明确规定了租赁物所有权发生变动不影响租赁合同的效力，依据当然解释方法，举重以明轻，租赁物用益物权的变化当然不会影响租赁合同的效力。其次，依据目的解释方法，用益物权变动不影响租赁合同效力。《合同法》第 229 条规定的目的在于肯定和承认租赁权的对抗效力，该条规定中的所有权变动是租赁权发生对抗效力的前提和适用条件。租赁权源于承租人与出租人之间成立的租赁合同，但承租人签订租赁合同的目的在于对租赁物的占有、使用、收益等，其权利的行使具有物权的特性，因此普遍认为租赁权是准物权化的债权。基于合法成立的租赁合同，承租人在租赁期间内合法使用租赁物，具有对抗第三人的效力。赋予租赁权以对抗效力是维护在先合法租赁合同及保护承租人合法利益的需要。对用益物权的变动不影响租赁合同的效力的理解完全符合该条设立的初衷及目的。最后，依据体系解释方法，用益物权变动也不影响租赁合同效力。《民法典》第 405 条及《物权法》第 190 条规定了抵押权与租赁权的关系，根据上述规定，在先成立的租赁权不受其后成立的抵押权的影响。根据《最高人民法院关于审理城镇房屋租赁合同纠纷案件具体应用法律若干问题的解释》第 14 条规定，在先成立的租赁权，得以对抗其后设立的抵押权。如前所述，担保物权和用益物权、所有权同属于物权的范畴，法律已经确定了租赁权不受所有权变动及在后担保物权实现的影响，用益物权的变动对租赁权的影响当然应采用同一标准判断和处理。同时，《最高人民法院关于人民法院民事执行中拍卖、变卖财产的规定》第 28 条规定拍卖财产上原有的租赁权不因拍卖而消灭。在该条的规定中，并未明确租赁物经拍卖而发生变动的是何种权益，根据司法拍卖的实际，拍卖可能发生变动的权益种类多样，其中也包括用益物权。该条规定实际上已经在一定程度上确定了用益物权变动不影响租赁权的效力。

检察机关在面对法无明确规定的情况下，要正确理解法律，勇于监督，切实平等保护市场各类主体合法权益。承租人在租赁合同关系中处于法律上的弱势地位，在承租关系中对承租人利益的保护要给予更多的关注。这也符合"买卖不破租赁"规则的设立初衷。本案中，原审法院仅关注了租赁物用益物权变化情况，未注意到承租人预付租金的事实及租赁合同具有对抗效力,错误适用法律,以致对当事人权利义务作出完全错误的判处,加重了承租人义务负担,损害了承租人的合法权益。检察机关在用益物权变动对租赁关系的效力影响并无明文规定的情形下,提出参照适用"买卖不破租赁"规则的规定,综合分析案件事实,结合乙银行预付全部租金、已经全部履行合同义务等相关事实,对错误生效判决提出精准监督意见,获再审采纳。本案最终得以改判,维护了守约承租人的合法权益,切实保障了法律的正确实施。

(案例撰写人:晏子璇)

专家点评

本案的争议焦点在于乙银行是否应支付甲公司房屋占有费及利息。丙酒店以某交警队培训中心名义与乙银行签订租赁合同,合法有效。乙银行在与丙酒店签订租赁合同后预付全部租金。租赁合同履行期间,丙酒店因与某交警队合同纠纷败诉,丙酒店与某交警队之间的租赁物上经营收益权被法院拍卖,甲公司通过竞拍获得该权益,其中包括乙银行租赁部分的经营收益权。

依据《民法典》第725条的规定,租赁物所有权在承租人按照租赁合同占有期限内发生变动的,不影响租赁合同的效力。围绕案涉租赁物,四方主体之间存在四个法律关系:一是某交警队与丙酒店之间的租赁合同关系;二是丙酒店与乙银行之间的租赁合同关系;三是丙酒店与甲公司之间的经营收益权转让关系;四是甲公司与乙银行之间的租赁合同关系。在不同法律关系中当事人的权利主张与救济应当遵循合同相对性原则。一审判决依据拍卖规则及评估报告书注明的内容,判令乙银行向甲公司缴纳租金及履行其他义务,实际上模糊了甲公司与丙酒店以及甲公司与乙银行之间不同的法律关系。甲公司出租人地位源于甲公司拍卖取得案涉租赁物的经营收益权后,继受丙酒店在租赁合同关系中的地位。依据《民法典》第725条及《最高人民法院关于人民法院民事执行中拍卖、变卖财产的规定》的规定,因法院执行行为引起拍卖财产所有权变动的,不影响拍卖财产上原有的租赁权及其他用益物权。

通常认为，租赁物所有权的变动不影响租赁效力，需要具备如下构成要件：一是房屋租赁合同有效；二是在承租人按照租赁合同占有期限内发生所有权的变动；三是承租人愿意履行原租赁合同。本案中，乙银行与丙酒店的租赁合同及租赁物权益变动状况符合以上第一、三项要件。唯一的差别在于，案涉租赁物并非所有权发生变动，而是使用权发生变动。值得注意的是，在物权法定原则之下，案涉甲公司对于丙酒店的经营收益权尚不构成用益物权。举重以明轻，租赁物所有权的变动尚且不能影响既存租赁合同的效力，租赁物使用权的变动更不能影响既存租赁合同的效力。检察机关对于用益物权发生变动是否影响租赁合同的效力的理解，自可解释为租赁物使用权发生变1动是否影响租赁合同的效力。使用权的权利范围小于所有权的权利范围，所有权变动不影响租赁合同效力，使用权变动不影响租赁合同效力的理解符合立法本意及承租人权利保护之目的。再审判决对抗诉意见的采纳也印证了这一观点。

（点评人：高圣平，中国人民大学法学院教授、博士生导师）

007 如何认定"出租人有保持租赁物符合约定的用途义务"标准

甲实业开发有限责任公司与乙投资管理有限责任公司房屋租赁合同纠纷案[*]

案情简介

一、基本事实

2014年5月31日，甲实业开发有限责任公司（甲方）（以下简称甲公司）与乙投资管理有限责任公司（乙方）（以下简称乙公司）签订房屋租赁合同，约定，甲方将西安市金花北路23号多乐广场二层整体建筑面积2600平方米及一层243平方米的房屋租赁给乙方，租赁期限为5年。合同第4条规定了租金及付款方式，付款金额及日期见附表。合同第5条约定了租赁房屋设施的所有权事项：甲方向乙方提供租赁房屋所配套的一切设施、设备及水、电资源，甲方享有所有权。乙方使用的水、电费用自行承担。合同第8条规定了违约责任：（1）甲方的违约责任。在合同期内，甲方不得无故给乙方断水断电，甲方若无故给乙方断水断电，造成乙方的实际经济损失，由甲方赔偿。（2）乙方的违约责任。乙方在合同期内必须合法经营，不得违反国家有关的法律法规。乙方对所租赁的房屋进行改造、装修及广告的设立，应将方案报与甲方，甲方同意后方可施工。合同签订后，乙公司支付了第一年的租金并在此经营"星浪KTV"。2015年7月21日，西安市公安消防支队新城区大队以乙公司消防设施、器材、消防安全标志及封闭疏散通道、安全出口存在消防安全违法行为，对乙公司下达《责令限期改正通知书》（西公消新限字〔2015〕第0319号），责令乙公司

---

[*] 本案承办人：陕西省人民检察院贾晓芳；陕西省西安市人民检察院孙华。

于 2015 年 8 月 20 日前改正。同年 12 月 9 日，该公安消防大队又以乙公司消防设施未保持完好有效，未按规定设置消防水池为由，再次下达《责令限期改正通知书》（新公消限字〔2015〕第 680 号），并查封了乙公司经营场所至今。2002 年 9 月 2 日，《陕西省公安厅建筑工程消防验收意见书》（陕公消验字〔2002〕第 02146 号）载明：对金花北路多乐广场（地下一层，地上二层）土建部分及消防系统进行消防验收，认为该工程基本符合国家有关消防技术规范的要求，在消防方面具备使用条件。同年 11 月 14 日，经陕西省自动消防系统质量监督检测站对多乐广场进行建筑消防设施检测，结论为检测合格。其中消火栓系统检测载明：系统设置部位为地下室二层；消防水池为 600 立方米、地下设置、专用。

甲公司出具声明：多乐广场位于金花北路 23 号，与金花北路 21 号的华润万家共用一个消防水池，且该消防水池仅针对多乐广场负一层的消防喷淋系统。

乙公司认为甲公司作为多乐广场产权人理应确保出租房屋经消防验收合格，现乙公司租赁房屋的消防设施与甲公司于 2002 年进行消防验收时不符，加之甲公司对地下车库进行改建且未重新办理消防验收，导致乙公司现无法通过消防检查，故乙公司认为甲公司违约在先，其未支付租金是行使先履行抗辩权，提供了相关票据作为其经营损失的依据，而甲公司认为其在将房屋租赁给乙公司时即向乙公司提交了相关部门作出的消防验收检测报告，同时明确了二层室内二次装修应另行申报，乙公司作为 KTV 经营方，理应负有申报消防安全检查的义务，为此双方未能协商一致，甲公司向乙公司催要租金及违约金未果，诉至法院。

二、诉讼过程

一审法院认为，乙公司主张租赁物消防验收未达标，拒付租金系行使先履行抗辩权，但其未提供租赁物主体消防验收不合格的证据，其主张不成立。乙公司迟延履行主要债务，经催告后在合理期限内仍未履行，显系根本性违约。判决双方签订的房屋租赁合同合法有效，依法予以解除，乙公司支付租金及违约金 156.6 万元，限时将租赁物腾交甲公司。乙公司不服提出上诉，二审法院与一审法院认定一致，认为关于违约金部分应依法予以调整，判决变更原判决中关于违约金的计算方式，其余维持原判。乙公司不服二审判决，向陕西省高级人民法院申请再审，该院裁定驳回再审申请。

三、检察监督

乙公司不服向检察机关申请监督。陕西省人民检察院认为，生效裁判以乙公司未能提供承租房屋主体验收不合格的证据为由，认定甲公司提供了符合约定的租赁物，进而认定乙公司不支付租金构成违约，应承担违约责任，属认定基本事实缺乏证据证明，适用法律确有错误，提出抗诉。陕西省高级人民法院指令西安市中级人民法院再审，西安市中级人民法院认为涉案租赁物多乐广场建筑主体的消防设施是否发生变更，是否向消防部门申请重新审核和验收，应进一步查实，原审判决认定事实不清。裁定撤销原一审、二审判决，发回重审。

案例要旨

房屋租赁合同关系中，出租人获得租金收益以让渡租赁物的使用权为代价，故出租人有提供符合约定的租赁物的法定义务，如提供符合约定用途的房屋，提供房屋配套的水、电等功能设备。出租人未依法履行义务导致承租人不能合理使用租赁物的，构成违约，应承担相应的违约责任。故关于出租人提供符合约定的租赁物的判断标准显得格外重要，统一对该标准的认识，有助于保证司法实践中法律的统一实施。

法律规定索引

·《民法典》规定及沿革·

《民法典》

第七百零八条　出租人应当按照约定将租赁物交付承租人，并在租赁期限内保持租赁物符合约定的用途。

新旧对比

《合同法》第216条规定："出租人应当按照约定将租赁物交付承租人，并在租赁期间保持租赁物符合约定的用途。"

关于出租人提供合格租赁物的义务，《民法典》延续《合同法》的规定，无明显变化，仅将"租赁期间"改为"租赁期限内"。

▍法条精义

《民法典》第708条规定了出租人的基本义务，一是向承租人交付租赁物的义务；二是对租赁物的瑕疵担保责任。这也是租赁合同中出租方的主合同义务。

关于出租人交付租赁物的义务，一是要求出租人将租赁物转移占有至承租人。即承租人有权要求出租人按照约定向其交付租赁物，由其占有、使用租赁物。在此，按照约定包括按照约定的时间、数量、地点、方式、租赁物品牌等。二是保持租赁物符合约定的使用、收益的状态。租赁合同为持续性合同，承租人在租赁合同存续期间，有权连续地占有、使用租赁物并获得收益。出租人将符合约定的租赁物交付给承租人后，不仅必须消极地容忍，不妨碍承租人使用和收益，还必须于租赁合同存续期间积极保持租赁物适合于承租人使用与收益，使承租人对租赁物能够圆满地使用和收益。如果在租赁期间，租赁物被毁损的，出租人应当维修以恢复能够使用收益的状态；如果被第三人不法侵害，影响承租人正常使用、收益的，出租人与承租人均有义务排除妨害。[①]

该条的设立明确了出租人主合同义务，因后半句"并在租赁期限内保持租赁物符合约定的用途"直接与"瑕疵"相关，故该条也可以作为租赁合同瑕疵担保责任发生的依据，即出租人未能在租赁存续期间保持租赁物符合约定的用途构成租赁物瑕疵。

域外立法通览

一、罗马法上的瑕疵担保责任

罗马法在《十二铜表法》和《学说汇纂》中便有关于瑕疵担保责任的规定。[②] 当时的罗马经济贸易发达，伴随而来的是买卖合同纠纷，而大多

[①] 杨立新：《中华人民共和国民法典条文要义》，中国法制出版社2020年版，第551页。
[②] 张孟佳：《瑕疵担保责任再认识》，载《法制与社会》2008年第31期。

数买卖合同纠纷源自标的物存在瑕疵,因此最初的瑕疵担保责任诞生于买卖合同关系中,直到近代才适用于各类有偿合同。故租赁合同等有偿合同的瑕疵担保责任,其历史渊源均可追溯至罗马法时期的买卖合同瑕疵担保制度。[1]

二、大陆法系

(一)德国

德国民法典作为大陆法系立法,基本吸收了罗马法的瑕疵担保制度。[2]德国民法典同罗马法一样对物的瑕疵担保责任和权利瑕疵担保责任进行了区分:其一,关于物的瑕疵担保责任,根据德国民法典的规定,债务人一旦完成给付便已履行完毕,若标的物存在物的瑕疵,债权人仅能请求瑕疵解除合同或者减价,除非债务人出于主观故意不告知标的物存在瑕疵,债务人方才承担损害赔偿责任;对于标的物交换价值或功能的瑕疵,若债权人知悉,则债务人不承担瑕疵担保责任;若债权人基于重大过失不知悉,债务人也不承担责任,例外情况是债务人出于故意不告知标的物存在瑕疵;对于债务人所保证的其他品质,即便债权人知悉或因重大过失导致不知悉,债务人也应负瑕疵担保责任。其二,关于权利瑕疵担保责任,根据德国民法典的规定,针对标的物权利瑕疵担保责任,债权人应按照一般履行障碍法的相关规定行使相关权利,同时通过司法判决进一步明确了权利瑕疵担保责任。[3]

(二)法国

法国同样继受了罗马法的瑕疵担保责任制度,根据法国民法典的规定,债务人承担物的瑕疵担保责任需满足三个要件:其一,标的物的瑕疵为隐蔽瑕疵,凡是隐蔽瑕疵,不论债务人主观是否知情,均应承担瑕疵担保责任,除非当事人用约定排除,但是对于那些显而易见的且债权人在通常情况下能够发现的瑕疵,债务人无须承担瑕疵担保责任;其二,该瑕疵

---

[1] 丁琛、张淑静:《知识产权的权利瑕疵担保问题》,载《知识产权》2005年第4期。
[2] 郑冲、贾红梅:《德国民法典》,法律出版社1999年版,第90页。
[3] 崔建远:《物的瑕疵担保责任的定性与定位》,载《中国法学》2000年第6期。

减损了标的物通常之效用，若是轻微瑕疵不足以对标的物的功效产生影响，则不应认定为存在瑕疵；其三，倘若债权人事先知悉标的物存在瑕疵则不会订立合同买受该物，或仅当债务人予以减价债权人才会购买，即标的物的瑕疵足以影响债权人订立合同的意愿，否则不应认定存在瑕疵。在标的物存在瑕疵的情况下，债权人可以要求减价或者双方相互返还标的物和价款，即解除合同，若债务人主观知悉标的物存在瑕疵，债权人还可以请求债务人予以损害赔偿。①

（三）日本

日本亦继承了罗马法的瑕疵担保制度。根据日本民法典的规定：其一，当标的物存在物的瑕疵或因用益物权而产生权利瑕疵时，若债权人对此不知情，且因此不能实现契约订立的目的，同时满足上述两个条件的，债权人可解除契约，在其他情况下，债务人只能请求损害赔偿；其二，当标的物的权利部分属于第三人时，债权人可主张减价。②

三、英美法系

英美法系国家也先后建立了瑕疵担保责任制度，英美法上的瑕疵担保责任具体包括明示担保责任和默示担保责任两种类型。英美法上明示瑕疵担保可以由三种方式产生：其一，债务人对于事实的确认或允诺，并成为交易合同之基础，从而创设一个符合确认或允诺的瑕疵担保；其二，对标的物的描述成为交易合同的基础，从而创造一个符合描述的瑕疵担保；其三，样品或模型变成交易合同的基础，创造一个符合样品或模型的瑕疵担保。③

实务指引

所谓租赁合同，即当事人约定一方将标的物出租给另一方使用和收

---

① 张伟：《论买卖合同的瑕疵担保责任》，载《河北法学》2007年第2期。
② 何乐心：《物的瑕疵担保责任制度的改革趋向及我国的立法完善》，载《法学论坛》2002年第6期。
③ 韩世远：《出卖人的物的瑕疵担保责任与我国合同法》，载《法学家》2007年第3期。

益，另一方支付租金的合同。各国立法中对租赁合同的定义不尽相同，但本质内涵是一致的，即租赁物使用、收益权的转让。因此，出租人对于租赁标的物负有一定的质量保证义务，且保证承租人对租赁物的使用、收益不受第三人约束，以此来保障承租人对租赁物的使用、收益权，此即出租人对租赁物的瑕疵担保责任。[①]

出租人瑕疵担保责任一般分为两类：一是物之瑕疵担保责任；二是权利瑕疵担保责任。物的瑕疵担保责任是指标的物转移交付时，出租人应担保其不具有导致丧失或减少其使用性能的瑕疵，且应担保标的物具有合同约定的品质。权利瑕疵担保责任是指出租人应担保标的物上不存在第三人可以向承租人主张的权利，以及担保标的物不存在合同未约定的权利负担或限制。

瑕疵担保责任看似加重了出租人的义务，有过于保护承租人的嫌疑，但是这一责任是在商品交易的实践过程中产生的，经历较长时间的发展，仍为现行法律所继受，就是因为其反映了民法的基本精神和原则，体现了公平公正。关于瑕疵担保责任的理论依据争议较大，主要有以下几种学说：一是"当事人间默示的担保契约说"。该学说认为，当事人之间存在默示的约定，即债务人对标的物负有担保责任。该学说中默示的担保合意仅是推断出来的，当事人在订立合同时并不总是考虑瑕疵的种种情况并作出相应的意思表示。[②] 二是"权利供与义务不履行说"。根据该学说，债务人负有转移标的物并使债权人取得标的物权利的义务，而债务人未履行上述义务的法律后果之一便是承担瑕疵担保责任，此为德国民法的通说。三是"瑕疵告知义务不履行说"。依据该学说，根据民法的诚信原则，若标的物有瑕疵，债务人应当将瑕疵情况向债权人明示，所谓瑕疵担保责任即为债务人未履行瑕疵告知义务而应当承担的责任。四是"保护买受人合理期待之责任说"。根据该学说，在买卖合同中，基于保护买受人取得标的物的期待，对出卖人设立了特别的规定，即瑕疵担保责任。五是"不可抗力责

---

① 蒋宏：《租赁权物权化之思辨》，载《商》2014年第5期。
② 丁玫：《罗马法利益原则在确定契约责任中的作用》，载《比较法研究》2007年第6期。

任说"。因为瑕疵担保责任属于无过错责任的一种，不以主观故意或重大过失为要件，故称为不可抗力责任。六是"保障有偿契约的交易安全说"。根据民法公平原则，在双务有偿合同中，双方当事人取得标的物和支付价金应相当，即债务人获得相应价款的同时应承担给予对方当事人无瑕疵之标的物的义务，以满足债权人订立合同的目的。该学说为目前的通说。

关于租赁合同关系的相关法律及司法解释中并未明确"符合约定的租赁物"的标准，租赁合同作为有偿合同的一种，可参照适用买卖合同的相关规定，故关于租赁标的物的瑕疵标准准用买卖合同中关于"标的物质量要求"的相关规定。判断租赁标的物是否存在瑕疵，首先应以双方租赁合同对租赁标的物的约定为标准；若无约定，则根据"合同有关条款或交易习惯确定"；仍不能确定的，则根据"国家标准、行业标准"判断；还不能确定的，则根据"通常标准或者符合合同目的的特定标准"判断。上述标准中，有主观标准，如"约定的质量标准""符合合同目的的特定标准"；有客观标准如"国家标准""行业标准"等。由此可以看出，关于租赁物的瑕疵担保的判断标准多采用主客观相统一的标准。但是在司法实践中也存在一些不同认识，如有判例认为租赁房屋的消防设备并非租赁房屋的瑕疵，出租人无须对此承担瑕疵担保责任，也有判例对此持相反观点；有判例认定第三人对承租人正常经营的干扰应属出租人的租赁物瑕疵担保责任范围，出租人应承担相应的责任。正如本案中，关于出租人是否已履行交付符合约定的租赁物的义务，司法机关之间存在不同认识，直接影响对合同双方的责任的划分。[①]

鉴于本案例的情况，在此着重讨论出租人物之瑕疵担保责任，有学者认为其构成要件应包含以下几个方面：一是租赁物存在瑕疵。租赁合同中物的瑕疵不同于买卖合同中的规定，其特殊性体现在租赁标的物的交付节点上，在买卖合同中，出卖人仅对买卖标的物交付时所存在的瑕疵承担担保责任，而在租赁合同关系中，出租人的瑕疵担保责任瑕疵存在的时间点不仅是租赁物交付时，也包括租赁关系存续期间。二是承租人应及时检查

[①] 最高人民法院民法典贯彻实施工作领导小组主编：《中华人民共和国民法典合同编理解与适用》（三），人民法院出版社2020年版，第1441—1445页。

通知。在租赁物交付后，承租人应按照租赁物的性质或双方约定，依照通常程序检查其所受领的租赁物，若发现应由出租人负责的瑕疵时，应立即通知出租人。租赁物的瑕疵在交付后才发生的，承租人在发现后应立即通知出租人。承租人违反该义务时，出租人并不因此享有损害赔偿请求权，而是原来享有的瑕疵担保请求权会因承租人不尽基于权利人的地位所应尽的义务，而遭到法律剥夺。只有当出租人故意不告知瑕疵时，承租人的检查通知义务即告免除。三是承租人需不知有瑕疵且无重大过失。租赁物的瑕疵若发生在租赁合同成立之前，而非在租赁合同存续期间，承租人若在租赁合同成立时，知道租赁物有瑕疵而仍然与出租人签订合同的，此种情况下出租人不应当承担物的瑕疵担保责任。[1] 因为在此种情况下，承租人明知有瑕疵，仍与出租人签订合同，视为已将瑕疵考虑入签订合同的条件中，可认为承租人自愿承受有瑕疵的租赁物，故承租人原则上不值得法律所保护。四是不存在排除出租人瑕疵担保责任的约定。物的瑕疵担保责任的规定为任意性规定，因此当事人可以就出租人的责任达成合意进行限制甚至免除出租人的瑕疵担保责任。[2]

本案的典型意义在于，出租人提供合格租赁物的标准认定和统一。租赁合同中出租人让渡租赁物的占有使用权，获取相应租金。出租人有提供符合约定的租赁物的法定义务，关于符合约定的判断标准，司法实践中存在不同认识，如租赁物使用和维护方面，以及与租赁标的物相关并会对标的物品质产生影响的环境上的瑕疵，如仓库的消防设备、第三人干扰经营等，是否应纳入判断标准。本案的办理明确了出租人提供合格租赁物的责任，同时对"合格租赁物"的判断标准提供了参考，以期对法律的统一实施有所助益。

（案例撰写人：陈炜彤）

---

[1] 黄薇主编：《中华人民共和国民法典释义》（中），法律出版社2020年版，第1340—1341页。

[2] 宁红丽：《租赁物维修义务的法律构造——基于对我国司法案例的分析》，载《清华法学》2013年第5期。

专家点评

《民法典》第 708 条规定,"出租人应当……在租赁期限内保持租赁物符合约定的用途"。据此,出租人应当保障租赁物具有适租性,此即出租人的适租义务。本案的关键是,发生纠纷时由哪一方当事人对租赁物的适租性承担举证责任?是由出租人证明租赁物具有适租性,还是由承租人证明租赁物不具有适租性?结论是应当由出租人证明租赁物具有适租性。因为保持租赁物的适租性是出租人的义务,就义务履行与否发生争议的,应当由义务人对其全面适当履行义务进行举证,而不是让权利人去证明义务人不履行。

(点评人:于飞,中国政法大学教授、博士生导师)

008 租赁合同与承揽合同的区分

游某某与甲公司租赁合同纠纷民事抗诉案[*]

案情简介

一、基本事实

2015年2月，游某某将其所有的一台履带式挖掘机，用于甲公司承建的工程施工。同时，游某某委派驾驶员黄某某从事挖掘机驾驶业务并支付其工资，黄某某听从甲公司的安排和指挥，吃住于施工场地。挖掘机租赁费清单载明：作业租金（2015年2月至4月18日）。挖掘机作业时间为324小时40分，单价为320元/小时，作业计价103892元；扣油料费40809元，合计63083元；进场拖车费未算。承租方签字：王某，出租方签字：游某某。机械费清单内容载明：2015年2月28日至5月30日，游某某神钢260挖掘机工作时间324小时40分，单价为320元/小时，金额103892元，油费40809元，承租方签字张某、王某（系甲公司工作人员）。游某某于2015年11月3日收到甲公司支付的租赁费62000元（2015年2月28日至4月18日）。之后，该挖掘机在该工程工地上被他人纵火烧毁，该事件经公安机关定性为故意纵火的刑事案件。游某某要求甲公司赔偿损失未果，遂诉至四川省金堂县人民法院。

二、诉讼过程

游某某于2015年将甲公司诉至四川省金堂县人民法院，请求判令甲公司赔偿游某某各项损失合计111.7785万元（挖掘机折旧后价值92.9792万元＋租赁费损失18.7993万元）。

四川省金堂县人民法院于2016年12月15日作出（2016）川0121民

---

[*] 本案承办人：四川省人民检察院彭滨；四川省成都市人民检察院高建峰。

初 2895 号民事判决书。该院一审认为，游某某提供的金堂大道三标段神钢 260 挖掘机租赁费清单中明确载明了出租方和承租方的法律地位，游某某出具的收条也载明收取了租赁费，而非报酬，故本案案件性质更符合租赁合同的特征。在双方没有约定的情况下，根据当时生效的《合同法》第 222 条规定，"承租人应当妥善保管租赁物，因保管不善造成租赁物毁损、灭失的，应当承担损害赔偿责任"，甲公司作为承租人应当承担保管不善的损害赔偿责任。因此，该院一审判决甲公司赔偿游某某挖掘机修复费 691034 元。

游某某、甲公司均不服一审判决提起上诉，成都市中级人民法院于 2017 年 6 月 7 日作出（2017）川 01 民终 2207 号民事判决。该院二审认为，案涉合同的性质应为承揽合同。承揽合同的标的是某种工作成果，在承揽合同中，必须按照定作人的要求，以自有设备、技术等独立完成工作任务并对工作成果承担风险。游某某主张其与甲公司之间形成租赁合同关系并据此主张甲公司承担租赁合同关系中的义务，其主张与法院查明的事实及认定的法律关系不同，判决驳回其诉讼请求。

三、检察监督

游某某不服，向成都市人民检察院申请监督。成都市人民检察院经审查，认为本案符合抗诉条件，遂提请四川省人民检察院抗诉。2018 年 12 月 5 日，四川省人民检察院认为该案终审判决认定的基本事实缺乏证据证明，适用法律确有错误，遂向四川省高级人民法院提出抗诉。四川省人民检察院认为，认定合同性质应以合同条款约定的权利义务内容为依据，以法律规定为标准。首先，游某某出具收条、甲公司支付租赁费的单据，表明双方认可合同性质系租赁合同。其次，甲公司与游某某签订合同的直接目的是获得挖掘机的使用权，按照使用时间计价，而不是以方量或交付工作成果计价。最后，挖掘机驾驶员虽由游某某配备，但挖掘机配备操作人员是工作所需和行业惯例，并且其工作任务完全是按甲公司的安排和指挥进行的，不具有独立自主性。因此，本案法律关系应认定为租赁合同关系，甲公司对租赁物保管不善导致挖掘机毁损，应当依法承担赔偿责任。

四川省高级人民法院将本案指令成都市中级人民法院再审。2019年9月10日，成都市中级人民法院作出（2019）川01民再136号判决，该院认为，本案中双方虽没有签订书面合同，但从实际履行看，游某某向甲公司提供一台挖掘机及操作人员，甲公司使用游某某提供的挖掘机及操作人员从事开挖土石方工作，双方按照挖掘机的品牌型号和使用时间结算，开挖的地点和方量未固定，双方并无订做劳动成果的描述或约定，挖掘机操作人员接受甲公司安排完成工作，该种作业方式不符合承揽合同由承揽人自主完成工作，交付工作成果的基本特征。反之，游某某仅向甲公司提供了挖掘机和派遣了操作人员，挖掘机为劳动工具，派遣操作人员是为了方便使用劳动工具，为行业惯例，并非承揽中自主完成工作成果。挖掘机的操作人员受甲公司的指挥进行工作，具体工作任务及工作量不固定，计酬方式按机器使用时间和机器品牌确定，符合租赁合同的基本特征。因此，双方之间的法律关系为租赁合同关系。该院最终判决：撤销成都市中级人民法院（2017）川01民终2207号民事判决，维持四川省金堂县人民法院（2016）川0121民初2895号民事判决书。

案件要旨

在工程建设领域涉及机械设备提供的合同中，一方供应的机械设备及派遣的操作人员的具体工作由接受设备和人员的另一方来确定，双方根据机械种类、工作时间及工作量结算报酬，不符合承揽合同由承揽人自主完成工作、交付工作成果的基本特征，应当认定双方构成租赁合同关系。承租人保管不善，造成租赁物损毁、灭失的，应当承担赔偿责任。

法律规定索引

·《民法典》规定及沿革·

《民法典》

第七百零三条　租赁合同是出租人将租赁物交付承租人使用、收益，承租人支付租金的合同。

第七百一十四条 承租人应当妥善保管租赁物，因保管不善造成租赁物损毁、灭失的，应当承担赔偿责任。

第七百七十条 承揽合同是承揽人按照定作人的要求完成工作，交付工作成果，定作人支付报酬的合同。

承揽包括加工、定作、修理、复制、测试、检验等工作。

■ 新旧对比

民法典基本沿用了此前合同法对租赁合同和承揽合同的定义，以及关于承租人妥善保管租赁物义务、承揽人保管责任等的规定，仅就文字表述作了部分调整：一是合同法规定承揽合同的定作人应向承揽人给付报酬，民法典调整为定作人向承揽人支付报酬；二是承租人保管不善造成租赁物损毁、灭失的，合同法规定承租人应当承担损害赔偿责任，民法典规定应当承担赔偿责任。

■ 法条精义

《民法典》第 703 条规定了租赁合同。租赁合同是出租人将租赁物交付承租人使用、收益，承租人支付租金的合同，是以在一定期限内转让标的物的使用收益权能为目的的合同。租赁合同具有以下法律特征：第一，租赁合同是转移租赁物用益权的合同。租赁合同成立后，出租人将租赁物的用益权转移给承租人，而不转移租赁物的所有权。故学理上把租赁合同归为使用财产合同。出租人与承租人订立租赁合同的目的在于使承租人获得对租赁物的使用和收益的权能，而不是使承租人获得对租赁物的所有权。第二，租赁合同是承租人支付租金的合同。租赁合同的承租人获取租赁物的使用和收益权能，必以支付租金为代价，这是租赁合同的有偿性的体现。第三，租赁合同是有期限限制性的合同。租赁合同的目的在于使出租人获取租金，使承租人获取租赁物的一定期限的使用和收益权能。第四，租赁合同终止后承租人须返还原租赁物。租赁期间届满，承租人应当返还租赁物，返还租赁物应按照约定或者租赁物的性质及使用后的状态。[1]

---

[1] 最高人民法院民法典贯彻实施工作领导小组主编：《中华人民共和国民法典合同编理解与适用》（三），人民法院出版社 2020 年版，第 1407—1413 页。

《民法典》第714条是对承租人应当妥善保管租赁物义务的规定。妥善保管租赁物是承租人的主要义务之一。保管的义务源自承租人对租赁物享有的占有和使用权，租赁物的所有权并不归属于承租人，出租人的财产在承租人的占有、使用之下，由此产生了承租人的保管义务。主要包括以下三项内容：第一，按照约定的方式或租赁物的性质所要求的方法保管租赁物。第二，按照租赁物的使用状况进行正常的维护。第三，通知和协助义务。租赁期内，租赁物有瑕疵并影响承租人正常使用时，承租人应及时通知出租人，并采取积极措施防止损坏的扩大。承租人如果没有对租赁物尽到上述妥善保管的义务，造成租赁物毁损、灭失的，应当承担赔偿责任。

《民法典》第770条规定了承揽合同的定义和种类。承揽合同是承揽人按照定作人的要求完成工作，交付工作成果，定作人支付报酬的合同。承揽合同具有如下特征：第一，承揽合同的标的是特定的工作成果。承揽合同的承揽人必须按照定作人的要求完成一定的工作，定作人订立合同的目的是取得承揽人完成的一定工作成果。在承揽合同中，定作人所需要的并非承揽人完成工作的过程，而是承揽人完成的工作成果。也就是说，定作人所需要的不是承揽人的劳务，而是其劳务的结果。第二，承揽人的工作具有独立性。承揽人以自己的设备、技术和劳动独立地完成工作，承揽人有权按照自己的生产条件，独立地布置生产计划，确定工作方法和步骤。定作人虽有权对承揽人的工作进行必要的监督检验，但不得妨碍承揽人独立完成工作。第三，承揽人在工作中独立承担风险。承揽人在独立完成工作过程中，对工作成果的完成应负全部责任。承揽人完成的工作成果在交付定作人之前毁损、灭失的风险，由承揽人承担。[①]

域外立法通览

比较法上对承揽合同的规定不尽相同，《德国民法典》第631条规定，因承揽合同，承揽人负有完成约定的工作的义务，定作人负有支付约定

---

① 最高人民法院民法典贯彻实施工作领导小组主编：《中华人民共和国民法典合同编理解与适用》（三），人民法院出版社2020年版，第1794—1807页。

的报酬的义务；承揽合同的标的，既可以是某物的制作或变更，也可以是其他由劳动或劳务给付所引起的结果。《法国民法典》第1787条规定，在约定为他人完成某一工程时，可以约定仅提供劳动或技艺，或者同时提供材料。《意大利民法典》第1655条规定，承揽是指一方以必要的方式进行经营管理并承担其经营风险，交付成果或者提供服务从而获得金钱对价的契约。《欧洲示范民法典草案》对于承揽合同的规定是，本章适用于一方当事人（加工人）为他方当事人（顾客）就既有动产、无体财产或不可移动的建筑物提供服务的合同，但不适用于在既有房屋或其他不可移动的建筑物上的建造工作；尤其适用于加工人为既有动产、无体财产或不可移动的建筑物进行修理、维护或清洁的合同。比较法上，除对租赁期限的最长时间的限制有所不同外，对租赁合同的其他规定基本相同。

实务指引

一、关于租赁合同与承揽合同的区分

随着社会经济的发展，租赁合同在社会经济生活中越来越重要，适用范围越来越广泛，新的租赁形式与日俱增。与此同时，随着社会化专业分工越来越细，更多的工作不再需要个人亲力亲为，而是通过承揽、雇佣等形式交由他人专门完成。这使得在租赁某些特殊物，特别是在租赁物上附加有提供劳务的情形下，比如本案中在工程建设中存在机械设备的提供和使用及操作人员的派遣时，往往因当事人双方约定不明确或对法律关系理解不准确，易将承揽合同与租赁合同相混淆，导致当事人的合法权益因不同法律关系的认定而遭受损害。

具体而言，租赁合同与承揽合同有以下区别：首先，从客体上讲，租赁合同的标的是交付特定物；承揽合同的标的则是交付特定的工作成果。其次，从权利义务内容上看，租赁合同是转移财产使用权的合同，出租人的主要义务是向承租人交付标的物，供承租人使用、收益，承租人的主要义务是向出租人支付租金并保管好租赁物，合同到期返还租赁物；承揽合同是以完成一定工作为目的的合同，承揽人的主要义务是利

用自己的设备、技术、劳力完成定作人指定的工作，并按照约定向定作人交付特定的工作成果。在这个过程中，定作人并不关心承揽人所提供的单纯劳务，劳务过程可由承揽人自主决定，承揽人在完成工作过程中所使用的设备、技术实际仍由承揽人自己掌握和使用，定作人仅依约支付报酬。最后，从风险承担上看，租赁合同中如因承租人保管不善造成租赁物毁损、灭失的，承租人应当承担赔偿责任。承租人占有租赁物期间，租赁物造成第三人的人身伤害或财产损害的，出租人不承担责任。而在承揽合同中，承揽人需要承担的是取得工作成果的风险，对工作成果的完成负全部责任。承揽人在完成工作过程中对第三人造成损害或者造成自身损害的，定作人不承担赔偿责任，仅承担对定作、指示或选任的过失责任。

二、通过抗诉达到公权监督与私权救济双重效果

本案经检察机关抗诉后，法院再审改判，一定程度上推动了检法在机械设备租赁关系认定问题上的司法共识，促进了司法裁判标准和检察监督标准的统一，有效维护了出租人的合法权利。

一方面，本案通过公权监督进一步统一了法律适用标准。在工程建设机械设备租赁法律关系中，不能仅因为机械设备的操作人员系出租人派遣，即认定合同目的系通过提供挖掘机、操作人员完成物化工作的成果获得报酬，进而认定双方构成承揽合同关系，而应当结合当事人对工作方式、工作内容、人员管理、结算方式等的约定及行业惯例进行综合判断。尤其是对出租人根据行业惯例派遣操作人员使用机械设备，操作人员的工作内容受承租人指挥，具体工作任务及工作量不固定，计酬方式按机器使用时间和机器品牌确定的，应当认定符合租赁合同的基本特征，并非承揽中自主完成工作成果。

另一方面，本案抗诉有效维护了出租人的合法权利，实现了私权救济。在本案涉及的故意纵火刑事案件中，共有三名出租人的四台挖掘机被他人纵火烧毁。由于法律对租赁物或定作物损毁灭失风险责任承担主体的规定完全不同，在原审法院认定合同双方构成承揽关系的情况下，三名出租人要求承租人赔偿损失的诉讼请求均被法院驳回。原审判决的

认定既与承租人实际管理、使用挖掘机的事实不符，也回避了承租人对停放于自己施工场地并用于施工过程的挖掘机应当承担的妥善保管责任，有欠公平。检察机关对上述三案均提出抗诉，法院均再审改判，共帮助出租人追回赔偿款480余万元，让人民群众在司法案件中感受到了公平正义。

（案例撰写人：赵格）

专家点评

本案对于特种物租赁使用关系中，究竟应当如何区分租赁合同、承揽合同及认定各方责任提供了较好的启示借鉴。即租赁合同系由出租人向承租人交付特定动产或者不动产，而承揽合同则是交付特定的工作量、完成特定的工作任务，所交付的标的物是区分二者的关键标准。在特定行业领域，由于标的物的使用技术所限及基于行业惯例，出租人除交付标的物外，还负责委派相关工作人员负责标的物的操作、使用，但这并未改变其租赁合同的本质。在对交付标的物究竟性质为何发生争议时，应当结合当事人对工作方式、工作内容、人员管理、结算方式等的约定，以及行业惯例进行综合判断。具体工作任务和工作成果未约定或者约定不明确，且约定根据工作时间、设备等级等计算费用的，一般应当认定为租赁合同。

（点评人：吴飞飞，西南政法大学副教授、硕士生导师）

009 租赁期内农用土地被转为建设用地并征收为国有的出租人应遵循诚信原则

石某某与后塘村委会土地租赁合同纠纷案*

案情简介

一、基本事实

2004年11月25日，J省R市（县级）经济开发区后塘村村民委员会（以下简称后塘村委会）与外地人石某某签订土地承包合同，约定向后塘村委会承租土地69.98亩，每亩年租金260元，合计年租金18195元。土地租金五年不变，第二个五年递增2%，五年不变；第三个五年递增2%，五年不变；以此类推。使用年限24年，自2004年12月31日起至2028年12月31日止。合同生效后，石某某付清前三年租金，以后租金每三年一付，先租后用。合同签订后，后塘村委会按约将土地交付石某某使用，石某某交纳租金至2013年12月底。

2013年11月15日，J省人民政府作出征地批复，将案涉土地所涉地块转为建设用地并征收为国有，同日R市人民政府发出案涉土地所涉地块补偿安置公告和征收土地方案公告，之后R市经济开发区政府和后塘村委会实施了土地征收。2014年1月案涉地块被出让给某房地产开发公司。

2013年底、2014年初，石某某向后塘村委会交纳租金未果。2016年5月，后塘村委会通知石某某商谈解除合同事宜，并将事先准备好的解除合同告知函交付石某某，石某某未书面答复。

---

* 本案承办人：江苏省镇江市人民检察院鲍建武。

二、诉讼过程

2016年10月，后塘村委会向一审法院起诉石某某，请求判令：（1）解除双方2004年11月25日签订的土地承包合同；（2）石某某清除承包土地上的所有种植物、养殖物及临时建筑物，恢复承包土地原状，并将土地交还；（3）判令石某某支付2014年、2015年、2016年度的承包金56419.06元。

一审法院认为，从2014年起至2016年石某某未向后塘村委会支付三个年度的承包金。2016年5月，后塘村委会向石某某送达解除土地承包合同的告知函后，石某某仍未能交纳承包金。现后塘村委会主张解除其与石某某签订的土地承包合同，予以支持，遂判决：（1）解除合同；（2）石某某将案涉土地上的种植物、养殖物予以清除，临时建筑物平房三间予以拆除，将土地恢复原状后交还后塘村委会；（3）石某某支付三年土地承包金56419.06元。

石某某不服，向Z市中级人民法院上诉，二审判决：（1）维持一审判决主文的第一、二项；（2）变更一审判决主文的第三项为石某某于本判决生效后10日内支付后塘村委会土地承包金32200元。

石某某不服，向J省高级人民法院申请再审。J省高级人民法院于2018年11月裁定予以驳回。

三、检察监督

Z市人民检察院于2020年6月向Z市中级人民法院发出再审检察建议书，认为：

第一，有新的证据证实，本案起诉时，后塘村委会已经与本案无直接利害关系，依法应当驳回起诉。首先，本案终审判决生效后，石某某向R市自然资源和规划局申请政府信息公开。该局答复：案涉地块于2013年和2014年经省政府批准征为国有，所有权为国家所有；经调查，R市政府已对该地块进行了征地补偿安置公告，并委托R市经济开发区政府组织实施补偿安置，经济开发区政府和后塘村委会已实施了土地征收行为。相关补偿安置公告和征收土地方案公告的落款日期均为2013年11月15日，与省政府征地批复落款日期一致。由此可见，后塘村委会2016年10月24日起诉时，对案涉土地已不具有所有权，无基于发包方的直接利害关系，此时其还以发包方身份以石某某拖欠三年租金构成违约为由向人民法院起诉主张解除合同、恢复原状，有违诚实信用原则。其次，2019 年 8 月，石某某以 R 市人民政府为被告，向 Z 市中级人民法院提起行政诉讼请求确认 R 市人民政府未依法履行案涉土地征收补偿职责的行为违法，并责令 R 市人民政府限期向石某某支付案涉土地地上附着物及青苗补偿费。Z 市中级人民法院的行政裁定书认为，"本案中，原告应当按照规定向 J 省 R 市经济开发区管理委员会申请征地补偿，如不服该委员会的征地补偿，可以依法请求协调或者裁决"。裁定书同时载明，"审理期间，被告向本院承诺：石某某在本案结案后，依法向 R 市经济开发区管理委员会申请征收补偿，该委员会将按规定对石某某承包地块上的建筑物、附着物进行定价、补偿"。可见，本案民事判决主文第二项即判令石某某自行清除案涉土地上的种植物、养殖物，自行拆除临时建筑物平房三间，将土地恢复原状后交付后塘村委会，是错误的。

第二，认定石某某未能支付 2014 年至 2016 年租金构成违约缺乏证据证明。首先，后塘村委会主张 2016 年 5 月因石某某未交纳 3 年租金被书面通知解除合同，除后塘村委会一方陈述和邱某某证言之外并无其他证据印证。而证人邱某某系前塘村书记，石某某在前塘村和后塘村均有承租土地，就主张解除合同并无偿收回承包地而言，前塘村和后塘村的利益完全一致，故邱某某证言的证明力仅与后塘村委会一方陈述相当，在石某某否认且无其他证据印证的情况下，该证言所证事实不能认定。其次，根据日常生活经验，石某某在其承租土地被征收国有、补偿利益指日可待之际故意违约不交租金授人以柄，明显不符合常理。双方签订的是长期土地租赁合同，承租人投入相当资金进行了苗木种植等实际经营开发，并根据合同约定已连续交纳了 9 年租金，在案涉土地被批准征收国有的情况下，发包人停止预收租金，比承包人主动拖欠租金，更为真实可信。

第三，原审以符合《合同法》第 94 条第 3 项情形判令解除合同，缺乏事实和法律依据。事实上，导致本案租赁合同无法继续履行的根本原因在于案涉土地 2013 年 11 月被征收国有。后塘村委会三年后以石某某未按期预交租金为由主张解除合同并返还原物，有违诚实信用原则。石某某在案涉土地上的合法投入和苗木等地上附着物，理应依法获得补偿。

Z市中级人民法院2020年11月作出再审裁定，认定"后塘村委会在2016年10月提起本案诉讼时，其已非案涉土地所有权人，已不具有原告主体资格。原审判决认定部分事实不清，适用法律错误，应予纠正。检察机关监督意见成立，应予支持"。遂裁定撤销原一、二审判决；驳回后塘村委会的起诉。

案件要旨

租赁农村集体土地在租赁期间被征收国有并被依法出让，原出租方已不是土地所有权人，与该土地今后的利益已不具有直接的利害关系，其拒收剩余期间租金，又以承租人拖欠租金构成违约为由，起诉请求解除合同、恢复原状、补交租金，不仅不具备原告的主体资格，也有违诚实信用原则。

法律规定索引

·《民法典》规定及沿革·

《民法典》

第七条 民事主体从事民事活动，应当遵循诚信原则，秉持诚实，恪守承诺。

第五百零九条 当事人应当按照约定全面履行自己的义务。

当事人应当遵循诚信原则，根据合同的性质、目的和交易习惯履行通知、协助、保密等义务。

当事人在履行合同过程中，应当避免浪费资源、污染环境和破坏生态。

新旧对比

1.《民法通则》第4条规定："民事活动应当遵循自愿、公平、等价有偿、诚实信用的原则。"

《合同法》第6条规定："当事人行使权利、履行义务应当遵循诚实信用原则。"

《民法总则》第7条规定："民事主体从事民事活动，应当遵循诚信原则，秉持诚实，恪守承诺。"

《民法典》第7条与《民法总则》第7条内容相同，其最初的来源是《民法通则》第4条。后者中的"等价有偿"原则在民法典中被删除，而自愿、公平、诚实信用原则也分别被拆分为3条，其中第7条专门规定了诚实信用原则。与民法通则第4条相比，该条修改之处有三：一是将"民事活动"修改为"民事主体从事民事活动"，增加了主语和谓语；二是将"诚实信用的原则"缩略为"诚信原则"；三是增加了"秉持诚实，恪守承诺"。

2.《合同法》第60条规定："当事人应当按照约定全面履行自己的义务。当事人应当遵循诚实信用原则，根据合同的性质、目的和交易习惯履行通知、协助、保密等义务。"

《民法典》第509条在《合同法》第60条基础上增加了第3款，即"当事人在履行合同过程中，应当避免浪费资源、污染环境和破坏生态"，并将"诚实信用原则"缩略为"诚信原则"。

法条精义

1.《民法典》第7条是关于诚信原则即诚实信用原则的规定。

诚信原则要求所有民事主体在从事任何民事活动时，包括行使民事权利、履行民事义务、承担民事责任时，都应该秉持诚实、善意，信守自己的承诺。这对建设诚信社会、规范经济秩序、引领社会风尚具有重要意义。

诚信原则是民法通则规定的基本原则之一，此后，大部分民商事单行法律都将诚信原则规定为基本原则之一，如合同法、消费者权益保护法、劳动合同法、个人独资企业法、合伙企业法、证券法、保险法、票据法、商业银行法、信托法、证券投资基金法、担保法、反不正当竞争法、拍卖法、招标投标法等。不仅大量民事实体法规定了诚信原则，民事诉讼法也规定了诚信原则。

诚信原则作为民法重要的基本原则之一，被称为民法的"帝王条款"，是各国民法公认的基本原则。通常认为，诚实信用原则要求民事主体从事民事活动应当讲诚信、守信用，以善意的方式行使权利、履行义务，不诈不欺，言行一致，信守诺言。具体而言，民事主体应当从以下几个方面遵循诚信原则：民事主体在着手与他人开展民事活动时即应当讲诚信，如实告知交易方自己的相关信息，表里如一，不弄虚作假；民事主体在与他人建立民事法律关系后，应当信守诺言、恪守信用，按照自己作出的承诺行使权利、履行义务，言而有信；民事主体应当本着善意的原则，相互配合，保护对方的合理期待与信赖；民事主体应当尊重他人的合法权益，尊重社会公共利益；民事主体应当善意行使权利，不得滥用权利；民事主体不得规避法律，不得故意曲解合同条款；等等。诚信原则的内涵和外延概括而抽象，因此有很大的适用性，民事主体从事任何民事活动都应当遵守该原则。无论自己行使权利，还是在与他人建立民事法律关系之前、之中、之后都必须始终贯彻诚信原则，按照诚信原则的要求善意行事。也正是因为诚信原则具有高度抽象性和概括性，其对司法机关裁判民事纠纷也具有积极作用，在当事人没有约定或法律没有具体规定时，司法机关可根据诚信原则填补合同漏洞，弥补法律空白，平衡民事主体之间、民事主体与社会之间的利益，进而实现社会公平正义。[①]

2.《民法典》第509条是关于合同履行原则的规定，其第2款是关于诚信履行的原则。

诚信原则是民法的基本原则，在合同履行中也应当遵循。当事人应当按照诚信原则行使合同权利，履行合同义务。诚信履行原则，又导出履行的附随义务。当事人除应当按照合同约定履行自己的义务外，也要履行合同未作约定但依照诚信原则应当履行的通知、协助、保密等义务。第2款列举了通知、协助、保密三项比较典型的附随义务，但附随义务的范围不局限于此。在某一合同的履行中当事人应当履行哪些附随义务，应当依照诚信原则，根据该合同的性质、目的和交易习惯作具体判断。[②]

·司法解释·

何谓诚实信用原则，最高人民法院尚无明确的司法解释，但最高人民

[①] 黄薇主编：《中华人民共和国民法典总则编释义》，法律出版社2020年版，第27—30页。

[②] 黄薇主编：《中华人民共和国民法典合同编释义》，法律出版社2020年版，第107—109页。

法院在指导案例第 82 号"王碎永诉深圳歌力思服饰股份有限公司、杭州银泰世纪百货有限公司侵害商标权纠纷案"中对诚实信用原则的含义进行分析的判词，可视为最高人民法院对诚实信用原则的解释，即"诚实信用原则是一切市场活动参与者所应遵循的基本准则。一方面，它鼓励和支持人们通过诚实劳动积累社会财富和创造社会价值，并保护在此基础上形成的财产性权益，以及基于合法、正当的目的支配该财产性权益的自由和权利；另一方面，它又要求人们在市场活动中讲究信用、诚实不欺，在不损害他人合法利益、社会公共利益和市场秩序的前提下追求自己的利益。民事诉讼活动同样应当遵循诚实信用原则。一方面，它保障当事人有权在法律规定的范围内行使和处分自己的民事权利和诉讼权利；另一方面，它又要求当事人在不损害他人和社会公共利益的前提下，善意、审慎地行使自己的权利。任何违背法律目的和精神，以损害他人正当权益为目的，恶意取得并行使权利、扰乱市场正当竞争秩序的行为均属于权利滥用，其相关权利主张不应得到法律的保护和支持"。

域外立法通览

一、德国

《德国民法典》第 226 条规定："某项权利的行使专以加害于他人为目的的，不准许行使该项权利。"[1] 第 242 条规定："债务人有义务以诚实信用所要求的方式，同时照顾交易习惯，履行给付。"[2] 第 313 条第 3 款规定："合同的调整为不可能或对一方当事人来说系不能合理地期待的，受不利益的一方当事人可以解除合同。就长期债务关系而言，通知终止权代替合同解除权。"[3] 第 323 条第 5 款规定："债务人已履行部分给付的，仅在债权人就该部分给付无任何利益时，债权人始得解除整个合同。债务人虽履行给付但不合于合同，而义务之违反并不显著的，债权人不得解除合同。"[4]

---

[1] 《德国民法典》(第 5 版)，陈卫佐译注，法律出版社 2020 年版，第 83 页。
[2] 《德国民法典》(第 5 版)，陈卫佐译注，法律出版社 2020 年版，第 92 页。
[3] 《德国民法典》(第 5 版)，陈卫佐译注，法律出版社 2020 年版，第 131—132 页。
[4] 《德国民法典》(第 5 版)，陈卫佐译注，法律出版社 2020 年版，第 135 页。

上述条款蕴含了诚实信用原则中的禁止权利滥用。德国法学家施塔德勒认为，权利仅在其权利伦理的和社会的功能框架下，才会被法律所保护。客观存在由整个法律制度预先规定的权利的社会联系。因此，当违反禁止恶意刁难（第226条）、违反诚实信用（第242条）或者社会风俗时，权利的行使是不允许的。但是第226条的规定，只有很有限的实际意义，因为很少能够成功证明损害企图是行为人唯一的动机。除了大量的单独法律规范禁止权利滥用以外（如第323条第5款第2句），第242条的规定特别具有重要的限制功能，其远超出了该条款具体的字面意思。与第242条的字面意思相反——它不仅是调整给付的形式和途径，现有权利的行使也被限制，如今该条规定被理解为统领整个实体法和程序法的原则。除了限制功能外，第242条根据主流观点还有具体化和补充债的关系的功能（补充功能），以及特定情况下以公正性的视角，修正其履行的功能（修正功能——比如在交易基础丧失情形下扮演的角色，第313条）。对此具体的内容属于债法总论部分。对于内容的具体化，不仅需要遵循明确规定的"交易习惯"，更准确地说，还需尊重在社会上被普遍承认的客观价值……按照字面意思，第242条当然也调整正直的债的履行。债务人必须尊重债权人的正当利益，反之亦然。[①]

二、法国

《法国民法典》第1134条第3款规定："契约应善意履行之。"[②] 善意，首先是履行合同方面的诚信义务，其次是合作义务、协作义务。[③] 无论是债务人还是债权人都负有诚信义务。[④] 从更广的角度来说，合同当事人之间应当进行合作这一思想也给每一方当事人带来了一项义务："在合同履行过程

---

① ［德］阿斯特丽德·施塔德勒：《德国民法总论》（第18版），于馨淼、张姝译，法律出版社2017年版，第64—67页。
② 《法国民法典》，罗洁珍译，北京大学出版社2010年版，第303页。
③ ［法］弗朗索瓦·泰雷：《法国债法契约篇》（上），罗结珍译，中国法制出版社2018年版，第75页。
④ ［法］弗朗索瓦·泰雷：《法国债法契约篇》（下），罗结珍译，中国法制出版社2018年版，第857页。

中，应当向对方当事人告知其有利益了解的有关合同履行的事件。"①

三、瑞士

《瑞士民法典》第2条规定："任何人在行使权利和履行义务时，都应该遵守诚实信用原则。显然滥用权利的，不受法律之保护。"②

四、日本

《日本民法典》第1条规定："……（二）行使权利及履行义务时，应恪守信义，诚实实行。（三）禁止滥用权利。"③

《修改民法部分规定之法律》第412条之二第1款规定："债务之履行参照合同或其他债务发生原因以及交易上之社会通常观念而不能时，债权人不得请求其债务履行。"④

实务指引

一、在民事诉讼活动中，当事人应当遵守诚信原则，不得滥用诉讼权利

诚实信用原则虽然不是民法典新增原则，但因其具有抽象性和概括性，且贯穿民事主体从事各类民事活动的始终，在当前我国社会主义市场经济新形态日新月异、新类型经济社会关系层出不穷的背景之下，对是否违反诚信原则的精准认定，仍是民法统一正确适用的重要课题。

本案的争议焦点为：作为已被征收国有并被有偿出让的原农村集体土地所有权人，其以承租人迟延交纳部分租金为由起诉请求解除原土地租赁合同并恢复原状，是否违反诚信原则？Z市检察机关再审检察建议书的三点理由，分别从不同角度论证了后塘村委会的起诉违反了诚实信用原则。

---

① ［法］弗朗索瓦·泰雷：《法国债法契约篇》（下），罗结珍译，中国法制出版社2018年版，第865页。
② 《瑞士民法典》，于海涌、赵希璇译，法律出版社2016年版，第1页。
③ 《日本民法典》，王书江译，中国法制出版社2000年版，第3页。
④ 李昊主编：《日本民法修正回顾与反思》，北京大学出版社2020年版，第139页。

（一）诚信原则适用范围的变迁

诚信原则是民法的基本原则，其作为一个独立条款规定于民法典总则编的第一章"基本规定"中意义非凡。"基本规定"的内容是贯穿整个民法典的大脑和灵魂，是整个民法体系的骨架和经脉，是整个民法典体系大厦的奠基石。[1]

诚信原则在我国民法体系的适用范围经历了一个变迁过程。从《民法通则》第4条的"民事活动"到《合同法》第6条的"当事人行使权利、履行义务"，再回到《民法总则》第7条的"民事主体从事民事活动"。《民法典》第7条虽沿用了《民法总则》第7条，但在第466条第2款对不同文本合同词句不一致的解释原则中增加规定了诚信原则，反映了诚信原则在合同解释领域内的扩张。当然，该条规定的诚信解释方法的适用需要一个前提，即以其他解释方法无法探明当事人真实意思，或依据其他解释所得结论有悖于一般公平正义的观念。[2]

诚信原则同样也是民事诉讼的基本原则，正当行使诉权是诚信原则的内在要求。《民事诉讼法》第13条规定："民事诉讼应当遵循诚信原则。"当事人应当遵守法律规定和合同约定，正当行使诉讼权利，积极履行诉讼义务，不规避法律，不利用法律规定的诉讼权利获得不当利益或恣意侵害他人合法权益。

（二）《民法典》中其他关于诚信原则的规定

诚信原则除了规定于民法典总则编第7条和合同编通则分编第四章"合同的履行"中的第509条之外，还有6处规定，分别是：第142条（意思表示的解释）、第466条（合同条款的解释）、第500条（缔约过失责任）、第501条（当事人保密义务）、第558条（债权债务终止后的义务）

---

[1] 杜万华主编：《中华人民共和国民法典实施精要》，法律出版社2021年版，第20页。
[2] 杜月秋、孙政、高云昊编著：《民法典实用速查手册——词条归类释义与典型案例》，法律出版社2021年版，第16页。

和第669条（借款人应当提供真实情况义务）。①

值得一提的是，"诚信原则"在上述6个条文中的4个是明确出现的，第501条和第669条虽没有明确出现"诚信原则"表述，但内容明显是对诚信原则的强调，其中第501条规定的是"不得"做的禁止事项，第669条规定的是"应当"做的协作事项，体现的都是诚信原则对当事人的要求。

（三）诚信原则在本案中的适用

诚信原则既是当事人从事民事活动应当遵循的原则，也是人民法院裁判案件的重要考量标准，检察机关对民事诉讼的监督也应当遵循这个原则。当然，从监督效果看，监督文书说理时也应注意方式方法，对当事人违反诚信行为进行具体论证即可，不过多出现"违反诚信"表述可能起到更好效果。

本案说理分为三个部分，第一部分以"有新的证据足以推翻原判决"，重点论述后塘村委会起诉时已与诉争土地无利害关系，其违反诚信已不言自明。第二部分虽论证"认定石某某未能支付2014年至2016年租金构成违约缺乏证据证明"，但其中"根据日常生活经验，石某某在其承租土地被征收国有、补偿利益指日可待之际故意违约不交租金授人以柄，明显不符合常理。双方签订的是为期24年的长期土地租赁合同，承租人投入相当

---

① 《民法典》第142条规定："有相对人的意思表示的解释，应当按照所使用的词句，结合相关条款、行为的性质和目的、习惯以及诚信原则，确定意思表示的含义。无相对人的意思表示的解释，不能完全拘泥于所使用的词句，而应当结合相关条款、行为的性质和目的、习惯以及诚信原则，确定行为人的真实意思。"第466条规定："当事人对合同条款的理解有争议的，应当依据本法第一百四十二条第一款的规定，确定争议条款的含义。合同文本采用两种以上文字订立并约定具有同等效力的，对各文本使用的词句推定具有相同含义。各文本使用的词句不一致的，应当根据合同的相关条款、性质、目的以及诚信原则等予以解释。"第500条规定："当事人在订立合同过程中有下列情形之一，造成对方损失的，应当承担赔偿责任：（一）假借订立合同，恶意进行磋商；（二）故意隐瞒与订立合同有关的重要事实或者提供虚假情况；（三）有其他违背诚信原则的行为。"第501条规定："当事人在订立合同过程中知悉的商业秘密或者其他应当保密的信息，无论合同是否成立，不得泄露或者不正当地使用；泄露、不正当地使用该商业秘密或者信息，造成对方损失的，应当承担赔偿责任。"第558条规定："债权债务终止后，当事人应当遵循诚信等原则，根据交易习惯履行通知、协助、保密、旧物回收等义务。"第669条规定："订立借款合同，借款人应当按照贷款人的要求提供与借款有关的业务活动和财务状况的真实情况。"

资金进行了苗木种植等实际经营开发，并根据合同约定已连续交纳了9年租金。在案涉土地被批准征收国有的情况下，发包人停止预收租金，比承包人主动拖欠租金，更为真实可信"的论述，已间接论证了本案可能违反诚信原则的并非石某某，而是发包人。第三部分论证"原审以符合《合同法》第94条第3项情形判令解除合同，缺乏事实和法律依据"，但其中也明确指出"事实上，导致本案租赁合同无法继续履行的根本原因在于案涉土地2013年11月被征收国有。后塘村委会三年后以石某某未按期预交租金为由主张解除合同并返还原物，有违诚实信用原则"。

检察机关的上述论述对发包人违反诚信的论证是全方位的。

首先，根据石某某提供的证据材料和检察机关依职权调查核实所取得的证据，能够证实后塘村委会在起诉之前近三年，已经不是诉争的原租赁土地所有权人，承租人石某某也并未拖欠诉争土地被征收国有之前的租金，原租赁合同关系事实上在土地被征收国有之时已经终止，后塘村委会与本案已无直接利害关系，依法不具备原告的资格。

其次，后塘村委会已经作为案涉租赁集体土地所有权人已经获取了全部征收补偿安置利益，而石某某作为租赁期未满的案涉土地承租人，有权获得地上附着物补偿等相关利益。

再次，后塘村委会具有向石某某及时通知案涉土地被征收国有的义务，其未通知的消极行为有违诚实信用。本案合同的性质是土地租赁，案涉土地被征收国有之后，后塘村委会即不再是案涉土地所有权人，根据合同性质，其作为原出租人，应当遵循诚实信用原则，向承租人及时履行通知义务，并协助承租人与经济开发区政府处理善后事宜。

最后，后塘村委会向人民法院起诉的积极行为难以被评价为善意。以石某某拖欠被征收国有之后的案涉土地租金为由主张解除事实上已经终止的租赁合同并恢复原状，其目的显然是既不想支付石某某有权获得的征收补偿，同时又以原出租人身份获取被征收国有之后的土地租金，而该租金后塘村委会显然无权收取。

二、明确法定解除权的适用条件，防止法定解除权的滥用

从古罗马法时期，债就被视为"法锁"，债务人不履行契约债务时，

债权人有权拘押债务人人身，因此合同缔结后不得任意解除。只是到了近代，随着西方"契约自由"理念的确立和发展，解除合同自由作为"契约自由"的主要内容而被自然的确定下来。合同自由原则是对罗马法"契约严守"精神的突破，作为一项基本原则贯穿于合同的始终。合同解除制度由合同自由原则引申而来，其目的是追求一种高于"契约严守"的价值。它是对原有的契约的破坏，为了保护交易的安全性，我们必须对合同解除制度的适用加以严格的规定，否则会滋生滥用的土壤。合同解除又可分为法定解除和意定解除，本案探讨的范围仅限于法定解除。

（一）法定解除权的学理体系定位

所谓法定解除，是指合同具有法律约束力后，当事人在法律规定的解除事由出现时，行使解除权而使合同权利义务关系终止。[1]

关于法定解除的情形：

第一，因不可抗力致不能实现合同目的导致的合同解除。作为合同解除制度的一大特色，我国法律将不可抗力致使不能实现合同目的作为产生法定解除权的事由，此不同于德国、日本将不可抗力致使不能实现合同目的作为合同自动解除的情形。[2] 不可抗力是不能预见、不能避免且不能克服的客观情况。因不可抗力不能履行合同亦属于违约行为，只不过系可部分或全部免责的违约。

一般来说，以下情况被认为属于不可抗力：一是自然灾害。自然灾害包括因自然界的力量引发的灾害，如地震、海啸、火山喷发、台风、冰雹等。二是战争。战争的爆发可能影响一国以至于更多国家的经济秩序，使合同履行成为不必要。三是社会异常事件。主要是指一些偶发的阻碍合同履行的事件。四是政府行为。主要指合同订立后，政府颁布新的政策、法律，采取行政措施导致合同不能履行。[3]

---

[1] 黄薇主编：《中华人民共和国民法典释义》（中），法律出版社2020年版，第1074页。

[2] 最高人民法院民法典贯彻实施工作领导小组主编：《中华人民共和国民法典合同编理解与适用》（一），人民法院出版社2020年版，第640页。

[3] 黄薇主编：《中华人民共和国民法典释义》（中），法律出版社2020年版，第1075—1076页。

第二，因预期违约造成的合同解除。预期违约是当事人一方明确表示不履行自己的义务，或者以自己的行为表明不履行主要义务，主要是债务人一方主观上不具有履行债务的意愿。[1] 预期违约分为明示违约和默示违约。所谓明示违约，是指合同履行期到来之前，一方当事人明确肯定地向另一方当事人表示他将不履行主要债务。所谓默示违约，是指合同履行期限到来前，一方当事人有确凿的证据证明另一方当事人在履行期限到来时，明显将不履行主要债务。[2]

第三，因迟延履行债务而引起的合同解除。当事人一方迟延履行主要债务，经催告后在合理期限内仍未履行的，对方当事人可以解除合同，这有助于降低对方当事人证明迟延履行致使不能实现合同目的的难度。债务人迟延履行债务是违反合同约定的行为，但并非就可以因此解除合同。只有符合以下条件，才可以解除合同：一是对方当事人违反了双方对履行期限的约定，在履行期限届满时没有完全履行债务。二是对方当事人迟延履行的是合同中约定的主要债务。如乙方当事人在合同履行期限内已经履行了合同规定的主要债务，只是迟延履行了合同的次要债务，则只能要求迟延履行方承担违约责任，而不能因此解除合同。三是必须对迟延方进行催告。所谓催告，是指债权人催促债务人及时履行合同债务的通知。

第四，其他违约行为不能实现合同目的引起的合同解除。迟延履行债务致使不能实现合同目的，是指履行期限对于债权的实现至关重要，超过了合同约定的期限履行合同，合同目的就将落空。致使不能实现合同目的的其他违约行为，主要指违反的义务对合同目的的实现十分重要，如一方不履行这种义务，将剥夺另一方当事人根据合同有权期待的利益。[3]

除上述四种情形外，《民法典》第563条第2款还规定了以持续履行的债务为内容的不定期合同中当事人的解除权。

---

[1] 王利明：《预期违约与不安抗辩权》，载《华东政法大学学报》2016年第6期。
[2] 黄薇主编：《中华人民共和国民法典释义》（中），法律出版社2020年版，第1076页。
[3] 黄薇主编：《中华人民共和国民法典释义》（中），法律出版社2020年版，第1078页。

（二）合同法定解除权规则在本案中的适用

本案原审中，法院判决予以解除合同，其依据是《合同法》第94条第3项，法院认为石某某连续3年未交承包金，后塘村委会向其送达解除承包合同的告知函后仍未交纳承包金，符合《合同法》第94条第3项规定的"当事人一方迟延履行主要债务，经催告后在合理期限内仍未履行"情形，故后塘村委会享有法定解除权。检察机关从法院认定事实缺乏证据证明的角度认定后塘村委会行使法定解除权于法无据。

第一，现有证据不能证明石某某迟延履行主要债务。证明石某某迟延履行主要债务的举证责任应由后塘村委会承担，后塘村委会提交的证据仅有其单方陈述和邱某某证言，并无其他证据印证。而证人邱某某系前塘村书记，石某某在前塘村和后塘村均有承租土地，就主张解除合同并无偿收回承包地而言，前塘村和后塘村的利益完全一致，故邱某某证言的证明力仅与后塘村委会一方陈述相当，在石某某否认且无其他证据印证的情况下，该证言所证事实不能认定。

第二，后塘村委会并未履行催告程序。债务人迟延履行主要债务的，债权人应当催告债务人履行。所谓催告，是指债权人催促债务人及时履行合同债务的通知。催告意义还在于给债务人指定一个确定的合理期间。本案中，根据现有证据，不能证明后塘村委会对石某某进行了催告。后塘村委会向石某某发出解除土地承包合同的告知函不等同于催告，不发生催告的效力。

值得说明的是，本案合同虽不能依据《合同法》第94条第3项的规定解除，但该承包合同确因不能实现合同目的而解除。案涉承包土地自J省人民政府的征收决定生效时即已发生物权变动效力，从后塘村委会集体所有土地变动为国家所有的自然资源，双方当事人之间的承包合同赖以存在的客观基础因政府的征收行为而丧失，已不能实现其合同目的。在征收决定生效后，土地原所有权人不再对案涉土地享有物权权益，无权再向承包人主张土地承包金。

（案例撰写人：戴哲宇）

专家点评

本案对于法院如何理解适用诚实信用原则，以及如何认定合同解除条件具有显著的启发借鉴意义。具体而言：首先，诚实信用原则不仅是民法的"帝王原则"，也是当事人从事民事诉讼活动所应遵循的基本原则。其次，法院对诚实信用原则的解释援用，应当融会贯通在具体案件事实的梳理、分析及论证过程之中，而非空洞、僵硬地使用作为法律语词的诚实信用原则这个词汇本身。本案中，检察机关对于后塘村委会对诚实信用原则的违反，既有基于已知事实的认定，也有根据情理常识逻辑的合理推断，极具司法智慧。最后，合同即法锁，有约必守本身也是诚实信用原则在合同解除问题上的具体体现。因此，合同的解除条件较为严苛，合同一旦成立，除非满足法定或者约定的解除条件，否则不应轻易赋予当事人合同解除权。

（点评人：邓纲，西南政法大学教授、博士生导师）